경 영 학 (제2판)

문 근 찬 저

한티미디어

머리말

오늘날의 사회와 경제는 어제와는 완전히 다른 모습으로 다가오고 있다. 무엇보다도 현대 사회는 지식근로자로 구성된 지식 사회가 되었고, 이런 환경의 변화 속에서 기업 경영은 새로운 도전에 직면하고 있다.

경영학은 현대 사회에서 중추적 역할을 담당하고 있는 기관인 기업을 주 연구대상으로 하여, 기업이 효과적으로 자신의 목표를 달성하고 성장, 발전할 수 있도록 하는 데 필요한 이론과 실천방안을 탐구하는 학문이다. 이 책은 경영학원론으로서 독자들에게 경영의 세계에 대한 체계적인 지식을 제공하고, 현재 또는 미래의 경영자로서 기업경영에 대한 큰 그림을 그릴 수 있도록 하는 데 그 목적이 있다.

실로 기업이란 이 사회를 지탱하는 경제적 부(富)를 창출하는 기관이다. 따라서 이 사회에 존재하는 다양한 형태의 기업들이 세계적인 관점에서 경쟁력을 갖출 수 있을 때 국가경제는 튼튼하게 유지되고 우리의 경제적 생활은 생기를 띠고 활발하게 전개될 것이며, 그 반대일 경우 우리 사회는 활력을 잃고 시들게 될 것이다. 그리고 이런 성과를 내는 주체는 바로 '경영자'인 것이다. 경영자의 자질과 능력이야말로 자유 경쟁체제의 조직이 보유할 수 있는 유일한 효과성 우위와 목표달성능력의 원천이다.

피터 드러커에 의하면, 경영자는 경영의 주체로서 어떤 기법적인 측면보다는 몇몇 기본적인 원칙을 갖고 기업을 경영한다. 이런 원칙의 예를 들면, 기업경영은 인간에 관한 것이며, 구성원 각자의 강점 위에 구축하는 것이고, 그 강점을 더욱 발전시킬 수 있도록 구성원에게 변화와 성장의 기회를 주는 것이다. 또 경영은 공동의 목표를 위해 사람들을 통합하는 것이며, 그렇게 할 수 있도록 공동의 가치관과 비전을 갖게 하고, 평소 각자의 지식이 서로 통합될 수 있도록 커뮤니케이션이 이루어지는 조직을 만들어야 한다. 그리고 경영의 성과는 기업의 외부인 '고객'으로부터 오는 것을 분명히 알고 고객만족이라는 성과를 낼 수 있어야 하며, 성과를 내고 있는지 지속적으로 측정·평가해야 한다.

본 서는 이와 같이 늘 경영의 본질을 생각하는 경영학원론을 기술하고자 했다. 이런 서술의 목표를 달성하기 위해서 본서는 각 주제마다 '드러커의 관점'을 제시함으로써 그 주제의 진정한 의미를 다시 한 번 생각해 볼 수 있게 하는 형식으로 씌여졌다.

이런 시도는 무엇보다도 피터 드러커 박사를 기리는 필자의 소망에서 비롯되었다. 드러커는 20세기를 대표하는 경영사상가로서, 그의 저술들은 간결하면서도 유려한 문체, 설득력 있는 논리와 사례, 그리고 통찰력으로 가득 차 있어서 읽는 이로 하여금 밑줄을 긋고 수첩에 옮겨 적고 싶은 생각이 절로 들게 한다. 현대 경영학의 핵심을 이루는 다양한 개념들이 그의 아이디어를 통해 등장했고, 학자들은 그의 아이디어를 바탕으로 자신의 세계를 구축했다. 드러커는 자신을 사회생태학자라고 표현했듯이, 망루에 올라 전체를 조망한 후 전체적인 '비전'을 제시했던 사람이다. 그래서 그의 글을 읽어 보면 '숲과 나무'가 동시에 보인다.

흔히 경영 전문가들이 수 많은 분석을 하면서도 정작 "So, what?"이라는 질문에는 답을 못하는 우를 범하는 것과 비슷하게, 우리는 많은 내용을 알고는 있지만 정작 그것이 진정 무엇을 의미하는지 알지 못하는 경우가 많다. 즉 나무만 볼 줄 알았지 숲을 못 보는 것이다. 물론 그 반대의 경우처럼 구체성 없이 숲만을 볼 줄 안다면 이것도 문제일 것이다. 경영학원론의 서술에도 이런 맹점이 자주 드러난다. 서로 약간씩 순서와 내용이 다를 뿐, 대부분 주요 주제에 대한 나열식 서술이다. 그래서 하나의 주제를 읽고서도 그 주제가 경영 전반에 있어서 어떤 위치를 차지하며, 왜 중요한지, 그리고 어떤 식으로 전체에 영향을 미치는지에 대해서는 떠오르지 않는 것 같다.

본 서는, 만약 경영학원론을 피터 드러커 관점에서 본다면 각 장에 대해서 어떤 결론을 내릴 것인가를 생각하는 방식으로 내용이 구성되었다. 즉, 경영학원론의 각 주제를 다룬 후, 그 주제에 대한 '드러커의 관점'을 적절한 위치에 제시코자 했다. 구체적으로 말하면, 이 책에서는 각 장에 대한 논의의 중간 결론으로서 피터 드러커의 서술을 '(PD)'라는 표시를 넣어 적절한 위치에 포함시켰고, 피터 드러커의 서술이 끝나는 위치에는 '¶' 표시를 해 두었다. 따라서 독자들은 이 표시가 있는 부분을 주의 깊게 읽고, 앞서 제시된 내용들과 관련하여 드러커의 관점은 무엇인지 음미해 볼 수 있을 것이다. 인용된 드러커의 서술은 독자로 하여금 해당 주제에 대한 '큰 그림'을 그리게 해 주고, 그 주제가 의미하는 본질을 알게 하며, 어떤 때는 앞서 제시된 본문의 내용에 대한 비판적인 시각을 갖게도 한다. 그리고 마지막 제 14 장에는 드러커 관점을 종합하여 제시함으로써, 독자로 하여금 각 장에서 다루지 못했던 누락된 부분을 채울 수 있게 하였다. 이런 시도를 통해 현대경영을 창시했다는 평가를 받는 드러커의 문헌을 경영학의 원론적 주제에 연관시키고자 했다.

본 2 판에서는 초판의 각 장 별로 주제를 보다 명료하게 정비하고, 특히내용 이해에 도움이 되는 구체적인 사례를 보강했다. 본 서의 부족한 부분에 대해서는 독자 여러분의 지도편달과 좋은 피드백을 기대한다.

2012년 3월
KCU한국사이버대학교
종로 캠퍼스 연구실에서
저자 문근찬

차 례

제 1 부

경영학 일반

경영학 일반

1 경영학의 기초

1.경영학의 기초개념

2.경영학의 성격

3.현대기업의 성격과 형태

제 1 장 경영학의 기초

인간은 어떤 목적을 달성하기 위해서 각자 일하기보다는 조직을 만들어서 그 안에서 목적을 달성하고자 한다. 조직이 목적을 달성하려면 경영자(또는 관리자)가 꼭 필요하다. 동적으로 변화하는 환경 속에서 경영자는 확고한 경영기술과 능력을 바탕으로 경영과정을 수행함으로써 조직을 생산적으로 만들고 성장시킨다. 본 장에서는 경영, 조직, 경영·관리자가 무엇인지 또 조직에서 경영자가 수행하는 역할과 과업이 무엇인지 그리고 현대기업이 어떤 성격을 갖고 있으며, 어떤 법률적 형태를 갖는지 알아볼 것이다.

경영학의 기초개념

경영과 'management'

경영이란?

'기업을 경영한다.'에서 쓰이는 '경영'은 '관리'로 번역하기도 하지만 영어 표현 '매니지먼트(management)'라는 용어를 그대로 사용한다. 경영이란 대체로 조직내의 나누어진 일과 사람들, 그들이 사용하는 도구와 원료 등 모든 자원을 잘 배치하고 연결하여 조직의 공동목표를 최대한 달성하게 하는 복잡한 활동이다. 즉 경영이란 인적, 물적, 재무적, 그리고 정보라는 자원을 효과적이고도 효율적으로 계획하고, 조직화하고, 지휘하고, 통제함으로써 조직의 목표를 달성하는 과정이다. 어느 기업이 장기간에 걸쳐 경영을 잘하면 국내 또는 세계적으로 누구나 이름만 들어도 알 수 있는 우량기업이 되기도 하며, 반대로 경영에 실패하면 조만간 도산하여 기업의 수명을 다하기도 한다.

'manager', 'management' 용어의 역사

매니지먼트를 하는 사람을 매니저(manager)라 한다. 'manager'의 어원은 라틴어의 'manus'인데, 이는 '손에 의하여' 행하는 일을 뜻하며, 권력과 사법권이 있는 관리(官吏)의 영향력 하에 있다는 의미를 함축하고 있다. 로마제국에서 어떤 사람이 '관리의 손에 의한다'는 의미는 그 관리가 그 사람에 대해 권력을 갖고 있다는 의미로서, 관리는 그에게 명령할 수 있음을 뜻한다. 그러나 동시에 그 관리는 명령을 받는 사람들에게 책임이 있다는 것, 즉 안전과 행실에 책임을 진다는 의미이기도 하다. 이 용어는 3세기 이후 이탈리아에서 'maneggiare'라는 단어로 쓰였는데, 이는 옷을 만드는 공장을 책임지는 사람이나 무역 거래를 하는 사람을 일컫는 말로서 이후 중세 이후에도 비슷한 의미로 사용되었다.

프랑스어 'manegerie'는 15세기에 영국으로 전달되었고 1700년경에 이르러 'manager'는 다른 사람의 활동을 감독하는 기능을 하는 사람을 기술하는 보편적인 용어가 되었다. 'manager'라는 용어는 16세기 말 경에 유럽에서 토지와 건물을 관리하는 집사(執事)에 대한 호칭으로 공식 문서에 등장했다. 이 용어는 그 후 1700년대부터 1850년경에 걸쳐 다른 사람의 일을 감독하는 기능을 하는 사람에 대한 호칭으로 보편화 되었다. 대영 도서관에는 이 기간 동안에 management에 대한 내용으로 편찬된 수백 권의 책이 보관되어 있다. 이들 출판물은 거의가 매우 특화된 분야의 관리를 다루고 있는데, 예를 들면 농업, 주물, 조선, 학교, 병원, 교회의 관리 같은 내용들이다. 그러다가 19세기 중엽 무렵부터 'manager', 'management'라는 용어는 갑자기 유행에서 멀어졌는데, 이는 이 용어가 너무 많이 쓰여 진부화된 데 기인한다. 그러나 'management'는 미국에서 20세기 초에 과학적 관리법의 출현으로 다시 살아났다.

유사한 다른 중요한 용어로서 'administrator'와 'executive'가 있다. 'administrator'는 19세기 말에 유행하기 시작했다. 이 용어는 라틴어의 administratio에서 파생된 말인데 '방향을 주다'는 의미이며, 다른 사람에게 도움과 지원을 주는 의미를 함축하게 되었다. 이 용어는 공공 부문에서 주로 쓰였지만 1920년대 내지 1930년대에는 영국에서 사기업 부문에도 사용되었다. 그리고 1908년 하버드 경영대학의 세운 에드윈 게이(Edwin Gay) 학장이 MBA(master of business administration)로 불리는 석사과정을 개설했듯이, 일반적으로 'administrator'는 'manager'라는 용어가 수 많은 공장의 출현으로 공장 작업자를 관리하는 사람을 지칭하는 것으로 생각됨에 따라 그런 직무와는 다른 관리자를 지칭하는 용어로 사용된다. 즉 이 용어는 'executive'와 유사하게 계획의 집행을 관장하는 사람이라는 의미를 포함하며, 다른 사람에게 방향을 제시하고 명령을 내리며, 기업의 소유자를 돕는 사람이라는 의미가 강하다. 즉 이들 용어는 전체적으로 'manager'의 직무를 표현하는 용어다. 오늘날 'management'는 경영, 혹은 경영자라는 의미를 포괄하는 용어로 받아들여지고 있다(Witzel, M. 2009).

지식사회와 경영

경영의 학문적 발전

경영이 학문으로 발전되기 시작한 것은 산업혁명 후 기업체라는 거대 영리조직이 생기면서부터이다. 그러나 대기업들이 오늘날과 같은 모습을 갖추기 시작한 1870년경에 이르기까지 경영이라는 것은 아직 제 모습을 갖추지 못하고, 기껏 군대식 명령과 통제에 의한 조직구조가 경영의 대표적인 모델이었다. 그 후 제 2 차 세계대전이 끝날 무렵에는 거의 전세계 사람들이 경영의 존재를 인식하게 되었다.

(PD1 2001, 6-7)

기업체의 규모가 커지면서 모든 종류의 전문지식들이 기업으로 쏟아져 들어 오면서 경영학의 발전을 촉진했다. 교육훈련은 축적된 경영지식을 다른 기업체 또는 저개발국가에 확산하는 기폭제가 되었다. 프레드릭 테일러에 의해서 개발된 과학적 관리 이론은 미숙련 노동자를 단시간 내에 생산적인 노동자로 만드는 데 결정적인 기여를 했다. 이런 과정을 거쳐 급속하게 성장한 제조기업들은 1920년대 이후 분권화 개념을 적용함으로써 큰 규모의

---

[1] 주) 본 교재에서 '(PD)' 표시는 Peter Drucker로부터 인용되었다는 뜻임

이점과 작은 규모의 이점을 통합하는 방법을 모색하기 시작했다. 기획(planning)은 일차대전 당시 군수품 생산을 계획하기 위해 고안된 간트차트(Gantt Charts)로부터 발전하였다. 경험과 직관을 정량화하기 위한 분석과 통계기법도 사용되면서 문제의 정의, 정보에 의한 검증 그리고 진단으로 전환하는 방법들이 이용되었다. 이와 함께 경영의 개념을 물류와 판매활동에 적용시킨 결과 마케팅이 발전하였다. 나아가 1920년대 중반과 1930년대 초 미국의 몇몇 경영선구자들은 생산조직을 조직하는 방법에 대해 질문하기 시작했다. 그 결과 제조공정을 조직하는 방법으로서 자동화와 아울러 인적자원을 관리하는 방법으로 팀워크와 품질관리분임조 그리고 정보중심조직을 생각하기 시작했다.¶

이와 같이 대규모 기업체가 먼저인지 경영의 발전이 먼저인지 서로 상승작용을 하면서 경영학은 급속히 발전하였다. 결국 경영학은 '기업 경영'을 대상으로 하는 학문 분야다. 따라서 경영학을 공부하려면 우선 현대 기업(비즈니스)이 무엇인지부터 이해해야 한다. 그러나 점차 경영은 단지 기업 경영만을 의미하는 것이 아니라는 사실이 차츰 인식되기 시작했다. 경영은 다양한 지식과 기술을 가진 사람들을 하나의 조직에 통합하고자 하는 모든 노력과 관련이 있다. 오늘날 경영은 영리조직인 기업 외에도 정부, 군대, 학교, 병원, 교회와 같은 다양한 비영리 조직에도 대부분 적용된다.

지식혁명의 원천으로서의 경영

태초에 사람들은 부족이 함께 모여 협동함으로써 수렵의 생산성이 훨씬 커질 수 있다는 것을 깨달았다. 석기 시대의 사람들은 사냥해서 얻은 산출물을 족장의 리더십에 따라 분배하는 형태의 자급자족 경제를 이루었다. 그 후 인류는 농업혁명을 통해서 보다 안정되게 정착해서 살 수 있게 되었지만 그 때까지도 사람들은 필요한 재화를 대부분 자급자족해서 조달하였다. 이런 사회가 수천 년 지속되어 오다가 경영을 알게 되면서 사회 발전의 속도는 극적으로 가속화 하게 되었다. 오늘날 경영은 지식·정보화 시대로의 전환을 주도하고 있다. 따라서 지식이 경영에 어떤 의미로 사용되었는지의 전환과정을 이해하는 것이 경영을 이해하는 데 매우 중요하다.

(PD 2000, 27-58)

지식의 전환

1) 산업혁명의 원천으로서의 지식 - 서양과 동양 모두에게 지식이란 언제나 존재(being)에 대해 적용되는 것으로 생각되어 왔다. 그러던 것이 어느 순간부터 지식이 행위(doing)에 적용되기 시작했다. 지식은 이제 자원이며 실용적인 것이 되었고, 과거에는 언제나 사유재산이었던 것이 한 순간에 공공재산이 되었다. 지식의 의미가 변화하게 된 후 100 여 년에 걸쳐 산업혁명이 일어났다. 또한 칼 마르크스가 말하는 소외, 새로운 계급, 계급투쟁 그리고 공산주의가 탄생되었다.

2) 생산성 혁명의 원천으로서의 지식 - 1880년경부터 시작하여 제 2 차 세계대전 무렵 최고 절정기에 이른 두 번째 국면에서 지식은 작업(work) 그 자체에 적용되었다. 이는 생산성 혁명으로 연결되었고, 그 후 75년 만에 생산성혁명은 프롤레타리아들을 상류계급과 거의 맞먹는 소득을 올리는 중산층 부르주아로 바꾸어 놓았다. 결국 생산성 혁명은 계급투쟁과 공산주의를 무릎 꿇도록 만들었다.

3) 경영혁명의 원천으로서의 지식 - 그리고 마지막 국면은 제 2 차 세계대전 후에 시작되었는데, 지식이 지식 그 자체에 적용되기 시작한 것이다. 그 결과 지금은 전문가의 시대가 되어 가고 있으며, 엔지니어, 디자이너, 마케팅 전문가, 경제학자, 통계학자, 심리학자, 회계사, 기획 및 인사관리 전문가 등 모든 분야의 전문가들이 공동의 목표를 위해 공동으로 일하는 시대가 되었다. 그들은 경영자가 경영하는 기업이라는 존재 없이 성과를 올릴 수 있는 사람은 단 한 사람도 없다. 그리고 경영자는 지식이 더욱 효과적인 것이 되도록 체계적이고도 목적지향적으로 적용되게 하는 역할, 즉 혁신을 일으키는 사람으로 정의된다. 이런 국면은 경영혁명의 시대로 표현할 수 있다. ¶

경영학의 성격

유사 용어의 정의와 경영 과업

조직

역사적으로 인간의 문명은 조직을 만든다는 특징이 있다. 사업체만이 아니라 정부, 군대, 교육, 종교, 과학, 예술 등 어디를 보더라도 거기에는 조직이 있다. 인류학자들은 인간이 유인원으로부터 퍼져 나왔음을 상기시키는데, 유인원은 사냥을 위해, 혹은 종족의 안전을 위해 무리를 지어 활동했다. 사회학자와 심리학자들은 인간이 의사소통을 하고 자신을 표현하며 남들로부터 자신을 인정 받고 자기 실현을 할 수 있기 위해 조직을 형성한다고 본다.

조직이란, 공동의 목표를 갖는 적어도 두 사람 이상이 모여서 이루어지는 협동체계를 말한다. 조직이란 각자 일을 나누어 맡고, 나누어진 일이 서로 긴밀하게 연결되게 하고, 조직 목표를 효과적으로 성취하기 위해 일을 나누고 연결하는 약속과 규정 같은 권한체계를 포괄하여 일컫는다. 이렇게 조직이 형성되면 제각기 혼자 활동하는 것과는 비교할 수 없을 정도의 큰 일을 해 낼 수 있게 된다. 실로 현재 우리가 누리고 있는 경제적 풍요는 기업이라는 조직이 창출하는 부에 의한 것이다.

어떤 조직이든 투입(input)-변환과정(transformation)-산출(output)이라는 생산활동을 수행하는데, 이 때 조직의 산출은 투입에 비해서 더 큰 가치를 가져야 한다. 영리조직인 기업체의 경우 이 조건을 만족시키지 못하면 결국 도산하게 된다. 매우 단순한 이 조건은 변환과정이 얼마나 적합하게 관리되는지에 달려 있다.

비즈니스

영어의 비즈니스(business)는 비즈니스 활동(business activities) 또는 기업체(business firms)라는 의미로 사용된다. 즉 '비즈니스'란 경영학의 주 연구 대상인 현대 기업을 일컫는 동시에 기업 안에서 이루어지는 활동을 이르기도 한다.

비즈니스는 경제적 또는 금전적인 동기를 추구하는 목적을 지닌 사회적 기관, 즉 기업을 말하는데, 특히 경영학의 연구대상으로서의 현대기업을 말한다. 현대기업이란 소비자(고객)의 만족을 최대화함으로써 이익과 성장을 달성한다는 기업목적을 가지고, 시장자본주의 경제체제의 테두리 속에서 통용되는 게임규칙과 기대에 맞추어, 회사의 자원을 소싱(sourcing)하고 제품과 서비스로 변환하는 등의 경영활동을 수행한다.

기업은 사회의 가장 보편적인 조직으로서 사회를 지탱하는 데 필수적인 '경제적 부(wealth)'를 창출하는 목적을 가진다. 기업이 추구하는 경제적 부는 실로 사회를 지탱하는 원천이다. 따라서 기업이 이익을 내는 것이야 말로 본연의 임무를 제대로 수행하는 것이다. 만약 기업이 지역사회에 대한 봉사 등 사회에 대한 책임을 한다면서 이익을 내는 일차적 기능에서 실패했다면 이는 무책임한 일이 될 것이다.

기업은 다음과 같은 두 가지 성격을 갖는다. 첫째, 기업은 경제기술적 생산시스템이라는 성격을 지닌다. 기업은 특정한 목적, 즉 재화와 용역의 생산 및 판매를 통해 수익을 올리기 위해 인위적으로 구성된 합리적인 목표지향적 실체로 인식된다. 전통적으로 기업은 최소비용으로 최대의 재화와 용역을 생산해 내야 하는 경제적 시스템으로, 그리고 자본·원료·인력·기술 등의 투입요소를 받아들여 재화나 용역과 같은 산출물을 만들어 내는 기술적 생산시스템으로 인식되어 왔다. 이렇게 경제적인 가치를 창출하는 기능을 통해서 기업은 사회를 경제적으로 부양하는 역할을 한다. 둘째로 기업은 사회심리적 협동 시스템이라는 성격을 가진다. 기업은 개인으로서는 성취할 수 없는 목적을 여러 사람들의 협력을 통해 달성하기 위해 구성된 시스템이다. 사회적 협동시스템은 주로 기업과 사회와의 관계에, 심리적 협동시스템은 주로 기업과 구성원과의 관계에 적용된다. 사회심리적 협동시스템 측면에서 본다면, 기업은 재화와 용역을 산출하기 위해 주주, 경영자, 종업원, 소비자 등 전체 사회시스템의 주요 구성집단의 협력을 필요로 한다.

관리(경영)

기업체에는 수 많은 자원이 투입(input)되어 이들이 제품 또는 서비스라는 산출(output)로 변환되는 과정이 일어난다. 이 변환과정이 일어나도록 하려면 이 투입자원이 서로 효과적으로 상호작용이 일어나도록 계획하고(planning), 계획한 대로 역할분장이 되도록 조직화하고(organizing), 그대로 실행되도록 지휘하고(directing), 각 조직 요소들이 서로 협조가 잘 되도록 조정하고(coordinating), 마지막으로 계획대로 잘 되었는지 확인하고 시정 조치하는 일(controlling)이 필요하다. 이와 같이 조직 내에서 이루어지는 경영과정을 관리 또는 매니지먼트(management)라 한다. 관리자는 이런 관리과정을 수행하는 능력, 즉 조직 운영 능력이 있어야 하는데, 그렇게 하는 데 있어서 부가적으로 요구되는 능력으로서 잘 듣고, 판단하고, 리더십을 발휘하는 대인관계 능력, 그리고 맡은 바 비즈니스의 기술적 기반을 이해하는 기술적 능력이 있어야 한다.

또한 이들 투입요소는 기술, 자본, 기계·설비, 정보, 지식들로서 그 중에는 조직 내에 축적된 것도 있지만 조직의 외부 환경으로부터 들어와야 하는 것이 많다. 따라서 관리활동은 늘 외적 환경에 대한 고려가 있어야 하며, 보다 전략적인 고려가 중요시 되고 있다. 따라서 경영의 내용을 전략(strategy), 관리(management), 그리고 운영(operation)의 세 가지 수준의 활동으로 나누어 고찰하기도 한다. 여기서 전략은 조직체의 사회적 역할에 따라 목적을 설정하고, 그 목적을 달성하기 위하여 외부환경으로부터 주어지는 기회를 내부 능력에 맞추어 포착하는 전략적인 의사결정을 하는 활동을 말한다. 관리란 성과를 높이기 위해서 기업의 경영자원을 어떻게 조직화하고 구조화할 것인가에 관련된 의사결정을 말한다. 그리고 운영이란 관리적 활동을 사전적으로 정해진 방식과 체계에 따라 수행하는 활동을 말한다. 따라서 운영은 반복적이고 일상적인 활동이기 때문에 정형화, 매뉴얼화가 가능하다.

(PD 2001, 39-42)

경영이란 무엇인가?

이상의 논의를 바탕으로 피터 드러커의 견해에 따라 규범적으로 경영이란 무엇인가 정리해 보기로 한다. 드러커는 경영을 다음 몇 가지 기본적인 원칙들로 구성되어 있다고 본다. 이러한 경영의 원칙들을 확실히 이해하는 경영자는 목표를 달성하는 성취 능력이 뛰어난 경영자가 될 것이다.

인간존중의 경영

경영은 인간에 관한 것이다. 즉 조직이란 사람이 모여서 이룬 협동체제임을 늘 인식해야 한다. 이 속에는 다양한 사람들이 모여 있으며, 이들 모두는 존중 받을 가치가 있는 개인이다. 그러므로 경영자는 개인의 창의성과 개성을 존중하며, 삶의 보람을 느끼도록 하는 일을 무엇보다도 중요하게 여겨야 한다. 이런 토대 위에 개인의 책임으로 조직화될 수 있도록 하는 일이 경영이라 할 수 있다.

성과지향적 문화 창달

사람이 모여 사는 사회는 언제나 문화가 존재한다. 경영자는 바람직한 조직문화를 창달하는 역할을 수행해야 한다. 경영자는 조직의 경영과업을 수행하는데 있어서 특유의 성과 지향적인 문화를 창달하는 기능을 수행해야 한다. 개인이 존중 받고 일의 보람을 느끼는 것이 중요한 것과 마찬가지로, 조직이 성과를 내기 위해서는 반드시 각 개인이 공통목표를 중심으로 통합되어야 한다. 그러려면 경영자는 공통목표를 중심으로 사람들을 통합시킬 수 있도록 하는 그 조직 특유의 문화를 창달해야 한다.

공통의 목표와 가치관 확립

각 개인이 조직의 공통목표를 중심으로 통합되기 위해서, 경영자는 기업 내 모든 구성원들이 합의된 목표와 가치관을 가지도록 영향력을 발휘해야 한다. 기업의 사명은 구성원 전체의 비전이 될 수 있도록 명확해야 한다. 또한 비전을 구체화 하기 위해서는 장기적인 목표와 함께, 각각의 목표가 도달해야 할 구체적인 성과를 결정하고, 이 목표에 도달하기 위해 해야 할 일을 결정하며, 이 목표를 효과적으로 달성할 수 있을만한 사람에게 그 목표를 할당하는 일이 이루어져야 한다.

학습하는 조직

경영을 사람에 관한 것이라 했는데, 그렇다면 경영자는 자신을 포함하여 조직과 그 구성원들이 새로운 요구와 기회 그리고 변화에 맞추어 성장하고 발전할 수 있도록 해주어야 한다. 학습조직이라는 말은 조직을 배우는 기관으로 만들자는 것이다. 경영자는 모든 계층에 대한 훈련과 개발을 체계 있게 정비하여 구성원들이 지속적으로 학습할 수 있도록 해야 한다.

조직화와 커뮤니케이션

경영자는 조직화하는 일을 수행한다. 그는 필요한 활동과 의사결정과 관계들을 분석하며, 작업들을 분류하여 그것을 관리 가능한 활동들로 나누고, 이것들을 묶어서 조직구조를 만든다. 조직은 서로 다른 일을 하는 데 필요한 온갖 기술과 지식을 가진 사람들로 구성되어 있다. 따라서 조직이 설계된 대로 작동하려면 조직구조와 아울러 부서간, 개인간의 커뮤니케이션이 막힘 없이 일어나도록 보장하지 않으면 안 된다.

성과측정과 평가

마지막으로 경영자는 성과의 기준을 확립해야 한다. 수익률 혹은 생산량 같은 것은 그 자체만으로는 경영과 기업에 대한 적절한 성과지표가 될 수 없다. 경영의 결과는 언제나 기업의 외부에 나타나야 하는 것이므로, 기업의 결과는 곧 고객의 만족을 의미한다. 그러므로 경영자는 고객만족에서 출발하여 시장점유율, 혁신, 생산성, 인적자원 개발, 제품의 품질, 재무 상태 등 몇 가지 중요한 지표를 평가하고, 측정해야 한다. 그리고 성과는 끊임 없이 개선되어야 한다.¶

경영학의 학문적 성격

왜 경영학이 유용한가?

경영학을 왜 공부하고자 하는가? 경영학의 유용성은 다음과 같은 측면에서 생각해 볼 수 있다.

첫째, 조직체를 성공적으로 이끌어 나가는 지식체계를 습득하여 미래의 전문경영인으로 성장하고, 또한 여건과 기회가 주어진다면 스스로 비즈니스를 창업하고 성공의 가능성을 높인다.

둘째, 경영학을 통하여 민주산업사회의 구성원으로서 비즈니스의 사회적 역할과 가치에 대해서 이해함으로써 책임 있는 시민으로서 역할과 사명을 이해할 수 있다. 책임 있는 시민이라면 적어도 사회적인 이슈나 정책들, 예컨대 경영의 투명성, 지배구조, 노사관계, 소비자 보호, 생태환경보호, 이익창출과 배분과정, 비즈니스와 관련된 법률과 규제 등에 대하여 나름대로의 논리적 기준과 가치판단을 할 수 있어야 한다.

셋째, 조직체의 발전을 통해서 사회발전에 기여한다. 기업체는 사회의 중추적인 기관으로서 사회가 지탱되도록 하는 경제적 부는 오직 기업만이 창출할 수 있다. 따라서 기업이 얼마나 잘 했느냐에 따라 사회를 구성하는 사람들의 삶의 질이 좌우된다. 또한 우리 생활의 반 이상은 기업체를 비롯한 조직 내에서 영위되므로, 그 속에 근무하는 구성원의 '생활의 질(quality of work life)'은 그 자체로서 매우 중요하다. 경영학은 결국 우리가 속한 사회를 지탱하게 하는 경제적 성과와 함께, 사회생활을 하는 한 개인으로서의 삶의 질을 제공하는 역할을 수행한다.

이론과 실천을 동시에 추구

경영학의 학문적 성격이 과학(science)에 가까운가, 또는 기술(art, skill, practice)에 가까운가라는 논쟁은 사실 불필요한 것이다. 결론을 말하자면 경영학은 이론과 실천 양쪽의 성격을 다 가지고 있다.

경영학의 학문적 성격

- 이론과 실천을 동시에 추구
- 전문가 영역이면서 동시에 실용적 학문

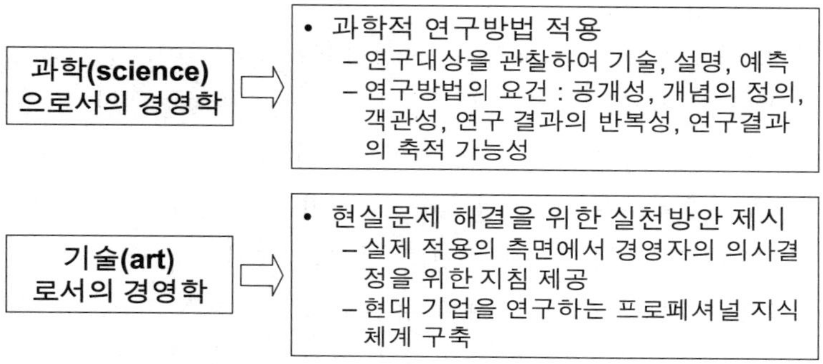

그림 1-1 경영학의 학문적 성격

과학으로서의 측면은 경영학이 과학적 방법론을 통하여 이론을 구축함을 말한다. 물리학자 뉴턴은 두 천체의 질량에 비례하고 그 중심 간 거리의 제곱에 반비례하는 힘이 존재한다는 이론을 세움으로써 모든 천체의 운동, 나아가 멀리 발사된 대포와 같은 피사체의 궤도를 예측할 수 있게 했다. 이와 같이 경영학은 경영자가 부딪치는 문제들에 대해 왜 그런지를 이론적으로 설명할 수 있게 해 준다. 이론을 추구하는 경영학을 강조하는 쪽에서는 경영의 경험적 사실을 분석해서, 그 결과 새로운 법칙을 추구하고 발견하는 것을 주된 사명으로 한다. 따라서 이론적 경영학에서는 경영의 경험적 사실을 설명하며 예견할 수 있는 경영이론을 정립해 나간다.

한편, 경영학이란 실사구시를 중시하는 기술로서의 성격이 강하다. 실천적 경영학의 관점에서는 현실문제 해결을 위한 실천의 문제를 다룬다. 즉 경영목적을 합목적적으로 다루기 위한 행동의 원리나 방법, 제반 경영기술이나 관리방법을 모색하는 것을 그 사명으로 삼는다.

이 때 두 가지 관점은 서로 보완적 관계에 있다. 이는 마치 유능한 의사가 되려면 충분한 이론적 지식을 습득해야 하고, 동시에 실무 능력을 익혀야 하는 것과 같다. 이론적 지식 없이 실무적 능력만 있는 의사처럼 위험한 의사도 없으며, 이와 마찬가지로 실무 능력은 없으면서 이론지식에만 밝은 의사 역시 환자를 잘못 다룰 가능성이 높을 것이다.

(PD, Flaherty 248-249)

경영에 있어서 모든 이론들은 탁상공론에 불과하며 행동법칙 따위는 믿을 수 없다고 여기는 사람들을 드러커는 '경영학에 대한 냉소주의자'라고 칭했다. 냉소주의자란 경영능력은 이론에서 오는 것이 아니라 오직 선천성에서 오는 것으로 믿는 사람들로서, 자신의 경력과 경험을 바탕으로 창업하여 기업을 일군 사람들 중에는 경영 지식을 경시하는 냉소주의자가 더러 있다. 드러커는 냉소주의적 견해가 유용해질 수 없는 근거로 확률의 법칙과 계승의 법칙을 들었다. 확률의 법칙은 변화의 위세와 기업 경제를 지배하는 경쟁의 압력 때문에, '타고난 사람'이 장기적으로 그 성공을 유지할 가능성은 적다는 것이다. 즉 한 회사가 성장하고 그 복잡성이 증대되면서 경영자가 모든 것을 다 알 수는 없다. 계승의 법칙은 경영을 자기 자신의 그림자로 파악하는 사람은 계승의 문제를 무시하는 경향이 있다는 것이다. 그래서 자기 대신에 다른 경영자를 앉히는 것은 아무런 성과를 낳지 않을 것이라고 생각한다. 이런 완고한 생각은 그 기업을 계속 기업으로 존속하기 어렵게 한다.

한편 '지식게릴라'는 이론이든 실제 경험이든 모두를 경시하며, 경영을 마치 치고 빠지는 식의 게릴라 작전처럼 생각하는 사람을 일컫는다. 이런 접근은 오만과 회의적인 경영자의 거만, 관료적 행정가의 무사태평, 카리스마적 지도자의 허풍과 경영자의 근시안을 비꼬는 일종의 도전장이다. 이런 장르에 속하는 책으로는 비즈니스에서 노력하지 않고 성공하는 방법(Shepherd Mead), 파킨슨의 법칙(C. Northcote Parkinson), 피터의 법칙(Lawrence Peter) 등이 있다. 물론 이런 접근은 재미 있을지는 모르나 경영자의 목표달성 능력을 증진하는 데 도움이 안 된다.

¶

현대기업을 연구하는 프로페셔널로서의 경영학

경영학은 시장기반 자본주의의 주요 실체의 하나인 기업을 그 연구대상으로 하므로 기업과 자유시장경제 체제 및 기업제도에 대한 철저한 이해를 전제로 연구되어야 한다. 즉 기업활동은 시장기반 자본주의 경제에서의 공정한 경쟁 하에서, 비즈니스 윤리를 지키면서 성과를 내는 것이 전제된다.

경영학은 전문가 영역이며 동시에 실용적 학문이다. 현대기업이 경쟁력을 갖고 성장하는 데는 단순히 외형이나 겉치레가 아니라, 오랜 세월에 걸쳐 축적된 브랜드, 정보, 지식, 인력, 기술 등 기업자원을 합리적으로 기업활동에 투입하고 관리하여 추구하는 이익과 성장성, 현금유입, 재무 유동성, 질적 성장 등 기업목적들을 내실 있게, 실용적으로 달성해야 한다. 현대 경영환경과 상호 작용하는 기업의 활동은 수많은 전문적 지식을 요한다.

전문영역으로서의 경영학은 현대 비즈니스의 대표적 주체인 기업의 본질과 사회적 존재가치, 추구 목적, 법적 형태, 기업 및 그 활동에 영향을 미치는 글로벌 경제 체제, 기업가가 기업을 창업, 성장, 발전시키는 동적인 프로세스, 기업을 성공적으로 경영하는 데 필수적인 전문적 경영관리 지식 – 생산 및 운영관리, 마케팅, 글로벌 비즈니스, 재무 및 리스크 관리, 인적자원관리, 회계, 경영정보시스템, 관리과학적 방법들, e-비즈니스 등을 그 연구대상으로 포함한다. 이와 같이 경영학은 이제 그 전문성의 깊이로 인하여, 그 분야를 전공하지 않으면 쉽게 습득할 수 없는 전문영역이 되었다.

학제적 성격

경영학은 타 관련 학문분야의 연구성과를 토대로 독자적인 학문분야를 구축하려는 종합과학적 또는 학제적 성격을 지니고 있다. 경영학의 학문적 체계를 이루는 데 토대가 된 인접 학문분야는 다음과 같다.

미시경제학

미시경제학(micro economics)은 개별 경제주체인 가계가 어떻게 소비(수요이론)하고, 개별 기업이 어떤 방식으로 생산(생산이론)하느냐에 대한 의사결정과 이러한 의사결정의 결과가 어떻게 상호작용(시장이론)하는지, 그리고 이러한 경제행위가 후생에 미치는 효과를 탐구하는 분야이다. 경영에는 기업의 생산과 공급, 소비자행동, 가격기구 등의 자원배분 문제, 이윤, 비용, 수요분석, 제품가격, 광고 등의 의사결정에 도움을 준다.

거시경제학

경제를 총체적으로 보고 분석하는 분야가 거시경제학(macroeconomics)이다. 화폐정책, 노동시장과 실업문제, 인플레이션, 정부채권 등 경제정책을 연구하는 학문으로서 경영학의 입장에서는 경영환경 문제에 해당한다.

사회학

인간의 공동생활을 과학적으로 연구하는 학문으로서 경영과 관련이 많다. 이는 기업은 사회의 축소판이기 때문이다. 경영학의 분야에 대해서는 조직 내 권력작용, 역할과 규범, 상호작용과 인간행동 등의 기초지식을 제공한다.

심리학

개인의 행동을 관찰하고 이를 체계화하는 학문이다. 경영학에서는 경영자 및 노동자의 심리, 소비자 구매심리, 개인과 집단의 행동 등 조직 내 인간관계, 모티베이션, 리더십 등에 기초지식을 제공 받는다.

통계학과 수학

통계학과 수학은 경영현상의 통계적 예측 및 의사결정, 계량적 의사결정 모델 등의 아이디어를 제공한다.

현대기업의 성격과 형태

현대기업의 성격

회사를 보는 두 가지 접근

기업은 대개 여러 사람이 함께 모여서 형성된 조직을 통하여 경영된다. 조직 내에는 최초 설립 시 출자를 한 사람도 있고, 출자와는 관계 없이 종업원으로서 일하는 사람도 있다.

법체계 측면에서 회사를 보는 관점에는 대체로 두 가지 접근이 있다.

독일을 중심으로 한 대륙법 체계에서 회사라는 것은 하나의 '사회적 기구(institution)'라고 본다. 이 개념에 의하면 회사란 사회의 구성원들이 영리추구를 함에 있어서 이용할 수 있는 기구로서, 사업을 하는 사람이 이용할 수 있는 편의를 제공하는 것이 회사라는 입장이다. 사람의 신체에는 여러 가지 기관이 있듯이 회사는 사회에서 경제적 부를 창출하는 기관이므로, 회사란 이러한 특정한 목적을 수행하도록 합리적으로 구성된 목표지향적 '실체(entity)'이다. 기업(business, firm, corporation)은 자본주의 경제체제하에서의 대표적인 기관의 하나라고 할 수 있다. 기업은 경제적 부를 창출하여 사회를 유지하고 발전시키는 역할을 하는 사회적 기관이다. 즉 오늘날 기업은 우리들의 의식주를 해결해 주도록 하는 재화를 생산·공급해 주는 역할을 수행할 뿐만 아니라, 기업에서 일하고 있는 사람들의 소득의 원천이며 생활의 터전이 된다. 또한 기업은 기업과 관련 있는 주주, 소비자, 노동조합, 정부기관, 지방자치단체, 은행 등 주요 이해관계자들의 이해관계를 조정해 주는 역할을 수행하기도 한다. 더 나아가 기업은 사회 일반구성원들의 가치관과 의식수준에도 큰 영향을 미쳐 사람들의 행동양식을 변화시키기도 한다.

이에 반해서 영미법 체계에서는 회사를 하나의 '계약'으로 인식한다. 이런 관점에서는 회사를 그 실체보다는 회사를 함께 만들기로 한 사람들 간의 약속이 그 본질이라고 보는 것이다. 예컨대 주식회사를 설립하는 경우, 일반대중이 주주가 되는 경우가 많으므로 사업 자체는 전문가인 경영자에게 맡기는 관계가 성립한다. 즉 회사란 주주를 대신해서 경영자에게 회사의 경영을 맡기게 되며, 대신 경영자가 주주를 대리해서 제대로 경영하는지를 감독하는 기관이 필요하게 된다. 이에 필요한 제도가 감사 제도이다. 이런 식으로 회사라는 계약관계 속에는 주주를 대리하는 대리 관계가 생기는데, 이때 필연적으로 발생하는 비용을 '대리인 비용(agency cost)2'이라 한다.

회사란 위에 열거했듯이 사회를 구성하는 기관으로서 효과적으로 작동하려면 가능한 한 대리인 비용이 낮게 유지되어야 한다. 그러려면 기업의 지배구조가 명확해야 하는데, 예를 들어 엔론 사태의 예와 같이 대기업의 회계부정에 의한 기업윤리의 실패 사례가 불거지고, 그 요인의 하나로 경영자가 지나치게 막강한 권력을 갖게 된 점이 지적되면서 기업의 지배구조

---

[2] 자본주의 경제의 가장 큰 특징의 하나는 사유재산제도이다. 전통 경제학에 의하면 완전정보와 완전 경쟁이라는 기본적인 가정하에서 구성원 각자가 자신의 효용을 극대화하고자 하는 이기심과 경쟁을 통하여 수요와 공급이 조절되고 효율적인 자원 배분이 이루어질 수 있게 된다고 한다. 이는 아담 스미스(A. Smith)에 의해서 다음과 같이 언급된 바 있다. `각 개인은 대중의 이익을 증대시킬 의사도 없고 얼마나 대중의 이익을 증대시키는지를 알지 못한다. ....... 각자는 자신의 이익에만 관심이 있고, 이렇게 함으로써 `보이지 않는 손`에 의해 인도되어 그의 의도와는 관계없이 목적을 증대시키게 된다.`

그러나 완전경쟁이나 완전정보의 가정은 현실과는 거리가 있으며, 특히 오늘날과 같이 이해관계가 복잡하게 얽힌 현실에서는 정보의 불균형은 필연적이라 할 수 있다. 따라서 이해관계자들 사이의 이해상충으로 말미암아 경영자에 의한 도덕적 위해(moral hazard)와 역선택(adverse selection)의 문제가 발생하게 된다.

기업은 계획된 투자를 실현시키기 위해 자본을 필요로 하게 되고, 필요한 자본은 자기자본이나 타인자본을 이용하여 조달하게 된다. 이러한 자본조달 형태, 즉 자본구조 결정은 외부주주, 채권자 등의 이해관계자와의 계약 하에 이루어지게 된다. 이때 이해관자들 사이에 대리관계(agency relation)가 성립되는데, 대리인(agent)과 위임자(principal)는 각자 자신의 이익을 위해 행동할 것이다. 이로 인해 대리인 문제(agency problems)가 발생하며, 이의 해결을 위해 대리인 비용(agency cost)이 발생하게 된다.

(corporate governance) 문제가 더욱 큰 이슈가 되었다. 이론적으로는 실적이 나쁜 경우 다음 회기에 그 경영자를 해고하면 되지만 실제로는 경영자는 점차 기업경영에 관한 전문성과 중요한 정보를 갖고 있는데 반하여 주주들은 그만한 전문지식을 가질 수 없기 때문에 권력이 경영자 쪽으로 기울게 된 것이다.

회사의 법인격

법인이란 법인격, 즉 권리능력이 있다는 뜻이다. 자연인과 마찬가지로 법인 스스로가 권리를 취득하고 의무를 부담하는 존재로 인정 받게 된다. 따라서 사단의 재산은 그 대표자의 재산과는 구별된다. 이와 같이 기업이 하나의 법률적 실체(entity)라는 것은 기업이 자본가라는 개인으로부터 독립된 실체라는 것이다. 기업은 특별한 사유가 발생하지 않는 한 영원히 존재하는 영구존속체(going concerns)로 인식된다. 따라서 기업은 개별조직 자체의 독자성을 가지고 존속과 성장의 필요성을 충족해 나가는 실체이며, 더 나아가 전체사회의 한 기관으로서 사회적 사명을 완수해야 하는 본질적 과제를 짊어지고 있다.

법인격은 모든 사단이 자동적으로 취득하는 것이 아니고 법의 인정에 의해서 취득된다. 사단의 법인격이 필요한 이유는 회사가 어떤 계약을 체결하려고 할 때 그 대표자가 모든 주주를 대표해서 상대방과 법률행위를 할 수 있도록 하기 위한 것이다. 회사가 설립될 때는 그 주주 간, 그리고 회사와 외부의 이해관계자 관계에 있어서 법이 정한 공정한 관계가 형성될 수 있도록 보장하기 위한 여러 규칙이 요구된다. 이런 규칙에 맞게 요건을 갖출 때 비로소 회사에 법인격이 부여된다.

회사란 영리를 목적으로 하는 사단법인이다. 사단이란 조합과 구별되는 개념으로서 단체성이 강하여 회사의 구성원(주주)들의 개성이 고려가 되지 않는 점이 특징이다. 여러 투자자들은 서로 개인과 개인 간에 잘 알 필요도 없다. 주주들은 회사라는 단체를 통해서 간접적으로 연결되어 있다. 회사의 재산에 대한 관리도 단체를 대표하여 회사의 대표자에 의해서 관리되고, 필요 시 처분권도 회사라는 단체가 주체가 되며, 구성원은 총회에 참여하여 다수결의 원리에 따라 단체의 운영에 참여할 수 있을 뿐이다. 단체의 자산 또는 부채도 모두 단체가 주체가 되며, 구성원은 배당을 받을 뿐 그 채무에 대하여 책임을 지지 않는다.

사람의 단체로서 조합의 경우는 단체성이 약하여 조합원들이 공동명의로 재산에 대한 소유권을 갖는다. 그러므로 단체의 행동은 구성원 전원이나 대리인에 의해 행하여지고, 그 법률효과는 구성원 전원에게 귀속하며, 단체의 자산 또는 부채도 모두 구성원 전원이 주체가 된다는 점에서 사단과 다르다. 그러나 투자된 자산의 회수를 원하는 것은, 조합의 설립목적 수행을 위한 재산이기 때문에 이를 분할해서 회수하려는 요구는 억제된다. 즉 조합은 법인이 아니고, 일종의 계약으로 규율 된다. 그러나 사단과 조합의 구별이 엄격한 것은 아니며, 양자는 단체성의 강약의 차이가 있을 따름이다.

합명회사의 경우는 상법 상 사단으로 파악되지만 회사의 구성원이 친인척이나 친지로서 강력한 인적 신뢰에 의해 결합되어 있는 경우가 많고, 회사의 채무에 대해서는 무한 연대책임을 지도록 되어 있다는 점에서는 실질적으로 조합에 가깝다. 반면에 농업협동조합은 실질적으로는 사단법인이다.

재단법인은 목적재산을 그 출연 목적에 적합하도록 관리하기 위한 설립된 조직으로서 일정한 목적을 위하여 결합한 사람의 단체(사단)에 권리능력이 부여된 사단법인과 대비된다. 재단법인은 학술, 종교, 자선, 기예, 사교 기타 영리 아닌 사업을 목적으로 한다. 재단법인은 주로 공익을 목적으로 하여 설립되지만 공익에 한하지 않고 비영리사업을 목적으로 하는 것이면 설립이 가능하다. 재단법인은 사단법인과는 달리 사원총회가 없고, 대표기관인 이사가 유일한 필수기관이다. 재단법인의 모든 의사결정과 법률행위는 이사가 하고, 대내적 업무집행권과 대외적 대표권을 모두 이사가 가진다.

기업의 형태

기업형태는 각기 상이한 장단점을 가지고 있으므로 기업을 창업하려면 먼저 기업형태를 결정해야 한다. 기업의 형태에 따라 달라지는 사항으로는 창업 시 필요한 자본액, 채무부담의 한계, 기업의 업태(제조업, 판매업 또는 금융업 등), 기업의 소유주가 지배권을 원하는 정도, 이익분배의 방법, 소유권의 양도성, 경영활동의 규모와 시장의 크기, 기타 각종 세금 문제 등이 있다.

기업의 출자자가 정부나 공공단체인 경우는 공기업이라 하며, 민간이 출자한 경우는 사기업이라 한다. 소유와 지배를 중심으로 구분하면 개인기업, 인적 공동기업(합명, 합자, 유한회사 등), 자본적 공동기업(주식회사, 협동조합) 등으로 구분할 수 있다. 기업의 규모에 따라서는 대기업, 중견기업, 소기업으로 구분할 수 있다.

우리나라에서 대기업과 중소기업을 판별하는 주요 기준은 종업원수인데, 종업원수가 300명 미만이면 중소기업이라 하고 1000명 이상이면 대기업이라 한다. 그 중간인 300명 내지 999명 규모의 기업을 중견기업으로 분류하되, 대기업의 상호출자제한에 묶여 있지 않은 기업을 그 대상으로 한다. 즉 대기업의 자회사나 재벌그룹의 멤버는 중견기업으로 보지 않는다.

대기업은 주로 세계시장에서 글로벌 경쟁을 하게 되는데, 그 경쟁의 이면에는 중소, 중견기업에서 공급한 부품의 경쟁력이 큰 요인으로 작용한다. 따라서 중소기업이나 중견기업이 튼튼해야 장기적으로 대기업도 경쟁력을 구축할 수 있고 국가 경제도 더 건강한 구조가 될 수 있다. 일본이나 대만은 견실한 중소기업이 특징이고, 독일은 '히든챔피언'이라 불리는 중견기업이 탄탄한 것으로 알려져 있다. 이런 점에서 한국은 보다 견실한 산업 구조를 확립하기 위해서 대기업-중소기업 간의 협력, 상생 문제가 중요한 이슈로 부각되고 있다.

기업의 법률적 형태와 주식회사

우리 주위에 있는 크고 작은 수 많은 기업들은 각기 일정한 형태와 구조를 갖추고 경영활동을 영위하고 있다. 이들 각 기업이 취하고 있는 기업형태에 따라 기업의 경영활동은 달라질 수 있다. 기업의 형태를 선택할 때 고려하는 주 요인으로는 일반적으로 업무의 세분화·전문화를 추진하면서 기업의 규모를 확대할 때 기대되는 규모의 경제성, 대규모 조직을 관리하는 데서 발생하는 관리비용의 크기, 조직의 이해관계자 간의 감시(monitoring)의 효과와 비용, 위험분담(risk-sharing)에 대한 이익과 인센티브의 크기를 들 수 있다.

이하, 기업(사기업)에는 어떤 종류가 있는지, 그리고 기업의 대표적인 형태로서 주식회사의 특징과 주요 기관에 대해 알아본다.

개 인 기 업

개인기업(sole proprietorship/individual enterprise)이란 개인 한 사람이 출자하여 기업을 소유·지배하는 기업유형으로서 가장 원시적이며 자연발생적인 기업형태이다. 개인기업은 출자자인 기업가가 경영상의 모든 위험과 손실을 직접 부담하고, 이윤도 단독으로 획득할 수 있으므로 단독기업이라고도 한다. 개인기업은 대체로 기업주 또는 소수의 사용자에 의해 경영할 수 있고, 대 자본을 요하지 않는 사업에 적합한 기업형태로서, 중소규모의 도·소매상, 양복, 구도 등의 전문점은 대개 개인기업이다.

개인기업을 운영할 때의 장점은 기업의 설립과 폐쇄가 용이한 점, 의사결정과 통제를 단독으로 하므로 기업경영에 전력 투구할 수 있다는 점 등을 들 수 있다. 그러나 단점으로는 자본조달과 사업능력에 한계가 있으며, 기업의 부채에 대한 무한책임이 있다는 점이다. 그리고 기업의 존립이 기업가의 운명에 달려 있기 때문에 영속성이 결여된다.

합 명 회 사

합명회사(partnership)란 합자회사, 유한회사와 함께 인적 공동기업에 속한다. 합명회사는 2인 이상의 사원(출자자)이 공동으로 출자하고, 회사의 채무에 대해 연대무한책임을 지면서 직접 회사경영에 참여하는 인적 기업의 대표적인 기업형태이다. 합명회사의 출자자는 별도의 특별한 계약이 없는 한 전원이 회사의 경영에 참여하며, 회사운영에 대한 의사결정뿐만 아니라, 사원의 지분양도에 있어서도 전 사원이 동의해야 한다. 합명회사는 인적 공동기업의 특징이 가장 강하므로 혈연관계가 있거나 이와 유사한 관계에 있는 사람들간에 소규모 기업으로 운영되는 기업형태이다. 우리나라의 경우에는 법인격을 가지는 회사로 인정되나 외국의 경우에는 법인이 아니라 조합으로 분류된다.

합명회사의 장점은 경영상의 유동성이 있고, 창의성의 발휘를 기대할 수가 있으며, 인적 결합형태에 의해 그 책임이 전체 출자자의 개인적 재산에까지 미치기 때문에 대외신용력이 개인기업보다 높다는 점을 들 수 있다. 반면에 합명회사는 무엇보다 자본력이 약하여 대 자본을 필요로 하는 회사에는 부적합하다는 점과 인적 결합에 따른 사업의 계속성이 제약 받는다는 점을 단점으로 들 수 있다.

합 자 회 사

합자회사(limited partnership)는 자본은 없으나 경영능력이 있는 사람과 자본이 있는 사람이 결합하여 사업하기에 적합한 소수 공동기업 형태이다. 합자회사의 기원은 중세기의 지중해 도시에서 발생한 코멘다(commenda)로서 해상무역과 관련하여 자금을 빌려 주고 받는 대차관계에서 발생했다. 당시에는 해상무역 상의 위험이 많았기 때문에 손실이 생기면 익명을 요구하는 자금을 빌려준 귀족이나 지주 또는 부상(富商) 등은 출자를 한도로 하는 유한책임을 지는 데 대해 자기 이름으로 직접 상업에 종사한 자금을 빌린 소상인은 무한책임을 졌었고 이익이 생긴 경우에는 계약에 따라 분배하였던 것이다3.

합자회사는 출자와 업무집행을 담당하는 무한책임사원과 출자만을 하는 유한책임사원으로 구성된다. 합자회사의 무한책임 사원이 그 지분을 일부 또는 전부를 양도코자 할 때에는 전 사원의 동의가 필요하다. 그러나 유한책임 사원의 지분 양도에 대해서는 무한책임사원의 동의만 있으면 된다.

합자회사도 앞에서 설명한 합명회사와 함께 소수공동기업의 대표적인 형태이다. 합자회사의 장점으로는 유한책임사원이 출자를 하기 때문에 합명회사에 비해 자본조달이 용이하다는 점을 들 수 있다. 반면, 합자회사 형태의 단점으로는 유한책임사원은 지분을 양도할 때 무한책임사원 전원의 승인을 얻어야 하기 때문에 지분양도가 어려워 대기업으로 성장하는 데 한계가 있

---

[3] 세익스피어의 '베니스의 상인' 또는 그 영화를 보면 당시의 대차관계와 상거래, 신용의 문제 등을 살펴볼 수 있다.

다는 점을 들 수 있다.

유 한 회 사

유한회사(limited company)는 출자액을 한도로 하여 기업채무에 대해 책임을 부담하는 유한책임사원만으로 구성된 회사이다. 즉 출자자에 대한 무한책임의 부담을 없애고, 가족기업과 같은 적당한 규모의 기업으로서 유지·성장할 수 있도록 하기 위해 창안된 기업형태이다. 영국의 산업혁명으로 기계를 사용하는 대규모 공업의 출현으로 생산장치를 마련하는 데 상당한 자본이 필요한 시대가 되었다. 따라서 공장을 소유, 조직, 운영할 수 있는 사람은 가계의 자본만으로는 공장을 설립·운영할 수가 없었으므로 자본을 모집할 필요가 생기게 되었다. 따라서 자본을 모집하기 위해서는 유한회사 형태의 기업이 발전할 수밖에 없었다.

유한회사의 기관으로는 이사, 감사, 사원총회가 있다. 사원지분을 일부 또는 전부 양도코자 할 때에는 사원총회의 결의가 필요하기 때문에 비교적 소수의 사원 또는 가족기업과 같은 중소기업의 경영에 적합한 기업형태라 할 수 있다.

장점으로는, 유한회사는 유한책임 균일분할 출자제 등과 같은 주식회사의 장점을 중소기업에도 적용할 수 있는 기업형태이고, 특히 기업을 공개할 의무가 면제된다는 점을 꼽을 수가 있다.

유한회사의 단점으로는 사원수가 한정되어 있으므로 소수집단기업에 속하며 합명회사나 합자회사와는 달리 모두 유한책임사원으로만 구성되기 때문에 기업에 대한 신뢰가 적은 점을 들 수 있다.

주 식 회 사

주식회사(stock company or stock corporation)는 주주의 유한책임제도와 주식으로 자본의 증권화를 통하여 거액의 자본을 조달하고, 자본과 경영이 분리되어 전문경영자에 의해 운영되는 자본적 공동기업의 형태를 말한다.

역사적으로 보면 1602년에 설립된 네덜란드의 동인도회사를 주식회사의 선구라고 보고 있다. 그 후 18세기 후반 산업혁명을 거치면서 대량생산체제를 지향하는 공업화 과정을 겪게 되면서 산업자본에 대한 요청이 증가함에 따라 주식회사의 발달은 급속히 진전되었다.

주식회사

주식회사의 특징

1. 유한책임제도

유한책임제도는 주식회사의 출자자인 주주는 자신의 출자액 한도 내에서만 책임을 진다는 것이다. 개인회사인 경우 회사의 부채가 곧 출자자 개인의 부채로서 회사 재산으로 채무를 변제하지 못할 경우에는 개인의 재산까지 압류 당하는 것에서 보듯이 주식회사의 유한책임제도는 오늘날 대규모 기업이 생기게 한 모태가 되었다4.

주식회사의 출자자는 자신의 출자액 한도 내에서만 회사의 자본위험에 대한 책임을 진다. 따라서 출자자의 개인자산과 회사재산은 별개의 것으로서 주주의 개인자산은 보호된다. 주식회사가 존속할 때에는 주주의 부는 기업의 경영성과 및 경제적 환경 등으로 나타나는 주식의 시장가치에 의해서 평가되고, 다만 주식회사를 청산할 때 변제해야 할 회사의 채무액이 자본금보다 초과할 경우에 출자한도 내에서 주주의 책임이 존재한다.

2. 자본의 증권화

자본의 증권화는 주식회사의 주주로서 갖는 권리인 주식을 유가증권화(이를 주권이라 함)하여 시장에서 자유로이 매매 및 양도를 할 수 있게 한 것이다. 회사는 최초 설립 시, 그리고 후에 추가 자본이 필요한 경우 일정한 요건을 갖추어 주식을 발행하여 자본을 조달할 수 있다. 이때 회사는 출자

---

[4] 주식회사라는 존재는 자본주의 경제를 논하는 데 있어서 매우 핵심적 요소다. 비록 모험을 감수하는 건전한 기업가정신이 자본주의 경제의 출발점이기는 하지만, 이 건전한 모험정신이 보답을 받을 수 있는 토양으로서 주식회사 제도가 창안되었다.

의 단위를 소액 균등화 하여 소액의 자금밖에 없는 사람도 주주는 언제든지 원하기만 하면 주식을 구입함으로써 회사의 주주가 될 수 있으며 동시에 주가가 오르면 출자금을 회수하기 위해서 주식을 팔 수 있도록 하였다. 회사로서는 주주들 간의 이런 거래가 회사의 자본금을 감축시키는 것이 아니므로 계속 기업(going concerns)으로서 영속을 전제로 한 경영을 해나갈 수 있다.

3. 소유와 경영의 분리

주식은 그 기업의 소유권을 나타내는 것으로 그 소유 비율에 따라 주주는 의사결정권한을 나누어 가지게 된다. 그러나 주식회사의 경우 최초 경영을 책임지던 대주주라 해도 출자 규모가 커지고 자본의 증권화로 인해 주식의 분산이 심화되면 현실적으로 의사결정권한을 행사하기 어렵게 되어 점차 혼자서 기업을 경영하기가 어려워진다. 따라서 회사의 경영은 전문경영자를 영입하여 맡기고, 출자자는 점차 경영보다는 출자에 따른 배당이나 자본이득에 더 관심을 두게 되는 식으로 소유와 경영이 분리되어 가는 것이다.

주식회사의 주요 기관

주주총회

주주총회는 회사의 기본조직과 경영에 관한 주요 사항에 대하여 주식회사의 소유자인 주주들이 의사를 표시하여 처리하는 최고의 의사결정기관이다. 주주는 상법과 정관에서 정해진 사항에 대해 결정할 수 있는데, 주된 권한은 이사와 감사의 선임이나 해임권, 정관의 변경, 주식배당, 신주인수권 등에 관한 사항에 대해서 의사결정권한을 갖는다는 것이다.

주주총회는 정기총회와 임시총회로 구분되며, 정기총회는 매 결산기에 정기적으로 소집되어 결산서의 승인이나 이익 또는 이자의 배당에 관한 것을 주로 결의한다. 그리고 임시총회는 필요에 따라 수시로 소집된다.

이 사 회

출자자인 주주들의 기구인 주주총회에서 이사를 선임하고, 이사들의 회의

체인 이사회에서 대표이사를 선임한다. 대표이사는 주주의 대리인으로서 경영활동을 하게 되는데, 이때 자신을 보좌할 집행부(집행임원진)를 구성해서 경영활동을 하게 된다. 이사회는 회사의 실제 경영을 담당하는 대표이사 및 집행부를 감독하는 역할을 한다.

이와 같이 이사회는 주주총회로부터 업무집행에 관한 일체의 권한을 위임받은 수탁층으로서 회사의 업무집행에 관한 의사결정 및 이사의 직무집행을 수행하는 이사 전원으로 구성되는 필요상설기관이다. 이사회는 사내이사와 사외이사로 구성되며, 그 임기는 보통 3년이다.

감사

원래 이사회의 중요한 역할 중의 하나는 대표이사를 감독하는 것이므로 이사회가 있다면 별도의 감사제도가 사실상 필요하지 않다. 그러나 우리나라의 주식회사 제도는 감사의 필요성이 크다는 취지에서 주주총회에서 별도로 감사를 선임한다. 결과적으로 우리나라의 주식회사 제도에서는 감사와 이사회의 역할관계가 중복되는 문제가 있다. 감사는 주로 회사의 회계를 감사할 권한을 가지고 있고, 대주주의 독단적 경영의 가능성을 감시한다. 감사의 임기는 보통 2년이며, 인원수의 제한은 없다.

감사제도는 나라마다 조금씩 차이가 있는데, 독일의 경우는 주주총회에서 감사를 선임하고, 감사회에서 이사를 선임하므로 이원제라 할 수 있다. 독일의 경우, 대개 젊어서 이사로서 활동했던 사람을 감사로 선임한다. 그렇게 함으로써, 나이가 들어 활동력은 떨어지지만 축적된 경험을 바탕으로 젊은 이사들에게 선배로서 조언하는 역할을 감사가 수행할 수 있게 된다.

2 경영학의 발전과정

1. 고대에서 산업혁명기까지의 경영
2. 경영관리론의 태동
3. 현대 경영학의 발전과정
4. 참고 - 독일 경영학

제 2 장 경영학의 발전과정

경영학의 성격을 보다 명확하게 이해하기 위해서는 경영학의 역사적인 발전과정을 살펴보는 것이 필요하다. 고대로부터 현대에 이르기까지 경영 개념이 어떤 과정을 거쳐 태동했고, 경영학의 주요 이론들의 등장배경과 핵심적인 내용이 무엇인지 살펴 봄으로써 오늘날의 경영학이 어떤 경위를 통해서 태동되었는가, 향후 경영학이 어떤 방향으로 발전되어 나갈 것인지를 알아볼 수 있게 될 것이다. 이하 경영학의 발전을 위해 선도적인 역할을 해 온 몇 가지 관점과 주요 관점들을 살펴본다.

고대에서 산업혁명기까지의 경영

산업혁명 이전의 경영

고대 경영 개념의 태동

대체로 19세기 이전의 사업체는 가족이 운영하는 작은 규모였고 대기업은 산업혁명과 더불어 나타나기 시작했다. 따라서 경영학이 공식적인 학문의 체계를 갖기 시작한 것은 산업혁명 이후의 일이며, 서서히 전문적인 경영자가 가족에 의한 경영을 대체하기 시작했다.

하지만 경영 개념이 갑자기 창조된 것은 아니다. 인간이 관개문명에 의해 모여 살게 된 이래 이미 장거리 교역도 시작됐다. 기원 전 2500년에 이미 티그리스-유프라테스(Tigris and Euphrates)의 잉여 농산물을 주고 페르시아와 이란 지역에서 그들이 필요한 광물과 바꾸는 교역이 이루어진 기록이 있다. 이집트 문명 당시 이미 국가의 계획 기능에는 나일강의 범람, 곡식의 수확량, 세금 징수의 예측이 포함되고 있다. 로마 시대에는 중국과 유럽 간의 교역이 실크로드를 왕래하며 이루어졌고, 지배 계층과 율법의 정비로 오늘날 제헌 정부의 관리에서 볼 수 있는 원칙들이 확립되었음을 볼 수 있다. 중국도 역시 공식화된 공무 행정에 의해 먼 영토에 걸쳐 지배할 수 있었다.

르네상스 – 주권국가와 중상주의의 대두

유럽의 중세 시대는 종교의 영향으로 상업에 대한 반감이 지속되었고, 지역 시장에서의 상행위만이 존재했다. 그러다가 11, 12, 13세기에 걸친 십자군 원정으로 아랍 문화권과의 교역이 확대되면서 중세 봉건사회는 중대한 변화를 맞게 되었다. 차츰 동서양의 교역로를 따라 이탈리아의 도시국가들이 생겼으며, 15세기 이후에는 이탈리아에서는 페루치(Peruzzi)와 메디치(Medici) 가문이 은행업을 시작했다. 그들의 은행은 이탈리아의 제노아에 본사를 두고 아프가니스탄과 인도에까지 많은 수의 대리인을 두고 영업을 했다.

15세기부터는 포르투갈, 그리고 곧 그 뒤를 이은 스페인 선단이 해상무역을 독점했다. 그러나 주도권은 곧 네덜란드, 영국, 프랑스 등으로 넘어 가이들 나라의 무역상들이 남부 아시아와 극동, 그리고 아메리카 대륙으로 진출하는 배경이 되었다.

20세기 중반 이전에는 경영 실무의 전수를 위해 대부분 도제(apprenticeship) 방식으로 경영 훈련이 이루어졌다. 관리자는 자신의 과업과 책임을 직무를 통해서 배웠다. 예를 들어 영국의 경우는 신사도제(gentleman apprentices) 제도가 있었는데, 이는 장래에 경영자로서 가능성 있는 젊은이를 뽑아서 현장부터 최고경영자의 업무에 이르는 회사의 다양한 업무에 경험을 쌓게 한 후 나중에 최고경영자가 되는 경로를 밟게 하는 제도다. 도제 방식뿐 아니라 체계적으로 경영 실무를 축적하는 움직임도 나타났는데, 예를 들어 1494년에 베네치아의 파치올리(Luca Pacioli)는 복식부기를 보편화시키는 책을 내 놓았다.

중세 유럽 변화의 중심 축으로서는 중상주의(mercantilism)의 대두를 들 수 있다. 이는 국가적인 지원 아래 해외에서 싸게 사서 국내에서 가공을 한 후 다시 해외에 비싸게 파는 방식으로 이익을 실현할 수 있도록 하는 사조를 말한다. 13세기 마르코폴로의 동방 여행은 중상주의적 열정을 반영하는 역사적 사건이다. 중세 르네상스 시대의 산업은 원재료를 가져다가 완성품을 만들어내는 가내공업 방식이었는데, 고용주는 장인을 고용하여 공방을 운영했다.

중세 유럽의 중상주의는 점차 국가를 위한 자본주의로 발전했다. 1661년에서 1683년 사이에 프랑스의 수상을 지낸 장 바티스트(Jean Baptiste)는 중상주의가 하나의 공식적인 경제이론으로 발전하는 데 중추적인 역할을 했다. 중상주의 경제이론은 다음과 같은 특징을 갖는다.

- 중금주의(Bullionism): 국가의 경제적 부는 금 또는 은과 같은 귀금속의 보유량으로써 평가된다.
- 무역의 호조 추구: 더 많은 금괴를 갖기 위해 국가는 수입보다는 수출을 더 많이 해야 한다.
- 자족의 경제: 부의 유출을 막기 위해서 국내 산업의 발전을 장려하고 수입을 억제한다.
- 농업은 부의 기반: 대부분의 소비는 식량이었으므로 국내 농업을 장려한다.
- 관세: 외국 물자에의 의존을 줄이기 위해서 완제품의 관세를 높게 설정하고, 원재료의 관세는 낮게 설정한다.
- 국가의 부: 부강한 나라는 해군력과 식민지를 가진 나라다. 식민지는 완제품 시장을 제공하고 원재료의 원천이 된다.
- 정부 주도의 경제개발: 경제와 무역을 장려하고 국가의 부를 보호하기 위해 국가가 경제를 주도한다.

이런 분위기 속에서 정부 독점의 형태로 대 규모 기업들이 생겼는데, 예를 들어 영국과 네덜란드의 동인도 회사는 국가의 비호 하에 서로 우위를 겨루며 식민지 시장을 개척하는 역할을 수행했으며, 허드슨베이사(Hudson's Bay Company)는 1670년도에 설립되어 모피무역을 개척하며 성장했다. 이들 기업은 주식을 발행하여 자금을 모았고, 가족기업을 넘어 전문경영인을 두었다는 점에서 오늘날 주식회사의 모태가 되었다.

종교개혁과 자본주의의 출현

중상주의의 국가 주도형 자본주의가 자유방임적 개인 자본주의로 가는 데는 가치관의 근본적인 변화가 요구되었는데, 국가의 부는 통치권자의 부가 아니라 국민의 부라는 생각으로 변화해야만 했다. 이렇게 되는 데는 독일의 사회학자 막스 베버(Max Weber)가 '신교 윤리와 자본주의 정신(the protestant ethic and the spirit of capitalism, 1905)'에서 서술하고 있듯이 종교개혁에 의한 신교의 영향이 크게 작용했다.

독일 종교개혁의 횃불은 1517년 10월 31일 아우구스티누스회의 수도사면서 신학교수인 루터가 '면죄부(免罪符)에 관한 95개조 논제'라는 항의문을 비텐베르크대학의 성(城)교회 정문에 게시함으로써 올려졌다. 이 항의문은 마인츠의 대주교 교회의 알브레히트가 재정적 위기를 타개하기 위해 판 면죄부에 대해 루터가 그 성사적(聖事的) 효과를 신학적으로 문제 삼은 것이었다. 이것이 루터 자신의 예상을 넘어 유럽 전체에 파급되는 대 운동으로 발전한 것이다. 루터주의는 곧바로 농민이 전통적 권위주의에 반역하도록 부추기는 교의가 되었고, 루터에 이어 스위스의 제네바에서는 칼뱅(John Calvin)이 종교 개혁을 일으켰다. 그는 예정설을 주장하여, 모든 신자가 자기의 직업에 근면하게 종사하면 로마 교회의 개입 없이 개인이 구제 받을 수 있다는 믿음이 전 유럽에 확산되었다. 이러한 교리는 상공업에 종사하던 시민 계급의 환영을 받았으며, 프랑스, 네덜란드, 영국 등 서유럽 각지로 전파되었다. 이후 전 유럽에 걸친 종교전쟁을 치르면서 유럽의 정치 체제가 변화를 겪게 되었고, 결과적으로 종교개혁은 새로운 사회적 질서를 정착시키는 촉매제가 되었다.

전통적인 가톨릭은 교회의 권위와 종교적 책무를 다해야 한다는 것을 강조한다. 신교는 개인을 강조했으며 일을 통한 도덕적 고행을 선포했다. 청교도에 있어서 부는 그 자체로서 중요한 것이 아니라 육체적, 정신적 노동을 통해서 자신의 최선을 바칠 소명을 갖게 되는 필요에서 중요한 것이다. 이렇게 축적된 부는 자신의 기본적인 필요 이상으로 소비해서는 안 되며 재

투자 되어야 했다. 이와 같이 일에 대한 의무, 부의 현명한 사용, 자신의 내적 도덕적 나침반에 따라야 할 의무 등이 신교의 윤리였고, 이런 가치가 자본주의를 출현하게 했다.

영국의 산업혁명

산업혁명 – 왜 영국에서 일어났는가?

1750년에서 1870년경에 이르는 약 1세기 동안 기계의 등장으로 인하여 종래의 수공업적 소규모 생산으로부터 대량생산의 공장제 기계공업으로 전환되었고, 생산 작업은 고도로 세분화하는 등 산업상의 일대 변혁을 맞았다. 산업혁명은 방직기계의 등장으로 영국이 가장 먼저 그리고 가장 철저히 경험하였고, 차츰 세계 각국으로 번져 나갔다. 이 산업혁명을 거쳐 비로소 자본주의 경제 체제가 확립되었다.

영국에서 산업혁명이 일어난 배경은, 서구의 다른 사회보다 영국에서는 사유재산에 대한 보호가 보다 잘 지켜졌고, 세금이 덜 부담스러웠으며, 지적 재산권이 특허에 의해 지켜질 수 있어서 기업가적 위험 부담이 가능했던 점을 들 수 있다. 이는 영국은 종교개혁의 결과 로마가 아닌 영국 왕이 영국 교회의 수장이 된 결과와도 관련이 있다.

1694년에는 사기업으로서 영국 은행이 세워져서 국채를 담보로 화폐를 발행했고, 1785년에는 런던 주식시장이 생겨 주식 거래를 하게 되었다. 그리고 영국의 풍부한 철광 자원도 산업혁명을 촉발하는 요인이 되었다. 이런 분위기 속에서 1705년도에 뉴코맨(Newcomen)은 캘리(John Calley)의 특허를 개량하여 탄광의 물을 퍼내는 증기기관 제작했으며, 1775년도에 제임스 와트(James Watt)는 뉴코맨의 엔진을 개량하여 신뢰할 수 있는 증기기관을 제작했다. 와트는 버밍행에 소호(Soho) 설계공장을 가지고 있던 불턴(Matthew Boulton)과 동업으로 증기기관을 제작하는 사업을 시작했다. 이 증기기관을 장착한 공장들이 우후죽순처럼 생겨나 영국의 산업혁명을 촉발하게 되었다.

아담 스미스(Adam Smith)의 자본주의 경제학

아담 스미스의 국부론(an inquiry into the nature and cause of the wealth of nations)은 1776년 산업혁명의 시작 시점에 출판되어 현대 경제의 생성에 이론적 틀을 제공했다. 그는 지속적으로 자신의 이익을 추구한다는 인간의 행동과 인간의 합리성에 대한 이해에 바탕을 두고 경제 이론을 구축했다. 그는 "우리가 저녁 식사를 할 수 있는 것은 정육점, 양조장, 제빵점의 자비심이 아니라 그들 자신의 이기심 때문이다."라는 비유에 나타나 있듯이, 시장의 '보이지 않는 손(invisible hands)'의 작용이 국부의 원리임을 설명했다.

실상 '자본주의'라는 단어는 아담 스미스에 의해서가 아니라 후에 마르크스(Karl Marx)에 의해서 만들어졌지만, 아담 스미스에 의해 제시된 자본주의는 당시의 주류였던 중상주의에 반하는 자유방임적(laissez faire) 경제학[5]으로서, 이 사조는 당시의 중상주의에 대한 직접적인 반론이었다.

아담 스미스에 의해 제시된 바에 의하면 자본주의는 다음과 같은 요소를 지닌다.

- 생산 수단으로서 토지와 자본은 사유된다. 여기서 자본은 제품과 서비스를 생산하는 데 쓰이는 공장과 장비를 말한다.
- 경제는 구매자와 생산자가 시장 내에서 상호작용을 함으로써 조직되

[5] 영국의 철학자 홉스(Thomas Hobbes, 1588~1679)는 리바이어던(Liviathan, 1651)에서 사회의 접착제는 국가주권이며, 국가권력은 절대적인 권력 즉 전제군주를 통하여 사회가 개인이 사적 이익을 추구하여 야기하는 혼돈에서 보호한다고 보았다. 영국의 철학자 로크(John Locke, 1632~1704)와 프랑스의 철학자 루소(Jean Rousseau, 1712~1788)는 사회를 묶어주는 접착제는 '사회 계약'이라고 보았다. 이는 정당한 권위의 원천인 개인이 정부를 통하여 집합적으로 합의한 통일체를 말한다.

이에 비해 아담 스미스의 주장은 사람들을 함께 묶어주는 것은 생산과 구매라는 경제활동이라는 것, 즉 개인이 사적 이익을 위해 행동함에 따라 경제가 사회를 묶어주는 사회계약을 갖는 셈이라는 것이다. 아담 스미스의 국부론은 국가의 경제 개발에 대한 탐구로서, 그는 생산활동을 경제 개발의 중심으로 본 것이다.

고 조절된다.

- 토지와 자본의 공급자와 노동자는 자신의 자원으로부터 최대의 이득을 얻고자 한다.
- 공급자와 구매자가 자신의 이익을 추구한 결과 시장에서의 가격은 판매자와 구매자의 흥정에 의해 결정된다.
- 자신의 이익을 추구하는 경쟁 시장에서 경제는 정부의 역할 없이 스스로 조절된다. 국가 주권은 사회를 외부의 공격에서 보호하고 사유재산을 지키며, 계약을 보장하고 도로, 운하 등 공공재를 포함한 인프라 구조를 건설하여 지원하는 역할을 하는 데 필요하다.

그는 국부론에서 핀 제조공장에 방문해서 관찰한 결과를 바탕으로 분업의 원리를 제시했다. 전통적인 기능공이 하루에 핀을 한 개밖에 생산하지 못할 것을, 분업화된 공장에서는 10 명이 하루에 48,000개를 생산하는데, 이런 생산성의 도약은 노동의 분화라는 조직화와 기술의 덕이라는 것이다.

그러나 아담 스미스가 예를 든 핀 공장은 오늘날의 공장과는 다른 수공업적인 수준의 공장으로서 아직 경영의 원리를 본격적으로 다룬 것은 아님을 주목할 필요가 있다. 국부론을 비롯하여 20세기 이전 산업혁명 시대의 문헌에는 아직 경영을 독립적이고 주목할 만한 활동으로 보지 않았다.

미국의 산업혁명

미국의 자본주의

미국에서는 중상주의 체제인 유럽 본토의 이익을 위해 식민지 무역을 하는 경제적 기관들의 활동이 전개되었다. 스페인은 플로리다와 미시시피 서쪽과 남쪽으로는 남미에 이르는 지역을 식민지화 했다. 네덜란드의 동인도회사는 허드슨 강을 따라 오늘의 뉴욕 지역에 걸쳐 모피 무역을 했다. 스웨덴도 델라웨어에서 유사한 모피 무역을 했으며, 영국의 버지니아사(Virginia Company)는 버지니아를 거점으로 교역을 했다.

버지니아사는 현지인에게 주식을 사는 것을 허용하면서 1627년에는 영국의 투자자들을 축출하고 식민지에서 자체적으로 운영하는 회사가 되었다. 매사추세츠베이사(Massachusetts Bay Company)는 주지사를 사장으로 하여 본토의 경제적 이익을 위해 운영되었지만 점차 현지인의 지분 영향력이 커졌다. 식민지 기업들의 무역은 럼주, 노예, 당밀, 경화, 설탕, 곡물과 고기 등이었고 영국 본토로부터는 완제품이 들어갔다.

미국 독립 전쟁의 원인으로 가장 주된 것은 영국의 미국 식민지에 대한 과도한 조세 정책이다. 1763년 7년 전쟁의 결과를 논의하는 파리 강화 회담에서 영국은 식민지에 대해 조세 정책을 실시하기로 결정하였다. 그 후 설탕법, 당밀법 등으로 당밀, 설탕, 철, 소금 등의 수입품에 대해서 관세를 부과하였고, 신문, 일간지, 트럼프 카드 등 미국 식민지에서 출판되는 모든 출판물에도 세금을 부과했다. 이에 식민지인들은 "대의권 없는 과세 없다(No taxation without representation)"는 구호를 내걸고 영국의 과도한 조세 정책에 반발하였다.

미국 헌법은 1790년에 비준되어 중상주의라기보다는 보호주의 무역 정책을 취한 외에는 자유방임적 경제에 부합하는 정부를 구축했다. 중앙정부는 주 간의 상거래를 조정하여 단일 시장을 형성하도록 했고, 특허와 저작권 같은 사유 재산권을 보호하고, 주 정부가 계약적 권리에 개입하는 것을 금지하고, 동일한 파산법이 적용되도록 하는 등의 법 체계가 성립되었다. 그 후 미국 자본주의는 해밀턴(A. Hamilton)의 '강한 중앙정부 모델'과 제퍼슨(T. Jefferson)의 '농업사회 모델'이 서로 충돌하면서 발전해 왔다.

전문경영자의 부상

영국의 산업혁명의 영향은 뒤 이어 미국에 전파되었다. 해밀턴은 1781년에 수력 직물공장을 세웠고, 미국 산업혁명의 아버지로 불리는 슬레이터(Samuel Slater)는 1790년도에 미국 로데 아일란드의 포투켓(Pawtucket)에 방적공장 세웠다. 그리고 휘트니(Eli Whitney)에 의해 1794년 조면기가 발명되면서 면화 생산에 혁신이 일어났다. 1814년에는 방적과 직조를 함께 할 수 있는 월탐(Waltham) 시스템이 채택되어 젊은 여성들이 대량 고용되는 등 미국 전체가 산업혁명에 돌입했다. 특히 북부를 중심으로 산업이 발전하기 시작하면서 1849년 95만 명이던 임금노동자는 1889년에 425만 명으로 확대되었고, 1840년도에 도시 거주 인구는 8.5%에서 1890년에는 32%로 증가했다.

미국의 북부와 남부는 식민지 건설 때부터 종교와 경제를 달리하고 있었다. 미국의 시민전쟁(1861~65)은 연방으로부터 분리·탈퇴한다는 것이 헌법에서 인정되고 있는가의 여부에 관한 헌법해석, 그리고 이 문제를 유발시킨 노예제도에 대한 시비와 동서남북 각 지역간의 이해 대립 등 많은 문제가 얽혀 일어났다. 많은 희생을 치렀지만, 이 전쟁의 결과 전국적인 단일 시장이 형성되었다.

산업혁명의 효과와 함께 광대한 지역으로 확대된 국내 시장, 그리고 복잡하게 확산된 미국 철도산업의 영향으로 미국 특유의 경영 방식이 전개되기 시작했다. 역사가들은 20세기에 이르기까지 계속된 미국 산업혁명의 전개를 2차 산업혁명이라고 부른다. 1차 산업혁명이 증기기관의 적용으로 특징지워진다면, 2차 산업혁명은 방법의 개선, 화학과 금속공업, 전기 동력의 사용 등으로 확산되었다. 급속도로 확장된 철도 산업은 중간관리자와 스태프 기능을 포함하는 대기업 조직의 효시가 되었고, 장기계획, 일정계획, 가격결정 등 경영의 전문화와 다양한 기법의 발전을 촉진했다.

철도산업에 의해 선도된 근대적 기업체는 전통적 회사에 비해 한 장소에 고정되어 있지 않고 전국 시장을 대상으로 사업을 전개하며, 여러 계층의 관리자 층으로 이루어진 계층구조로 이루어진 특징을 갖는다. 이런 특징과 함께 현대 기업은 많은 수의 전문경영자에 의해서 관리된다. 1881년에 사업가 와튼(Joseph Wharton)은 이런 필요에 부응하기 위해 펜실바니아 대학에 와튼 스쿨(Wharton School)이라는 경영대학을 설립했다. 당시 경영에 대한 전문가나 문헌이 없었다는 점에서 이 대학의 설립은 일종의 실험이라 할 만 하다.

경영관리론의 태동

대기업들이 모습을 갖추기 시작한 1870년에만 해도 경영은 매우 초보적인 수준이었고 오늘날처럼 발전하리라고 예측한 기업의 지도자는 거의 없었다. 그 당시 찾아 볼 수 있는 대규모 조직은 군대뿐이었으므로, 군대식 명령과 통제에 의한 조직구조가 대륙간 철도부설이나 강철 공장의 모델이 되었다.

경영이론의 발굴

프랑스의 페이욜(H. Fayol)은 1916년에 '산업 및 일반관리론'(administration industrielle et generale)이라는 저서를 통해 일반관리론에 대한 연구업적을 발표했는데, 이 책이 1949년에 영역되면서 널리 알려지게 되었다. 페이욜은 최고경영자들과 그 안에 있는 구성원들이 어떻게 하면 조직의 목표를 더 효과적으로 달성할 수 있을 것인가에 많은 관심을 기울였다. 페이욜은 국립 광산학교에서 교육을 받았고, 졸업 후 1860년에 프랑스의 광산회사 컴멘트리에 취직하였고 평생을 그 회사에서 근무했다. 오랜 기사생활을 거쳐 1888년에서 1918년까지 경영이사로서 위기에 처한 회사를 파산의 낭떠러지에서 구했으며, 임원으로서의 경험을 바탕으로 자신만의 독특한 경영 이론을 체계화 하였다.

우선 그는 경영의 보편성을 인식하였다. 경영은 프랑스 광산회사에도, 병원에도, 혹은 우체국에도 적용될 수 있는 것이다. 나아가 그는 경영이 나름대로의 권리를 지닌 학문이라는 것을 밝혀냈다. 오늘날에는 전혀 놀라울 일이 아니지만 당시에는 독립된 학문으로서의 경영은 거의 존재하지 않았다. 페이욜은 경영이 정통의 학문이라면 경영자들이 하는 일은 무엇이며 그렇게 함으로써 그들이 이루고자 했던 것은 무엇인가를 생각했다. 이에 대한 해답으로 페이욜은 다음과 같은 경영관리 이론을 제시했다.

첫째, 페이욜은 모든 기업조직이 여섯 가지의 하위시스템으로 구성된다고 보았다. 그것은 생산·제조·가공의 기술적 활동, 원료의 구입과 제품의 판매,

교환 등 영업 활동, 자본의 획득을 다루는 재무활동, 인명 및 재산에 대한 안전 활동, 원가, 수익, 유동성 등의 자료를 기록·평가하는 회계 활동, 그리고 계획, 조직화, 지휘, 조정, 통제의 관리 활동이다. 이 중에서 특히 관리 활동을 계획, 조직, 지휘, 조정, 통제의 다섯 가지 과정이 모여 이루어지는 것으로 파악한 것은 그의 탁월한 업적이라 할 수 있다. 고전적 관리론은 경영학을 하나의 학문적 영역으로 정착시키는 데 커다란 공헌을 하였으며 경영학원론의 내용을 구성하는 데 크게 기여하고 있다.

둘째, 페이욜은 여러 가지 관리의 원칙을 제시하였다. 관리의 원칙은 선박의 항해에 있어서 등대의 빛과 같은 역할을 하는 규준이라 했는데, 여기에는 전문화의 원칙, 권한과 책임의 원칙, 규율, 명령통일의 원칙, 전체이익 우선, 보상, 집권화, 감독 폭의 원칙, 권한위양의 원칙 등이 포함된다. 페이욜은 이러한 원칙들이 절대적인 것이 아니고 변화하는 상황이나 특수한 여건에 맞추어 융통성 있게 적용되어야 한다고 하였다.

이상 살펴본 고전적 관리론이나 관리과정학파는 관리실천에 관한 지식에 대해서 일반화를 시도했다는 점에서는 공헌을 인정 받고 있다. 그러나 관리과정의 요소 및 원칙이 서로 중복되고, 또 그의 이론이 단지 개인적인 경험과 제한된 관찰에 근거를 둠으로써 과학적인 방법으로 그 이론적 근거를 제시하는 데 불충분하다는 점이 지적되고 있다. 이와 같은 비판에도 불구하고 고전적 관리론은 경영학을 하나의 학문적 영역으로 정착시키는 데 커다란 공헌을 하였으며 경영학원론의 내용을 구성하는 데 크게 기여하였다.

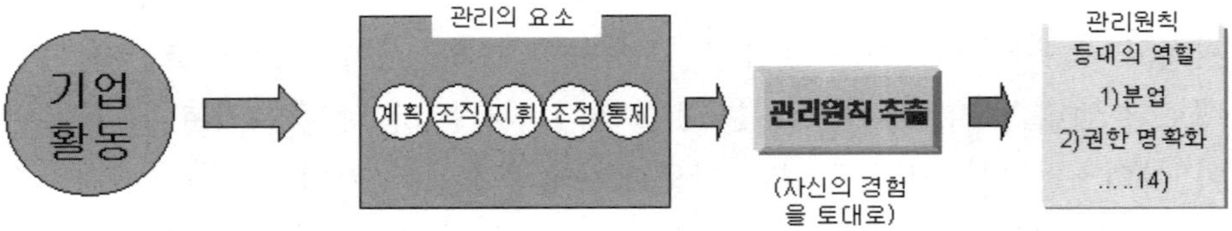

그림 2-1 고전적 관리론

과학적 관리법

미국 경영학 개관

미국의 경우, 19세기 중반 무렵부터의 산업혁명과 남북전쟁 이후의 비약적인 공업화를 전개하는 과정에서 미국 경영학의 씨앗이 싹텄다. 미국에 있어서의 경영연구는 직접적으로는 생산과정에 있어서의 관리나 재무적 관리라는 실천적인 요구에 부응하기 위한 내용이 중심이 되고 있다.

역사적으로 살펴보면 1675년 사봐리(J. Savary)의 "완전한 상인"의 출판 이후부터 약 300년간 학풍을 이어온 독일 경영학에 비해, 1911년 테일러(F. W. Taylor)의 "과학적 관리의 원리"의 출판 때부터 시작되는 미국 경영학의 역사는 일천한 셈이다(그림 2-2 참조). 그러나, 이런 학사(學史)적인 격차에도 불구하고, 오늘날 전세계는 주로 미국식 경영학에 영향을 받고 있다.

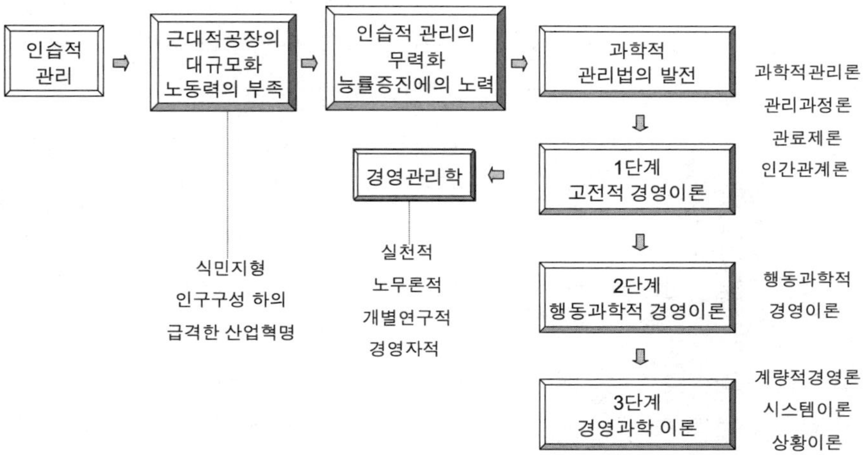

그림 2-2 미국 경영학의 성립

미국 경영학의 역사에서 유럽 쪽의 앙리 페이욜과 유사한 경력을 지닌 사람이 프레드릭 테일러(Frederick Winslow Taylor, 1856~1915)이다. 페이욜이 경영의 본질이라는 광범위한 이론적 질문에 매달린 반면 테일러는 전적으로 실용적인 목표를 가진 문제 해결사였다. 그는 필라델피아의 유복한 가정에서 태어났음에도 불구하고 엔지니어의 맨 밑바닥부터 사회 생활을 시작했다. 그가 처음 얻은 직업은 견습생이었으며, 1878년에는 필라델피아 근처에 있는 미드베일 강철회사에 입사해서 공구보관소 감시인, 현장 부주임, 현장 주임, 감독 기술자, 연구 책임자를 거쳐 마침내 최고 엔지니어가 되었다. 1901년까지 미드베일에 있는 동안 테일러는 과학적 관리라는 그의 이론적 토대를 마련했다.

이하 현대 경영학의 전개과정에 있어서 중요한 영향을 끼쳤던 테일러의 과학적 관리법의 의의를 먼저 살펴 본 후, 이어서 전체 경영학 이론의 전개과정을 차례로 알아 본다.

최초로 작업에 지식을 적용

지난 세기에 있어서 테일러 만큼 기업경영, 나아가 산업화에 영향을 끼친 사람은 없을 것이다. 테일러는 과학적 관리법을 통하여 미국의 산업혁명을 완성하고 제조업 경영의 토대를 만들었다.

과학적 관리법이 왜 그리도 중요한 것일까? 그것은 아마도 한 시대의 사상을 변혁하고, 우리가 합리적으로 사고하는 방법을 제시한 영향 때문일 것이다. 드러커는 테일러의 과학적 관리법이 '최초로 작업에 지식을 적용'했다는 점에서 그 중요성을 평가하고 있다. 테일러에 의해서 촉발된 생산성 혁명은 오늘날 지식사회로의 이행으로까지 그 맥을 잇고 있다는 것이다.

그림 2-3 Frederick W. Taylor

이하 과학적 관리법이 성립한 배경을 알아본다(테일러 1988, 209-214).

과학적 관리법의 성립 배경

산업혁명은 산업사회에 있어서 그때까지의 생산방법을 근본적으로 변화시켰다. 이는 종래의 숙련노동자에 의한 수작업을 기본으로 하는 수공업, 가내공업으로부터 기계생산의 공장제 공업으로의 변화를 말한다. 그 결과, 산업은 급속히 발전하고 기업은 점차로 대규모화 되어 갔다. 그러나 이와 같은 급격한 변화는 동시에 여러 가지 문제를 발생시켰다. 그 중에서 가장 근본적인 것은 숙련노동자의 숙련기술이 기계로 대체된 것이다. 기계생산은 종래에 있었던 것과 같은 노동자의 숙련을 불필요한 것으로 만들었다. 이러한 사실은 독립노동자의 소멸을 의미하며, 기계·물(物)적인 생산수단의 소유자인 자본가의 발생을 의미한다. 미숙련 노동자는 자본가에 고용되는 외에는 생활을 영위해 갈 방도가 없게 되었으며, 여기에서 새로운 지배관계가 발생하게 되었다. 더욱이 다수의 미숙련 노동자의 출현은 한편에 있어서 기계화와 더불어 점점 대규모화 해가는 기업에 대해 능률이라는 관점에서 작업방법의 개선을 촉진하게 하였는데, 이것은 또한 새로운 관리방법의 필요성이 대두되었다는 것을 말한다.

19세기 후반 미국 사회는 다수의 미숙련 노동자에 의한 노동의 질적 저하와 열악성, 그리고 임금제도와 관리방법에 대한 불신감으로 인하여 노동자 사이에는 조직적 태업이 광범위하게 일어 났다. 조직적 태업이란, 노동자들이 열심히 노력하여 능률을 증진시킨다 하더라도 고용주는 임률을 낮추어 결국 하루에 가져가는 임금은 변화가 없다는 생각에서 비롯된 것으로, 고의로 일의 생산성을 낮게 유지하던 당시의 행태를 말한다. 이런 생각이 넓게 퍼져 있었기 때문에 혹시 새로 들어온 작업자가 열심히 일하여 능률을 남다르게 내는 경우에는 그 사람을 위협해서라도 능률을 남들과 비슷하게 낮추도록 했으며, 심지어 고의로 기계를 망가뜨리기도 했다.

산업혁명이라는 빠른 변화의 속도는 사회적 긴장과 갈등을 유발했다. 19세기 초반의 공장 근로자들을 물론 잘 살지는 못했고 정중한 대접을 받지는 못했다. 그러나 그들이 산업사회 이전 농촌의 토지 없는 소작 농부들보다 더 못살았다거나 더 형편 없이 취급되었다는 일반적인 믿음은 사실이 아니다. 그들은 언제나 억눌리고 굶주려야 했던 시골 밑바닥의 삶보다는 공장에서 일하는 것이 더 낫다는 것을 알았기 때문에 도시로 몰려 들었던 것이다. 그럼에도 불구하고 조직적 태업이 발생했던 이유는 사회적 변화의 속도가 너무 빨라서 충격을 불러왔기 때문이다(PD 2000, 42).

당시 선각자들은 조직적 태업이야 말로 많은 낭비와 생산성 저하의 원인으로 생각했다. 이와 같은 문제를 해결해야 하는, 다시 말해서 '인간 노동의 능률화', '생산방법의 합리화'를 도모하려는 일대 운동이 전개 되었는데, 이것이 이른바 '능률증진운동(efficiency movement)'이다.

이와 같은 능률증진운동은 이어서 '관리의 과학화'라는 방향으로 전개되어 갔다. 능률의 증진은 오직 생산방법의 합리화에 의해서만 달성되는 것이 아니라, 그것의 효과적인 관리와 결부될 때 비로소 가능해진다. 이런 배경 하에 능률증진운동은 '과학적 관리(scientific management)'로의 전개에 의해서 결실을 맺게 된다. 그 중심이 되는 것이 바로 테일러의 과학적 관리법으로, 이는 능률증진운동의 집대성이라 할 수 있다. 테일러는 그의 저서 '공장관리(shop management)(1903)', '과학적 관리의 원리(principle of scientific management)(1911) 등에서 노사의 협조, 공익을 목적으로 하는 관리의 과학화를 제창하고, 이것들을 구체적으로 과업관리(task management)라는 것으로 제시하였다. 특히 그는 이것을 원칙에 의해서 실시해야 할 것을 강조하는 등, 과학적 관리에 있어서 노사 쌍방의 정신적 자세 변화의 중요성을 주장하기에 이르렀다.

과학적 관리법의 의의

앞에 살펴 본 시대적 상황 속에서 과학적 관리법이 태동했다. 과학적 관리법은 지난 20세기에 걸쳐 산업 사회의 발전에 큰 영향을 주었다고 평가되고 있다.

(PD 1988, 210)

예를 들면 드러커는 과학적 관리법을 다음과 같이 함축적으로 평가하고 있다. "만약 과학적 관리법의 성립을 보지 않았더라면, 우리들은 노동자와 그 업무를 관리하면서 다만 그럴듯한 명분을 내세우거나 잔소리를 되풀이 하거나 아니면 속도를 내라고 독려하거나 하면서, 그 중의 어느 것에 그치고 있었을 것이다. 과학적 관리법의 결론이 전적으로 타당한 것이라고는 할 수 없겠지만, 그 기초에 놓여 있는 비전은 노동자와 관리자 모두가 꼭 알아둘 필요가 있다." ¶

(PD 2000, 46)

과학적 관리법은 후에 그 공헌에 비할 때 다소 지나칠 정도의 비판을 받았다. 예컨대 인간을 감정도 없는 기계처럼 대하는 관점이라는 등의 비판이 그것이다. 그 비판의 근저에는 '작업에 지식을 적용'하여 숙련노동의 필요성을 없게 함으로써, 기술자들의 전통적인 자부심을 손상한 데서 비롯되었는지도 모른다. 테일러의 생각은 노동자뿐만 아니라 당시의 지식인들에게도 그리 탐탁한 것으로 평가 받지 못했다. 실로 테일러가 과학적 관리법을 가르치기 위해서 예를 든 '삽 작업' 등은 당시 지식인들에게는 스스로 한 번도 해본 적도 없고 관심도 없는 그저 '하찮은 일'로 보였을 것이다. 그러나 테일러의 가르침은 일을 무조건 열심히 하는 것에서 보다 현명하게 일하는 것으로 대체하자는 것이었으며, 무엇보다도 기업가와 노동자 모두에게 보다 풍요로운 삶을 보장하는 부를 창출해 주고자 하는 것이 목적이었다. 테일러는 생산성 향상의 열매를 가장 많이 가지고 가는 것은 다름 아닌 노동자라는 생각을 죽을 때까지도 가지고 있었다. 그의 연구에서 주된 관심은 소유주와 노동자, 즉 자본가와 프롤레타리아가 생산성향상에 공통적인 관심을 기울이면서 지식을 작업에 적용하는 데 있어 협조관계를 구축하는 사회를 창조하는 것이었다[6]. 결과적으로 그의 생각은 맞아 떨어졌고, 서구 사회는 얼마 후 대부분의 노동자가 중산층으로 성장하게 되었다. ¶

---

[6] 이런 테일러의 생각을 지금까지 가장 근접하게 잘 이해한 것은 제 2 차 세계대전 후 일본의 소유 경영자들과 노동조합이었다. 오늘날 도요타 자동차의 성과를 보면 이 점을 잘 이해할 수 있다.

과학적 관리법의 주요 내용

앞에서 과학적 관리법이 태동한 시대적 배경에 대해서는 자세히 다루었다. 여기서는 이론적 측면에서 과학적 관리법의 내용을 요약해 본다.

테일러는 1878년부터 12년간 미드베일 제강소에서 현장 작업자로 입사하여 직장(foreman)이 되었다. 그 동안 그는 당시의 노사관계의 고질적 특징이었던 '조직적 태업(systematic soldiering)'을 경험하면서 이를 타파할 방안으로서 과학적 관리법을 제창하였다. 이 이론은 장기간에 걸친 다음과 같은 논문들에 나타나 있다.

① 성과급제(a piece rate system, 1895)
② 공장관리론(shop management, 1903)
③ 과학적 관리법의 원리(the principles of scientific management, 1911)

이들 연구를 통틀어 테일러시스템이라고도 한다.

테일러시스템의 주요 내용은 시간연구에 기초를 둔 과업관리를 중심으로 하여, 직능식 직장제도, 차별적 성과급제, 그리고 과학적 관리법의 원리로 나누어 고찰할 수 있다.

과업관리

테일러는 공장의 비능률이 바로 노동자의 조직적 태업에 있다는 것을 확신하고, 이를 타파할 방안으로서 1일의 공정한 작업량을 과학적으로 결정하고자 했는데 이를 과업관리라 한다. 일 일의 공정한 과업을 정하여 이를 달성한 사람에게는 높은 임률을 적용하고, 그렇지 못한 사람에게는 낮은 임률을 적용하는 방법으로 차별적 성과급제를 적용했다. 이렇게 임률 결정을 합리화하여 고용주에게는 낮은 원가(인건비)를, 노동자에게는 높은 임금을 동시에 실현할 수 있음을 주장했다.

작업 및 제조건의 표준화

작업의 표준화와 시간연구 - 적정 과업량을 결정하기 위해서 테일러는 먼저 작업의 표준화가 필요함을 간파하였다. 작업의 표준을 결정하기 위해서 테일러는 대상이 되는 작업에 대해서 일을 제대로 하는 작업자를 골라서 분석하는 방법을 썼다. 이 작업자의 협조 하에, 작업을 주요 요소 작업(elementary operations)으로 나누어 각 요소작업에 대한 소요 시간을 스톱워치로 측정·집계하고, 불필요한 작업을 제거해서 최선의 작업방법을 제시함과 아울러 작업시간을 확정하였다.

작업조건의 표준화 - 시간연구로 설정된 작업시간이 일정 하려면 작업조건도 동일해야 한다는 전제가 있어야 한다. 따라서 모든 작업조건에 대해서 표준이 설정되어야 한다. 즉 작업도구, 재료의 표준 등을 설정해야만 작업의 표준화가 의미 있게 된다. 테일러는 베들레헴 제강회사에서 선철운반작업과 삽 작업에 관한 실험연구를 하였다. 매우 단순한 작업에 속하는 삽 작업의 예를 통하여 과학적 관리법이 모든 작업에 두루 적용될 수 있음을 증명하였다.

	구 제도	신 제도
작업장 내 노동자수	400 ~ 600명	140명
1인 1일의 평균 작업 톤수	16톤	59톤
1인 1일의 평균임금	1.15 달러	1.88 달러
1톤(2,240파운드)의 평균 작업비용	0.072 달러	0.032달러

표 2-1 삽 작업의 개선[7]

선철운반의 경우 작업자 당 종래 18 내지 25톤을 운반하던 것을 59톤, 하루 1.15달러의 임금을 벌던 것을 1.88달러로 올릴 수 있었다. 또한 삽 작업의 경우에도 원재료, 광석, 석탄 등을 싣고 내리는 작업에서 삽의 형상, 크기와 작업자의 작업량, 작업방법 등을 면밀히 검토, 분석하여 표준을 설정한 결과 능률이 4배 이상 증가하였다. 이로써 노동자의 임금소득은 60% 가량 증대되었고, 고용주의 입장에서 톤당 노무비는 오히려 절반 이상 절감

[7] F. W. 테일러, *과학적 관리법*, 신영철 역, 한국능률협회 1988, p112.

되었으므로 그가 주장하던 '고임금, 저노무비의 원칙'이 실증된 셈이다. (표 2-1 참조)

차별적 성과급제

테일러는 과학적으로 결정된 과업을 달성하기 위한 보조적 수단으로 미드베일 제강회사에서의 경험을 토대로 임률을 차별적으로 설정하는 '차별적 성과급제'를 고안하였다. 기존의 능률급제 하에서는 열심히 일해서 산출고를 늘리면 기업주는 임금단가가 지나치게 높게 책정되어 있다고 생각하여 임률을 낮추는 일을 반복한다. 그럴 수 밖에 없었던 이유는 일일 공정한 과업량이 정해져 있지 않은 데 있었다. 기업주는 노동자의 일급은 하루 얼마면 충분하다라는 액수를 미리 상정하고 있었던 것이다. 이는 자신의 경험에 의한 것으로서 그 기준이라는 것이 시간이 감에 따라 매우 모호한 수준이 되기 마련이다.

노동자는 또한 지금보다 더 일을 많이 할 수 있다는 사실이 고용주에게 알려지는 것을 극히 꺼리게 되었다. 결론적으로 객관적인 증거가 없는 상태에서 노동자는 가능한 한 지금까지의 능률 이상으로 일을 빨리 하지 않는 것이 지신들에게 이익이 된다는 생각을 갖게 되었다.

이러한 조직적 태업을 방지하는 방법으로 테일러는 일 일의 표준과업을 정하고 이를 달성한 사람에게는 단위 작업량 당의 임률을 높여주고, 반대로 실패한 사람에게는 낮은 임률을 적용하는 방법을 제안하였는데 이를 차별적 성과급제라 한다.

과학적 관리법과 관리자의 역할

테일러는 그의 전 생애의 연구, 조사, 경험을 총괄하여 '과학적 관리법의 원리(principles of scientific management)'를 발표하였다. 이 논문에서 과학적 관리법의 4가지 원리를 다음과 같이 제시하였다.

① 진정한 과학의 개발. 노동자의 일의 각 요소에 대해서 과학을 발전시키고, 과거의 주먹구구식 관리방법을 그만둔다.
② 노동자의 과학적 선발. 노동자에게 어떤 일이 적합한지 과학적으로

노동자를 선발해서 적소에 배치해야 한다.

③ 노동자의 과학적 교육. 과거에는 노동자가 스스로 일을 선택하고, 자신의 능력이 미치는 한 스스로 공부를 했으나 이제부터는 과학적으로 그들을 훈련시키고 교육시켜서 발달할 수 있도록 해야 한다.

④ 관리자와 노동자 사이의 친밀한 협동. 발전시킨 과학의 원리에 맞추어 모든 일을 할 수 있도록, 관리자는 노동자와 마음으로부터 협조하는 것이 필요하다. 일과 책임이 관리자와 노동자 간에 거의 균등하게 배분되어야 한다. 노동자보다 관리자에게 적합한 일은 관리자 측에서 맡는다. 지금까지 일의 대부분의 책임은 노동자에게 주어져 있었다.

테일러는 종래 "독려와 인센티브(initiative and incentive)"에 의한 관리에서 노동자는 전반계획과 일의 세부진행, 도구에 관한 일까지 책임을 지며, 육체적 작업까지 하는 과중한 책임을 맡고 있다고 보았다. 과학을 발전시키는 활동을 제대로 하려면 그는 노동자로부터 일의 규칙, 법칙 및 방식을 정하는 일을 덜어 내어 직능 별로 적합한 관리자(직능 별 직장)가 맡도록 해야 한다는 점을 강조하였다[8].

과학적 관리법의 본질

과학적 관리에 대한 테일러의 열정과 순수한 마음에도 불구하고 당시 노동자들은 경영자의 공정성에 의구심을 가졌으며, 경영자가 정하는 작업 표준에 대해서 자발적인 태도를 보여주지 않았다. 따라서 조직화된 노동자의 반발에 의해서 과학적 관리는 난관에 봉착하게 되었다.

1912년 테일러 시스템 및 기타의 관리제도를 조사하는 하원 특별위원회에서 행한 증언(Taylor's testimony before Special House Committee)에서 테일러는 과학적 관리법의 본질에 대해서 다음과 같이 말하였다.

"과학적 관리는 단순한 능률증진방법이 아니며, 또한 시간연구, 성과급제, 직능 별 직장제도도 아니다. 이들 제도들은 과학적 관리의 유용한 부속물에

---

[8] 직능 별 직장제도는 능률증진에 초점을 맞추었던 테일러 시대에는 매우 합당한 것이었으나 이후 작업자의 사회적 욕구, 보람 있는 일에 대한 욕구(직무충실화) 등이 부각되면서 다소 적합성을 상실하였다.

불과하다. 과학적 관리의 본질을 말하자면, 첫째는 노동자 및 경영자 쌍방의 완전한 정신적 혁명(mental revolution), 즉 쌍방의 협력을 토대로 하고 있으며, 둘째는 노동자와 경영자 쌍방이 과학적 지식과 조사를 토대로 사실을 판단하고 행하는 것"이라 했다.

그는 낭비 중에서도 인간 노력의 낭비야말로 가장 큰 손실이며, 국가적 능률을 저해하는 원인으로 보았다.

(PD 2000, 50)

그의 사상은 오늘날 미국 경영사상 및 실무에 대한 최대의 공헌으로 꼽힌다. 실로 그 후, 100 년간 산업사회에서의 능률증진을 위한 분석 방법은 모두 테일러의 사상에 기반하고 있다. 제 2 차 세계대전 후에 등장한 경제 강국들 – 일본, 한국, 대만, 싱가포르, 홍콩 – 모두는 그들이 이룬 초고속 경제성장의 공을 테일러의 훈련방식에 돌려야만 한다. 테일러의 훈련방법은 여전히 산업사회 이전 단계에 머물러 있고 낮은 임금의 근로자들뿐이었던 이들 국가로 하여금 단시일 내에 세계적 수준으로 생산성을 향상시킬 수 있도록 해 주었다. 이렇게 작업에 대한 지식의 적용은 생산력을 폭발적으로 증대시켰다. 나아가 테일러에 의해 촉발된 생산성 혁명은 결과적으로 구 소련과 같이 테일러의 사상을 따르지 않았던 나라들의 몰락을 가져 왔으며, 오늘날 지식 사회로의 진입을 위한 기반을 다져 놓았다는 의미가 있다.¶

현대 경영학의 발전과정

현대 경영학 이론의 전개과정

현대적인 경영학의 출발점은 페이욜의 고전적 관리론과 테일러의 과학적 관리론으로부터 찾을 수 있으며, 이어서 인간관계론 및 행동과학, 경영과학, 그리고 현대경영이론의 주요 흐름으로 연결된다.

테일러의 사상을 자신의 공장에서 실천해낸 이는 헨리 포드였다. 그는

1910년 초에 시카고 하이랜드 파크에 포드 자동차 공장을 설립하고, 1927년까지 1,500만 대의 '모델 T'를 생산해 냈다. 포드 공장은 63 에이커의 방대한 면적에 컨베이어 벨트 시스템에 의한 이동식 조립라인을 설치하여 이제까지와는 완전히 새로운 방식으로 노동을 조직했다. 또한 포드는 단지 기술자였던 다른 경쟁자들과는 달리 자동차의 사회적 잠재력을 간파했다. 값싼 모델 T는 고립의 세대를 해체하여 미국인의 삶을 바꾸어 놓았다.

테일러의 과학적 관리법의 성과는 미국에서 시작되어 세계 곳곳으로 퍼져 나갔다. 1914년 뉴욕에서 행한 테일러의 강연에는 7만 명이나 되는 청중이 몰릴 정도로 이 시대는 과학적 관리의 시대였다.

1920년대는 조직관리의 정착기였다. 테일러나 포드는 조직이라는 주제에 별다른 고민을 하지 않았던 때에 독일의 사회학자 막스 베버(1864~1920)는 산업적 추세, 감독관과 중간관리자를 지닌 공장들, 새로운 사업의 규모 등에 대해 주목했다. 베버에 따르면 새롭게 산업화된 세상에서 조직의 궁극적인 형태는 관료주의적 시스템이었다. 모든 직무조직은 철저하게 위계질서에 의해 움직이며 시스템이라는 톱니바퀴에서 개인은 각각의 톱니 같은 존재다.

비슷한 시기에 나온 조직론적 관리론은 당시 기업들의 대규모화라는 현실변화의 결과로 나온 이론으로 볼 수 있다. 즉, 기업들이 점점 거대화 되어감에 따라 기존의 일대일 대응식으로의 관리가 불가능해지게 되었고, 이런 관리상의 문제를 "조직차원에서의 인적자본(human capital)의 효율적 활용"으로 해결하려는 시도들이 나왔는데, 바로 이런 노력들의 결과가 조직론적 관리론인 것이다. 여기에 관심을 둔 학자로서는 버나드(C. I. Barnard), 사이몬(H. A . Simon) 등이 있다. 조직론에서는 조직 자체를 연구대상으로 삼고 있으며, 개인목적과 조직목적이 서로 배치되는 경우 이를 어떻게 해결해야 하는지를 고찰하며 인간의 행동을 중시한다.

1926년 록펠러 재단은 연간 10만 달러라는 거금을 하버드 대학의 산업심리학위원회에 기부했는데, 이 위원회 멤버 중에 엘튼 메이요(Elton Mayo, 1880~1945)라는 오스트레일리아 사람이 있었다. 재단이 확보한 기부금은 노동자의 현실을 분석하기 위해 사용되었다. 당시 기업들은 테일러에 의해 제시된 비전에 따라 생산성 혁명에 매진하고 있었는데, 과학적 관리가 논리적으로 반박할 수 없을 정도로 강력함에도 불구하고 노동현장에 적용되었을 때는 종종 노동자들의 사기가 저하되는 일이 발생했다. 메이요를 비롯한 연구원들은 이런 현상에 의문을 가지면서 일리노이 주에 있는 웨스턴 일렉트릭 호손 공장에서 사람들이 일하면서 어떻게 동기가 부여되는가에 대해 새로운 연구를 수행했다. 메이요는 '산업 문명시대의 인간 문제'라는 저술을 통해 그 동안 기계적인 인간상에 익숙해 있던 독자들에게 살아 있는 유기체로서의 인간상을 제시했다.

1950년대 이후부터 경영환경에 급격한 변화가 수반되었다. 즉, 제 2 차 세계대전 때 등장한 O.R.의 경영에의 도입, 컴퓨터의 실용화, 환경문제의 부각 등이 그것이다. 이러한 상황에서 미국 경영학도 여러 이론들이 우후죽순처럼 등장하게 되어 마치 제자백가의 그것이 연상될 정도였다.

이 시기의 대표적인 대가로는 쿤쯔(H. Koontz)와 드러커(P. F. Drucker)를 들 수 있다. 이중, 쿤쯔는 이른바 "매니지먼트 정글"적인 여러 접근방법들의 대립을 비꼬거나 그 어떤 학설들을 정면으로 비판하는 식이었다. 이에 반해 드러커는 격변하는 기업환경 속에서의 바람직한 경영상이나 경영철학(경영이론)을 강조하여 전체적이며 객관적인 관점에서 20세기의 기업경영이 택해야 할 미래상과 경영철학을 주장하였는데, 이는 쿤쯔의 그것과는 상당히 대조적인 것으로 볼 수 있다. 단적으로 말하자면 드러커는 성과를 내는 경영을 위한 규범, 원리, 사고방식, 방법들을 실사구시적으로 제시함으로써 경영관리자를 위한 멘토(mentor)의 역할을 한 경영학자였다.

이슈 별 주요 내용

인간관계론

엄격한 통제하에서 노동자가 어떻게 하면 생산성을 높일 수 있는지에 관심의 초점이 있었던 전통적 관리론과는 달리 노동자의 심리적인 측면도 고려하기 시작한 것이 바로 인간관계론적 사고다. 1924년 미국 웨스턴 일렉트릭 사의 호손 공장에서 비롯되는 '호손 실험'이 계기가 된 인간관계론은 "

생산력의 증가는 임금만이 아닌 종업원의 사기와 부하에 대한 감독태도, 그리고 인간관계 등의 개선에 있다."라는 주장을 담고 있다. 즉, 종래 하나의 부품처럼 노동자를 대하던 관리방식에 문제를 제기하고 나선 것이었다.

1920년대와 1930년대에 이르러 미국을 비롯한 서구의 선진국들은 커다란 사회적·문화적 변화를 겪었다. 미국에서는 대량생산이 진전되면서 조립라인에서는 비싸지 않은 상품들(자동차, 기계, 의복 등)이 쏟아져 나왔으며, 사람들은 소득의 증대로 점차 소비지향적인 사회로 변모하고 물질적인 풍요를 이루게 되었다. 포드의 'T'형 자동차는 1909년 $950에서 1917년 $450으로 대당 가격이 인하되었으며, 이 사이에 임금은 9시간 노동에 $2.35에서 8시간 노동에 $5로 인상되었다. 이 기간 동안 사람들은 물질적인 풍요를 경험하면서 '열심히 일해서 좀 더 돈을 버는 일' 외에 '인간답게 사는 것'에 더 관심을 두게 되었다.

그리고 1929년의 대공황을 맞이하게 되었는데, 이 시기의 가장 두드러진 변화는 많은 비 숙련공들이 노동조합을 결성하게 되었다는 것이다. 1930년대 미국의회는 경영자들이 노조활동을 제한하지 못하게 하였고, 단체협상을 합법화하며, 경영자가 조합과 협상하도록 의무화하는 법안을 통과시켰다.

이런 배경 하에, 테일러 시스템에 대한 여러 가지 비판과 노조의 강력한 반발로 작업자들의 능률이 떨어지게 됨으로써 이를 시정하고 개선하기 위한 새로운 연구의 필요성이 대두되었다. 그 결과, 조직에서 인간이라고 하는 요소를 중요시하게 되었는 바, 인간중심의 경영이론이 출범하게 된 계기를 마련해 준 것이 인간관계론(human relations)이다. 산업에서 인간관계운동이 일어나게 된 것은 1927년부터 1932년 사이에 미국 웨스턴 일렉트릭 회사의 호손(Hawthorne)공장에서 실시된 메이요(E. Mayo)와 그의 동료들에 의한 일련의 연구가 그 시발점이었다.

애초에 호손 실험의 주된 목적은 과학적 관리법의 유효성을 실제로 검증하는 연구였으나, 그 연구결과로 조직체에 대한 새로운 인식이 태동하게 되었다. 호손 실험은 1차 조명실험(1924~27년, 작업 시 조명도와 노동자의 능률과의 관계), 2차 계전기 조립실험(1927 - 29년, 6명의 여공에게 종래 작업능률에 도움을 주는 것으로 생각되는 조건, 즉 작업시간의 단축, 휴식, 간식의 제공, 임금지급방법의 제공, 조명, 실내 온도 등과 능률 및 품질 사이의 관계를 조사), 3차 면접실험(1928 - 30년, 면접조사 결과 작업장의 사회적 조건과 근로자들의 심리적 조건이 근로자의 태도와 생산성에 영향을 미친다는 결론 얻음), 4차 배전작업 관찰실험(1931 - 32년, 비공식 집단 행동에 대한 연구: 공식적 집단과는 별도로 비공식 조직이 존재하며 감정이라는 것이 비공식 조직을 지배하는 사적 규범임이 밝혀짐)으로 이루어진 네 번에 걸쳐 행해진 실험이다.

호손 실험을 통하여 산업공학자들과 심리학자들은 종업원들을 둘러싸고 있는 환경을 개선해 주면 이것이 생산성에 어떠한 영향을 미치는가에 대해 규명하려고 했다. 이처럼 피로, 휴식시간, 물리적인 환경에 관한 연구들이 20세기 초반에 성행하였다. 그런데 이들 연구의 핵심적인 결론은 실상 생산성에 더 큰 영향을 미친 요소는 이런 물리적 환경 및 경제적 요인보다는 작업자간의 인간관계, 지휘방식, 사기, 감정과 같은 심리적·사회적 요인이라는 것이다.

또한 비공식집단(informal group)의 역할은 상당한 영향력을 가지며, 비공식집단 내에는 별도의 독특한 규범(norm)이 존재하고 이것이 집단구성원들의 실제행동에 영향을 미친다. 개인은 비공식집단에 소속됨으로써 공식적 조직구조로부터 받는 소외감을 극복하게 되고 더 친밀한 행동기준을 발견하게 됨으로써 공식조직이 주지 못하는 심리적·사회적 욕구를 만족시키게 된다는 것이다.

이들의 결론은 조직에서 비용의 논리나 능률의 논리도 중요하지만 더욱 중요시되어야 할 것은 감정의 논리라는 것으로서 감정의 논리에 의해서 움직여지는 인간관계중심의 비공식적 조직은 현실로서 움직여 나가고, 또한 조직의 생산성수준을 결정하는 데에 결정적인 영향을 미친다는 것이다.

그러나 인간관계론에 대해서도 많은 비판이 가해지고 있다. 먼저 인간관계론에서 말하듯이, 만족이 높아지면 생산성이 증대된다는 주장이 과학적 타당성이 있는가 하는 점이다. 또 비공식집단의 중요성에 너무 치우친 점도 문제점으로 지적된다.

인간관계론은 그 의미와 중요성 그리고 참신함으로 인해 1930년대에는 사회적으로 큰 반향을 불러일으키긴 했지만 인간관계론에 대한 비판에서 알 수 있듯이 당초의 기대에 크게 부응하지는 못하였다. 그러나 인간관계론은 2차 대전 이후 급속히 발달하게 된 행동과학에 의해 그 이론적 타당성이 어느 정도 보완되었다.

관료제론

독일의 사회학자 막스 베버(M. Weber : 1864~1920)는 가장 완벽하고 합리적이며 작업능률을 극대화할 수 있는 이상적인 조직을 구상하여 이를 관료제로서 제시하였다.

프로테스탄티즘과 연결된 서구사회의 독특한 합리성에 기반하여 자본주의체제가 형성·발전되었다고 생각한 베버는 그 자본주의체제를 특징지을 조직형태로서 프로이센의 군대조직에서 시행되던 관료제도에 주목하였다. 즉, 자본주의적 합리성에 배태된 조직원리로 관료제의 이념형을 제시하였던 것이다. 개인을 조직의 질서에 복종하게 하는 정당성의 기초인 권위(authority)에 대한 연구를 통해 베버는 전통적 권위나 카리스마적 권위를 대신하여 합법적이고 명문화된 규칙에 기반한 합리적, 법적 권위를 강조하게 되고 이에 따라 탈 인격화(impersonal)된 조직관리모델을 구상하였다.

조직에서는 구성원들이 규칙에 기반하여 특수한 사회관계유형을 배치하고, 이에 따라 조직행위에 대한 규제가 이루어짐으로써 조직의 질서가 가능해진다. 이 질서를 베버는 지배구조(structure of dominance)로 간주했다.

베버는 이러한 합리적 조직관리모델이 근대문화의 기술적, 경제적 기초의 특수성에 따라 필연적으로 요구되는 것으로 보면서, 20세기 초반에 미국에서 시행된 과학적 관리법에서 이러한 합리적 조직기법이 가장 극단적인 형태로 발견된다고 주장하였다.

이러한 관료제의 특성을 살펴보면, 아래와 같은 원칙들로 이루어져 있다.

(1) 노동(직무)의 전문화·분업화 – 직무가 전문화가 되고 분화됨으로써 각 노동력은 전문화된 지식과 능력을 요구 받으며 각 직책의 권한과 의무는 명백하게 세분화되어 있고, 능력과 지식의 차이에 따른 보상의 차이가 존재한다.

(2) 직위의 위계배열에 의한 명확한 권한체계 - 관료제에서 조직은 철저한 계층 분화로 피라미드형태의 위계구조를 띠며 조직구성원은 상급직위의 지

시와 감독을 받고 하급직위에 명령하는 명령과 복종의 연쇄를 형성한다. 그리고 직위 계층에 따라 책임과 권한의 크기가 결정되고 직무범위, 권한의 배분, 명령권 등은 공식적으로 규정된다.

(3) 고도의 공식화 – 관료제에서는 제도·규칙·절차를 중시함으로써 직무담당자의 행동을 공식적인 규칙이나 절차에 맞춘다. 모든 일은 문서화 되어 책임의 소재를 명확히 규명할 수 있게 한다.

(4) 비개인적 특성 – 관료제하에서는 개인의 성격특성이나 구성원의 개인적인 기호가 개재되지 않도록 보상 또는 강제력을 균일적으로 적용함으로써 모든 사람에게 예외 없이 공평을 기한다. 그리고 각 직위는 단순한 일자리(job)가 아니고 소명의식을 갖춘 감정적인 헌신이 요구된다.

(5) 공개채용 – 공개채용으로 선발하고, 승진은 기술적 자질, 능력 및 업적에 근거하여 결정한다.

(6) 종업원의 경력경로 – 구성원들은 자질, 능력, 업적(공과) 및 연공서열(seniority)이 반영되어 위계구조에서 일정한 경력 경로를 따라 승진이 가능하며, 경력 상의 직무에 충실하면 그 대가로 종신재직권이 부여될 수 있다.

베버는 조직이 합리적 권한에 기초하여 경영되어야만 능률적이고 변화에 잘 적응할 수 있다고 믿었다. 구성원들은 전문영역에서 지속적으로 일할 수 있기 때문에 자신의 전문 능력을 향상시킬 수 있다. 또한 직무의 범위·책임과 권한의 범위 등이 구체적으로 정해져 있기 때문에 구조화 되고, 법규에 의한 지배로 예측가능성과 신뢰성을 가질 수 있다. 이런 장점을 바탕으로 관료제는 대규모 조직을 효율적으로 관리할 수 있는 형태로서 받아들여진다. 그러나 경영환경의 변화에 따라 관료제가 가져 온 효율성이라는 장점에도 불구하고 조직문화적인 경직성이 나타나면서 그 부작용이 부각될 수도 있다9.

[9] 오늘날 관료제라 하면 변화에 저항하는 대기업병, 끝 없는 규칙과 서류 작업으로 인한 의사결정의 지연, 인간적 배려가 결여된 형식주의, 업무 떠 넘기기, 경직된 하향적 커뮤니케이션, 파벌주의, 극단적인 비밀주의, 무사안일 등 부정적이고 진부한 조직을 연상시키는 경우가 많다.

행동과학

인간관계론의 기본적인 가정은 작업자에 대한 경영자의 관심이 만족의 증가를 가져오고, 이것이 더 나은 성과를 가져온다는 것이다. 인간관계론은 이후 매슬로우(A. Maslow), 맥그리거(D. McGregor) 등의 연구에 의해 보다 체계화되었으며, 이후 다양한 학제적 연구에 의해 행동과학, 나아가 조직행동론으로 발전하였다.

행동과학(behavioral science)이란 인간의 행위에 대한 과학적 연구를 하는 학문으로 인간행동에 영향을 미치는 요인에 관한 지식을 체계화 하려는 학문이다. 이러한 행동과학은 경영학에서 사람에 관한 정교한 지식체계에 대한 절실한 바람과 결합하여 조직에서 인간행위를 대상으로 연구하는 조직행동론의 이론적 기초를 이루고 있다. 행동과학의 주요 특징을 요약하면 다음과 같다.

- 첫째로 행동과학은 인간행위를 연구대상으로 한다.
- 둘째로 행동과학은 종합적·학제적 연구이다.
- 셋째로 행동과학은 과학적 접근법을 적용한다.

특히 과학적이어야만 하는 이유는 개인의 주관이 개입되지 않은 객관적인 방법으로 수집된 실증적 증거에 의거하여 인간행위에 관한 일반화를 시도하는 데 행동과학의 학문적 목적이 있기 때문이다. 예를 들어 허쯔버그(Herzberg)의 연구결과에 의하면, 작업자의 만족은 성과의 향상을 가져온다는 가정은 일리가 있다 하더라도 거의 타당하지 않은 것이다. 오히려 훌륭한 성과를 낼 수 있는 직무가 만족을 가져온다.

행동과학에서 나오는 몇 가지 시사점을 살펴보면 다음과 같다.

첫째, 조직구성원은 기본적으로 사회적 욕구에 의해서 근무의욕이 유발되며, 다른 사람들과 어울려 지냄으로써 자신의 존재를 확인한다. 둘째, 조직구성원은 경영자의 금전적 인센티브, 규칙 및 규정보다는 동료들의 사회적 영향력에 더 많이 반응한다. 셋째, 조직구성원은 자신들의 욕구를 충족시키는 데 도움이 되는 경영자에 반응한다. 이와 같이 행동과학은 인간의 본성을 파악하고 개인적인 동기유발과 인간관계능력을 파악하여 조직 내 민주성의 추구와 인간존중이라는 새로운 관점을 정립하는 데 많은 공헌을 하였다.

행동과학자들은 노동자들이 성장발전하며, 높은 수준의 자존심에 대한 강한 욕구를 가지고 있으며, 그리고 결과적으로 적극적으로 참여하려고 하는 경향이 있다는 것을 주장하였다.

협동 가치관으로서의 경영

전반적으로 보자면 경영학은 자본주의의 창조물이며 현대 대기업의 필요에 의해 만들어진 것이다. 그 후 인간관계론과 향동과학을 통해 개인의 사회적 욕구에 대해 관심을 갖게 되었지만 조직과 구성원 개인 상호 간의 협동이라는 측면에 대해서는 대부분 간과되었다. 이 부분은 폴렛(Mary Parker Follett, 1868~1933)에 의해서 경영은 미국 자본주의 체제의 민주적 가치와 결합된다.

폴렛은 기업이 소유주와 노동자가 모두 이익이 되도록 협동하는 존재라는 점을 일깨웠다. 기업은 소유주와 작업자 양자의 이익을 추구해야 하므로 기업은 협동의 기관이어야 한다. 이것은 작업자가 지분을 소유해야 한다는 것을 말하는 것이 아니라 작업자의 임파워먼트 혹은 책임을 말하는 것이다.

폴렛의 경영 관점은 무엇이 필요한가에 대한 공통의 이해를 구축하는 것과 모든 책임 있는 사람들의 이익을 짜 넣는 것으로부터 나온다. 경영자의 목표는 작업자가 관리자를 위해서 일한다기 보다는 관리자와 함께 일한다고 여기도록 관계를 현성하는 것이다. 폴렛은 “관리자는 부서의 감독자나 직반장 또는 작업자와 권력을 나눌 수 없지만 그들에게 자신의 권력을 키우도록 기회를 줄 수는 있다.”고 말했다.

폴렛의 갈등 해결과 임파워먼트의 통합이라는 관점은 사람이란 서로 의존하는 존재일 수밖에 없다고 보는 순환적 행동(circular behavior)에 기반을 두고 있다. 관리자는 작업자 없이 직무를 수행할 수 없으며, 작업자도 역시 관리자에 의존한다. 이 상호작용적 관계는 계층 상 위와 아래에 있는 가람들이 서로 지속적으로 영향을 주고 받는 존재라는 의미다. 역사적으로 보더라도 이 상호적 특성을 이해하지 않고 권력을 행사하려 함으로써 재앙적 결과가 빚어졌다. 폴렛은 협동적 리더십, 갈등 해결, 작업자의 임파워먼트, 자주 경영 팀, 포괄성과 다양성의 가치, 그리고 기업의 사회적 책임 등의 논의의 원천이다.

이후 현대 경영학의 주요 흐름

경영과학

경영학의 한 조류로서 경영과학은 가장 늦게 시작되었다. 제 2 차 세계대전 이후 경영학에 경영과학이라는 새로운 접근방법이 나타났는데, 이는 의사결정과정에 도움을 주기 위한 도구와 방법을 연구하고 개발하는 학문이며, 오퍼레이션 리서치(OR : operations research) 또는 계량경영학이라고도 불린다. 경영과학은 듀퐁(DuPont) 같은 제조기업들이 제 2 차 세계대전 중에 군대와 군 장비를 이동하고 잠수함을 배치하기 위해 전쟁 중에 개발되었던 기법들을 기업에 응용하는 데서부터 시작되었다. 이는 의사결정에 계량적 방법의 적용을 중심으로 하는 접근법으로서 주로 수학적 모형이나 계량화 과정을 통해서 객관적인 판단으로 경영문제의 해결을 시도한다. 따라서 이것은 관리문제에 대해 최적의 결정을 할 수 있도록 규범적 성격을 가진다.

이러한 경영과학이 갖는 특성으로서는 문제해결을 위한 체계적 접근과 수학적 모형의 설계, 계량화와 수학 및 통계학 절차의 활용, 컴퓨터를 도구로서 이용, 시스템 접근법의 강조, 불확실성의 정도에 따른 합리적 의사결정의 추구, 기술적 모형보다 규범적 모형을 선호하는 것 등을 들 수 있다.

1950년대 이후 경영과학의 분야는 선형계획법, 게임이론, 대기행렬이론, 통계적 의사결정이론, 시뮬레이션 등과 같은 분석도구들이 널리 알려지기 시작하면서 지속적으로 발전해 왔다. 경영과학은 여러 산업분야로 확장되어 생산관리분야와 유통, 물류, 공급체인의 설계 분야에서 효율적인 관리시스템으로 적용되고 있으며, 특히 컴퓨터의 발달과 더불어 경영문제를 계량적으로 해결하려는 노력들이 더욱 활발해지면서 그 기법이 발전되고 있다. 예컨대 전국적인 공급체인(supply chain) 중에 몇 개의 지역 물류창고를 추가하는 것이 최적인지 결정하기 위해서는 실측 데이터를 바탕으로 시뮬레이션 모델을 개발하여 분석하는 방법이 이용될 수 있다.

1980년대 이후에는 경영과학이 경영정보시스템(MIS : management information systems)과 결합함으로써 컴퓨터화한 데이터베이스(database)를 기반으로 기업의 관리활동 전반을 통합하려는 시도가 일기 시작했으며, 이는 전사적 자원관리시스템(ERP : enterprise resources planning)라는 통합 정보시스템으로 발전하였다.

경영과학의 여러 기법들은 어려운 경영문제를 해결하는 데 있어서 매우 유용한 도구이기는 하지만, 이것이 모든 경영문제를 다 다룰 수는 없는 한계도 있다는 점에 유의해야 한다. 우리는 경영문제를 해결하는 데 있어 경영과학에서 유도된 모형들이 발전하면 경영자의 의사결정이 필요 없어질 것이라는 전망은 전혀 타당하지 않다. 예컨대 경영자의 전략적 의사결정은 언제나 경영자의 몫으로 남을 것이다.

시스템 이론

시스템이란 전체를 구성하는 각 요소들의 상호 관련된 집합으로 정의된다. 일반적으로 경영조직을 시스템으로 볼 때, 조직은 투입(input), 변환과정(transformation), 산출(output), 그리고 환경으로부터의 피드백(feedback)이라는 요소로 구성된다.

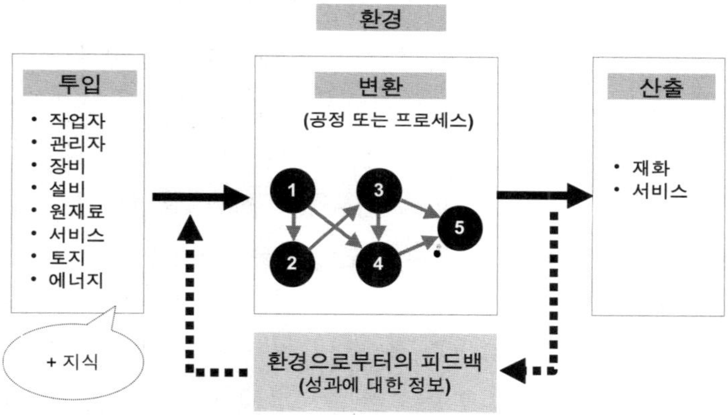

그림 2-4 조직 시스템의 구성요소

투입에서는 환경으로부터 원재료, 인력, 자금, 지식·정보를 시스템으로 받아들인다. 투입된 자원은 기술과정과 경영관리 과정을 통하여 외부 고객에게 제공될 가치 있는 산출물로 변환된다. 산출에서는 제품과 서비스라는 형태로 고객에 전달된다. 산출물의 성과, 즉 가치창출을 얼마나 잘 했느냐의 정도에 따라 외부 환경은 산출물의 성과에 반응하고, 결과적으로 이익과 손실, 각종 고객의 만족과 불만 등이 시스템에 피드백 된다.

시스템 이론에서 얻을 수 있는 시사점은 다음과 같다.

첫째, 개방시스템 관점을 가져야 한다는 점이다. 조직의 목적은 고객에 가치를 창출하는 일이며, 이익(또는 손실)이 얼마나 났는지의 정도는 조직의 존재 목적을 얼마나 잘 달성했는지에 대한 최종적인 피드백이다. 이렇게 볼 때 경영자는 고객을 비롯하여 늘 조직의 외부 환경에 관심을 기울여야 한다. 즉 패쇄시스템적이기 보다는 개방시스템 관점 하에서 경영에 임해야 한다.

둘째 하위시스템의 상호의존성과 시너지를 이해해야 한다는 점이다. 조직

시스템의 구성요소들은 예를 들면 마케팅 기능, 생산 기능, 인사 기능, 재무 기능 등으로 구성된다. 이들 하위 시스템의 산출은 다른 하위 시스템, 나아가 전체 시스템에 영향을 미친다. 예를 들어 생산부문이 효율을 높이기 위해서 수요예측과 관계 없이 어떤 품목을 대량으로 생산했다면 이는 제품재고의 장기 보유, 나아가 회사의 재무적 자원이 묶이는 결과를 가져올 것이다. 시너지는 시스템과 에너지가 합해진 용어인데, 조직의 개개 단위가 독립적으로 하기 어려운 일이 함께 협동했을 때 성공적으로 이루어지는 효과를 말한다. 부서와 부서 간의 긴밀한 커뮤니케이션이 강조되는 것도 바로 시너지 효과를 얻기 위해서이다.

셋째 엔트로피(entropy) 개념을 유념할 필요가 있다. 엔트로피는 시스템이 쇠퇴해 가는 과정이다. 모든 시스템은 환경으로부터 받은 피드백에 반응하여 적절한 조정이 따르지 않으면 늘 쇠퇴할 운명에 처한다. 따라서 경영자는 환경의 변화에 유의하면서 시스템에 변화를 주어 활력을 유지하는 것이 중요하다.

상황적합이론

어떤 조직구조가 가장 적합할 것인지를 구상하고 설계할 때, 개방시스템적 관점에 따르면 조직구조는 조직의 기술체계나 규모 등에 의해서 영향을 받는다는 것을 알 수 있다. 상황적합이론이란 조건이 다르면 유효한 조직화의 방법이 달라진다는 관점에서, 각 조직화 방법에 적합한 다양한 원칙이 성립하는 조건을 실증적으로 추구하는 이론이다. 상황적합이론에 의하면 조직의 환경, 기술, 규모, 조직구조, 성과, 능률 등은 조직에게 문제와 기회를 주며, 조직이 이러한 문제를 해결하기 위해 형태를 바꾸는 것은 하나의 혁신적인 절차다. 환경은 끊임 없이 변화하므로 모든 조직은 경영과정에서 끊임 없이 변화해야 한다. 상황적합이론의 관점에 따라 경영자는 종업원 상호 간의 신뢰분위기 조성, 작업의 수행방법의 변화, 조직구조의 재조정 등에 관한 시사점을 얻을 수 있다.

전략경영

1970년대 이후 경영환경의 불확실성이 커지면서 각 기업은 전략에 관심을 갖게 되었다. 전략적 경영이란 내부적 효율화를 위한 관리나 운영의 문제보다 외부환경, 경쟁자, 그리고 자사의 능력을 종합적으로 고려하여 어떻게 장기적인 경쟁우위를 구축할 수 있을지 구상하는 접근을 말한다.

전략적 경영에는 두 가지 관점이 있다. 하나는 1970년대의 산업조직론 관점이고, 다른 하나는 1980년대에 나온 자원준거 관점이다. 산업조직론 관점은 기업의 산업구조 등 외부요인에 의해서 전략이 결정된다는 논리로서 기업의 내부에 대해서는 상대적으로 관심을 덜 기울였다. 이에 반해 자원준거 관점은 핵심역량 등 기업이 보유한 자원에 의해 전략을 결정해야 한다는 논리이다.

한편 세계화와 정보사회화가 급속도로 진전되자 기업들이 성공하기 위해서는 과거의 관리과정과 사람, 조직, 전략과 같은 기업의 내부기능 위주의 미시경영에 초점을 두는 좁은 시야를 벗어나 사회와의 관계 속에서 기업경영을 보는 거시경영적 시각을 가질 필요가 대두되었다. 거시경영(macro-management)이란 기업을 사회의 한 기관으로 보고, 기업을 둘러싼 사회현상과의 상호관련성 속에서 지속 가능한 경영 체계를 구축하려는 접근이다.

지식경영

피터 드러커는 오늘날의 조직에 있어서는 점차 노동력, 자금 같은 유형적 자원보다, 지식이라는 무형적 자원이 보다 중요해졌으며, 경영의 성과는 지식과 지식이 어우러져 새로운 지식을 창출하는 능력에 의해서 좌우될 것으로 전망했다. 그는 '단절의 시대(1969)'에서 처음 '지식노동자'라는 용어를 썼다. 자본과 노동의 역할이 끝나고 지식이 주요한 생산요소가 되는 지식사회에선 케인지 경제학의 '소비'(유효수요 정책)나 오스트리아학파의 '투자'가 아니라, '지식'이 우선되어야 한다는 것이다. 따라서 구성원의 재교육과 인성화된 생산방식을 강조하고, 지식노동자를 비용이 아니라 자산으로 인식해야 한다고 주장했다.

지식경영은 지식을 중심으로 하여 경영학이론을 통합해 보려는 시도로서,

21세기에는 조직경영에서 지식을 축적한 핵심역량이 없이는 치열한 경쟁에 대응할 수 없으며, 따라서 지식이 생산에 가장 중요한 투입요소라는 전제에서 출발한다.

지식은 컴퓨터 데이터베이스나 자료의 형태로 체계적으로 저장할 수 있는 내용(형식지)과 함께, 문장으로 표현하기는 어려우나 구성원들에게 체화되어 있는 부분(암묵지)으로 구성된다. 지식경영이란 조직 내의 지식을 공유하여 기업의 경쟁력을 높일 수 있도록 외부의 지식과 정보를 흡수하고, 구성원 간의 지식을 공유, 확산하는 데 필요한 체계를 갖추는 데 관한 것이다.

지식경영은 구체적으로 학습조직(learning organization)을 구축하는 과제로 나타난다. 학습조직이란 지속적으로 지식을 창출하고 획득하며 이전하는 조직, 그리고 새로운 지식과 통찰력을 기초로 해서 조직의 변화를 지속적으로 창출하는 조직을 말한다. 이와 같이 지식경영은 단순히 경영의 주요 자원으로서의 수단적인 측면이 아니라, 경영 전반에서 지식이라는 자원이 결국 전문가로서의 구성원임을 인식하고 구성원의 자발적인 창의와 도전을 이끌어 내는 조직문화를 창달하는 방향으로 전개되고 있다.

참고 - 독일 경영학

테일러의 과학적 관리법으로 대표되는 경영관리론 중심으로 발전한 미국 경영학에 비해 독일 경영학은 더 오랜 역사에 걸쳐 관방학내지 경영경제학적인 성격으로 태동되어 수 차례의 방법 논쟁을 거쳤다.

독일 경영학의 발전과정

1675년에 프랑스에서 출판된 사봐리의 "완전한 상인"은 경영학의 맹아로 보아야 할 것이다. 즉, 이때부터 경영학이라는 개념이 정립되기 시작하였던 것이다. 이후 독일 경영학은 말페르거(P. J. Marperger), 루도비찌(K. G.

Ludovici), 그리고 로이크스(J. M. Leuchs) 등의 노력으로 사봐리의 상업학을 독일상업학으로 소화해 나가기 시작한다.

또한, 20세기 초엽 독일 각지에 대학수준의 각급 상업교육기관이 처음으로 설치되기에 이른다. 예를 들면 세계최초의 상과대학인 라이프찌히(Leipzig) 대학이나 쾰른(Köln)대학이 이러한 시대의 산물이다. 이렇듯 독일 경영학은 처음부터 학자들에 의해 다루어지게 되어 실무가 중심이었던 미국 경영학과는 상이한 학풍을 이어가게 되었다. 이러한 독일 경영학은 수차례에 걸친 방법논쟁을 거치면서 학문적 성숙을 더해가게 된다. 이런 방법논쟁에 대해 알아보면 다음과 같다(안서규 외 2005, 62-67).

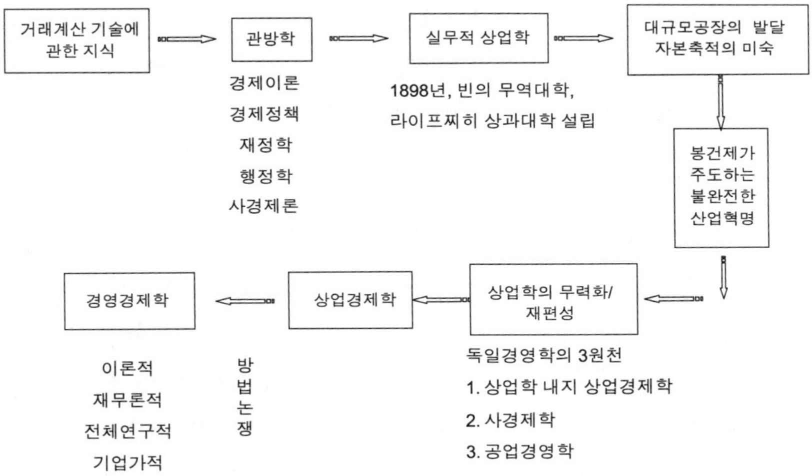

그림 2-5 독일경영학의 발전 과정

독일경영학의 방법논쟁

제 1 차 방법논쟁

1912년경 바이어만·셰니쯔(M. Weyermann & H. Schönitz)의 '과학적 사경제학의 기초와 체계 2'가 출판됨으로부터 제 1 차 방법논쟁이 전개되었다. 이 논쟁의 핵심은 "경영학이 하나의 학문(science; Wissenschaft)이되, 이론과학인가 또는 실천과학인가?"하는 문제였다. 다시 말해서 경영학이 순수한 과학론인가, 또는 기술론인가 하는 문제에서 논쟁이 대두된 것이다.

여기서 경제학에서 갈라져 나온 바이어만·셰니쯔 일파는 경영학이란 역시 경제학처럼 이론을 주로 하는 순수과학(이론과학)이어야 한다고 주장하고, 이에 대해 상업학의 전통을 이어받은 슈말렌바하(E. Schmalenbach) 일파는 회계학을 그 기반으로 하는 경영학은 당연히 실천을 주로 하는 응용과학이자 기술론 이어야 한다고 반박하였다.

이 논쟁은 훗날 소위 쾰른학파의 선구자가 되는 슈말렌바하의 우세로 흘러가다가 제 2 차 방법논쟁을 맞이하게 된다.

제 2 차 방법논쟁

제 2 차 방법논쟁의 직접적인 계기는 리이거(W. Rieger)에 의해 1928년에 출판된 '사경제학입문'에 의해서이며, 앞서의 바이어만·셰니쯔의 경우처럼 리이거가 경영학은 역시 이론을 주로 하는 순수과학이어야 한다고 주장한 데서 또 다시 논쟁이 불 붙기 시작하게 되었다. 이에 대해 니콜리슈(H. Nicklisch)는 기업을 영리를 추구하는 기업가로부터 독립된 실체로 보고, 기업은 수요충족을 목적으로 하는 경제단위로서 경영의 지도원리를 '경제성의 원리'라고 주장하며, 경영조직은 경영자와 종업원으로 구성되는 '경영공동체'라고 생각하였다. 다시 말하자면, "경영학의 연구대상으로서 기업을 그 대상으로 삼아야 하는가, 아니면 경영을 그 대상으로 하여야 하는가?"에 관한 논쟁이라고도 볼 수 있다. 그러나 여기에서도 여전히 기술론으로서의 경영경제학이 우세한 입장을 고수하고 있었다.

제 3 차 방법논쟁

일반적으로 제 3 차 방법논쟁은 1952년에 출판된 구텐베르그(E. Gutenberge)의 '경영경제학원리(생산론, 1951; 판매론, 1954; 재무론, 1969)'로부터 시작되었다고 보는 견해가 지배적이다. 이로 말미암아 경영경제학의 성격, 방법, 체계, 지도원리 등에 관한 근본적인 문제뿐만 아니라, 더 나아가서 경영경제학(즉, 경영학)과 국민경제학(즉, 경제학)의 이론적인 통합문제, 그리고 경영경제학에의 수학적 방법의 도입문제 등이 논의되었던 것이다.

경영경제학을 경험·실증적인 관점에서 파악하면서도 이를 굳이 이론과학으로 간주하려고 하였던 구텐베르그는 사회적 시장경제를 지지하는 신 자유주의의 관점에 입각하여 기본적 문제의식을 "경영생산성"의 문제로 규정하였다. 즉 경영의 생산과정을 기본적 요소와 자생적 요소와의 결합과정으로 인식하고, 이들 생산 제요소간의 최적의 결합관계가 요소투입량과 생산물간의 생산성관계의 최적화라는 형태로 추구된다고 보았던 것이다. 여기에 대해 기술론적 경영경제학의 입장에 선 멜레로비쯔(K. Mellerowicz)는 구텐베르그의 비용이론이 현실적이 아니라고 비판하였다. 즉, 그는 도구주의적 과학관을 갖고 귀납법을 토대로 하는 경험주의를 전개하였다. 다시 말해, 경영경제학은 현실적 유용성을 목적으로 한다고 인식하여 포퍼(K. R. Popper)의 "과학은 가설의 제시와 그 반증가능성에 따른 시행착오에 의해 진보한다."라는 비판적 합리주의를 받아들였다.

현대의 독일 경영학

현대의 독일경영학은 1960년대부터 미국의 경영관리론을 도입함으로써 본질적인 변혁기를 맞이하게 되었다. 한편 1970년대에 이르러 독일 고유의 사회적 시장경제원리는 벽에 부딪치게 되고 이러한 상황하에서 서독 독점기업의 집중화 운동이 광범위하게 전개되었다. 따라서 집중화된 대규모기업에서 나타나는 복잡한 관리문제와 불확실성 시대 하에서의 의사결정문제를 해결하기 위한 의사결정지향적 경영경제학이 발전하게 되었던 것이다. 즉 하이넨(E. Heinen), 키르슈(W. Kirsch) 등에 의해 전개된 의사결정지향적 경영경제학은 논리적 체계성을 특징으로 하는 독일경영경제학 속에 미국의 근대적 조직론, 시스템론, 사회학, 심리학, 행동과학 등의 지식이 도입된 결과라고 할 수 있다. 이러한 의사결정지향적 경영경제학은 개인의 의사결정을 이론적 출발점으로 하여 그것에 의해 기업목표의 형성과정과 기업목표의 내용을 설명하고자 하는데 특징을 두고 있는 것이다. 또한 미국의 사이몬(H. A. Simon)을 중심으로 하는 근대적 조직론, 시스템론, 의사결정론, 행동과학 등의 미국의 행동 제 과학(行動 諸 科學)의 영향도 받게 되었다.

제2부

경영자와 경영책임

경영자와 경영책임

3 경영자의 위치와 역할

1.기업의 창업과 경영주체

2.최고경영자의 위상과 역할

3.경영자의 분류와 요구되는 능력

제 3 장 경영자의 위치와 역할

기업의 창업과 경영주체

기업의 창업과 기업가정신

창업과 창업 기업가

창업은 어떤 개인 또는 동업으로 새로운 사업기회를 포착해서 기업활동을 시작하는 것을 말한다. 경제학자 슘페터(Joseph Schumpeter)는 '경제적 역동성의 이론(1911)'에서 "경제의 새로운 성장동력은 창조적 파괴를 할 줄 아는 창업 기업가의 공급에 달려 있다."며 창업 기업가가 경제성장에 미치는 중요성을 강조했다. 이렇게 창업은 국가경제의 차원에서는 경제 성장의 출발점이 되며, 창업 기업가 개인적으로는 나중에 최고경영자로서 자기실현의 길이 되는 것이다.

대부분의 기업가는 초기 중소기업의 규모에서 시작한다. 이때의 창업기업가는 대개 출자기능과 경영관리 기능을 모두 수행하는 사람으로서 "기업가란 자본을 투자하는 사람"이라는 개념이 성립된다.

그 후 기업의 규모가 커지면서 주식이 분산되든가, 또는 대기업에서 일부 사업부문을 떼어 내어 분사하는 경우 기업가의 소유권과 경영권이 분리되는 경향이 나타나기 시작한다. 따라서 현대적인 기업가는 꼭 스스로 출자를 하는 자본가로서보다는, 고유한 기술과 아이디어를 가지고 혁신적인 제품과 서비스에 적용하여 이노베이션을 하는 사람이라는 의미가 더 강하다. 즉 기업가는 자본가나 소유자는 아니더라도 스스로 또는 팀을 구성하여 책임을 지고 불확실한 비즈니스 환경 속에서 새로운 비즈니스를 개척해 가는 혁신자, 선구자, 모험자로서 개척자 정신을 발휘하는 사람을 말한다.

창업에는 사업아이디어, 자금, 창업 기업가 등 크게 세 가지 요소가 필요하다. 세 가지 요소는 창업에 있어서 모두 중요하지만, 기술을 기반으로 하는 현대적 벤처 투자에 있어서는 특히 세 요소 중에서도 창업을 성공적으로 추진하는 데 가장 중요한 요소는 기업가(entrepreneur)로 본다. 기업가가 투자가들에게 어필할만한 경험과 능력을 가지고 있다고 판단되면 그 밖의 요소들은 외부의 지원으로 모아질 수 있다고 보는 것이다. 기업가는 특유의 혁신 능력과 위험감수정신을 발휘하면서 신생아와 같은 창업기업을 키워 나간다.

기업가는 출자와 이에 따른 위험부담을 감수하고, 기업의 실질적인 운영자로서 리더십을 갖추며, 더 나아가 혁신을 주도하는 기업가정신을 발휘한다. 기업가정신의 요체로 강조되는 것은 바로 혁신(innovation)과 위험감수(risk taking) 성향이다.

창업의 단계

실로 창업기의 기업운영은 험난한 모험의 연속이다. 초기 창업기회를 발견하는 과정은 기업가가 왜 발명가와 다른지를 암시한다. 아이디어는 창업가의 한 손에 쥐어져 있는 도구에 불과하다. 아이디어가 기회로 되려면 실제 상황에서 고객들에게 상당량의 제품이나 서비스를 팔아야 한다. "만일 남보다 나은 쥐덫을 만들 수만 있다면 그가 숲 속에다 집을 짓더라도 세상이 알아서 그의 집 앞까지 탄탄대로를 만들 것이다."라는 에머슨(Ralph W. Emerson)의 오류는 아이디어 자체를 대박의 기회로 인식한 오류의 전형이다. 창업 기업가는 대개 과거 자신이 일해 왔던 전직 경험을 토대로 사업기회를 발견하기도 하지만 어떤 때는 실수로 그리 전망이 좋지 않은 사업에 착수한 후 나중에 우연히 그럴듯한 사업 기회를 발견하기도 한다.

창업가는 이어서 창업 기회를 분석하여 사업 기회를 선정하는 단계로 이전한다. 사업기회를 선정하기 위해서는 타당성 평가가 선행되는데, 이는 예컨대 이 상품이 만들어진 후 얼마나 팔릴 것인지, 그리고 원하는 품질의 상품을 원하는 원가에 만들어 낼 수 있을 것인지에 대한 고찰과 예측자료에 대한 검증을 말한다. 타당성 검증이 이루어진 후 사업 아이디어는 구체적인 상품화의 단계로 이행한다. 상품화를 위해서는 시제품을 만들어서 제품의 기능과 특징을 확인할 수 있도록 해야 하기 때문에 상당한 개발비가 소요된다.

따라서 이 단계에서부터는 창업자금이 본격적으로 필요해지며, 그 필요 자금의 규모에 따라 창업자 본인이 그 동안 저축했던 종자돈(seed money)을 사용하기도 하고, 지인이나 비공식적인 투자자들의 투자를 유치하는 엔젤(angel) 자금, 나아가 창업 아이템이 첨단 기술을 바탕으로 가능성을 내포한 경우는 전문적 모험투자자의 자금을 유치하기도 한다. 자금 유치를 위해서 창업기업가는 외부 투자자에게 자신의 사업의 전망을 소개하고 설득하기 위한 사업계획서를 작성하여야 한다.

그 후에도 제품 또는 서비스를 본격적으로 생산하기 위한 공장과 설비의 확보, 공정 개발 등 운영적인 업무에 들어가면서 창업자는 점차 일인 다 역의 슈퍼맨 같은 활약을 보이며, 부족한 자금 속에서 '땀의 자본'을 투여하게 된다. 이 때쯤 되면 창업기업에는 주요 부서에 관리자와 종업원들이 배치되는데 이들도 처음에는 여러 가지 경영활동을 동시에 수행하여야 하는 경우가 많다. 예를 들어 경리업무와 회사관리업무를, 또는 생산업무와 판매업무를 동시에 수행하는 식이다. 그러면서 처음에 구상한 대로 외부 판매가 일어나기 시작하면 창업 기업가는 차츰 성공의 길로 들어 서게 되는 것이다.

기업가정신

그렇다면 이렇게 위험하고 어려운 창업의 길에 도전하는 사람들을 어떻게 설명해야 할 것인가? 칼 베스퍼(K. Vesper)는 기업가정신을 정의하면서, "다른 사람들이 발견하지 못한 기회를 찾아내는 인간, 또 사회의 상식이나 권위에 사로 잡히지 않고 새로운 사업을 추진할 수 있는 인간이야말로 기업가다. 그러나 가장 중요한 것은 기업가정신이 행복을 추구하는 수단이라는 점이다. 어떻게 살 것인가, 무엇을 행복으로 여길 것인가와 같은 점들을 진정으로 이해하고 있는 인간이야말로 기업가가 아니겠는가?"라고 표현한다. 다시 말해 평범하고 안정된 삶을 포기하고 모험적인 삶을 행복으로 여기고 이런 과정을 통해서 자신이 창업한 기업이 성공적으로 자리 잡도록 하는 것을 최상의 자기실현으로 보는 사람의 성향을 기업가정신이라 한다.

특히 기업가정신은 '전에 없던 분야에서 현재 추진 중인 사업활동을 창시한 기량'이라고 할 수 있다. 즉 진정한 기업가는 '새로운 사업을 창업하여 연이어 급성장을 도모한 모험심이 왕성하며 기업심이 강한 사람'이라는 면에서, 자기고용을 위한 음식점 창업 등 단순한 창업자는 기업가정신과는 구별된다.

피터 드러커에 의하면 기업가정신의 요체는 혁신(innovation)임을 강조했다. "기업가는 뭔가 새롭고 이질적인 것을 창조해야 한다. 변혁을 일으키고 새로운 가치를 창조하지 않으면 안 된다. 따라서 기업가란 변화를 탐구하고 변화에 대응하며 또한 변화를 기회로써 이용하는 자다". 또한, "기업가의 역할은 이윤의 극대화보다도 기회의 극대화이며, 기업가정신은 과학이 아니다. 그렇다고 해서 예술도 아니다. 그것은 실천이다."라고 정의하고 있다.

기업가정신은 실로 시장자본주의 경제의 산물이다. 기업가정신을 바탕으로 모험의 길에 들어선 사람들에게 불특정 다수의 투자자로부터 자금을 모아 사업을 키워 볼 수 있는 기회를 주는 자본주의의 경제제도야 말로 기업가정신의 온상인 셈이다. 여타의 다른 경제체제 속에서는 진정한 기업가정신이 자랄 수 없다.

(PD 2001, 144-160)

창업에서 경영으로의 전환

어느 정도 성공한 중소규모의 기업이 대기업으로 성장하기 위해서는 경영방식을 바꾸어야 한다. 급속한 성장을 경험한 기업이 경영방식을 새로운 환경에 적응시켜서 전환하지 않고 기존의 방식에만 매달리고 있으면 그 기업은 반드시 위기를 경험하게 된다.

창업기업에는 아이디어가 있다. 제품과 서비스도 갖추어졌을 것이고, 꽤 큰 규모의 매출도 일어났을 수도 있다. 이제는 분명 원가도 발생할 것이고,

이익도 발생할 것이다. 그런데 신생 창업기업이 가지고 있지 못한 것은 바로 '경영'이다. 창업기업이 살아가고, 운영되며, 조직된 '현재'가 있음으로 해서 사람들이 자신이 어디로 가고 있으며, 무엇을 하기로 되어 있고, 그 결과는 무엇이고 어떠해야 하는지를 알게 해야 한다. 그러나 창업기업이 하나의 '사업체'로서 '경영'되지 못한다면, 그들의 아이디어가 아무리 훌륭하고, 자금을 아무리 많이 모집했고, 제품이 좋고, 수요까지 많다고 해도 결코 생존할 수 없다.

이런 사실을 거부한 경우 창업된 많은 신생기업을 망가뜨렸는데, 그 예가 19세기의 위대한 발명가 토마스 에디슨이다. 에디슨의 꿈은 성공적인 사업가로서 큰 기업의 장이 되는 것이었다. 그러나 그는 탁월한 기업가였지만 경영자로서는 최악이었다. 에디슨은 그의 발명품인 전구를 이용할 수 있도록 전력회사를 어떻게 설치해야 하는지 정확히 알고 있었다. 그는 자신의 창업기업이 필요로 하는 자금을 어떻게 얻어야 하는지도 알고 있었다. 그의 제품은 즉각적인 성공을 거두었으며, 실상 수요에 맞추어 댈 수도 없을 정도였다. 그러나 에디슨은 창업 기업가로 머물러 있었다. 또는 그는 경영한다는 것이 그저 우두머리(boss)가 되는 일로 생각했을지도 모른다. 그는 매니지먼트 팀을 만들기를 거부했다. 결국 그가 설립한 4, 5개의 회사들은 모두 어느 정도 규모로 성장하자 마자 모두 도산 직전에 이르게 되었고, 에디슨이 물러나고 다른 전문경영자가 들어와서야 그 기업이 재기할 수 있었다.

이와 같이 어느 정도 성장하고 복잡화된 기업들은 경영방식을 기업가의 개인적 역량을 활용하는 기업가적 경영(entrepreneurial management)에서 기업구성원들의 역량도 활용할 수 있는 전문적 경영(professional management) 방식으로 전환하여야 한다.

기업가적 경영은 의사결정권한에 있어 기업가가 모든 의사결정을 혼자서 하는 집권화와 비공식적 통제시스템의 사용으로 특징지을 수 있다. 기업가적 경영에서는 중요한 의사결정사항이 기업가 혹은 창업자에 의해 결정된다. 따라서 기업가 혹은 창업자의 개인적 능력이 기업성장의 원동력이 된다. 종업원의 수가 적은 기업에서는 기업가의 직접적 관찰과 감독에 의해 업무조정이 가능하기 때문에 기업가적 경영을 할 수 있고 때로는 기업가적 경영이 우월한 경영방식일 수도 있다. 공식적인 평가 시스템이나 제도가 없더라도, 기업가가 종업원 중에서 누가 능력이 있고, 누가 일을 열심히 하는지를 알기 때문에 공식적인 절차시스템구조가 불필요하다.

전문적 경영은 의사결정권한의 위양과 공식적 통제시스템으로 표현된다. 기업이 어느 정도 성장하게 되면 업무의 복잡성이 증대된다. 더군다나 종업원의 수가 늘어나 기업가의 입장에서 누가 능력이 있고 누가 열심히 일하는지를 알 수 없을 뿐만 아니라, 기업 내에서 어떤 일이 일어나고 있는지도 제대로 파악하기가 어렵다. 결과적으로 의사결정권한의 집권화와 비공식적인 통제시스템으로는 기업을 경영할 수 없게 된다. 따라서 기업이 더 이상 기업가 개인적 능력에만 의존하지 않고 종업원들의 능력과 자발성을 활용해야만 할 필요성이 생긴다. 결과적으로 기업가가 결정했던 의사결정문제를 전문적 능력을 가진 사람들에게 위임해 주어야 한다는 것이다. 의사결정권한을 위임하면 이와 더불어 권한을 위임 받은 사람들이 자신의 개인적 이익이 아니라 기업의 이익을 위해서 이용하도록 인사관리부서나 기획부서를 활용하여 공식적인 통제시스템을 구축하여야 한다.

이와 같이 여러 부서의 전문적인 관리자들에게 경영의사결정을 위임하기 위해서는 기업가가 그 필요성에 대한 인식이 선행되어야 한다. 전문적 경영방식으로의 전환은 기업가의 태도와 행위에서 근본적인 변화를 요구한다. 즉 경영자 혼자만의 능력과 노력으로 기업을 성장시키려 하는 태도를 버리고 종업원들의 능력을 최대한 활용하여 기업을 성장시키려는 태도를 가져야 한다. 문제는 성공한 기업가의 자발적인 인식변화가 매우 어렵다는 점이다. 창업초기의 성공으로 인하여 “나도 잘할 수 있다. 경영이란 별로 어려운 것이 아니다.”라는 인식하에 종업원들에게 권한을 위임하려고 하지 않는다. 특히 기업을 자신의 분신으로 생각하는 경우에는 전환의 필요성에 대한 인식이 늦어지고 결과적으로 성장이 정체된다.

피터 드러커에 의하면, 신생 창업기업들이 흔히 겪는 경영관리 상의 함정에는 다음 네 가지가 요구 조건을 만족시키지 못하는 데 있다(PD 1985, 188-206).

첫째, 늘 시장에 초점을 맞추어야 한다는 것이다.

둘째, 재무적 예측을 통해서 현금흐름과 요구되는 자금의 수요를 늘 계획

해야 한다.

셋째, 최고경영자 팀을 형성해야 한다는 것이다.

넷째, 창업자는 자신의 역할과 일할 영역, 다른 경영자와의 관계에 대해서 의사결정을 해야 한다.¶

전문적 경영으로의 전환하는 데 있어서 가장 기본적인 부분은 최고경영자팀으로 표현된 바와 같이 전문 기능을 책임 지고 의사결정을 할 수 있는 인적 자원의 개발, 확보에 관한 문제다. 적시에 경영방식을 주먹구구식에서 전문적 경영방식으로 전환할 수 있도록 질 높은 의사결정을 할 수 있는 인적 자원을 개발해 두어야 한다. 그래야만 창업기업가는 분야 별로 의사결정 권한을 위양할 수 있게 된다. 전문적 경영의 힘은 의사결정에 필요한 정보와 능력을 보유한 사람들에게 의사결정권한을 주는 데서 나온다.

이와 아울러 전문적 경영의 요체로서는 공식적 통제방식을 들 수 있다. 기업가가 종업원에게 의사결정권을 위양하면, 위임 받은 사람들은 자기 자신의 이익이 아니라 기업 전체를 위해 권한을 활용하도록 해야 하며, 이를 뒷받침하기 위해서는 기업의 사명과 부합하는 성과평가 시스템, 인사고과 등 보상체계를 필요로 하게 된다.

경영체제와 경영주체

사례

2002년도 월드컴(WorldCom)의 이사회는 회사의 수익을 40억 달러나 과대 계상했다고 발표함으로써 주식시장을 놀라게 했다. 최고경영진들은 명백히 회사의 장부를 조작함으로써 이 거대 통신회사가 실제보다 이익을 더 내는 것처럼 보이게 했다. 투자자들은 이 회계부정에 대해 알고 나서 회사의 가치에 대해 재평가하게 되었고 월드컴 주식을 투매하기 시작했다. 수 주 후에 한 때는 고공비행을 하던 회사는 결국 파산을 선언했고, 이는 미국 역사 상 가장 큰 기업 실패의 사례로 기록되었다. 월드컴의 주식이 사실 상

휴지로 변하면서 소액의 개인 투자자로부터 대주주인 연기금 투자회사에 이르기까지 수십 억 달러의 손실을 입었다.

월드컴의 파산은 의심의 여지 없이 그 회사에 투자한 주주들의 재앙이었다. 월드컴의 경영진으로 하여금 수익을 과장하도록 부채질한 요인은 무엇인가? 왜 이사회와 회사의 회계사들은 더 나은 감독 기능을 수행하지 못했는가? 왜 정부의 규제는 투자자의 가치를 보호하는 데 있어서 더 나은 역할을 하지 못했는가? 왜 투자자들은 무슨 일이 벌어지고 있는지 알아차리고 너무 늦기 전에 주식을 팔지 못했을까? 그리고 이런 일이 다시 일어나지 않게 하려면 어떻게 해야 하는가?

주식에의 투자자는 기업의 법적인 소유주들이다. 하지만 월드컴 사례에서 보듯이 그들의 권리는 언제나 지켜지는 것은 아니다. 주주의 법적 권리를 지킬 수 있도록 이사회, 정부의 입법자, 경영자, 그리고 주주 활동가들이 해야 할 일은 무엇인가?

경영체제/기업지배구조의 의의

경영체제 또는 기업지배구조(corporate governance)는 누가 기업을 소유하고 있으며, 기업의 의사결정은 누가 하느냐의 문제를 말한다. 최초 기업이 창업되었을 때는 당연히 기업의 창업자가 소유자이면서 경영자인 소유경영체제로 출발한다. 소유와 경영이 분화되기 이전에는 자본가 또는 기업가 1인에 의해서 법률적, 경제적 의미에서의 소유권과 주요 기업경영활동을 통제하는 경영권이 독점된다.

그러나 기업규모가 커지면서 주식의 대중분산에 따라 기업의 소유와 경영의 분리현상이 발생하게 된다. 소유와 경영이 분리된 이후에는 순수한 의미의 자본가는 주식의 소유자로서의 법률적, 경제적 소유권 또는 청구권을 갖지만 기업의 경영 자체에는 전문성도 없고 별 관심도 없는 사람들이 대부분이다. 반면 자본의 수탁자로서의 경영자는 기업활동에 대한 통제권을 위탁 받아 경영의 전반에 대해서 의사결정을 한다.

경영체제는 현대 기업경영을 효율적으로 수행할 수 있게 하는 기반이 된다는 점에서 중요한 이슈이다. 경영체제에 따라 경영전략, 경영조직, 기능관리, 사람관리 등 하위 기업경영 시스템에 영향을 미치며, 경영자들의 역할 분담과 기능이 다르게 나타난다. 예컨대 이사회의 주된 역할을 보면 소유경영체제 하에서는 개인적 이익을 대변하는 기능이 되기 쉬운 반면, 전문경영체제 하에서는 전문경영자의 활동을 감시하는 기능이 주 업무가 된다. 결과적으로 경영체제는 경제정의와 기업의 사회적 책임, 윤리 문제 등의 면에서 기업이 사회에 반응하는 양식과 관련이 크다.

소유경영체제와 전문경영체제

소유권과 경영권의 합치 정도에 따라 경영체제의 유형은 크게 소유경영체제와 전문경영체제로 분류할 수 있다. 소유경영체제는 소유권과 경영권이 분리되어 있지 않고 강한 일치도를 보이는 상태로서 소수의 대주주가 소유권과 경영권을 지배하는 기업을 말한다. 전문경영체제의 경우는 외부 주주는 자본을 제공하고, 이사회는 주주 지분 변경, 장기정책 결정하며, 이사회에서 경영권에 대해 수탁 받은 전문경영인은 기업의 운영과 수익 통제 등 경영활동을 지배한다.

따라서 경영체제에 따라 경영자를 분류하면 소유경영자와 전문경영자로 구분된다.

소유경영자

소유경영자는 태생적으로 규모가 작은 중소기업에서 쉽게 찾아볼 수 있지만, 한국의 경우 규모가 큰 대기업에서도 흔히 나타나는데, 이는 창업 기업가의 리더십이 지속적으로 영향력을 한 측면과 상호출자 등 편법적인 방법에 의해 지배권을 유지한 측면이 작용한 결과로 볼 수 있다.

이러한 기업은 간혹 기업 자체나 사회적 투명성을 해치고 소유자 개인의 이익에 집착할 가능성이 커서 사회적으로 긍정적 이미지를 얻기가 어렵다는 단점을 갖고 있다. 그러나 소유경영자는 자기자본으로 기업을 창설하고 성장시키는 과정을 거치면서 남들은 쉽게 흉내내기 어려운 강한 기업가정신을 갖는다는 장점이 있다. 한국 기업이 신기술 분야에서 과감한 투자로 세계적 경쟁우위에 단시일 내에 도달하는 예가 많은 것은 대개 소유경영자의 과감한 투자의사결정에 의해서다.

기업의 규모가 커져서 경영활동의 내용이 복잡해지게 되면 소유경영자인 기업가 혼자서는 기업을 합리적으로 경영할 수 없게 된다. 이러한 경우에 기업가는 자신이 담당하고 있던 경영활동의 일부를 외부로부터 데려 온 경영자에게 위임하여 분담하도록 하는데, 이러한 경영자가 바로 고용경영자(hired manager) 이다. 이들은 비록 소유자의 대리인으로서 소유권자의 이익을 대변한다는 점에서 소유경영자와 다름 없지만, 이미 기업경영에 전문적인 경영능력을 가진 자를 필요로 하게 되었다는 점에서는 전문경영자의 출현을 예고하고 있는 것이다.

전문경영자

전문경영체제하에서의 경영자는 종래 기업가가 수행하던 기능 중 출자를 제외한 대부분의 기능을 인수 받아 이를 전담하여 수행하게 된다. 전문경영자의 의의는 소유와 경영의 분리에 따라 기업에서 출자자 즉 소유자와는 다른 이해관계를 갖게 된다는 점이다. 전문경영자는 경영실권을 쥐고 있는 지배적 경영자로서의 성격을 갖게 되었다는 점에서 단순한 고용경영자와는 다르다. 그러나 전문경영자는 임기제에 따른 신분상의 제약으로 말미암아 상대적으로 단기적 성장성에 대해 주된 관심을 기울이게 된다.

전문경영자의 출현을 가속화한 것은 기업의 규모와 복잡성 증대로 과학적인 경영능력을 지니고 있는 전문가에 대한 필요성이 절실해짐에 따라서이다. 또한 주식회사제도의 발달로 인해 대중자본조달이 양성화되면서 소유권과 경영권이 서서히 분리되기 시작함에 따라 전문경영자의 위상이 안정되어 갈 수 있었다.

소유권으로부터 독립된 전문경영자의 역할은 기업내의 각기 다른 이해관계자, 즉 주주, 근로자, 공급자 및 채권자 등의 상호 대립하는 요구를 조정하게 된다. 흔히 고객만족은 종업원 만족, 주주 만족, 소비자 만족을 포괄하는 개념이다. 전문경영자는 소유경영자와는 달리 기업이 개인의 사유재산이 아니라 국민경제의 한 부분을 책임지는 기관이라는 점을 인식하고 기업의 사회적 책임과 공공성의 실현에 더욱 유념하게 된다.

표 3-1은 소유경영자와 전문경영자의 장점을 비교한 것이다(신유근 2002, 105).

자본주의의 발전에 따라 점차 전문경영체제로의 전환은 불가피할 것이다. 그러나 전문경영체제로 전환되었다고 모든 문제가 다 해결되는 것도 아니고 소유경영체제에 비해서 장점만을 가지고 있는 것도 아니다. 전문경영체제로의 효과적 전환을 위해서는 전문경영인 스스로가 문자 그대로 전문가(professional)로서 자존심을 갖고 스스로의 위상정립을 위해 피땀 어린 도전과 노력을 경주해야 할 것이다.

기준	소유경영자	전문경영자
장점	• 최고경영자의 강력한 리더십 • 과감한 경영혁신 • 외부환경변화에의 효과적 적응	• 민주적 리더십과 자율적 경영 • 경영의 전문화, 합리화 • 회사의 안정적 성장
단점	• 가족경영, 족벌경영의 위험 • 개인이해와 회사이해의 혼동 • 개인능력에의 지나친 의존 • 부와 권력의 독점	• 임기의 제한, 개인의 안정성 추구 • 주주 외의 이해관계자 경시 • 장기적 전망과 투자의 부족 • 단기적 기업이익 및 성과 집착

표 3-1 소유경영자와 전문경영자의 비교

기업지배구조와 이사회

기업지배구조라는 용어는 회사가 통제 혹은 지배되는 절차로서 거버넌스(governance)라고도 한다. 국가가 시민의 필요에 부응하고 정책을 수립하기 위해 정부를 갖고 있는 것과 똑같이 기업도 전반 전략방향을 결정하고 다양한 이해를 조정하는 역할을 하는 기업 거버넌스를 갖고 있다. 간혹 일어나는 대기업의 회계부정 사건은 한편으로는 기업의 통제시스템이 투자자를 효과적으로 보호하지 못하며 다른 한편으로는 기업의 성과를 위험에 처하게 한다는 점을 볼 때 기업지배구조의 중요성을 새로이 일깨운다.

이사회는 기업지배구조에서 중심적 역할을 한다. 이사회는 회사의 목표를 수립하고, 전반적 정책을 정하며, 이들 목표를 수행해 나갈 고위직 인사를 선발하는 일에 법적 의무를 갖도록 선발된 사람들의 집단이다. 이사회는 또한 회사가 잘 경영되고 있고 주주의 이익이 보호되고 있는지 확실히 하기 위해 경영자의 성과를 검토한다. 이때 중요한 점은 이사회의 기능과 독립성이다. 이사회가 독립성을 갖추어야 경영자의 경영활동을 제대로 감시할 수 있어 회계부실이나 경영자의 부정을 막을 수 있어 투자자의 신뢰를 얻을 수 있을 것이라는 믿음 때문이다.

이사회 구성원 중 일부는 사외이사로서 회사에 상근으로 근무하지 않는 사람 중 선발된다. 이들 사외 이사는 타사의 최고경영자일 수도 있고, 주요 지분 소유자, 채권 은행, 은퇴한 정부 관료, 학계 인사, 지역사회 인사, 혹은 타사에서 은퇴한 경영자 등 다양한 인사들로 구성된다.

대부분의 기업에서 이사회의 업무는 각종 위원회를 통해서 수행되거나 전체 회의를 통해서 수행된다. 보상(compensation) 위원회는 보통 사외 이사로 구성되며 고위직 경영진의 급여와 스톡옵션 부여 등 기타 복리를 결정한다. 지명(nominating) 위원회는 정기 주주총회에서 선임될 임원을 선발하고 제안하는 임무를 맡는다. 경영 위원회(executive committee)는 주요 사업 부문의 최고 경영진과 긴밀하게 일한다. 이사회의 위원회 중 감사 위원회는 법적으로 사외 이사로 구성되도록 되어 있고, 회계 지식이 있는 인사가 선임된다. 감사 위원회는 회사의 재무 보고서를 검토하고 사외 감사인(회계사)를 지정하여 내부 재무통제가 결함 없이 수행되는지 감독하는 역할을 한다.

기업은 스스로 엄격한 기업지배구조 규준을 채택하고 공시하는 한편 이를 실천하고, 윤리경영의 실천을 위한 내부 윤리규정을 투자자에게 알림으로써 투자자의 신뢰를 얻는 데 힘써야 한다.

한국의 기업지배구조의 문제

기업지배구조의 문제는 단적으로 말하자면 대기업으로 성장된 후의 경영에 있어서 주식분산에 의해 적은 비율의 지분만을 갖고 있는 대주주 오너 경영자가 기업에 대한 절대적인 지배권을 행사할 수 있는가의 문제로 귀결된다. 실제로 한국 기업의 경우 재벌 오너는 기업이 창업되었을 때와 마찬가지로 막강한 권한이 집중되어 있다. 이런 모습은 이사회에서 전문경영인을 내세워 경영토록 하는 미국식 경영과 비교하면 분명히 큰 차이가 있다.

주식회사의 소유구조와 지배구조

앞 서 주식회사는 자본의 증권화를 통하여 창업자의 지분비율이 점차 작아지는 과정에서 소유경영자의 지배로부터 전문경영자의 지배로 교체되는 현상을 겪는다는 점을 언급했지만, 이 과정이 그리 단순하지는 않다. 특히 다수의 계열사로 구성되어 있는 대기업의 경우 계열사 간의 상호 출자 등으로 인하여 대주주의 지분비율이 극히 적음에도 불구하고 실제로는 오너(owner)로서 막강한 의사결정 권한을 유지하는 경우가 대부분이다.

그런데 이런 현상은 긍정적 측면과 부정적 측면이 있다고 볼 수 있다. 긍정적 측면은, 시장자본주의의 원리 상 위험을 감수하고 기업을 창업한 오너에게 그 회사에 대해 전권을 가지고 운영할 수 있는 인센티브를 준다는 측면에서 기업가정신을 북돋우는 효과가 있다는 점이다. 창업을 하여 성공하면 자기실현과 함께 국가 경제에 기여할 수 있다는 자부심을 기업가에게 심어줌으로써 시장자본주의는 더욱 견고하게 뿌리를 내릴 수 있을 것이다.

부정적 측면은 오너의 전횡에 의한 부작용을 들 수 있다. 만약 오너의 의사결정이 균형 감각을 잃고 독단적으로 흐른다면 자칫 수 많은 주주들의 이익을 해칠 수 있을 것이다.

종업원의 경영참여

이와 유사하게 최근 종업원이 경영에 참여해야 한다는 요구가 많다. 실제로 독일에서는 종업원 2,000명 이상인 대기업인 경우 감사회의 반수를 종업원 대표가 차지한다고 한다. 독일의 경우는 도제 제도에서 볼 수 있듯이, 종업원과 오너 간의 긴밀한 협동의 전통이 잘 축적되어 왔던 배경에서 이런 제도가 생긴 것이다. 종업원의 경영참여 제도는 근로자들이 회사의 주요 기관에 참여하여 회사의 실태에 대해서 더욱 깊숙이 알 수 있고, 종업원이 주인의식을 가지고 업무에 임할 수 있다는 점에서 장점을 가지고 있다.

그러나 이런 제도는 한편으로는 종업원을 중요한 이해관계자의 한 부분으로 인정했다는 점에서 민주적인 제도로 보이기는 하지만 근로자 대표들의 발언권이 너무 커질 경우 중요한 경영 의사결정이 왜곡될 수 있다는 문제점을 안고 있다. 시장자본주의의 원리 상 위험을 무릅쓰고 기업을 창업한 기업가에게 기업에 대한 통제권을 주는 것은 당연한 것이다. 특히 회사가 파산할 경우 가장 위험이 큰 사람이 바로 대주주인 오너로서 이들에게는 평생을 걸었던 모든 것이 다 없어진다. 그러나 종업원들은 회사가 파산해도 다른 회사에 취직할 수 있다.

이런 예만 보더라도 주식회사의 소유구조와 지배구조의 문제, 경영참여의 문제를 논할 때는 논점이 자본주의의 원리와 인센티브를 훼손할 우려가 없는지 조심스럽게 고려해야 함을 알 수 있다.

(PD 2001, 132-145)

새로운 성과기준

피터 드러커에 의하면 기업의 소유·지배 구조, 그리고 이에 따른 경영자의 책임에 대한 정의는 한 사이클의 순환을 거쳐 보이지 않는 혁명을 이룩하였다고 한다.

1 단계: 소유와 경영의 분리

1933년 벌리와 민스(A. Berle and G. Means)는 '현대기업과 사유재산(the modern corporation and private property)'이라는 책에서 전통적인 소유주, 즉 19세기의 자본가들은 사라졌다는 것을 증명하려고 하였다. 기업의 소유권이 투자한 기업의 경영에 대해서는 아무런 관심도 없고 또 헌신하려고도 하지 않으면서 오직 단기 자본 이득에만 연연하는 얼굴 없는 수많은 투자자들에게로 급속히 이전되고 있는 사실을 분명하게 밝혔던 것이다. 이어서 그들은 소유권이 통제권으로부터 분리되어 법적인 가설에 지나지 않게 되었으며, 경영자는 누구에게도 그리고 무엇에 대해서도 책임을 지지 않게 되었음을 논증하였다. 이렇게 전문경영자는 탄생하였다.

2 단계: 이해관계자를 위한 경영

그로부터 20년 후 GE의 최고경영자 랠프 코디너(R. Cordiner)는 대규모 공개기업의 최고경영자는 한 사람의 수탁자(trustee)로서 '주주, 고객, 종업원, 공급자 그리고 지역 사회 간의 이익이 최대한 균형을 이루도록' 경영할 책임이 있다고 주장하였다. 그는 소유권과 경영권의 결별 사실을 받아들이고 그것을 활용하기 위한 노력의 일환으로 전문경영자라는 개념을 제안했던 것이다. 그러나 그가 주장한 전문경영자의 역할로서 모든 이해관계자를 위한 경영 또는 최선의 균형이라는 것이 무엇을 의미하는지 명확하지 않고, 따라서 전문경영자의 성과와 결과에 대한 책임을 이행할 수 있도록 감독하고 통제하기 위한 책임구조의 결여 등으로 인하여 1950년대 코디너 세대의 경영자들은 성과를 올리지도 못했고 또 자리를 오래 지키지도 못했다.

그 결과 코디너식 경영자들은1970년대 후반부터 적대적 기업인수의 회오리 바람에 차례로 무너질 수 밖에 없었고, 살아 남은 경영자들은 이제 경영방식을 철저하게 바꾸지 않을 수 없었다.

3 단계: 주주를 위한 경영

오늘날 대기업의 최고경영자(전문경영자)들은 대부분 '주주의 이익을 위해' 그리고 '주주 가치의 극대화를 위해' 기업을 경영한다고 말한다. 이는 수십 년 동안 개발된, 기업의 성과와 결과에 대한 두 번째 정의라고 할 수 있다. 이 정의는 코디너가 주장했던 '이해관계자들간의 최선의 균형을 이룬 이익'보다 덜 고상하긴 하지만 한결 현실적으로 들린다.

그러나 이 정의에서 대부분의 사람들이 생각하는 '주주 가치의 극대화'란 6개월 또는 1년 이내의 단기에 주가를 올리는 것을 의미한다. 하지만 기업이나 그 기업의 지배주주들에게 그러한 단기적 자본이득은 결코 바람직한 목표가 될 수 없다. 따라서 기업 성과에 관한 정의로서 '주주 가치의 극대화'는 지속적인 효과를 발휘할 수 없게 되는 것이다.

4 단계: 기업의 부의 창출능력의 극대화를 위한 경영

오늘날 기업의 최대 주주는 연금기금이 되었다. 조직에 근무하는 종업원인 개인들은 자신의 노후를 위해 각종 연금을 들게 되는데, 연금기금을 운용하는 금융기관이 대기업의 주식과 채권의 최대 보유자가 되어 가고 있으므로 드러커는 이런 현상을 '보이지 않는 혁명(the unseen revolution)10' 이라 했다.

그런데 연금기금의 속성 상 그 투자기간은 장차 연금을 받을 종업원이 은퇴할 때까지의 기간이므로, 연금기금에 있어서는 단기적 자본이득보다는 장기적인 투자이익이 더 중요하다.

이 단계에서의 올바른 경영 성과와 결과의 정의는 '기업의 부의 창출능력을 극대화 하는 것'이다. 이 정의에 따라 최고경영자의 목표는 단기적 결과와 장기적 결과를 통합하고 운영적 차원의 기업성과들 – 마케팅, 혁신, 인적·재정적·물적 자원, 생산성, 사회적 책임, 이익 –을 통합하여 재무적 성과로 연결시키는 것이다. ¶

최고경영자의 위상과 역할

지식정보화 시대의 최고경영자

(PD 2001, 11)

전통적인 정의에서는 경영자란 기본적으로 보스(boss)로 인식되었다. 그러나 오늘날 일반적으로 받아들여지는 정의는 경영자를 리더(leader)로 간주한다. 대체로 제 1 차 세계대전 후 1950년대까지 경영자는 지위와 권한을 가진 사람, 다시 말해 경영자는 부하를 거느린 사람으로 정의되었다. 그러다가 1975년경에 이르러 경영자는 부하가 수행한 과업에 책임을 지는 사람이라는 정의로 대체되었다. 그 후, 오늘날의 경영자란 지식을 행동으로

---

[10] 이는 마치 노동자에 의해 기업이 소유되어야 한다는 마르크스의 주장이 실현된 것과 같다는 의미이다.

구체화하는 데에 책임을 지는 사람으로 정의할 수 있다.¶

즉 피터 드러커는 오늘날의 경영의 핵심적 주제는 '지식'이며, 결국 조직이란 지식과 지식이 어우러져서 더욱 가치 있는 지식을 창출하는 장임을 명확히 하였다.

사례 - 경영혁신의 리더, 잭 웰치

잭 웰치 전 GE 회장은 20년 간을 GE의 최고경영자로 열정을 쏟으며 활동했던 사람이다. 웰치는 45세의 젊은 나이에 120년 전통의 보수적이고 관료적이며 거대한 대기업 GE의 회장에 취임하여 경영을 책임지게 되었다.

웰치는 당시 많은 사람들이 GE라는 전통적인 미국 기업에 대하여 자부심을 가지고 있었음에도 불구하고 GE를 수년 내에 완전히 새로운 기업으로 재구축하지 못한다면 다가오는 변화의 물결 속에 침몰하게 될 것으로 판단했다. 웰치는 새로운 GE를 건설하기 위한 사업 구조조정에 착수하여 사업부들을 주요 핵심역량을 기반으로 통합, 재편성하면서, 재계 1위나 2위가 되지 못하거나 타 사업부와 시너지를 일으키지 못하는 사업들은 과감히 처분하거나 폐쇄하는 조치를 취했다. 그 과정에서 웰치는 '중성자탄'(주: 중성자탄은 건물 등 구조물은 남기되 그 안의 사람은 살상함)이라는 별명을 얻게 되었다.

이런 경영혁신의 과정에서 웰치는 진정한 변화에는 역시 '사람의 문제'가 중요함을 깨닫게 되었다. 이후 GE의 혁신은 구조적인 측면과 조직문화적인 측면을 결합하여 균형을 이룰 수 있도록 추진되었다.

사례를 통해서 본 잭 윌치의 역할

조직문화 만들기

- 예산관리가 아닌 도전적인 목표(stretch goal)의 추구
- 참여의 문화, 학습조직 구축
- 조직문화 창출 위한 핵심가치 제정 – 에너지, 임파워먼트, 단호함, 실행력
- 벽 없는 조직 만들기

- ✓ 서로 다른 사업부에서도 아이디어 공유
- ✓ 대기업이면서도 가족이 운영하는 작은 기업처럼 속도감 있게 운영하는 것이 목표
- ✓ 빠른 의사결정과 정보공유

"웰치 회장은 언제나 허튼소리를 경멸했다. 오랫동안 GE간부로 지냈으며 그 후 Credit Suisse 사모펀드 그룹에서 일하고 있는 빌 우드번은 그날 일을 생생하게 기억한다. 그날 웰치 회장은 큰 거래에 대한 프레젠테이션을 듣고 있었고 GE 간부들도 그 자리에 함께 했다. 그런데 웰치 회장이 갑자기 그 프레젠테이션을 중단시켰다. "그 허튼소리 그만하게. 내 나이가 몇 인줄 아나? 나는 안 해본 경험이 없는 사람이야. 허튼소리가 나오면 그걸 알 수 있지. 이건 그저 허튼 소리야. 중단하게." 그는 웃으면서 말했지만, 그 메시지는 전혀 우습지 않았다. 빌 우드번은 "회의실 분위기가 확 바뀌었다," 고 나에게 말했다. 점차 결국 허튼소리는 중단되고 정직한 프레젠테이션만이 진행되었다(란류, 2010)."

조직구조 혁신

- GE를 맡은 지 2-3 년 만에 40만 명에서 22만 명으로 감축 - 중성자탄이라는 별명 얻음
- 초우량 강조(세계 1-2 등 아니면 매각)

GE의 화학사업 담당 사장에서 GE 회장으로 승진한 잭 웰치가 구조조정을 어떻게 할 수 있을지 피터 드러커에게 조언을 구하자 드러커는 "만약 당신이 지금까지 하고 있는 사업들을 지금 새로 시작한다고 하면, 그것을 하겠는가?"라고 되물었다고 한다. 당연히 대답이 '노(No)'였던 잭 웰치는 "지금 하고 있는 사업들 가운데 1, 2등을 하지 못하는 사업들은 중단해야 한다."는 결론을 내리고 GE를 본격적으로 구조조정하게 되었다고 한다. 그는 재임기간 동안 1,200 여 건의 인수와 합병(M&A)을 단행했다.

각 계층의 진정한 관리자/리더 양성

- 자신의 시간의 60 퍼센트 이상은 직원을 만나는 일에 할애
- 관료주의적 리더 배제(거만한 상사로 행동하는 것을 용납하지 않음), 에너지 넘치는 리더 양성

혁신의 실행체계와 보상 시스템 구축

- 식스시그마 품질경영을 전사적으로 실시 - 실행 조직을 구축하고, 보상체계와 연결함(식스시그마 성과를 인사고과 및 승진에 반영)

이상 대기업조직에서 최고경영자로 오랫동안 재직했던 잭 웰치의 사례를 보면 최고경영자의 중요한 역할의 하나가 구조적 측면과 조직문화적 측면을 포괄하는

경영혁신임을 알 수 있다. 그런데 경영혁신이란 피터 드러커에 의하면 지식경제의 생산성을 높게 하는 활동을 의미하는 것이므로 최고경영자의 가장 중요한 과업 중의 하나는 조직의 지식생산성을 높게 하는 일로 결론지을 수 있다.

(란류 2010)

란류: 몇 년 전에 '웰치에게서 무엇을 배울 것인가(What to Learn from Welch)'라는 제목의 논문을 쓴 적이 있습니다. 중국의 CEO들이 잭 웰치에게서 잘못된 것들을 배우고 있다고 적었는데요, 1위나 2위가 되는 법 터득하기, 조직의 하위 10% 해고하기, 식스시그마 같은 것들을 배우고 있다는 내용이었습니다. 제가 보기에는 CEO들이 맨 처음으로 배워야 할 것은 조직 내에서 선생처럼 가르칠 수 있는 사람들을 길러 내는 것입니다. 교수님께서는 잭 웰치가 GE를 운영하는 모습을 가까이에서 보시고 나서 그가 제계적인 리더라고 하셨는데요, 좀 더 자세히 설명해 주시겠습니까?

티치: 웰치는 CEO로 근무한 첫날부터 모름지기 회사란 리더들의 실력만큼 성공할 수 있다는 사실을 분명하게 알고 있었습니다. 그래서 가능한 여러 명의 리더를 키워내는 데 전력을 다하는 모습이었어요. 사람은 출신 배경의 산물이라는 생각이 듭니다. 웰치는 노동자 가정에서 자랐습니다. 어른

으로 성장하면서도 늘 팀 꾸리기를 좋아했어요. 고등학교에 다닐 때는 하키 팀에서 주장을 맡기도 했습니다. 웰치가 세상을 보는 관점은 팀을 꾸려야 승리할 수 있다는 것이었습니다.

웰치가 인계 받은 GE는 그야말로 관료주의 덩어리였습니다. 역설적인 부분은 웰치가 감원을 감행하는 동시에 미래를 위해서 투자하고 리더를 개발했다는 점이었습니다. 일례로 제가 크로톤빌 연수원을 운영하던 당시 회사는 수 백만 달러를 들여 그 근처에 직원들이 묵을 숙소를 짓고 있었습니다. 그런데 그 숙소를 짓는 동안 직원들을 해고하기도 했고요. 사람들이 "그런 일을 어떻게 정당화 할 수 있습니까?"라고 묻자 웰치는 이렇게 대답했습니다. "내일을 위해서 준비하는 겁니다. 이것은 우리가 21세기에 확보하고 있는 리더들에 관한 거예요. 우리 회사가 오늘 없어서는 안될 존재로 남을 수 있도록 우리가 해야 할 일을 하는 것일 뿐입니다. 그러면서 미래에 투자하기도 하는 거죠." 그 대답이 바로 잭 웰치를 한마디로 표현해 준 것이지요. 웰치는 어려운 일을 처리해야 했는데도 크로톤빌 연수원에서 사람들을 계발하는 데 투자를 아끼지 않았습니다. 결국에는 웰치의 생각이 맞았다는 것이 드러났죠.

란류: 교수님께서 크로톤빌 연수원을 운영하셨던 2년 동안 웰치가 2주에 한 번씩 꼬박꼬박 참석해서 강의했다고 들었습니다. 아주 놀라운 일인데요.

티치: 웰치보다 가르치는데 적극적인 사람이 딱 한 명 있었습니다. 바로 펩시의 로저 엔리코(Roger Enrico)인데요, 엔리코는 웰치보다 더 자주 가르쳤고 더 오랫동안 프로그램을 운영하기도 했습니다. 한 번은 웰치에게 농담 삼아 <포춘>지에 실렸던 엔리코의 기사를 보내주면서 "자네는 자네 스스로 뛰어난 선수라고 생각하겠지만, 올림픽에 나갈 수 있는 진정 한 선수는 로저인 것 같군."이라고 말했습니다. 웰치는 그 기사를 GE 직원들에게 보여주면서 "자네 말이 맞아. 우리는 더 많이 가르쳐야 해."라고 하더라고요. ¶

보스(boss)로서의 최고경영자

최고경영자는 기업목적을 달성하기 위한 제반 경영활동에 대한 의사결정 주체로서의 권한과 이에 따른 책임을 갖는 기업내의 최고 책임자를 말하는데, 흔히 CEO(chief executive officer)라고 지칭한다. 대기업인 경우, 그룹 차원에서는 그룹의 총수인 회장이 CEO 이며, 그룹 내 각 사 차원에서는 그 회사의 사장이 CEO 이다.

오늘날 각 계열사의 자율경영을 강조하면서 그룹 총수는 그룹 차원의 조직문화를 창달하는 일이라든가 그룹을 대외적으로 대표하는 일을 맡고, 각 계열사는 각 사의 사장이 책임경영을 하는 추세로 이행하고 있다. 이런 논리는 각 회사 내의 사업부, 각 부서의 차원에서도 그대로 적용될 수 있다. 다시 말해 권한이양 또는 임파워먼트(empowerment)가 잘 진행된 현대적인 기업인 경우, 각 관리자는 자신이 책임진 영역 내에서는 CEO로서의 역할을 할 것이 기대된다.

그러나 중요하고도 위기상황에서 권위가 요구되는 의사결정을 내려야 할 때에는 여전히 총수(보스, 총사령관)로서의 최고경영자가 나서야 한다. 전쟁에서 지휘관이 없는 군대를 생각해 보면, 총사령관에 해당하는 최고경영자가 왜 반드시 필요한지를 짐작할 수 있다. 최고경영자의 의사결정이 모두 최적은 아닐지라도 지휘관이 없이 장기간 의사결정 자체를 못한다면 군대든 기업이든 큰 문제에 봉착할 것이다. 통상 최고경영자에게는 기업목적의 달성을 위한 핵심적 역할을 수행할 수 있는 권한과 이에 따른 책임이 주어지게 된다.

(PD)
많은 사람들이 '위계질서의 파괴'를 얘기한다. 하지만 이것은 잘못이다. 어떤 기관도 최종 결정을 내리는 '권위'는 반드시 필요하다. 이 권위는 바로 보스에서 나온다. ¶

최고경영자의 역할

규범적 관점 종합

최고경영자는 기업을 둘러싸고 있는 제반 환경의 변화에 적응할 수 있도록 기업의 전략을 수립하고 전략에 부응하여 기업내부의 제반 활동을 계획, 조직, 지휘, 통제하며 기업의 인적 요소와 물적 요소를 결합하는 조정자로서의 역할을 수행한다.

최고경영자는 내부의 경영활동을 총괄적으로 지휘해 일관되고 추진력 있는 경영활동이 이루어지도록 할 뿐 아니라, 대외적으로는 기업을 대표하는 사람이기도 하다. 더 나아가 최고경영자는 끊임없이 변화하는 환경 속에서 새로운 시장이나 고객을 찾아 신규사업 기회를 창출해 나가야 한다. 즉, 최고경영자는 기존 시장이나 고객을 통한 성과향상은 물론 장차 '우리의 사업은 무엇이 되어야 하는가?'라는 질문을 부단히 스스로에게 던져야 한다.

요컨대 최고경영자는 기업의 사명이 무엇이고, 이를 달성하기 위해서 어떤 전략적인 과업을 수행해야 하는가에 대해 알고 있어야 하며, 이를 실제로 실행되도록 지휘·통제해야 한다.

최고경영자의 역할을 규범적 관점에서 종합하면 대개 혁신가 역할, 지휘관 역할, 동기부여자 역할, 환경관리자 역할로 구분할 수 있다(신유근 2002, 105).

혁신가로서의 역할

경영자의 혁신가 역할(innovator role)이란 최고경영자가 기업경영시스템의 투입 혹은 산출, 구조조정 등의 측면에서 새로운 변화를 추진하게 되며, 최고경영자들은 기업 내에서의 창조적 변화, 즉 혁신을 자극하고 주도하는 역할을 수행하여야 한다는 점을 강조하는 역할범주이다.

혁신가로서의 역할을 수행하기 위해 경영자는 전략적 의사결정을 통해 신시장의 개척, 신 공급원의 발견 등과 같은 기업의 새로운 성공기회를 포착하거나 신제품의 생산, 신방법의 도입, 신 조직의 형성 등을 통해 경쟁적 우위를 강화시키는 역할을 수행하는 과정에서 지식이 어떤 역할과 기능을 수행하는지에 대한 이해가 있어야 하며, 구성원들이 이런 혁신을 할 수 있도록 여건을 조성해야 한다.

지휘관으로서의 역할

최고경영자는 조직목표를 달성하기 위해서 구성원의 활동을 인도하고 조정·지휘할 책임을 갖는다. 이러한 책임을 수행하기 위해서 최고경영자는 계획을 입안하고 실행하고 통제하는 내부관리기능을 발휘하는 지휘관이 되어야 한다.

이와 같이 최고경영자들이 효과적인 지휘를 하기 위해서는 치밀한 계획성, 의사결정능력과 일의 추진력, 문제해결능력 그리고 장기적이고 종합적인 경영안목이나 판단력 등을 지녀야 한다. 이를 위해 최고경영자는 마치 야전사령관처럼 자신의 성실성과 근면성을 바탕으로 책임을 다하는 솔선수범의 모범을 보여야 하며 도전정신과 창의성을 발휘해야 한다.

동기부여자로서의 역할

동기부여자 역할이란 종업원들이 스스로 최선을 다하게끔 동기부여와 도전감을 주고, 이를 통해 개인과 조직 모두의 장기적 성공을 추구하기 위해 발휘되는 역할을 지칭한다. 특히 오늘날 지식경영의 시대에 있어서 지식의 창조와 보급 능력이 기업의 경쟁력에 가장 중요한 원천이 될 것이며, 최고경영자는 구성원들이 늘 학습하는 조직이 되도록 시스템을 만들어야 한다.

환경관리자로서의 역할

최고경영자는 조직을 이끌면서 기업을 대표해야 할 역할을 지칭한다. 통상 최고경영자는 공식적인 행사에 기업의 대표로서 참여하는 상징적 보스로서, 조직의 내·외부로 기업의 의사를 전달하는 대변자로서, 조직의 이익을 얻기 위하여 다른 조직이나 개인과 협상을 하는 협상가로서, 그리고 조직내부뿐만 아니라 조직외부의 중요인물과 접촉해야 하는 연결자로서의 역할을 수행한다.

또한 오늘날 현대기업의 최고경영자들은 다양한 이해관계자(주주, 소비자, 노동조합, 공급자, 금융기관, 지역사회, 행정기관)의 이해를 조정해야 할 뿐만 아니라, 사회적 의무와 책임을 다하기 위해 기업권력에 상응하는 사회적 책임을 수행하고 기업윤리의 준수와 같은 환경관리자로서의 사회적 활동을 수행해야 한다.

경영자의 일상적 역할

그런데 실제로 경영자의 하루 일과를 관찰해 보면, 위와 같이 거창한 일만을 하는 것이 아니다. 민쯔버그(H. Mintzberg)는 경영자의 일과는 사람들과 만나서 얘기하고 회의하고 전화하고 외출하고 여행하는 데 모두 소비하고, 품의서를 읽고 생각하며 도장 찍는 데는 하루에 불과 몇 십 분만 소비한다는 관찰결과를 내었다. 경영자들이 사람을 만나고 대화하면서 하는 일이란 복합적이며 제너럴리스트적 성격을 갖는다. 민쯔버그는 경영자의 역할을 다음 세 가지로 분류하고 있다.

대인적 역할

경영자라면 자기가 맡고 있는 기업의 내부 사람뿐 아니라 그 조직의 외부 사람들과 관계를 가지며 회사를 대표하여 경조사에 참여하기도 하고, 자기 조직의 관리자들에게 일을 분배하고 잘 하도록 가르치며 열심히 하도록 동기부여하기도 하고 못하면 꾸짖기도 하면서 조직을 이끄는 일을 한다.

대인적 역할에는 조직의 대표로서 공식적인 지위 때문에 수행해야 하는 대표자 역할, 부하에 대한 지휘자로서의 리더 역할, 그리고 기업 내부와 외부를 연결해 주고 이해자 집단과 접촉하는 연락자 역할이 포함된다.

정보전달 역할

회사의 모든 활동은 닥치는 대로 하는 것이 아니라 정보에 바탕을 두어 의사결정이 이루어진 후 실행된다. 경영자는 늘 새로운 정보를 선별 분석하는 모니터링 기능을 수행하고(모니터 역할) 수집한 정보를 내부의 관리자에게 적시에 전달해야 하고(정보전파자 역할), 외부에게는 회사의 대변자로서 기업의 공식 입장을 전달·발표하는(대변인 역할) 역할을 수행한다.

의사결정 역할

정보에 의해서건 경영자의 경험과 육감에 의해서건 조직에서는 많은 의사결정이 이루어진다. 경영자는 늘 하던 방식을 폐기하고 새로운 방법으로 혁신하는 일(기업가 역할), 예외적인 일에 대한 문제 해결자로서의 역할(분쟁해결자 역할), 실행을 위한 자원할당(자원배분자 역할)과 중재·협상자로서 중요한 계약이나 단체교섭 등에 기업을 대표하여 중재와 협상의 역할(중재자 역할)을 수행함으로써 의사 결정된 내용이 실행으로 연결되도록 한다.

경영자의 분류와 요구되는 능력

경영자의 위계

기업의 규모가 커짐에 따라 최고경영자뿐 아니라 다양한 계층의 경영활동을 수행하는 의사결정의 주체로서 경영자와 관리자가 필요하게 된다.

그림 3-1을 통해 보듯, 최상위 계층에 속하는 사람들을 최고경영층이라 하는데, 그 중에서도 특히 기업경영활동의 총괄적이고 최종적인 책임과 권한을 지닌 1인을 최고경영자(CEO)라 한다. 최고경영층(top management)은 대기업에서 이사회의 회장과 이사, 경영진의 사장과 전무, 상무, 본부장 등이 여기에 속하는데, 이들은 기업 전체적인 입장에서 주요 계획을 수립하고 전략적 의사결정을 행하며 기업경영의 기본정책과 방향을 결정하면서 조직의 생존과 성장, 조직 전반의 유효성을 강조한다는 측면에서 전략적 경영자의 역할을 수행한다.

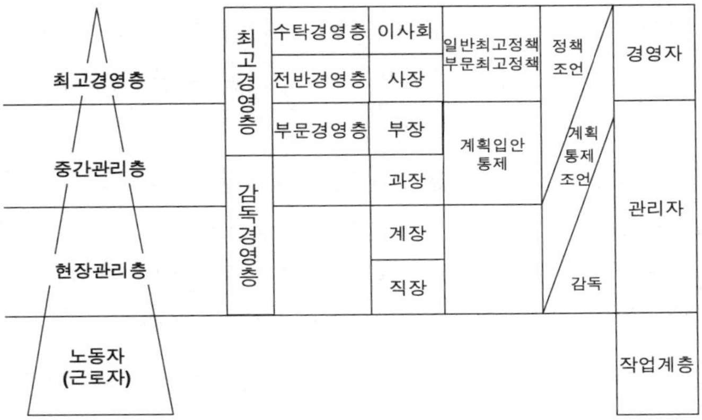

자료: 김원수, 신경영학원론, 경문사, 1995, p540

그림 3-1 경영관리 계층과 역할

조직위계상 상위계층에 속하는 최고경영층은 다시 자신들이 맡고 있는 기능이나 역할에 따라 수탁경영층, 전반경영층, 사업부문책임자 등으로 구분된다.

수탁경영층이란 주주로부터 경영기능을 위임 받아 주주의 이익을 대표하고 보호하는 것을 가장 큰 기능으로 하는 경영층에 있는 사람을 말하며 이들은 주주의 위탁 아래 경영활동에 관한 제 기능을 독자적으로 수행하고 그 결과를 주주에게 보고할 책임이 있다. 이러한 기능을 수행하는 것이 바로 이사회(board of directors)로, 이는 회장과 이사들로 구성되는데 이들 중 경영활동에 참여하는 이사를 내부이사, 경영활동에 직접 참여하지 않는 이사를 사외이사라고 지칭한다.

전반경영층이란 기업경영 전반에 관련된 활동에 대한 권한과 책임을 지는 경영기능을 수행하는 경영층을 말한다. 전반경영층에는 사장, 부사장, 전무 등이 포함되며, 사장은 통상 회사를 법적으로 대표하는 대표이사를 겸직하는 것이 일반적이다. 사장과 같이 공식적으로 회사를 대표하면서 기업경영 전반에 대해 책임지고 활동하는 사람을 최고경영자라고 지칭한다.

사업부문경영자란 기업의 규모가 커서 여러 개의 사업부 또는 부문으로 나뉘어진 기업에서 각 사업부를 책임지는 경영자를 말한다. 이들 각 부서의 책임자는 기업 전체의 전략에 부합하는 한도 내에서 자기 부문만의 독자적인 경영활동을 수행한다. 기업 내 작은 기업이라 할 수 있는 사업부문의 경영활동에 대해 책임을 지는 사업부문 책임자를 통상 사업부장이라고 한다.

중간관리층(middle management)은 최고경영층과 현장관리층의 중간에서 이들을 연결해 주는 이른바 연결핀(linking pin)으로서 기업경영활동의 중추적 역할을 수행한다. 이들은 최고경영층의 정책하에 기업의 하위부문을 관리하면서 현장관리층을 지휘·감독하는 역할을 수행한다. 일반적으로 구매, 생산, 재무, 마케팅, 인사활동 등과 같은 기업활동을 관리하게 되는데 근래에 들어 기업경영에 대한 전문성이 더욱 요구되면서 이들의 비중이 커지고 있다. 이들은 상위에서 설정된 목적과 계획을 책임지고, 보다 구체적인 목표와 활동으로 전환시키는 책임을 지고 있다는 의미에서 전술적 경영자(tactical manager)라고 한다. 중간관리층은 대개 전통적인 부장, 과장 계층을 말하는데, 오늘날의 동적인 환경 하에서 볼 때 지나치게 조직의 계층 수를 많게 하여 의사결정의 지연과 왜곡을 가져오는 문제가 지적되고 있다. 이에 따라 팀제 조직으로 하여 팀 내에 부장, 과장, 사원급이 함께 존재하는 형태로 이행하는 기업이 많다.

현장관리층은 생산현장 또는 업무의 최 일선에서 근무하는 생산직·사무직 직원과 일대일 접촉을 통해서 이들을 지휘하고 감독하는 계층이다. 통상 직장, 반장들이 여기에 속한다. 이들은 앞서 중간관리층들이 실행 가능하도록 전환시킨 목표와 계획(관리적 업무)을 직접 실행하는 책임(운영적 업무)을 진다. 현장관리층은 최 일선의 업무와 직접적인 관련을 맺고 있기 때문에, 생산현장에서 현장관리층은 근로자의 생산능률 향상에 가장 직접적으로 관여하며 생산현장에 대한 직접적인 감독의 책임과 권한을 부여 받고 있다.

직무의 범위에 따른 분류

라인경영자와 스태프경영자

경영활동의 집행기능을 수행하는 경영자를 라인(line) 경영자라 하며, 이사회의 임원 등 수탁경영층, 사장, 생산부장, 마케팅부장, 그리고 이들에게 보고하는 모든 관리자들이 포함된다.

스태프(staff) 경영자는 라인경영자에게 전문적 기술과 지식을 제공하거나 지원하는 경영자로서 회계부장, 인사부장 등이 포함된다.

직능경영자와 총괄경영자

생산, 마케팅, 인사, 회계 등 부문활동을 책임지는 부문관리자 또는 부서의 책임자 기능을 맡는 경영자를 직능(function) 경영자라 한다. 이에 비해 단위 조직 전체를 책임지는 전반(general) 경영자로서는 회장, 사장 등 이사회 임원, 그리고 단위 사업부를 책임지고 있는 경영자 등을 총괄경영자라 한다. 이들은 자신이 책임지는 조직의 전략과 경영정책을 수립하고, 최고경영자로서의 역할을 수행한다.

경영자가 갖추어야 할 능력

경영자가 수행해야 할 역할의 중요성에 비추어 이런 역할을 성공적으로 수행하기 위해서는 이에 필요한 전문적 능력을 갖추어야 한다. 이러한 능력은 일부 타고 나는 부분도 있겠지만 경험과 실무, 그리고 교육훈련을 통해서 개발될 수 있다.

경영자가 갖추어야 할 스킬(skills)에는 다음과 같은 영역이 있다.

전문적 능력

전문적 지식과 특수한 방법, 절차, 기술을 활용하는 능력을 말한다. 일선경영자는 자신의 영역에 대한 전문 지식과 경험을 토대로 부하에게 업무를 지시하고 통제할 수 있게 된다. 특히 하위 감독층의 경영자에게 더욱 필요한 부분이 전문적 능력이다.

인간관계능력

다른 사람들과 같이 일하고 그들을 이해하며 동기 부여할 수 있는 능력을 말한다. 전문적 능력과 함께 경영자에게는 인간관계를 원만히 유지하여 조직의 구성원들로 하여금 조직의 공동목표를 함께 달성하도록 지휘하고 동기를 부여하며 갈등을 관리하는 능력이 필요하다. 중간관리층으로 올라가면서 점차 인간관계 능력이 더욱 필요로 하게 된다.

개념적 능력

기업의 문제를 전사적 관점에서 파악하고 기업목적과 일치하는 의사결정을 할 수 있는 능력이다. 이는 기업의 모든 이해관계자와 함께 기업전체에 영향을 미칠 수 있도록 전체 활동을 조정·통합할 수 있는 능력을 말한다. 최고 경영층으로 갈수록 전문적 능력보다는 개념적 능력이 더욱 크게 필요해진다.

경영의 과업

드러커는 또한 경영이란 다음의 세 가지 과업을 동시에 수행해야만 한다고 보았다(PD 2001, 14-17).

첫 번째 과업 - 조직의 사명을 달성하는 일

어떤 조직이든 조직은 그 고유의 목적과 사명을 달성하기 위해 존재하며 본연의 사회적 기능을 수행해야 한다. 특히 기업이라는 조직에 있어 조직의 사명은 경제적 성과를 달성하는 일을 의미한다. 영리조직인 기업이 이 첫 번째 과업을 제대로 달성하지 못한다면 미시적으로는 해당 기업이 도산하게 될 것이고, 거시적으로는 국가경제가 허물어지게 된다. 따라서 기업은 모든 활동과 의사결정 과정에서 항상 경제적 성과를 고려해야 한다.

조직의 첫 번째 과업의 달성은 경쟁우위(competitive advantage)를 확보함을 통해서 이루어지는데, 경쟁우위는 제품이나 서비스를 제공함에 있어서 혁신, 품질, 효율, 속도, 그리고 유연성 면에서 전체 혹은 특정 요소에서 경쟁자에 비해 우위에 있음을 의미한다.

두 번째 과업 - 조직의 생산성을 높이는 일

경영의 두 번째 과업은 조직이 수행하는 작업의 생산성과 그 작업을 수행하는 사람들이 성취 능력을 높이는 일이다. 기업이 보유하고 있는 단 하나의 진정한 자원은 바로 사람이다. 따라서 조직의 생산성을 높이는 일은 인적자원을 더욱 생산적으로 만듦으로써 가능해진다. 즉 모든 성과는 그 구성원이 수행하는 작업을 통해서만 달성될 수 있다.

오늘날 사회에 있어 조직은 개인이 생계를 유지하는 수단, 사회적 지위를 획득하는 수단, 공동체에 접근하는 수단, 그리고 개인의 성취와 만족을 추구하는 수단이 되고 있다. 따라서 조직의 역할에서 그 구성원으로 하여금 성취감을 느낄 수 있도록 해주는 것이 더욱 중요하게 되었다. 이런 면으로 인해서 작업을 작업 자체의 논리에 따라 조직하는 것을 넘어 작업을 인간에게 적합하도록 조직할 것이 요구된다.

세 번째 과업 - 조직의 사회적 책임 이행

경영의 세 번째 과업은 조직이 사회에 미치는 영향과 조직의 사회적 책임을 파악하고 적절한 조치를 취하는 것이다. 모든 조직은 사회의 한 기관이고 또한 사회를 위해 존재한다. 기업도 예외가 아니며 사회에 유익한 존재임이 증명되었을 때에만 그 정당성을 인정 받을 수 있다.

기업은 근로자와 경영자들에게 일자리를 제공하거나 혹은 주주들에게 배당을 나누어 주기 위해서라기 보다는 고객에게 재화와 용역을 제공하기 위해서 존재한다.

기업은 그 과업을 수행하는 과정에서 불가피하게 사람들과 지역사회에 그리고 전체 사회에 영향을 미친다. 기업은 오늘날의 다원적인 조직사회에서 인간이 필요로 하는 경제적 재화와 용역을 제공하는 기본적 과업뿐 아니라 인간의 질적 수요 즉 현대인과 현대사회의 물리적, 인간적, 사회적 환경에도 점점 더 많은 관심을 기울여야만 한다.¶

4 경영환경과 기업의 사회적 책임

제 4 장 경영환경과 기업의 사회적 책임

경영환경의 의의

기업은 홀로 존재하는 것이 아니라, 다른 수많은 조직이나 사회 구성원들과의 복잡한 상호작용 속에서 자신의 목적을 달성하기 위해 다양한 경영활동을 수행하는 조직체이다. 특히 오늘날과 같이 경영환경은 급변하고 예측하기 어렵다. 경영환경이 바뀌면 기업은 경영전략을 바꾸어야 한다. 기업이 생존과 성장을 계속하기 위해서는 끊임없이 변하고 있는 기업환경에 능동적으로 대응할 수 있는 능력을 갖추어야 한다.

이하 경영환경이 왜 중요한가, 기업의 입장에서 어떤 것을 경영환경으로 인식해야 하는가, 어떤 특성에 주목해야 하는가에 대해서 알아 본다.

경영환경의 성격

시스템 이론에 의한 경영환경의 이해

기업은 외부 환경과의 상호작용 속에서 영위되는 개방시스템이다. 1940년대에 소개된 시스템 이론에 의하면 모든 조직은 외부의 환경에 개방되어 있고, 외부 환경과 상호작용을 한다. 비록 대부분의 조직이 환경과 조직을 구별되게 하는 분명한 경계를 갖고 있지만, 조직은 그 자체만을 떼어 내어서는 이해할 수 없고 반드시 주변을 둘러싼 환경과의 관계를 통해서만 이해될 수 있다. 조직은 고객, 정부, 경쟁자, 미디어, 커뮤니티, 기타 개인 및 집단과 계속적으로 무엇인가를 주고 받는다.

온실 내 식물의 성장은 토양, 빛, 산소, 습도 등 환경 요소에 의해 영향을 받는다. 사막의 선인장은 낮은 습도에 적응해서 잎 속에 물을 저장한다. 기업체도 식물과 마찬가지로 환경 요소들의 변화에 적응해야 한다. 시스템 이론은 기업과 사회를 함께 상호작용하는 시스템으로 보는 관점을 제공한다.

조직의 사명달성과 환경

조직체를 둘러싸고 있는 오늘날의 경영환경은 급속히 변화하고 있으며 그 속도는 더욱 가속화 될 전망이다. 따라서 경영자는 "우리의 사업은 무엇인가?", "우리의 사업은 무엇이 되어야 할 것인가?"라는 질문을 더 자주 제기해야 한다. 이 질문은 자신의 사업이 성공적으로 운영되고 있다 할지라도 외부 환경의 변화로 인하여 그 성공은 언제나 성공을 성취하게 해준 것들을 진부하게 만들기 때문이다.

이 질문은 이어서 "우리 사업의 성격과 사명 그리고 목적에 큰 영향을 줄 것으로 이미 확실시 된 환경의 변화는 어떤 것인가? 우리는 지금 그러한 예측들을 사업의 목표와 전략 그리고 과업의 일부분으로 짜 넣을 수 있는가?" 라는 질문으로 넘어 간다. 이 경우 출발점이 되는 것은 시장, 즉 시장의 잠재력과 그 추세이다. "고객, 시장 구조 그리고 기술에 있어 기본적인 변화가 일어나지 않는다고 가정할 때, 5년 내지 10년 후에 우리가 진출할 사업이 얼마나 큰 시장이 될 것으로 예측할 수 있는가? 어떤 요인이 이 예측을 정당화시켜 주거나 혹은 무효로 만들어 줄 것인가?"라는 질문의 출발점은 바로 시장이다.

시장의 추세를 파악하는 데 있어 가장 중요한 것은 바로 인구구조의 변화이다. 이것이 중요한 이유는 그것이 구매력과 구매습관 그리고 노동력의 규모와 구조에 영향을 미침으로써 궁극적으로 시장구조를 변화시킬 것이기 때문이다.

경영환경이 주는 기회와 위협

현대 경영환경은 앞날을 예측할 수 없는 불확실성의 시대라고 일컬어진다. 이런 상황에서 기업은 환경과 상호작용을 더욱 활발하게 하면서 적응하지 않으면 경쟁력 확보는 고사하고 생존을 보장할 수 없다.

경영환경은 기업활동에 직·간접적으로 관련을 맺고 있는 내·외부 상황을 말하며, 그 중에서도 기업활동에 영향을 미칠 수 있는 힘을 지닌 상황요인을 말한다. 예를 들면 기업이 만든 제품을 구입해 주는 소비자, 임금 및 고용조건을 둘러싸고 기업과 교섭을 행하는 근로자 및 노동조합, 유사한 제품을 놓고 시장에서 경쟁하는 타기업, 원료나 부품을 제공해 주는 공급기업, 기업행동의 룰을 결정해 주는 정부, 경기활황·경기침체·원화절상·인플레이션과 같은 경제상황, 환경보호주의의 대두 등이 모두 경영환경이다.

이와 같이 광범위한 영향력을 행사하는 경영환경은 기업에게 성장의 기회(opportunity)를 끊임없이 제공하여 줌과 동시에, 기업의 생존문제에까지 영향을 미칠 수 있는 위협(threat)요인으로 작용한다.

대부분의 경영환경의 변화로부터 야기되는 성장기회와 생존위협은 기업이 어떻게 대응하느냐에 따라 상이한 결과를 초래한다. 환경이 초래한 '위기(危機)'라는 상황이 어떻게 대처하느냐에 따라 위험(危險)도 될 수 있고 기회(機會)도 될 수 있는 것이다. 따라서 경영환경의 변화를 긍정적인 시각에서 수용하고 이에 적극적으로 대응하는 자세가 필요하다.

환경변화의 동태성과 불확실성

오늘날 기업을 둘러싸고 있는 경영환경은 그 폭이나 속도 면에서 매우 급속하게 변화하고 있는데, 이러한 환경의 변화양상은 동태성의 개념을 통해 이해할 수 있다. 경영환경의 동태성으로 인해 기업은 자신에게 영향을 미칠 외부적 조건이 미래에 어떻게 나타날지를 정확히 예측하기가 더욱 어려워진다. 즉, 앞으로 일어날 환경의 변화가 무엇인지, 그리고 환경변화에 대응하려는 기업행동의 결과가 어떻게 나타날지도 알기 힘들어진다. 동태성에 의해 초래되는 이러한 현상을 우리들은 흔히 환경의 불확실성(uncertainty)이 증대한다고 말한다.

이러한 환경의 동태성과 불확실성을 촉진하는 요인은 범위의 확장, 복잡성의 증대, 변화의 가속화라는 세 가지 관점에서 설명할 수 있다.

범위의 확장

기업이 더욱 개방적이 되고 환경과의 상호관련성이 밀접해짐에 따라 경영환경의 범위는 계속해서 확장되어 가고 있다. 기업환경의 범위는 세계화(globalization)에 의해서 극적으로 확장되었다. 활동영역의 차원에서 보면

종전의 소비자나 노동조합 등에서 지역사회 및 각종 사회단체로 그 범위가 확장되어 가고 있다. 이에 따라 현대기업이 관심을 기울여야 할 환경의 범위는 매우 넓어지고 있다.

복잡성의 증대

경영환경의 범위가 확장되어 그 구성요소가 다양화되는 것과 함께 환경요인들간에도 서로 상호작용을 하게 되므로 환경의 복잡성(complexity)은 더욱 증가하고 있다. 예를 들어, 국토균형발전이라는 정치적 이슈는 수도권에 외국계 회사의 투자를 유치하려는 지방정부의 시도와 정면으로 충돌하는 등 시스템적인 복잡성을 유발한다.

변화의 가속화

현재 진행중인 디지털경제는 정보통신(IT), 생명공학(BT), 나노 기술(NT), 컨텐츠 기술(CT), 환경 기술(ET) 등 기술의 융합으로 인하여 그 변화의 속도가 가속화 되고 있다. 이와 유사하게 경영환경의 세계화(globalization), 자연환경 보호에 대한 관심 증대, 정부의 규제 강화, 윤리 경영에의 관심 증대, 기업에 대한 사회의 기대 증대 등 경영 환경은 동적으로 변하고 있다. 이에 따라 기업의 신속한 대응과 함께 미래 경영환경의 변화를 예측하고 대응하는 활동이 요구되고 있다.

이상 살펴 본 환경의 동태성은 기업 간의 경쟁양상을 복잡하게 만들어 오늘날의 경영환경은 흔히 무한경쟁이니 복잡계라는 말로 표현된다. 과거 제품의 품질이나 차별화 또는 원가 효율성 중 어느 한 쪽으로 초점을 맞추었던 경쟁전략도 본원적으로는 타당성이 있는 것이다. 그러나 이 둘을 동시에 최고수준으로 만족시키는 데 성공한 초 우량기업의 출현으로 더 높은 수준의 경쟁력을 추구하지 않으면 안 되는 시대가 되었다. 이렇듯 경쟁의 양상은 흔히 말하는 무한경쟁 또는 복잡계의 양상으로 치닫고 있다. (그림 4-1 참조)

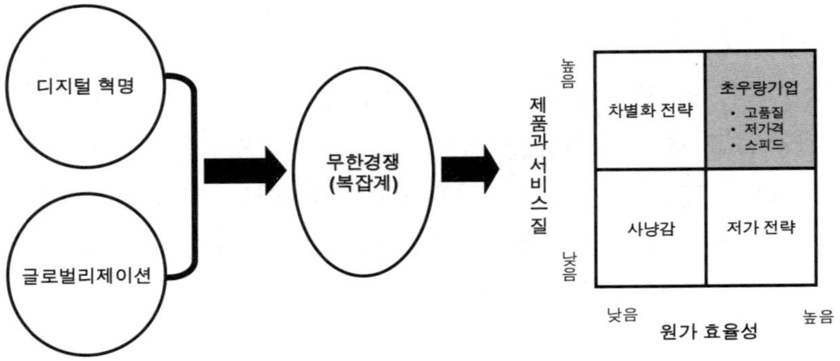

그림 4-1 21세기의 경쟁 양상

21세기 경영환경의 전망

급류타기와 같은 경영환경

21세기는 과거의 연장선상에서 예측할 수 없는 단절적 변화의 시대로서 패러다임의 변화가 요구되는 시대이다.

성공은 새로운 출발이다. 성공은 그것을 가능케 한 행위를 항상 뒤떨어진 것으로 만든다. 그것은 새로운 현실을 창출해낸다. 따라서 성공은 반드시 또 다른 문제를 야기한다. "이후 행복하게 잘 살았다."란 신화는 동화 속에서나 가능한 일이다.

과거의 성공은 경우에 따라서는 혁신을 저해하는 장애요인이 될 수도 있다. 반면에 환경변화를 능동적으로 적응하는 기업은 현재 약자의 위치에 있더라도 기존의 강자를 따라 잡을 수 있는 기회를 잡을 수도 있다. 세계는 범 지구적 경쟁으로 평균적인 능력으로는 더 이상 생존할 수 없는 초일류들만이 경쟁하는 시대가 될 것이다.

이러한 21세기 경영환경의 변화동인은 기술발전의 가속화·고도화, 그리고 인간욕구의 다양화·고차원화의 두 가지로 요약할 수 있으며, 이들 두 가지의 변화동인은 서로 밀접한 상호관련성을 맺으면서 새로운 사회의 모습을 만들어 나가게 된다.

오늘날의 경영환경은 그 변화의 속도도 빠르고 불확실성도 커서 마치 급류타기를 연상시킨다. 환경의 동적인 변화 속에서 각 구성원은 각자가 자신의 영역 내에서는 전문가로서 스스로 상황대응을 하지 않으면 안 된다(그림 4-2 참조).

	과거의 환경	오늘날의 환경
운동경기	**조정경기**	**래프팅**
환경	잔잔한 물	급류
행동	통일\일사불란	각자 상황대응
시선방향	리더만 전방	전방위
가만히 있으면	멈춤	전복
우승조건	속도	**생존** ✚ 속도

그림 4-2 환경 변화의 비유

이러한 미래의 경영환경변화는 새로운 사업기회를 제공해 주는 동시에 기업활동에 위협요인으로 작용할 수도 있기 때문에 기업이 생존과 성장을 계속하기 위해서는 끊임없이 변하고 있는 기업환경에 능동적으로 대처할 수 있는 적응능력을 갖추어야 한다.

경영환경 변화에 대한 전망

이들 변화동인에 의해 만들어질 새로운 사회의 모습으로서 기업경영활동과 밀접한 관련성을 지니게 될 대표적인 변화추세로 정보사회화, 지식사회화, 다원사회화, 복합화 그리고 글로벌사회화를 들 수 있다[11].

1) 정보사회화

정보화 인프라의 급속한 진전으로 정보가 시공의 한계를 넘어 자유자재로 유통되면서 가치창조의 핵심수단으로 부각되고 있다. 이는 정보화 사회(information society)의 도래를 의미하는 것으로서 정보화 사회의 특징은 다음과 같은 것을 들 수 있다.

- 생활양식과 사회구조의 변화 : 파트타임 노동의 확산, 미디어의 탈 대중화, 생산자와 소비자의 융합에 따른 생산소비자(prosumer)의 출현, 가정직장의 출현 등
- 하이테크/하이터치(high tech/high touch), 탈규격화, 다양화, 탈 전문화, 탈 동시화, 탈 집중화, 탈 극대화, 분권화 등의 새로운 가치관이 나타남
- 정보통신 네트워크(network)화와 실시간 정보교환 : 종업원, 본사와 지사, 공급업자를 대형컴퓨터를 이용하여 연결시켜 단일네트워크로 통합하는 네트워크 권력을 형성
- 벽 없는 조직 : 정보기술의 발전으로 기업조직내의 계층이 단순화되며 전통적인 피라미드 조직구조에서 벗어나 수평조직구조로의 전환이 가속화되고, 기능간 연계와 개방형 협업조직이 됨

2) 지식사회화

지식사회란 전문지식이 각 개인과 경제 전체에 있어 가장 중요한 생산요소가 되는 사회를 말한다. 과거에 중시되던 생산요소인 토지와 노동 그리고 자본의 중요성은 지식이 있다면 쉽게 획득될 수 있는 부차적인 것이 되어 버렸다. 기업의 효율성은 지식 근로자에 달려있다. 기업이든 병원이든

---

[11] 신유근, 전게서, pp134-137, 김은환, 2005년 경영환경전망, 삼성경제연구소, 1996

정부기관이든 노동단체든 대학이든 군대든 간에 지식 근로자만이 이들 기관이 똑바로 전진할 수 있도록 만들어준다.

전문지식은 조직 내에서 특정 과업에 연결되면서 새로운 가치를 창출한다. 따라서 앞으로의 사회는 지식사회에서는 지적 자본의 창출과 관리력이 기업의 경쟁력을 좌우하게 될 것이다. 앞으로 지식사회로 더욱 진전되면서 다음과 같은 특징을 가질 것이다.

- 권력이 광범위하게 분산화되어 중앙집권적 위계조직이 붕괴되고 다차원적 모자이크 형 권력사회가 됨
- 지식노동자가 중심이 되는 탈 비즈니스사회가 출현하면서 사회적인 계층이동이 기업가 정신에 의한 비즈니스 성공뿐 아니라 지식과 교육이 주요한 계층이동의 길이 될 것임
- 여러 가지 지원활동을 수행해 왔던 중간관리층이나 스태프 진들이 기업조직을 벗어나서 자신들의 전문적 기능을 중심으로 하는 직업적 공동체조직을 형성함
- 지적 창조성에 기반을 둔 기업간 경쟁이 강조되면서 창조적 소수(골드칼라)의 중요성이 부각됨

지식사회의 주체인 지식근로자는 조직이 있기 때문에 일할 수 있다는 점에서는 상호의존적이다. 그러나 동시에 지식근로자는 생산수단인 지식을 소유하고 있기 때문에 독립적이며 이동성이 매우 높다. 지식근로자는 종업원이지만 자신의 영역 내에서는 누구의 지시도 받지 않고 독자적으로 의사결정을 해야 한다는 점에서 경영자이기도 하다. 앞으로 경영자는 회사에 전문가로서의 지식근로자가 자신의 비전과 회사의 발전을 위해 일할 수 있는 여건을 조성해 주는 일에 더욱 관심을 가져야 할 것이다. 한마디로 지식근로자는 파트너와 같이 취급되어야 한다.

3) 다원사회화

앞으로 도래할 미래사회를 흔히 다원주의사회 또는 다원사회라고 일컫고 있다. 다원사회(pluralistic society)란 사회의 권력이 어느 특정한 조직이나 집단에 집중되어 있지 않고 다양한 조직과 집단에 분산되어 있는 사회를 말

한다. 즉, 사회가 발전되어 감에 따라 다양한 형태의 조직이 출몰하고 이익집단의 다원주의사회라고 할 수 있는 사회구조로 이행된다는 것이다.

결국 미래의 경영환경이 정치사회적으로 어떤 절대적 권력자에 의해 조정되는 단일화된 집권적 사회조직으로부터 벗어나 단일질서를 배격하는 탈집중화 · 분권화 · 다원화 사회로 진전될 것이다라는 것을 의미한다. 따라서 기업 입장에서는 이러한 변화에 적응할 수 있는 경영방식으로서 사회를 이해관계자들의 집합으로 생각하고 접근하는 사회중시의 경영의 필요성이 제기되고 있는 것이다.

4) 복합화

복합화는 서로 다른 성질을 가진 요소들을 물리적, 화학적으로 융합하여 이들의 상승효과를 통해 새로운 가치를 창출하는 것으로 21세기 산업·기술·경영의 주된 경향의 하나이다. 이에 따라 업종간의 구분이 모호해지고, 제조업과 서비스업의 복합이 진행됨에 따라 고객의 잠재욕구까지 발굴하여 처음부터 끝까지 만족시키는 토털서비스가 유행할 것이다. 생산에 있어서는 모듈화 생산이 더욱 발전하면서 대량고객화(mass customization)가 이루어져 대량생산의 원가로 주문생산의 품질을 제공하는 경쟁자가 나타날 것이다.

5) 글로벌사회화

미래사회는 정보 및 통신 기술의 발전, 운송 및 수송 수단의 발달 등에 힘입어 세계가 하나의 단일경제권으로 포함되는 글로벌경제가 형성될 것이다. 글로벌화는 다음과 같은 특징을 갖는다.

- 세계경제의 통합 : 기존의 무역을 중심으로 하던 세계무역시대에서 국경을 초월한 상호투자를 중심으로 하는 세계투자시대로 변경됨
- 경제번영의 시대 : 경제적 이해가 정치적·이념적 이해보다 우선시되고 전세계는 국가간 무역체제에서 하나의 세계적 단일경제체제로 옮겨감
- 글로벌기업의 보편화 : 글로벌기업의 목표는 단순한 이윤의 극대화로 끝나는 것이 아니라 시장의 확대 및 유지에 두게 될 것임

- 지식과 정보가 경제적 부의 창출원천 : 정보력, 기획력, 기술력, 혁신력 등에 바탕을 둔 세계적 수준에서의 기업 특유의 경쟁우위를 강화시켜 나갈 것이 요청됨
- 글로벌 스탠더드와 신뢰의 강조 : 글로벌화는 전 세계적인 글로벌 표준을 준수를 강조하며, 무엇보다도 신뢰가 가장 중요한 덕목이 될 것임

경영환경의 체계

경영환경의 분류

일반환경과 과업환경

경영환경을 분류하는 방식으로 가장 기본적이며 대표적인 것은 환경의 조직에 대한 영향력과 조직의 환경에 대한 관리가능성을 동시에 고려하여 환경을 일반환경과 과업환경으로 분류하는 것이다(그림 4-3 참조).

먼저 일반환경(general environment)이란 어떤 특정조직에 대해서만 영향을 미치는 환경이 아니라 사회 전체 속에 속해 있는 모든 조직에 공통적으로 그리고 간접적으로 영향을 미치는 환경을 가리킨다. 기업의 입장에서 보면 특정대상이 파악되지 않기 때문에 일반환경요인에 대하여 어떤 영향력을 행사하기가 어렵다. 이러한 일반환경은 통상 크게 경제적·기술적 환경, 법률적·정치적 환경, 사회적·문화적 환경, 국제적 환경 등을 들 수 있다.

일반환경이 기업에 미치는 변화의 형태나 정도를 고려할 필요는 있으나 이들 변화의 양상은 과업환경에 비해 예측이 어렵고 보다 장기적으로 변한다는 특징이 있다.

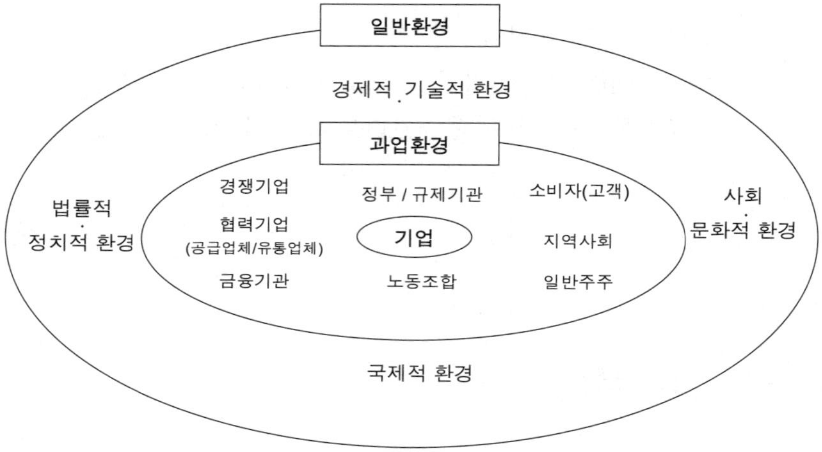

그림 4-3 경영환경의 체계

다음으로 과업환경(task environment)이란 기업과 매우 밀접한 관련을 가지면서 기업활동에 직접적으로 영향을 미치는 근접환경을 말하는 것으로, 기업 내부와 기업 외부의 과업환경으로 나누어진다. 과업환경은 기업의 입장에서도 그 대상이 확인되고 어느 정도 영향력의 행사가 가능하다. 일반적으로 과업환경은 기업경영활동으로 인해 직간접적인 이득이나 손해를 보는 이해관계자(stakeholder)들로 분류된다. 기업의 과업환경으로는 주주, 경영자, 종업원, 노동조합 등 내부 환경, 그리고 소비자, 정부, 지역사회, 타기업, 공급자, 금융기관 등 외부 환경이 포함된다.

이들 과업환경은 기업마다 고유한 것이며 상황의 변화에 따라 급변하는 특성을 가지고 있다. 그리고 과업환경은 오늘날 사회 전반적인 다원화 추세에 따라 기업경영에 대한 이들 과업환경으로서의 이해관계자의 영향력이 점차 커지고 있으며, 어느 특정 시점에 있어서 기업의 경영성과를 좌우할 수 있기 때문에 최고경영층이 많은 관심을 갖는 영역이다.

일반환경의 내용

기업의 입장에서 일반환경은 거시환경이라고도 불리는데, 통제하기가 어려운 환경이기 때문에 수동적으로 환경변화에 잘 적응하거나 능동적으로 환경변화를 예측하여 경영활동에 대응하여야 한다. 이하 기업조직의 일반환경을 경제적·기술적 환경, 법률적·정치적 환경, 사회적·문화적 환경, 국제적 환경 등으로 나누어 기업경영과의 관련성을 중심으로 살펴본다.

경제적·기술적 환경

경제적 환경이란 기업경영활동을 둘러싸고 있는 국민 경제적 환경으로서, 재화 및 서비스의 생산과 분배에 관한 지역, 국가, 국제적 상태 또는 여건을 지칭한다. 경제적 환경에는 다음과 같은 내용들이 포함된다.

- 한 국가의 일반적 경제체제: 자본주의 vs. 사회주의 경제체제, 경제조직의 공·사유(公·私有) 형태, 대외교역조건
- 정부의 경제 정책: 경제계획, 이자율과 화폐공급과 같은 재정금융정책, 환율과 금융정책
- 경제구조: 공급구조(산업구조: 1차, 2차, 3차 산업의 구성), 수요구조(양적: 소득규모, 물가상승률, 임금인상률, 노동력 수급상황 등, 질적: 개인의 생활패턴과 소비패턴 변화)
- 경제성장과 경제규모: 경기흐름상태, 경제성장률, 업계의 성장률과 규모
- 시장구조: 독점시장, 불완전 경쟁시장, 또는 완전 경쟁시장

기술적 환경이란 재화 및 서비스 생산과 관련되는 지식의 상태를 반영하는 것으로, 기업경영에 영향을 미치는 국가 또는 산업의 기술수준 또는 상태를 지칭한다. 기술적 환경에는 다음과 같은 내용이 포함된다.

- 제품기술 : 제품의 성능, 품질 등 제품 자체에 내재된 기술
- 제조기술 : 생산성 향상을 위한 기계·설비·생산과정에 반영된 기술
- 연구개발기술 : 신제품과 신기술 개발과 관련된 기술
- 노하우 : 직무와 관련된 기술

최근 정보통신기술, 생명공학, 나노 기술 등이 서로 융합되면서 새로운 사업 기회의 가능성이 중시되고 있다. 이러한 기술적 환경은 기업의 일반적 환경 중에서도 가장 동태적인 성격을 지니면서 급속히 변화하고 있다.

정치적·법률적 환경

정치적 환경은 주로 법률과 공공정책이 형성되는 과정에 영향을 미치는 정치집단 및 이해관계자집단을 지칭한다. 이러한 정치적 환경에는 국가나 지방정부의 정책, 예산동향, 규제, 조세정책, 금융정책, 인허가 등 각종 법령의 시행, 정치풍토나 권력집중의 정도, 정치조직의 성격, 정치정당의 구성체계, 노사관계에 대한 정부의 태도 등이 포함된다. 이들 요소는 기업경영과 관련된 여러 이해관계자집단간의 갈등을 정치적으로 해결해야 할 필요성 때문에 기업행동의 큰 테두리를 설정해 준다.

법률은 개인이나 기업에 대해서 강제성을 가지는 것으로서 국가의 권력에 의해 만들어진 법규와 규칙을 말한다. 이러한 법률은 인간관계는 물론 기업관계에서 비롯되는 여러 가지 분쟁이나 갈등을 중재·조정하는 역할을 한다. 구체적으로 기업의 법적 환경에는 다음과 같은 내용들이 포함된다.

- 기업상호관계 : 독과점 규제법, 공정거래법, 어음수표법
- 소비자 : 소비자 보호법, 제조물책임법
- 종업원 : 근로기준법, 노동조합법, 노동관계 조정법
- 정부 : 세법, 정부구매법, 상법
- 일반대중 : 환경보호법, 폐기물 관리법, 공해방지법

오늘날 정치적·법률적 환경은 국내 또는 외국 기업의 투자 의사결정에 결정적 영향을 준다. 글로벌화가 진전된 오늘날의 상황에서 기업은 자신에게 우호적인 환경이 아니라면 가능한 한 기피하려고 할 것이다.

사회적·문화적 환경

사회적·문화적 환경은 사회구성원들이 행동하고 생각하며, 원하고 믿는

것 등과 관련된 일반환경으로, 여기에는 다음과 같이 전통, 사회의 제 규범 및 가치관, 선악에 대한 판단근거, 관습 및 관행 등이 포함된다.

- 인구통계학적 요인 : 인구증가율의 둔화, 노령화, 가족구성의 핵가족화, 여성의 사회참여 증가 현상 등
- 가치관과 의식구조 측면 : 사회 구성원이 갖는 기업에 대한 이미지, 지식사회의 진전에 따른 인간존중 사고의 증대와 개성 존중,
- 기업문화 : 국가의 가치관 변화, 산업 특성, 최고경영자의 철학, 기업 고유의 특성이 작용하여 기업문화 형성

기업은 자신이 속한 사회적·문화적 특성의 변화가 경영활동에 어떤 기회와 위협으로 작용할지에 내해서 이해하고 있어야 하며, 새로운 사회적·문화적 환경의 변화에 주목해야 한다.

국제적 환경

오늘날의 시대는 글로벌(global)이라는 말로 대변되듯이 기업활동이 세계화의 물결에서 예외일 수 없다. 국제적 환경이란 기업이 한 국가의 국경을 넘어 해외진출을 하거나 해외에 직접투자를 할 경우 당면하는 경영환경이다. 여기에는 현지국의 정치, 경제, 법률, 사회, 자원, 문화적 구속요인이라든가 각국마다의 내셔널리즘으로 인한 자국 이익의 보호정책 등이 포함된다. 현지국의 정치제도나 경제정책으로 인하여 투자기업의 과실송금을 제한하거나 조세정책에서 차별대우를 받는 경우 등은 해외진출 기업이 사전에 치밀한 준비로 대처해야 할 문제다.

특히 국제적 통상환경은 GATT, UR, WTO12 등과 같은 국제적 규약에 의

---

[12] GATT (關稅·貿易 一般協定, General Agreement on Tariffs and Trade) : 제네바관세협정이라고도 한다. 1993년 현재 정회원국수는 116개국이며, 한국은 1967년 4월 1일부터 정회원국이 되었다. GATT가 국제무역의 확대를 도모하기 위하여 가맹국 간에 체결한 협정내용은 다음과 같다. ① 회원국 상호간의 다각적 교섭으로 관세율을 인하하고 회원국끼리는 최혜국대우를 베풀어 관세의 차별대우를 제거한다. ② 기존 특혜관세제도(영연방 특혜)는 인정한다. ③ 수출입 제한은 원칙적으로 폐지한다. ④ 수출입 절차와 대금 지불의 차별대우를

해 각국간 무역투자장벽의 완화로 수출과 해외진출의 기회가 넓어지는 동시에 우리 시장도 개방됨으로써 국경 없는 하나의 시장으로 변화되어 가고 있으며, 또한 종래 덤핑수출, 보조금지원하의 수출 등에 국한되었던 불공정무역의 의미가 지적 재산권(TR), 환경보호(GR), 노동권보호(BR), 경쟁정책(CR), 기업윤리(ER), 부패행위(CorR) 등 새로운 분야로까지 확대되고 있다 13.

과업환경의 내용

과업환경은 내·외 환경주체로서의 이해관계자 집단을 말한다. 이들은 기업의 경영활동과 관련해 직·간접적으로 이해관계를 맺고 있는 사회적 조직 또는 집단을 말한다.

주 주

주주(stockholder)란 기업에 출자를 한 출자자로서 금융 또는 실물 자본 중 자기자본에 해당하는 부분을 제공하는 개인이나 투자집단 또는 투자기관을 지칭한다. 주주가 기업의 과업환경으로서 인식되기 시작한 것은 대규모 자본을 필요로 하는 거대기업이 출현하고 자본시장이 발달한 이후이다.

하지 않는다. ⑤ 수출을 늘리기 위한 여하한 보조금의 지급도 이를 금지한다는 것 등이다.

UR (우루과이 라운드) : 단계적 관세인하 협정의 종료를 앞두고 이를 대신할 다각적 무역교섭이, 1986년 우루과이 수도 몬테비데오에서 개최된 가트 각료회의에서 있었는데 각료회의는 이것을 '우루과이 라운드(UR)'라고 불렀다. UR(新라운드라고도함)의 특징은 종래의 물품무역에서 금융 ·정보 ·통신 등 용역무역으로 그 대상을 확대했다는 점에 있다.

WTO (세계무역기구, World Trade Organization) : 1994년 4월 모로코의 마라케시에서 개최된 GATT 각료회의에서 각국 대표가 UR 최종의정서에 서명함으로써 UR협상은 종결되고 GATT를 계승할 새로운 세계무역기구(WTO)의 95년 1월 출범이 공식 발표되었다. 그 동안 가트는 무역확대에 노력했으나 협정체제라는 한계에 봉착하여 보다 강력한 제재력이 있는 WTO의 발족이 불가피하였다.

13 TR(technology round), GR(green round), BR(blue round), CR(competition round), ER(ethics round), CorR(corruption round)

즉, 초창기 기업에서는 자기자본을 제공하는 기업가 혹은 오너(owner)가 강조되었지만, 거대자본의 조달을 필요로 하는 주식회사의 출현 이후에는 경영에 참가하는 소유권을 행사하지 않고 다만 매매에 의한 시세차익이나 배당에 관심이 있는 일반주주라는 계층이 출현하게 되었다. 오늘날 일반주주들은 기업 내 노동조합과 더불어 기업경영에 영향을 미치는 중요한 과업환경이다. 전문경영자들은 주주에게 주식시세나 배당금 면에서 유리해지도록 경영해야 하는 압력을 받는다.

노동조합 및 근로자집단

일반적으로 근로자집단으로서의 노동조합은 기업의 내부구성원(조합원)의 의견을 대표하여 기업의 경영활동에 직접적인 영향이나 제한을 가하려 하기 때문에 기업의 중요한 과업환경이 된다. 뿐만 아니라 오늘날에는 개별기업의 차원을 넘어선 산업별 노동조합 등 상급노조의 영향력도 매우 크게 부각되고 있는 실정이다. 현대의 이상적인 노사관계는 과거의 종속관계 또는 대립관계를 지양하고 대등 또는 협력관계를 유지해야 한다. 즉 노사관계는 이해대립으로 보는 것이 아니라 자본과 노동의 결합이라는 파트너십의 관계로 파악해야 한다. 따라서 기업은 노조나 종업원에 대해서 임금문제나 복리후생, 승진이나 직무안정과 같은 금전적, 비 금전적 보상에 신경을 써야 하며, 구성자들의 근로생활의 질(quality of work life : QWL)의 향상에 노력하지 않으면 안 된다.

소 비 자

드러커에 의하면 현대기업의 경영목표는 '고객창조(creating a customer)'라고 할 수 있다. 이는 기업경영이 공급자 위주가 아니라 소비자 위주의 고객만족 경영이 되어야 함을 의미한다. 과업환경으로서 소비자환경의 중요성이 더욱 크게 부각된 이유는 소비자주의의 형성과 라이프 스타일의 변화로 설명할 수 있다. 소비자주의(consumerism)란 소비자의 기본적 권리를 지키기 위하여 소비자가 전개하는 조직적 운동의 바탕이 되는 이념을 말한다.

관 계 기 업

관계기업의 대표적인 예가 바로 경쟁기업과 협력기업이라 할 수 있다. 동일시장을 대상으로 시장점유율의 각축을 벌이는 기업이 경쟁기업이라면, 수직적 또는 수평적으로 연계해 원재료부품의 공급 및 완제품의 수요를 통해 상호 보완하는 기업이 협력기업이다.

예를 들어 원료공급기업, 유통 및 판매 담당기업, 합작기업, 공동개발 프로젝트를 추진하는 협력기업, 주거래 금융기관 등이 관계기업이라 할 수 있는데, 특히 대기업의 경우는 생산의 안정성을 보장 받기 위해 통상 중소기업들로 구성된 공급기업들과의 원만한 관계가 중시된다.

지 역 사 회

현대기업은 각종 경제정책이나 법률과 규정을 준수해야 하며, 각종 환경보전에 대한 규제를 준수해야 한다. 그리고 기업은 지역사회에 존재하기 때문에 지역사회(community)에 대한 협력관계를 유지하지 않으면 안 된다.

지역사회는 과업환경으로서 기업을 둘러싼 이익집단 중에서 비교적 조직화되지 못한 산발적 형태로 특정의 문제가 발생할 때에만 기업에 대해 영향력을 행사한다. 그러나 이러한 일시적인 영향력의 행사가 기업의 활동에 커다란 영향을 미칠 뿐만 아니라 환경문제 등과 같은 기업의 사회적 책임문제와 관련하여 그 중요성이 더욱 증가하고 있다. 지역사회는 이제 공해문제뿐만 아니라 자원의 보존유지, 자연환경의 보호, 더 나아가 지역사회의 개발, 지역문화발전에의 기여 등 실로 다양한 측면에서 지역사회에 대한 기업의 바람직한 역할을 요구하고 있는 것이다.

정 부

정부는 일반주주, 노동조합, 소비자집단, 지역사회 등 이해관계자집단의 이해관계를 정책적으로 수렴하여 기업활동에 영향을 주는 매개체로서 역할을 할 뿐만 아니라, 기업에 대한 일반시민의 사회적 기대를 수렴하여 기업활동을 규제하거나 기업이 나아갈 방향을 제시하는 환경요인으로서도 기능한다. 기업의 입장에서 볼 때 정부는 일반환경을 포괄하는 영향력을 행사하는 과업환경으로 인식된다.

이해관계자 분석

'이해관계자 이론(stakeholder theory of the firm)'에 의하면 회사는 다양한 공공의 목적에 공헌해야 한다. 즉 회사는 사회를 위해 가치를 창조하는 것이 그 목적이다. 모든 회사는 생존을 위해 당연히 이익을 내야 한다. 그러나 회사는 직원에 대한 전문성의 개발, 고객을 위해 혁신적인 신제품의 개발 등 많은 종류의 가치를 창조한다. 이 관점에서는 회사는 다양한 의무를 지며 모든 이해관계자의 이익을 고려해야 한다.

사업에 의미 있는 이해관계자를 식별하여 기업과 이해관계자 양자에 이익이 되도록 하는 과정을 이해관계자 분석이라 한다. 이는 기업의 특성에 따라 의미 있는 이해관계자가 다르기 때문이다. 예를 들어 개인기업인 경우는 주주 집단이라는 이해관계자가 없다. 이해관계자 분석은 또한 이해관계자의 관심, 권력, 다른 이해관계자와의 연계 등을 이해해야 한다.

이해관계자 이익(관심)

각 이해관계자는 회사와 각기 고유한 관계를 갖고 있다. 이해관계자의 관심은 이들이 회사와 갖는 관계 속에서 무엇을 바라는가를 말한다. 예를 들어 주주는 회사에 대해 투자한 사람들로서 배당을 기대하며, 장기간에 걸쳐 자본이 보존되기를 바란다. 따라서 회사 경영의 건전성은 투자자의 현재와 미래 은퇴 후의 재무에 영향을 미친다.

이해관계자 권력

이해관계자는 자신의 이해가 관철될 수 있도록 자원을 동원할 수 있는 권력이 있다. 여기에는 경제적, 정치적, 법적 권력이 포함된다. 고객이나 공급자는 제품을 사지 않음으로써 혹은 물건을 공급하지 않음으로써 회사에 대해 경제적 권력을 행사할 수 있다. 정부는 다양한 규제를 통하여 정치적 권력을 행사한다. 간혹 이해관계자는 회사를 제소함으로써 법적 권력을 행사하기도 한다.

이해관계자 연합

이해관계자의 이익은 서로 일치되는 경우가 있다. 예를 들어 고객은 신선한 과일을 원하므로 무공해 농산물을 선호한다. 그 과일을 생산하는 농부도 역시 과다한 농약에 노출되는 것은 건강에 해가 되기 때문에 농약의 사용을 줄이고자 하는 동기가 있다. 이렇게 이해관계자 간의 이해가 일치될 때 이해관계자가 연합하는 경우가 있다. IT 기술의 발달에 의해 오늘날 이해관계자 연합은 글로벌화 되고 동적으로 변하는 특징을 보인다.

거시경영과 기업의 사회적 책임

거시경영의 의의

거시경영/사회적 책임/기업윤리

거시경영(macro-management)이란 기업을 둘러싼 사회현상과의 상호관련성 속에서 경영현상을 설명하려는 경영학의 새로운 연구분야로서, 환경과 조직 간의 상호관계 속에서 나타나는 기업의 환경변화에 대한 대응방식이나 조직간 관계의 유지·변경방식 등과 같은 조직단위의 거시적 경영특성을 말한다. 여기에는 기업과 기업외부의 환경 또는 사회와의 상호관계, 예를 들어 기업과 정부와의 관계, 기업과 시장과의 관계, 기업과 노동조합·소비자·지역사회 등과 같은 이해관계자와의 관계를 연구하는 것이며, 이를 바탕으로 하여 바람직한 기업의 역할과 기능, 그리고 이를 실천할 수 있는 조직차원에서의 경영시스템과 실행프로그램을 개발하는 것을 강조한다.

이러한 거시경영을 통하여 기업은 환경에 대한 최적의 적응성과 적합성을 기할 수 있으며, 다른 사회적 기관이나 이해관계자, 사회일반의 기업에 대한 요구를 고려하는 방향에서 기업경영의 목표달성을 추구한다. 따라서 거시경영을 잘 하는 기업은 사회적 측면에서 좋은 기업이미지와 호의적인 사회적 평판을 받는 기업, 종업원의 행복한 삶을 제공하는 기업, 현지국의 환영을 받는 기업 등과 같이 사회적 정당성을 확보하는 기업 등의 바람직한 기업상을 정립할 수 있고, 좋은 기업으로서의 이미지나 기업명성과 같은 새로운 기업경쟁력의 원천을 얻게 된다.

기업의 사회적 책임과 기업윤리 부분은 거시경영분야의 연구에서도 가장 주목을 받는 부분이다. 즉, 기업이 거시경영을 수행할 때에 그 실천을 위한 기본내용이 되는 것이 기업의 사회적 책임과 기업윤리라고 할 수 있다.

먼저 기업의 사회적 책임(CSR: corporate social responsibility)이란 전통적인 기업의 경제적 역할을 넘어선 보다 폭넓은 일련의 기업활동을 지칭한다. 기업의 사회적 책임이란 경제적 이윤추구라는 이익동기를 넘어선 보다 넓은 활동영역을 사회에 대한 기업의 책임영역에 포함시키는 개념이다. 기업은 대주주만이 아니라 소액주주를 포함한 더 많은 여러 이해관계자의 이익제고에 기여해야 하며 경제적 목적 이외에 사회적·인간적 가치의 실현에 공헌해야 한다는 것이 기업의 사회적 책임을 정의하는 출발점이 된다. 이러한 기업의 사회적 책임은 흔히 기업윤리와 동의어로 논의되고 있다. 기업윤리(business ethics)란 기업경영이라는 상황에서 나타나는 행동이나 태도의 옳고 그름이나 선악을 구분해 주는 규범적 판단기준과 도덕적 가치와 관련된 기업행동의 의사결정기준이다.

기업의 사회적 책임의 개념이 대두하기 시작한 이유는 기업의 사회적 영향력이 커짐에 따라 기업활동에 대한 사회적 정당성의 위기(crisis of social legitimacy)가 나타났기 때문이다. 기업이 증대하는 사회적 기대수준에 미치지 못하는 경우 기업과 사회 간의 긴장과 마찰이 빈번하게 발생하면서 심지어 기업존재의 사회적 정당성을 문제시하는 상황까지 초래하였던 것이다. 이런 배경 하에서 기업이 사회를 비롯한 환경요소들과 상호 긍정적인 상호작용을 하면서 성장해야 할 필요성이 커지게 되었다.

거시경영의 수행방안

1) 사례 - 월마트(Walmart)

월마트의 급격한 성장은 많은 경영 사례를 통해 소개 되었고, '21세기 자본주의이 척도'라는 찬사를 받기도 했다. 2006년 현재 통계를 보면, 종업원은 130만 명에 이르고, 미국 내에만 3800 여 매장 또는 시설을 보유하고 있으며, 3,120억 달러의 매출을 기록하고 있으며, 월마트와 거래하는 공급업자의 수는 6100여 개 회사다. 이러한 성공은 월마트 주식에 투자한 투자자들에게도 많은 보상을 가져다 주었는데, 1970년도 상장 당시 현 시가 조정가격으로 5센트였던 주가가 2002년 당시 63달러가 되었다.

그러나 2004년부터 월마트는 다양한 비판의 대상이 되었다. 캘리포니아의 잉글우드(Inglewood) 시의회는 지역 주민의 반대에 의해 월마트의 입점을 거부했다. 같은 해 연방의회는 월마트가 급여와 승진 기회 면에서 여성을 차별했다고 기소했다. 그 다음 해에는 월마트를 약탈자로 표현한 '낮은 가격의 높은 대가'라는 영화가 배포되어 회사의 이미지를 실추 시켰다.

이런 사태에 직면하여 CEO인 Lee Scott는 비즈니스위크와의 인터뷰에서 사회와 상호작용하는 방법에 대해 새로운 연구와 노력을 하겠노라고 말했다. 그 후 월마트는 종업원에 대한 의료보험 지원의 강화, 야생동물 보호에의 출연, PR조직의 가동 등 발 빠른 대응으로 사회로부터의 비판 이미지를 호전시키기 위해 노력해 오고 있다(Lawrence Anne, T. & J. Weber 2008, 3-4).

2) 사례 - IBM

IBM은 고객에 대한 헌신과 최선의 서비스 제공, 공급자와 경쟁자에 대한 공정한 거래, 훌륭한 기업시민으로서 지역사회에 대한 봉사, 개인의 인격존중을 통한 신뢰와 책임의 강조, 투자자와 주주에 대한 의무수행을 기업이념 및 경영철학으로 내세우고 있으며, 모든 사원은 매 연초에 실행 가이드라인에 서명하도록 하고 있다. 이렇게 앞서 가는 기업들은 환경과의 관계를 개방시스템으로 인식하고 기업경영에 관련되는 이해관계자들과 우호적인 관계를 유지하는 경영을 하고 있다. 다음은 거시경영의 주요 방안들이다.

- 환경친화적 경영 : 부정적 환경영향을 최소화함은 물론 적극적인 차원에서 환경의 지속적 발전을 도모하는 방향으로 그린마케팅, 환경친화적 기술개발, 환경회계 및 환경성과 보고제도 등의 방안이 있다.
- 사회복지경영 : 기업은 지역사회의 일원으로서 자신이 속해 있는 지역사회, 나아가 사회 일반의 복지증진을 위해 노력해야 한다. 여기에

는 지역개발사업에의 참여, 문화예술활동의 지원 등이 포함된다.

- 이해관계자에 대한 열린 경영 : 기업은 다양한 이해관계자와의 관계에서 발생하는 사회적 이슈에 대해 관심을 가져야 한다. 여기에는 근로자의 권리신장 및 근로생활의 질 향상, 소비자 주권의 확립 및 소비생활의 질 향상, 중소기업과의 공생적인 관계정립, 기업과 정부의 바람직한 관계정립 등의 방안이 포함된다.

(PD 2001, 146-172)

기업의 사회적 책임

기업을 비롯한 조직의 사회적 책임은 두 가지 영역에서 발생한다. 그 첫 번째 영역은 '조직이 사회에 미치는 영향'에 관한 영역이고, 두 번째는 '사회 자체의 문제'에 관한 영역이다. 조직은 필연적으로 사회 속에 존재하는 기관이기 때문에 경영자는 이 두 가지 영역에 관심을 기울여야 한다. 결국 현대조직은 각자 사회에 특정의 공헌을 하기 위해 존재하는 것이다.

사회적 영향에 대한 책임

조직은 자신이 사회에 미치는 영향에 대해서 책임을 져야 한다. 조직이 사회에 어떤 영향을 미치는지 분명하게 파악한 다음, 그 영향들 가운데 조직의 목적과 사명을 달성하는 과정에서 불가피하게 발생하는 것이 아닌 이상 가능한 한 최소화하거나 완전히 제거해야 한다. 그러나 대부분의 경우 조직활동을 완전히 중단하지 않고서는 그로부터 발생하는 영향을 완전히 제거하기는 어렵다. 그러므로 가장 이상적인 접근방법은 영향을 제거하는 작업을 이익을 올릴 수 있는 사업기회로 전환하는 것이다.

그 한 예로 미국의 다우 케미컬은 제 2 차 세계대전 직후, 아직 대중적인 환경여론이 일어나기 전임에도 불구하고 자사의 운영 상 발생하는 대기 및 수질오염 문제를 완전히 제거하기로 결정했다. 다우는 환경오염을 방지하는 방안뿐 아니라 한걸음 더 나아가 가스나 폐수에서 제거한 오염물질을 연구하여 판매 가능한 제품으로 개발하고 그것들의 용도와 시장을 창출하기 위해 체계적으로 접근하였다. 비슷한 예로 듀퐁은 자사의 제품 중 상당수가 유독성 부작용을 일으킬 수 있음을 파악하고는 독성을 시험하고 제거하는 프로세스를 개발하기 위한 연구소를 설립하였다. 그 후 듀퐁은 공업제품의 독성을 제거하는 일을 별도의 사업으로 발전시킬 수 있었다.

경영자는 언제나 조직이 일으키는 사회적 영향으로 인한 문제를 제거하는 자체가 사업기회가 될 수 있도록 만들기 위한 시도를 해야 한다. 하지만 늘 이것이 가능한 것은 아니다. 대개는 사회적 영향을 제거한다는 것은 곧 비용의 증가를 초래함을 의미한다. 그 동안 사회가 부담해 왔던 외부 비용이 기업의 비용이 되는 것이다. 따라서 동일업계의 모든 기업이 같은 규칙을 받아들이지 않는 한 해당기업은 경쟁상 불리한 처지에 놓이게 된다. 동일 업계의 모든 기업이 같은 규칙을 받아들이게 하려면 대부분의 경우 규제의 힘을 필요로 한다. 즉 경영자는 사회와 업계 모두에게 최소의 비용과 최대의 이익을 제공하면서 문제를 해결할 가능성이 큰 올바른 규제를 입법화하기 위한 노력을 선도적으로 해야 한다.¶

사회문제를 사업기회로 전환

(PD 2001, 153-155)

사회문제는 사회 자체의 역기능이며 사회를 좀먹는 퇴행성 질병을 말한다. 기업은 사회 속에 존재하는 기관으로서 사회 자체의 문제들을 해결해야 하는 것 역시 조직의 중요한 역할이 된다.

여기서도 기업은 사회적 변화를 새로운 사업기회로 전환할 수 있는 가능성이 있는지를 먼저 생각해야 한다. 역사적으로 19세기의 주요 산업들은 크게 보아서 공업도시라는 새로운 사회환경을 사업 상의 기회와 시장으로 전환한 결과였다. 여기서 가스조명, 전기조명, 시내 전차, 교외전차, 전화, 신문, 백화점 등의 사업이 차례로 생겨나고 발전했던 것이다.

제 1 차 세계대전 직전의 몇 년간 미국 사회는 극심한 노동불안으로 노동자들은 점점 더 고통스러워했고, 실업률은 계속 높아져 갔다. 대부분의 숙련 노동자들의 시간 당 임금은 15센트에 지나지 않을 정도로 낮았다. 이런 사회적 배경 속에서 포드 자동차는 1913년 연말 노동자 전원에게 일당 5달러의 고정임금을 지급하겠다고 발표했다. 이는 당시 평균임금의 2배 내지 3배에 해당하는 수준이었다. 포드 자동차는 이 급진적이고도 단호한 조치에 의해 노동자의 고통을 해소하고, 장기적으로 포드의 실질 노무비는 감소할 것으로 확신했던 것이다. 실제로 이 조치로 인해 포드는 노동자의 이동이 급속히 감소했고 그 결과 '모델 T' 자동차를 안정적으로 생산하고 더 싸게 판매할 수 있게 되어 시장의 주도권을 획득할 수 있었다. 또한 포드의 임금 인상 조치가 있은 뒤로 미국이 노동자들은 기본적으로 중산층이 되었다.¶

삼성은 한국 내 동종 업계 기준 최고의 급여를 보장하는 대신 노동조합은 허용하지 않는 정책을 오랫동안 유지해 오고 있다. 1980년대 말부터 일기 시작한 노동운동이 노사 간의 건전한 상생관계를 조성하지 못하고 계급투쟁적 파행으로 흐르는 모습을 보고 삼성은 비록 당장의 인건비가 높아지더라도 노동분규 없는 사업장을 만드는 것이 장기적인 경쟁력 강화에 득이 된다고 판단했던 것이다.

앞에 언급한 대로 모든 사회문제를 사업기회로 전환할 수 있는 것은 아니다. 그러나 심각하고 중대한 사회문제들에 대해서 기업은 늘 관심을 기울여야 한다. 왜냐하면 건강한 기업과 병든 사회는 양립할 수 없기 때문이다. 건강한 기업은 건강한 사회 혹은 적어도 그 기능을 충분히 발휘하는 사회를 필요로 한다. 건강한 사회와 지역사회는 기업의 성장과 성공을 위한 필요조건이다. 예컨대 만약 사회가 자유시장주의 경제체제에서 이탈하는 방향으로 간다면 기업으로서는 커다란 위협이 아닐 수 없다. 그렇다고 기업이 이 모든 문제를 책임 져야 한다고 할 수도 없다. 그렇다면 기업의 사회적 책임의 한계는 어디까지인가?

사회적 책임의 한계

(PD)

경영자의 과업은 자신의 조직이 그 존재이유인 사회적 공헌과 사명을 완수할 수 있도록 만드는 것이다. 반대로 자신이 맡고 있는 조직에 대한 책임을 등한시 하면서 조직의 책임자라는 지위를 이용하여 공적인 인물이 되려는 사람, 그리고 사회적 문제에 대해 주도적인 역할을 하려는 사람은 공인이라고 할 수 없고, 그는 무책임한 사람이고 신뢰를 저버린 사람이다.

기업의 경우 도산한 기업은 바람직한 고용주가 아닐뿐더러 지역사회의 좋은 이웃이 될 수도 없고, 그런 기업은 내일을 위한 일자리도 창출하지 못할 것이고, 내일의 노동자를 위한 기회를 창조하지도 못할 것이다. 이런 기업은 여타의 다른 좋은 활동을 아무리 많이 한다고 해도 자신의 사회적 책임을 다했다고 볼 수 없다. 따라서 경영자는 위험의 보상과 미래 활동을 위해 필요한 이익의 최저한도가 어느 정도인지 알아 두어야 한다. 자신의 경제적 수행능력의 한계를 무시하고 도저히 경제적으로 감당할 수 없는 사회적 책임을 떠 맡았다면 그 기업은 반드시 곤경에 처하게 될 것이다.¶

현대 정주영 회장이 소 500 마리를 끌고 북한에 갔을 때 그의 생각은 어렸을 적 소 판 돈을 가지고 성공을 위해 서울로 왔던 일에 대한 보답으로 그의 고향마을에 황소를 보내 주기를 바랐던 것이었다. 그러나 그 일은 남북관계라는 정치적 틀 속에 매몰되어 결국 경제적 조직인 기업이 정치의 소용돌이에 휘말린 결과가 되고 말았다.

자신의 능력으로 감당하기 벅찬 과업을 떠 맡는 것은 무책임한 행동이다. 기업은 자신이 사회에 미치는 영향에 대하여 책임을 지는 데 필요한 능력을 획득해야 한다. 또한 자신이 무능력한 분야가 무엇인지 알아 두어야 한다. 대체로 기업은 '정량화 할 수 없는' 분야에 대해서는 무능력하다. 예를 들어 정치적인 견해와 감정, 지역사회의 승인 또는 불승인, 권력관계의 조정 등의 분야처럼 성과를 평가하기 어려운 분야에서 기업은 충분한 능력을 발휘할 수 없을 것이다.

권한의 한계

(PD)

사회적 책임과 관련된 한계로서 가장 중요한 개념이 권한의 한계이다. 권한을 가지고 있는 사람은 누구든 그에 대한 책임을 져야 하며, 반대로 책임을 지는 사람은 누구든 그에 대한 권한을 필요로 한다. 이 두 가지는 동전의 양면이나 마찬가지다. 따라서 사회적 책임의 이행은 곧 사회적 권한의 요구를 의미한다.

어떤 기업이 사회적 책임을 요구 받는 경우 그 기업은 반드시 "그 책임에 따른 권한이 있는가, 우리가 그 권한을 가질 수 있는가?"라고 자문해 보아야 한다. 만약 권한이 없거나 있어도 가질 수 없다고 한다면, 요구 받은 책임을 이행하는 것이 옳은지에 대해 심각하게 의심해 보아야 한다. 그런 요구를 받아들이는 것은 책임의 이행이 아니라 일종의 권력욕의 표출에 지나지 않는다.¶

책임의 윤리

(PD)

지금까지 기업의 윤리 또는 기업인의 윤리에 대한 수많은 논의가 있었지만 그 대부분은 기업과 아무런 관계가 없고, 또 윤리와도 거의 관계가 없는 것들이었다. 기업인은 사람을 속여서는 안 되고, 뇌물을 받아서도 안 된다는 것 같은 일들은 기업인이 아니라도 누구에게나 통용되는 것들이다.

기업은 지역사회의 주요 기관이며 그 경영자는 주도적 위치에 있는 그룹의 일원이다. 본질적으로 주도적 그룹의 일원이 된다는 것은 전통적인 '전문가'가 된다는 것과 같은 의미를 지닌다. 즉 경영자는 '전문가의 윤리'를 준수해야 할 책임이 부과된다.

전문가로서 첫 번째 책임은 "알면서도 해를 끼치지는 않는다(not knowingly to do harm)"는 것이다. 의사, 변호사, 경영자 등 어떤 분야의 전문가이든 그는 자신의 의뢰인에게 반드시 이득만을 안겨주겠다고 약속할 수는 없다. 그러나 알면서도 해를 끼치는 일은 없을 것이라는 약속은 할 수 있다. 예를 들어, 자신의 기업이 사회에 미치는 영향에 대하여 업계의 원망을 살 수 있다는 이유로 적절한 해결책을 검토하고 실행하지 않는 경영자는 사회에 고의적으로 해를 끼친 것이나 다름 없다.¶

읽기 – 윤리경영의 실행

최근 윤리경영의 중요성에 대한 인식은 점점 강화되고 있다. 이러한 현상은 지난 1999년에 체결된 경제협력개발기구(OECD)의 '뇌물 방지 협약'을 통해 더욱 심화되었다. 이 협약은 기업의 윤리적 책임이 글로벌 스탠더드로 인식되는 계기를 마련해주었다.

OECD 회원국인 우리나라에서도 윤리경영이라는 세계적인 흐름에 부응하여 정부나 기업에서 국제 상거래 뇌물방지법 및 부패방지법 제정, 기업경영의 투명성 확보 등과 같은 형태로 기업 윤리 확립을 위해 힘쓰고 있다. 이러한 노력의 결과 윤리경영의 중요성에 대한 인식이 점점 강화되고 있다.

그러나 이같이 윤리경영에 대한 중요성 인식은 상당히 높아지고 있으나 그 실행이 제대로 되고 있는지는 상당히 의심스럽다. 국내 유명 기업의 분식 회계를 비롯하여 각종 비윤리적인 경영 행태들은 여전히 끊이지 않고 있으며, 심지어 윤리경영 시스템이 비교적 안정되어 있다는 미국에서조차 Enron, Worldcom과 같은 대기업들이 비윤리적 부정 행위를 저지르는 것을 보면 기업 윤리 실천이 말처럼 쉽지 않다는 것을 알 수 있다.

윤리경영 실천을 위해서는 무엇보다 윤리경영에 대한 올바른 이해가 우선되어야 한다. 윤리경영이 바람직하긴 하지만 이익을 창출하는 데는 별 도움이 되지 못한다는 인식이 있다. 이는 윤리경영을 비용으로만 인식하고 윤리경영이 가져다 주는 효익을 간과하기 때문이다. 기업의 우선적 사명은 영리 추구이며, 윤리경영을 통한 사회적 책임의 실현은 해도 그만 안 해도 그만이라는 식으로 그 가치를 평가 절하하는 시각이 존재하기도 한다. 그러나 이는 윤리경영이 기업 성과에 미치는 영향을 제대로 이해하지 못한 결과이다. 미국의 경우를 보면, Fortune지가 선정하는 '미국의 가장 존경 받는 기업' 리스트에 올랐던 기업들은 S&P 500의 평균 주가 수익률을 훨씬 상회

하는 것으로 드러났다.

윤리경영은 기업의 이해 관계자들과의 관계에도 중요한 영향을 미친다. 윤리적인 기업은 종업원, 고객, 지역 사회, 주주들로부터 존경과 신뢰를 얻게 되는데 이것은 기업의 눈에 보이지 않는 자산이 된다. 세계 1위의 식품업체 Nestle는 윤리와 투명성이 소비자의 신뢰를 얻는 가장 좋은 방법이라는 것을 일찌감치 깨달은 기업이다. 세계 최초로 분유를 개발, 판매하기 시작한 Nestle는 1960년대 개발도상국 시장에서 위생 관념 부족으로 아이들이 병에 걸리는 문제가 생기자 대규모 마케팅 축소 정책을 실시하고 의료기관을 통해서만 분유를 공급하기로 결정했다. 이러한 결정은 식품회사 Nestle의 투명한 이미지를 소비자들에게 각인시키고 이후 강력한 브랜드 파워를 구축할 수 있는 계기가 되었다.

윤리경영의 올바른 실천을 위해서 중요한 세 번째는 윤리경영이 하나의 조직 문화로 체화되도록 하는 것이다. 이를 위해서는 사전에 철저한 준비와 구성원들과 공유하려는 노력이 필요하다. 윤리경영은 단순히 경영 기법이나 스킬이라기 보다는 구성원들 사이에 내재된 의식이며 가치이기 때문에 특히 자발적인 참여와 의사 소통이 중요하다.

윤리경영 실천 모범 사례로 손꼽히는 3M과 Johnson & Johnson은 매우 정교하고 구체적인 실천 지침을 갖추어 놓음으로써 구성원들의 적극적인 참여를 유도하고 있다. 이들 기업들은 '선물 증여' 항목에서부터 '고객에 대한 접대', '종업원 안전 보장'까지 업무와 직·간접으로 관련된 사항을 거의 모두 매뉴얼에 담고 있다. 이들이 갖고 있는 윤리 헌장과 매뉴얼은 오랜 시간 동안 시행착오를 겪으면서 종업원들과 경영진의 활발한 커뮤니케이션을 통해 이루어져 온 것이다. 이렇게 기업의 윤리적인 활동에 대해 구성원들이 스스로 참여하고 자유롭게 커뮤니케이션 하는 분위기는 윤리경영의 실천을 촉진한다. 종업원들이 해당 업무에서 부딪히는 많은 윤리적 딜레마에 대해 구성원들끼리 혹은 상사와 적극적으로 토론하고 해결 방안을 찾아 갈 수 있는 개방적인 분위기가 형성되어 있을 때, 윤리경영은 하나의 조직 문화로 승화될 수 있다.

Johnson & Johnson의 '타이레놀' 독극물 투여 사건은 윤리경영에서 경영자의 리더십이 얼마나 중요한지를 단적으로 보여준 사례이다. 1982년 시카고에서 누군가에 의해 의도적으로 독극물이 주입된 타이레놀을 복용함으로 인해 7명이 사망하는 사건이 발생했다. 미국식품의약국(FDA)은 즉각 조사에 착수했고 시카고 지역에 배포된 타이레놀을 회수할 것을 권고했다. 그런데, 이 당시 CEO였던 Jim Burke는 FDA의 권고를 넘어서 시카고 지역뿐만 아니라 미국 전역에 배포된 약품 전량을 회수하는 결정을 내렸다. 이로 인해 Johnson & Johnson은 시장 점유율과 매출에 막대한 타격을 입었고 원래 수준을 회복하는 데만 3년이라는 긴 시간이 걸렸다. 이 기간 동안 Jim Burke는 회사의 윤리 강령에 반하는 주위의 압력을 받았지만 꿋꿋이 원칙을 고수해나갔고, 그 결과 타이레놀은 이전보다 더 큰 신뢰를 받는 상표가 될 수 있었다. 그리고 이것이 오늘날 윤리경영의 대표적 기업으로 Johnson& Johnson을 만든 밑바탕이 되었다.

기업이 윤리경영을 제대로 전개하기 위해서는 투자가 필요하다. 윤리위원회와 같은 전담 조직을 만들어야 되고, 윤리 헌장선포를 통한 전사적인 의식 개혁 활동도 추진해야 한다. 또, 제대로 기업 윤리를 실천하고 있는지 감시하기 위해서는 지속적인 모니터링도 필요하다. 환경 보호를 위해 정화 장치를 들여오거나 종업원 복지 향상을 위해 각종 제도와 시설을 도입하는 것 역시 많은 비용과 시간, 인력 등이 요구된다. 이러한 투자는 최고 경영자의 윤리경영에 대한 확고한 의지와 지속적인 관심 없이는 불가능하다.

갈수록 복잡해지는 기업 환경 속에서 윤리적으로 판단하고 행동하는 것은 쉽지 않다. 윤리경영에 대한 사회적 압력은 거세지고 그 필요성에 대해서는 인정하고 있지만 이를 제대로 실천하기 위해서는 실질적이고 다각적인 노력이 필요하다. 이러한 노력은 한 두 사람의 의지만 갖고 되는 것도 아니고 어느 한 부분만을 바꾼다고 해서 되는 것도 아니다. 윤리경영에 대한 분명한 목표 의식이 기업 전체의 관심과 투자로 이어질 때 비로서 윤리경영은 실천될 수 있다(LG경제연구원 2003. 5. 14).

제 3 부

전략적 경영

5 경영전략의 의의와 추진과정

1. 경영전략의 의의와 목표
2. 전략경영 목표로서의 핵심역량
3. 경영전략의 추진과정

제 5 장 경영전략의 의의와 추진과정

우리들은 오늘날 전략이라는 말을 자주 들으며 산다. 일상생활에서조차 '미팅전략'이니, '옷차림도 전략'이라는 말들을 쓰고 있을 정도다. 이 장에서는 기업의 경영전략에 대해서 공부한다. 기업에서의 경영전략이란 무엇이며, 왜 중요한가, 그리고 무엇을 목표로 하여 어떤 과정을 통해 수립되고 실행되는가에 대해 살펴볼 것이다.

경영전략의 의의와 목표

경영전략의 의의

경영전략의 개념

기업이 설정한 경영목표를 달성하기 위해서 기업에 영향을 미치는 환경요인들의 변화를 예측하고 그에 대한 합리적이고 효과적인 대응책을 강구하여 다른 기업들과의 경쟁에서 이겨야 한다. 이러한 문제를 풀어가는 경영활동이 바로 경영전략이다. 경영자는 불확실하고, 복잡하고, 역동적인 경쟁환경에서 뭔가 '그럴듯한 그림'를 그려 보고자 한다.

원래 전략(strategy)이라는 용어는 희랍어 strategos - 전장의 장수나 '장수의 술(術)(the art of general)'을 뜻하는 말이다. 그러나 오늘날 기업에서 사용되는 전략은 그리스 시대의 군대보다는 기원 전 500년대의 손자 병법으로부터 가져오기 시작했다고 보는 견해가 많다. 이런 연유로 군대의 전략과 기업의 전략은 많은 공통점이 있다. 예를 들어 전략과 전술을 구별하는데, 전략은 자원을 배치하여 유리한 지위를 확보하기 위한 전반 계획인데 반하여 전술은 구체적인 활동 계획이다. 따라서 전술은 전투의 승리를 위한 것인데 비해 전략은 전쟁의 승리를 위한 것이다.

이러한 전략개념은 점차 그 응용범위가 확대되면서 오늘날에는 개인이나 조직의 행위를 설명하는 개념으로 사용되고 있다. 경영전략 개념은 경영환경의 불확실성 증대와 그에 대한 체계적인 대응 속에서 기업이 경쟁우위를 달성할 필요성에 의해 나타났다.

풍부한 자원이 있는 것도 아니면서 성공한 개인이나 기업의 사례를 보면 그 성공이 운에 기인한 것처럼 보인다. 그러나 운은 일관성 있게 존재하는 것이 아니다. 운보다 더 중요한 것은 기회가 있을 때 그 기회를 이용하는 능력이며 그러한 기회를 이용하기 위해 명확한 방향을 설정하고, 실행하되 실행의 융통성을 발휘하는 것이다.

이것은 계획을 세우는 것과는 다른 것이며, 대부분의 전략은 '게임'에 대한 분명한 이해를 통해 일관된 방향을 세우는 것, 그리고 유리한 고지를 점령하기 위해 어떻게 움직여야 하는지를 간파하는 것과 관계가 있다.

1980년대 이후 경영전략 연구의 주류를 이루는 관점을 전략적 경영(strategic management)이라 한다. 이는 경영전략을 계획·실행·통제의 과정으로 보고 조직구조, 기능관리, 기업문화 등과 같은 기업의 모든 시스템들이 경영전략과 연계되도록 설계되고 관리되어야 한다는 관점이다. 예컨대 전략적 경영을 한다는 것은 다음과 같은 질문을 기업 스스로에게 한다는 것과 같다.

- 우리 기업은 현재 어디에 있는가? 우리 기업이 속한 사업영역이 어디인가? 어디에서 싸움을 벌이고 있는가?
- 만약 우리 기업이 어떠한 변화도 없이 현 상태를 유지한다면 앞으로 5년 후 혹은 10년 후에 우리 기업은 어떻게 될까? 과연 괜찮을까?
- 그리고 구체적으로 어떤 조치(행동)를 취해야 하며, 그러한 행동에는 어떤 위험과 희생이 뒤따라야 하는가?

효과적인 전략은 다음과 같은 특징을 갖는다.

- 목표(goals)는 간명하고 일관되며 장기적이다.
- 경쟁 환경에 대해 심오한 이해가 있어야 한다.
- 자신의 자원에 대해 객관적인 평가가 있어야 한다.

- 효과적으로 실행되어야 한다.

요컨대, 전략은 기업이 자신의 자원을 주어진 환경 내에서 운용하여 장기적인 목적을 만족할 수 있도록 하는 방책을 수립하는 것이고, 또한 이를 실행하는 것이다. 마이클 포터는 운영과 전략을 다음과 같이 구분했다. 운영적 효과성(operational effectiveness)은 경쟁자와 유사한 활동을 경쟁자보다 우월하게 수행하는 것을 의미한다. 이는 회사로 하여금 투입을 줄일 수 있게 하는 모든 실천, 즉 효율을 높이는 것과 관련되며, 예를 들면 제품 불량의 감소라든가 더 나은 제품을 더 빨리 개발하는 일을 말한다. 이것과는 대조적으로 전략적 우위는 경쟁자와 다른 활동을 수행하는 것 또는 유사한 활동이라 해도 이를 다른 방식으로 수행하는 것을 말한다.

이상의 논의를 종합하여 경영전략의 개념 상의 특징을 보면, 이는 최고경영층의 역할·업무와 밀접한 관련이 있고, 기업이 가지고 있는 능력과 자원에 대한 이해는 물론 시장환경에 대한 이해와 예측능력 필요로 하는 통합적 의미를 지니며, 늘 어떻게 경쟁할 것인지를 생각하는 것이고, 전략의 수립과 실행에 대한 균형감각을 필요로 한다는 점 등을 들 수 있다.

경영전략에 대한 정의

경영전략이라는 개념은 챈들러(A.D. Chandler)가 그의 저서 '전략과 구조(strategy and structure, 1962)'에서 처음 사용하였다. 그는 "전략이 조직구조를 결정한다."는 명제와 함께, "조직체가 항상 변화하는 환경에서 장기적으로 좋은 성과를 거두려면 환경 변화에 알맞은 목적을 설정하는 것은 물론, 이를 달성하기 위하여 기업체 내부의 인력과 자금 그리고 기술, 시설 등 모든 자원을 효율적으로 동원시키는 통합적이고 종합적인 계획이 필요하다."라는 식으로 전략의 개념을 제시했다.

기업 환경의 변화 속도가 빨라지고 복잡화 됨에 따라 기업들은 이러한 외부환경의 변화에 효율적으로 적응해야만 살아남을 수 있다는 인식을 갖게 되었고, 이와 관련된 경험 및 지식들을 체계화시키고 발전시키는 과정에서 전략적 기업경영, 즉 경영전략의 개념이 대두된 것이다.

이하 경영전략에 대한 몇몇 정의들을 열거하면 다음과 같다.

- 챈들러(Alfred D. Chandler): 전략이란 기업의 장기적인 목표의 결정과 그 목표를 달성하기 위한 행동을 결정하고 경영자원을 배분하는 것이다.
- 앤드류스(Kenneth Andrews): 전략이란 기업의 목표와 그 목표를 달성하기 위한 여러 가지 정책이나 계획을 말하며, 전략은 그 기업이 어떤 사업분야에 참여하고 있어야 하고, 그 기업이 어떤 성격의 기업인가를 결정하는 주요한 이론이다.
- 오마에(Kenichi Ohmae) : 경영전략이란 어떻게 하면 경쟁자에 비해서 경쟁우위를 가질 것인가 하는 문제이다. 즉, 경쟁자에 비해서 효율적인 방법으로 그 기업의 경쟁우위를 상승시키는 노력이라고 볼 수 있다.
- 안소프(H. I. Ansoff) : 경영전략은 변동하는 기업환경 속에서 기업의 유지와 성장을 위해서 환경에 적응 및 대응하기 위한 방향의 설정과 그 수단선택에 관한 의사결정이다.
- 이상을 요약하면, "경영전략이란 기업에게 경쟁우위를 제공·유지시켜 줄 수 있는 주요 의사결정으로, 특정한 목표를 달성하기 위하여 (하위수준의) 행동계획에 통제를 가하거나 가이드라인을 제공하기 위하여 사용되는 (상위의) 행동계획이다."

민쯔머그(Henry Mintzberg)에 의하면 경영전략이 의미하는 바는 다음과 같은 다섯 가지(5P)로 요약할 수 있다.

첫째, 계획(plan)으로서의 전략이다. 여기서 경영전략은 환경에 대응하기 위한 기업의 의도적인 행동 방향과 지침을 제공하는 것을 의미한다.

둘째, 책략(ploy)으로서의 전략이다. 여기서 경영전략은 특정 경쟁상황에서 경쟁자를 압도하기 위해 의도된 구체적인 방책을 의미한다.

셋째, 행위패턴(pattern)으로서의 전략이다. 이 때의 경영전략은 사전에 의도된 것이든 의도되지 않은 것이든 특정기업과 그 구성원들에게 일관되게 나타나는 모든 행동방식을 의미한다.

넷째, 위치설정(position)으로서의 전략이다. 이는 기업의 내부와 환경을 결합시킴으로써 환경에서 조직의 위치를 결정하는 수단으로서의 경영전략을 의미한다. 다시 말하면, 기업이 어떠한 제품과 시장에 그들의 자원을 집중할 것인가를 결정해 나가는 것을 말한다.

다섯째, 관점(perspective)으로서의 전략이다. 여기서 경영전략은 전략결정자가 환경을 인식하는 관점을 의미한다. 이 관점은 가장 추상적이고 개념적인 것으로, 특정집단이 공유하고 있는 문화·가치관·세계관 등의 개념과 유사하다.

이들 정의를 포괄하기 위해서 전략이 가져야 할 속성은 다음과 같다.

- 전략을 통해 경쟁에서 이겨야 한다.
- 전략은 전략적 선택을 하는 것이다.
- 전략은 기업 내 자원 간의 적합(fit)을 도모하는 것이다.

경영전략의 중요성

기업이 무엇을 해야 하며, 어떤 것을 달성해야 하는가를 명확히 제시하는 활동인 경영전략은 다음과 같은 세 가지 기능을 통해 변화하는 환경 속에서 기업이 경영성과를 극대화하며 장기적으로 생존·성장할 수 있도록 한다.

- 경영전략은 변화하는 외부환경에 기업이 유연하게 대처할 수 있도록 조직의 환경적응능력을 촉진한다.
- 경영전략은 기업의 경영자원을 회사 전체적인 관점에서 효율적으로 배분하도록 한다.
- 경영전략은 기업내부의 다양한 경영활동들의 통합에 기여한다.

구체적으로 경영전략은 조직의 주요 의사결정들에서 나타나는 일관되고 통합적인 유형으로서 환경으로부터의 기회와 위협 하에서 조직의 목표달성을 위한 일련의 행동 및 이에 대한 자원의 배분양식을 말하며, 현재와 미래의 조직 활동영역에 대한 선택과 선택된 활동영역 내에서 경쟁우위를 달성하고 이를 지속적으로 유지하기 위한 일련의 활동이다.

기업은 생산, 영업, 재무 등 각 기능들로 이루어지는데 흔히 각 기능 간에는 부서 이기주의라고 하는 부분적정화(sub-optimization) 현상이 발생한다. 이는 조직 전체의 목표보다는 구성원 각자 자신이 속해 있는 부서의 목표를 우선할 때 나타나는 부작용이다. 여기서 경영전략의 역할은 각각의 고유한 전문영역의 목표를 넘어서, 각 기능 간에 또는 기능과 공통업무 간에 생길 수 있는 마찰과 갈등을 전사적인 차원에서 통합하고 균형을 잡음으로써 기업의 목표를 달성하는 것이라고 볼 수 있다.

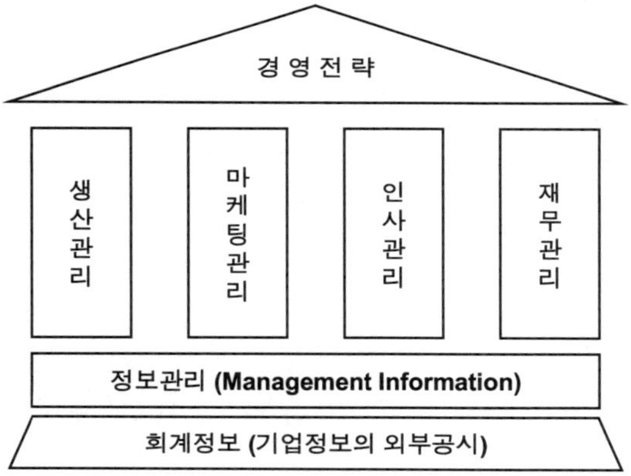

그림 5-1 기업의 구성요소와 경영전략의 역할

전략적 경영 마인드

경쟁이 심한 사업에 있어서 전략의 목적은 항상 자신의 입장에서 가장 좋은 조건이 실현되도록 공격과 후퇴의 시기를 적절히 포착하고 절충의 한계를 정확하게 평가하는 것이다. 여기에는 세밀한 분석도 필요하지만 동시에 상황의 변화에 대처하는 지적인 신축성과 융통성을 가지고 있어야 한다.

오마에 켄이치는 전략적 사고란 각 상황요소들의 특성을 명확히 이해한 후에 가장 유리한 방향으로 이 요소들을 재구성하도록 창조적으로 전략가의 두뇌를 활용하는 것이라 했다. 이는 선형적 사고에 기초한 시스템적 접근과도 다르며 또한 별 분석 없이 결론에 도달하는 직관에 의한 접근과도 대조된다. 즉 합리적인 분석과 비선형적 지적 능력이 결합되어 최적해에 도달하는 구성력이 바로 전략적 경영의 사고라 할 수 있다. 전략적 경영 마인드는 다음과 같은 속성을 가져야 한다.

- 전략적 경영 마인드는 미래를 향해 앞으로 전진하는 것이다. 동시에 기업의 과거에 뿌리를 두어야 한다.
- 전략적 경영 마인드는 위에서 숲을 봐야 한다. 동시에 밑에서 흙 속의 진주를 찾는 것이다.
- 전략적 경영 마인드는 옆을 보면서 창의적인 사고하는 것이다. 동시에 한 발짝 앞서가는 것이다. 마지막으로 수립된 내용을 실행하는 것이다.

전략/관리/운영

안소프는 기업의 의사결정을 다음과 같이 분류하였다.

① 전략적 의사결정(strategic decision)
② 관리적 의사결정(administrative decision)
③ 업무적 의사결정(operational decision)

전략적 의사결정은 대외적 경영전략의 결정을 말하며, 기업의 내부문제보다는 주로 기업의 외부문제에 관련이 있는 의사결정으로서 외부환경의 변화에 기업 전체를 대응·적응시키기 위한 의사결정을 가리킨다. 이 전략적 의사결정을 통해서 기업목표나 시스템이 결정되며, 그 목표를 달성하기 위한 경영전략이 결정된다.

관리적 결정은, 전략을 집행하는 데 투입되는 자원을 최소화하거나 주어진 자원을 이용하여 추구하는 목표의 달성도를 최대화하는 활동으로서 대내적 경영계획의 결정을 의미한다. 그것은 전략적 결정에 의해서 결정된 기업의 목표와 전략을 실행하기 위해 조직을 형성하고, 전략의 실행에 필요한 인원·설비·기술·자본 등 제 자원을 조달·개발하는 의사결정으로서, 주로 대내적 경영정책의 결정, 즉 경영계획적 결정에 해당한다고 할 수 있다.

업무적 결정은 일상적인 경영활동의 능률을 최대로 하기 위한 의사결정으로서 대내적 경영계획의 '집행'이라 할 수 있으며, 관리적 결정이 전반적 경영계획이라면 업무적 결정은 대체로 부문별 운영업무로서 이는

관리적 활동을 사전적으로 정해진 방식과 체계에 따라 수행하는 것으로서 반복적, 일상적인 업무의 집행을 주로 다루며 매뉴얼화가 가능한 일을 말한다.

이러한 의사결정기능은 비록 경영자 전 계층의 공통기능이라 하더라도, 그 실제의 비중에 있어서는 그림 5-2 와 같이 각 계층간에 커다란 차이가 난다.

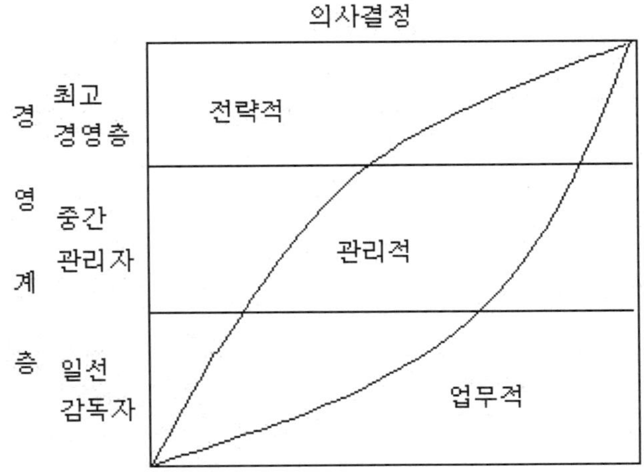

그림 5-2 경영계층에 따른 의사결정의 비중

경영전략의 구성요소

이상의 논의를 바탕으로 경영전략의 다양한 속성을 정리해 볼 수 있다. 우선 회사의 경영전략을 통해 역점을 두고자 하는 활동 무대를 정해야 한다. 여기에는 제품 카테고리, 채널, 세분 시장, 가치 창조의 단계 등 다양한 국면이 포함된다. 활동무대가 정해졌다면 그 다음에는 도달 수단으로서 어떻게 그 전략이 추구하는 목표에 도달할 것인가를 정해야 한다. 여기에는 내부적으로 가지고 있는 역량을 이용하는 방법, 합작, 라이센싱이나 프랜차이징, 인수 등의 방법이 있을 수 있다. 그리고 전략을 통하여 경쟁자와 무엇을 차별화해서 경쟁우위를 달성할 것인지를 정해야 한다. 차별화 방안의 예로서는 이미지, 고객화, 가격, 스타일, 제품의 신뢰성 등을 고려해 볼 수 있다. 또한 목표를 추구하는 데 있어서의 타이밍, 즉 일등주의로 갈 것인지 추종자로서의 위치에 있을 것인지, 그리고 전면전으로 갈 것인지 또는 기업가적 유도 내지 게릴라 전략으로 갈 것인지 정해야 할 것이다. 이런 내용을 종합하여 최종적으로 어떻게 이익을 창출할 것인지를 정한다면 전략이 구체화되었다고 할 수 있을 것이다.

전략경영 목표로서의 핵심역량

경영전략의 두 관점

초기의 전략적 경영은 주로 기업의 장기적 투자계획을 수립한다는 측면이 강했다. 그 후 1970년대 이후에는 전략적 경영의 주된 목적으로서 경쟁우위의 원천은 크게 두 가지 형태로 나누어 연구되어 왔다. 그 하나는 기업의 경쟁환경에서 기회와 위협의 외부분석에 초점이 주어지는 산업조직론 관점이며, 다른 하나는 조직의 강점과 약점의 내부분석을 강조하는 자원기반 관점이다. (표 5-1 참조)

	장기계획 관점	산업조직론 관점	자원기반 관점
기간	1950-1970초	1970중-1980중	1980후-1990초
주제	장기전략계획	산업 및 경쟁분석	경쟁우위 창출, 유지
기법	재무적 투자계획 시장점유율 분석	산업구조분석 산업 내 포지셔닝	경쟁우위요인분석 동태적 분석기법
특징	재무관리가 주요기능 수행 기업의 종합기획실 설립	수익성이 낮은 사업에서 전망 좋은 사업 분야로 진입	전략적 제휴 인적자원 관리 핵심역량 배양 리엔지니어링
학자	Ansoff Andrews	Porter	Hamel Prahalad

표 5-1 경영전략의 시대적 흐름

이 두 모델의 기본적인 차이는 기업의 경쟁우위라는 성과의 결정요인을 보는 시각에 있다.

산업조직론 관점(industrial organization perspective)에 의하면 시장구조(시장에서의 경쟁강도, 제품차별화 정도, 비용구조, 공급자와의 수직적 통합 정도 등), 즉 산업의 구조에 의해서 성과가 제한된다는 것이다. 이에 비해 자원기반 관점(resource based perspective)에서는 기업경쟁력을 결정해주는 요인으로서 특히 기업내부의 요소들에 초점을 둔 핵심역량을 강조하고 있다. 이 두 관점은 기업의 경쟁력 원천으로서 어떤 측면이 중요한가를 보는 관점의 차이를 반영한다.

산업조직론 관점은 일종의 독점적 지대를 추구하는 시장 장악력에 대한 것인 것 비해 자원기반 관점은 리카르도적 지대, 즉 차이를 추구하는 것이다. 이 두 관점은 상충적이라기보다는 상호 보완적이다. 즉 기업은 자신이 할 수 있는 것(자원기반 관점)과 기업이 응당 해야 할 일(산업조직론 관점) 간의 적합(fit)을 확립함으로써 경쟁우위를 달성할 수 있게 된다.

자원기반 관점의 대두

오늘날에 이르러 전략에 있어서 자원기반 관점처럼 내부지향으로의 회귀가 나타나면서 내부에 주목하는 경영전략론이 전개되고 있다. 그 흐름은 '타사의 모방을 허용하지 않는 기업능력이란 무엇인가?'라는 중요한 질문에 관심이 모아지고 있다. 그 기업만의 특별한 능력을 '핵심역량'이라 한다.

만약 핵심역량이 없는 기업이라면 훌륭한 사업 기회를 발견하여 자사의 사업으로 포지셔닝하려고 해도 경쟁자의 공격에 의해 결국 불가능할 것이다. 그렇다면 기업에 필요한 경쟁력의 원천이 되는 것은 포지셔닝의 능숙함이 아니라 다른 회사가 보유할 수 없는 독자적인 능력에 있다는 것이다.

산업조직론 관점을 대표하는 포터의 산업구조 모형은 기업의 잠재적인 수익성을 결정하는 가장 중요한 요인으로서 그 기업이 구조적으로 독점적 우위를 보장하는 산업에 들어가야 함을 강조한다. 그러나 오늘날 예외적인 경우를 제외하고는 어느 산업도 독점적 편안함을 주는 경우는 거의 없다. 예를 들면, 항공산업이나 철강 산업이 전체적으로는 아주 수익성이 나쁜 영역에 속하지만 그 산업에 종사하는 모든 기업이 수익성을 내지 못하는 것은 아니다. 사우스웨스턴 항공과 같이 저가 전략으로 장기간 높은 수익을 올린 항공사도 있고, 대부분 어려움을 겪고 있는 미국 철강산업 속에서 미니밀을 기반으로 하여 높은 수익을 올리고 있는 기업도 있다. 이와 같이 자원기반 관점에서는 기업의 경쟁우위는 산업구조보다는 쉽게 이동이 불가능한 자원에 의해 좌우된다고 본다.

여기서 경쟁의 원천이 되는 자원에는 기업의 생산 공정에 투입되는 유형 자원인 자금, 물리적 자원, 무형 자원인 특허권, 상표 혹은 인적 자원, 그리고 능력(capabilities)을 포함한다. 능력은 기업이 어떤 생산활동을 수행해내는 역량으로서 자산, 사람, 공정의 복잡한 조합이다. 예를 들어 3M은 강한 신제품개발 능력을 가지고 있다. 능력들 중에서 기업에 경쟁우위에 확보해 주는 능력을 핵심역량이라 한다.

자원기반 관점은 대표적으로 프라할라드(C.K. Prahalad)와 하멜(G. Hamel)에 의하여 발표된 핵심역량 개념인데, 경쟁과 기술의 신속한 변화로 시장에 대한 정확한 예측이 날로 어려워지면서 종래의 기업 외부환경에 치중하던 경영전략을 지양하고 기업의 내부로 관심을 돌려 내부에서 기업성공의 원천을 찾으려는 노력을 배경으로 한다. 이때 핵심역량이란 단순히 그 기업이 잘하는 활동을 의미하는 것이 아니라 경쟁기업에 비하여 훨씬 우월한 능력, 즉 경쟁우위를 가져다 주는 기업의 능력으로서, 보다 우수한 수준으로 고객에게 만족을 제공할 수 있는 기업의 힘을 말한다. 그러므로 기업 내에 산재해 있는 여러 가지 요소 중 기업의 경쟁적 우위를 확보할 수 있는 핵심요소를 명확히 설정하고 이를 의식적으로 통합·관리할 수 있는 방법을 찾아내는 것이 경영전략의 주요 관심사로 본다.

예를 들어 소니의 소형화 기술, 캐논의 정밀기계 기술과 광학 기술, 혼다의 엔진관련 기술, 월마트의 강력한 물류시스템, 코카콜라의 자사 브랜드 이미지 통합을 통한 지속적인 마케팅 능력의 확대 등이 각 기업의 핵심역량이다. 따라서 기업은 이러한 핵심역량을 발견하고, 이것을 전사적 차원에서 이용할 뿐만 아니라 기존의 핵심역량에 새로운 기술·제품·서비스 등을 연계시켜 성장분야로 다각화하는 핵심역량 경영을 통하여 독특한 기업문화와 경쟁전략을 찾아내 키워나가야 한다.

이와 같이 핵심역량(core competence)이란 지금까지 기업을 이끌어 왔고 미래에도 기업성장의 견인차 역할을 할 수 있는, 기업내부에 공유된 기업특유의 총체적인 능력·지식·기술을 의미한다.

핵심역량의 의의

우리들은 특정기업에 대해 그 기업은 경쟁력이 강하다 혹은 약하다는 말을 자주 한다. 일반적으로 어떤 기업의 경쟁력(competitiveness)이 강하다는 것은 동일한 시장 내에서 다른 동종기업과의 경쟁에서 더 높은 성과와 수익을 내게 해주는 경쟁우위를 지속적으로 지니고 있음을 말하는 것으로, 그 기업이 핵심역량이 있음을 의미한다. 아무리 경쟁지위를 잘 선택했다 하더라도 이를 이용하여 경쟁자를 이길 수 있는 실력인 핵심역량이 없으면 소용 없다.

이러한 핵심역량은 반드시 눈으로 보고 측정할 수 있는 기업의 외적 능력만을 의미하는 것이 아니라 좋은 기업이미지, 축적된 기술, 소비자 정보, 구성원들의 창의성과 도전력, 유통경로에 대한 영향력, 부품 공급업체와의 원만한 관계 등도 핵심역량이 될 수 있다. 즉 기업의 핵심역량은 기술일 수도 있고, 고객서비스 혹은 유통경로의 관리능력과 같은 판매능력일 수도 있으며, 생산공정을 통제하는 능력이나 정보처리 능력 혹은 인력관리 능력일 수도 있다. 그러나 이러한 모든 요소가 똑같이 중시되는 것은 아니며, 기업이 불확실성에 대처하는 데 가장 큰 역할을 하는 능력만이 핵심역량으로 분류될 수 있다.

오늘날 가격과 품질 면에서 어느 정도의 경쟁우위를 갖고 있다 하더라도, 유사한 자원과 기술을 가진 경쟁기업들이 빠르게 그 격차를 메워 버린다면 더 이상 가격과 품질에만 의존하여 지속적인 경쟁우위를 확보하는 것은 불가능할 것이다. 이에 따라 기업의 총체적이고 본원적인 지식, 기능 및 능력에 기초하여 경쟁을 해야 한다는 인식에 따라 핵심역량의 개념이 나타나게 되었다.

기업경쟁력의 원천으로서 핵심역량은 기업들이 현재 수행하는 개별사업단위의 바탕이 되는 능력·지식·기술 등으로서 경쟁력의 기반이 된다는 점, 특정기업이 쉽사리 모방할 수 없는 것이라는 점, 고객에게 어떤 특별한 가치를 제공할 수 있는 것이어야만 한다는 점, 시간이 경과하면서 가치를 상실할 수도 있지만 결코 닳아 없어지지 않아 물적인 자산과 다르다는 점 등의 특성을 가진다.

요약하자면, 핵심역량이란 첫째, 고객 가치 증진에 지대한 공헌을 해야 하며, 둘째, 다양한 제품, 시장으로 다각화 할 수 있는 기회를 제공할 수 있어야 하고, 셋째, 경쟁자들이 모방 하기 어려워야 한다. 기업의 핵심역량은 월마트의 MIS기능과 같이 특정 기능(function)을 중심으로 형성될 수도 있으며, 일련의 사업활동의 흐름 속의 가치체인(value chain)에 의해 구현될 수도 있다.

핵심역량은 어떤 특정 제품이나 서비스 그리고 사업단위를 초월하여, 기업이 생산·판매하는 모든 제품과 서비스에 내재되어 그들의 경쟁력에 공헌한다. 기업을 나무에 비유한다면 핵심역량은 기업 전체의 경쟁력을 유지시켜 주는 뿌리이며, 개별 제품이나 서비스는 나무의 가지, 그리고 성과는 열매라 할 수 있다. 따라서 핵심역량은 기업이라는 나무가 바람에 넘어지지 않도록 하고, 나무의 가지인 사업들이 실한 열매를 맺을 수 있도록 영양분을 공급하는 역할을 한다. (그림 5-3 참조)

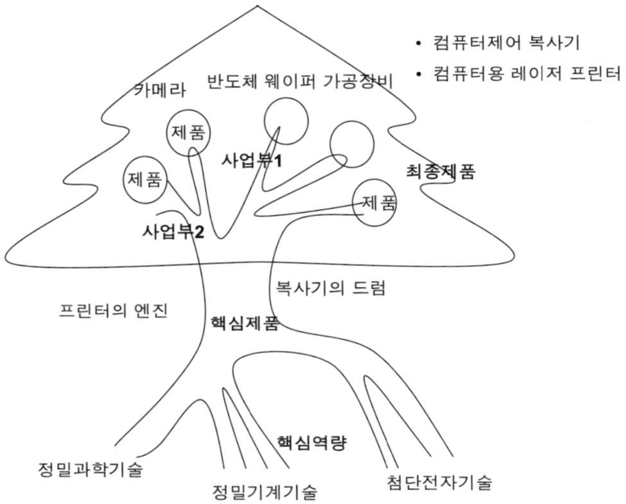

그림 5-3 경쟁우위 원천으로서의 핵심역량(Cannon의 예)

이러한 핵심역량은 다음과 같은 점에서 그 중요성이 크다.

- 핵심제품 및 최종제품의 가치를 결정
- 사업단위의 목표를 전사 목표에 일치시킴
- 기업자원을 집중시켜 새로운 사업기회를 만들어 줌
- 잘못된 사업철수 결정을 피할 수 있도록 함
- 기업이 사업을 무분별하게 확장해 나가는 것을 피하게 함

한 때 핵심역량이던 능력도 환경의 변화에 의해 비 핵심역량으로 변할 수 있다. 기업은 자만심에 빠져 핵심역량이 진부화하는 것을 방치해서는 안 된다.

핵심역량을 통한 경쟁우위의 달성

산업구조분석에서는 독점적 이익을 찾고자 하는데 반해 자원기반 관점에서는 상대적 이익을 찾고자 한다. 이는 기업의 경쟁우위를 달성함으로써 가능하게 된다. 핵심역량을 통해 경쟁우위를 달성하기 위해서는 다음과 같은 몇 가지 조건을 만족해야 한다.

첫째, 핵심역량을 이용해서 경쟁우위를 확립하는 데 도움이 되어야 한다. 소니의 휴대용 라디오, 워크맨에서와 같이 초소형 제품을 만드는 능력은 오랫동안 경쟁우위의 원천이었다. 반면에 한 때 경쟁우위에 도움이 되던 능력이라 해도 환경의 변화에 의해 더 이상 이점이 없어지는 경우, 혹은 경쟁에 의해 자신의 핵심역량이 더 이상 희소가치가 없어진 경우에 기업은 새로운 핵심역량을 개발하거나 자신의 능력을 살릴 수 있는 시장으로 업종을 전환함으로써 핵심역량을 유효하게 유지할 수 있다.

둘째, 핵심역량을 통해 경쟁우위를 지속시킬 수 있어야 한다. 지속성은 특허나 브랜드를 통해서, 혹은 기술적으로 혹은 핵심역량을 가진 기업의 특수한 역사적 배경에 의해서, 그리고 인과관계의 모호성 등으로 모방이 어려울 경우에도 지속되며, 기타 선점효과에 의해 지속된다.

셋째 잠재적인 이익이 해당 기업에 귀속되어야 한다. 만약 특정 기업에서 일하던 핵심 종업원이 다른 기업으로 옮겼을 때 그 기업의 핵심역량이 대부분 이전되는 경우라면 그 핵심역량의 소유권은 모호하게 된다. 이런 점에서 인적자원관리 또한 핵심역량의 유지에 중요함을 알 수 있다.

경영전략의 추진과정

경영전략의 추진과정은 전략목표의 설정과정과 전략의 관리과정의 두 부분으로 단순화시켜 볼 수 있다. 즉 그림 5-4에서 보는 바와 같이 먼저 전략목표의 설정과정은 경영전략을 통해 기업이 도달하고자 하는 미래의 상태 또는 모습을 규명(기업사명의 명확화)하고 전략목표를 설정하는 단계(전략목표의 설정)를 말한다. 그리고 전략의 관리과정은 목표를 달성하는 데 제약이 되는 현재의 내·외부적 상황을 분석하는 단계(전략적 상황분석), 주어진 상황하에서 미래와 현재의 갭을 메우기 위해 필요한 최적의 전략을 수립하는 단계(전략대안의 수립), 수립된 전략을 효과적으로 수행하는 단계(전략의 실행과 통제)로 구성된다. (그림 5-4 참조)

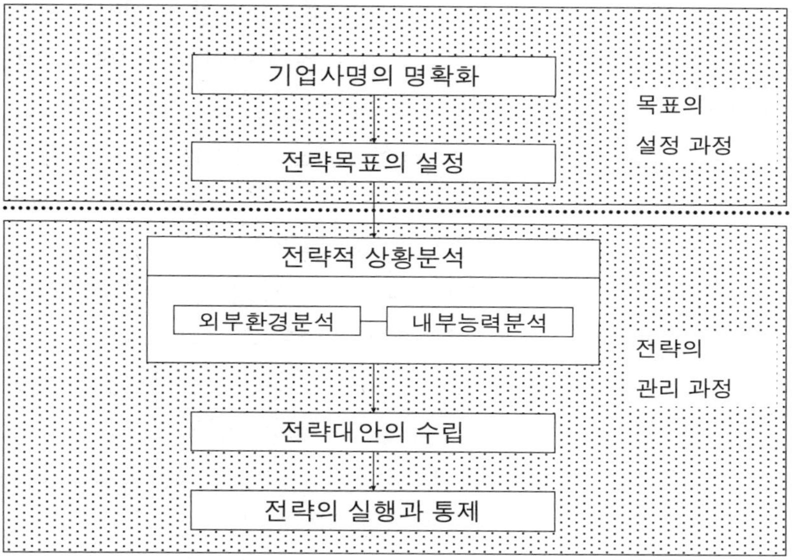

그림 5-4 전략목표의 설정과정

요컨대 전략을 수립하려면, 분명한 목표(clear goals)가 있어야 하며, 외부 환경(고객, 경쟁사)과 내부 환경(자사의 강·약점)을 고려해야 한다. 중요한 것은 '왜' 그 대안을 선택하게 되었는지가 나름대로 논리가 있어야 하고 타당해야 한다는 것이다. 또한 전략이 수립되었다고 반드시 실행으로 이어지는 것은 아니다. 대개 전략의 실패는 실행력의 부족에서 온다. 전략 실행을 위해서 다음 사항의 실천이 필요하다.

- 수립된 전략에 대한 의사소통
- 목표 달성을 향하도록 하는 동기부여

- 진척을 모니터링 하기 위한 통제 시스템을 수립

전략목표의 설정과정

기업사명의 명확화

전략목표를 설정하기 위해서는 기업의 사명을 분명하게 하여야 한다. 기업은 분명한 사명을 가지고 사업에 임할 때 그 기업은 시장에서 경쟁력을 확보할 수 있다. 비전은 자주 바뀌는 사항은 아니지만 조직이 외적 환경의 변화에 의해 위기에 직면할 가능성이 있으면 새로운 비전을 설계할 필요가 있다. 이 때 위기의 원인에 대한 분석과 분석 결과를 토대로 전 구성원이 공감할 수 있는 비전을 설계하여 공유하고, 혁신을 실행하기 위한 과제를 도출하는 방식으로 비전이 설계된다.

비전 설계의 목적은 구성원들의 의식과 가치관의 혼란, 기관의 정체성(identity)의 부재를 극복하고 모든 구성원들이 화합하여 한 방향으로 나갈 수 있도록 하는 데 지침이 될 조직의 핵심가치와 믿음, 목적, 사명을 설정하는 것이다. 진정으로 우수한 기업은 결코 변화해서는 안 되는 것과 변화되어야 할 것의 차이, 즉 신성 불가침의 것과 그렇지 않은 것의 차이를 알고 있다. 연속성과 변화를 관리하는 이러한 비범한 능력은 비전을 개발하는 능력과 밀접하게 연결되어 있다. 비전은 어떤 핵심이 보존되어야 하고, 어떤 미래를 향해 나아가도록 고무되어야 하는지에 대한 지침을 제공한다.

효과적인 비전을 만들기 위해서는 우선 조직의 '핵심이념'을 형상화해야만 한다. 그 핵심이념은 다시 지도 원칙 및 신조의 체계인 '핵심가치'와 조직의 가장 근본적인 존재 이유인 '핵심목적' 등 두 부분으로 구성된다. 이어서 노력을 기울여 달성하고자 하는 성취목표로서 '사명'을 구체화하여야 한다.

핵심가치는 그것이 설사 경쟁열위(competitive disadvantage)를 가져 온다 할지라도 조직 내에 필수적으로 유지되어야 하는 공동의 믿음이다. 핵심가치는 외부적인 정당화를 필요로 하지 않는 내재적 가치이며, 조직 내부의 사람들에게는 중요성을 갖는다. 이는 마치 사람마다 갖고 있는 '삶의 철학',

유기체의 '유전자 코드'와 유사하다.

핵심가치와 믿음은 창조하는 것이 아니라 발견하는 것이다. 즉 "우리가 가져야 할 믿음과 가치는 무엇인가?"라고 질문할 것이 아니라 "우리가 간직하고 있는 믿음과 가치는 무엇인가?"라고 질문해야 하는 것이다. 비전의 두 번째 요소는 기업의 존재 이유로서의 '목적'이다. 목적은 결코 달성할 수 없을지 모르지만 사람들로 하여금 의미 있는 일을 하게끔 하는 등대와도 같은 것이다. 비전의 셋째 요소는 사명인데, 이는 노력을 기울여 성취할 수 있는 첫 번째 고지를 말한다. 1961년 케네디 대통령이 나사의 위성발사의 사명으로서 "10년 내에 달에 착륙하여 탐사한 후 지구로 무사히 귀환한다."는 것을 표명했는데, 이는 사명의 좋은 예이다.

훌륭한 사명은 확실한 종착점이 있다. 분명 달성하기 어렵고 위험을 감수해야 하지만 달성할 수 있는 목표이다. 짐 콜린스는 비전 있는 기업이 사명을 기술하는 강력한 방법으로서 '거대하고, 의욕을 돋우며, 대담한 목적(BHAG - Big, Hairy, Audacious Goals)'이라고 불리는 방식을 사용한다는 사실을 제시했다.

전략목표의 설정

전략목표는 다양한 전략대안들의 평가와 실행 과정에서 나타나는 다양한 의사결정과 행동, 그리고 전략실행결과에 대한 평가의 기준이 된다. 이러한 전략목표로서 기업들은 수익성, 생산성, 효율성, 경쟁력확보, 기술개발 등 다양한 전략목표를 설정한다.

(PD 2001, 30-38)

드러커는 목표설정의 주요 영역으로서 다음과 같은 여덟 가지를 제시했다.

1. 마케팅 : 기존 및 현재 시장에 진출해 있는 기존제품과 서비스에 대한 목표, 과거의 제품 및 서비스와 시장의 폐기에 대한 목표, 기존시장에 진출해 있는 새로운 제품 및 서비스에 대한 목표, 새로운 시장에 대한 목표, 유통조직에 대한 목표, 서비스 기준 및 성과에 대한 목표, 신용공여 기준 및 성과에 대한 목표

2. 혁신 : 제품 및 서비스의 혁신에 대한 목표, 시장·소비자 행동·가치와 관련된 혁신에 대한 목표, 제품 및 서비스의 시장 공급에 필요한 다양한 기술과 활동에 관련된 혁신에 대한 목표
3. 인적자원 : "우리가 필요로 하는 인재를 유인하고 보유하기 위해서 우리 회사의 직무는 어떤 것이어야 하는가? 현재 노동시장에서 노동력 공급사정은 어떠한가?"
4. 재정자원 : "우리가 필요로 하는 자본을 유입하고 그것을 유지하기 위해 우리 회사에 대한 자금의 투입, 예컨대 은행 대출과 장기 채권 그리고 자기 자본 등은 어떤 식으로 구성되어야 하는가?"
5. 물적자원 : 보유해야 할 시설, 설비 등 물적자원의 유형과 규모는?
6. 생산성 : 토지, 노동, 자본 각각에 대한 요소생산성 및 기업 전반의 생산성 목표를 수립해야 한다.
7. 사회적 책임: 기업을 상대로 벌어지는 소비자 운동이나 환경운동 등을 바탕으로 기업의 사회적 책임에 대한 목표를 세울 수 있다.
8. 이익 : "우리는 어느 정도의 이익을 올려야 하는가?" 즉 목표 달성을 위해 필요한 비용을 충당하고 성장하는 데 필요한 수준의 이익목표를 수립해야 한다.

목표들은 경영활동과 과업할당의 기초가 된다. 목표들은 기업의 구조를 결정하고, 수행되어야 할 각 주요 활동들을 결정하며, 그리고 무엇보다도 각 과업들에 어떻게 인적자원을 할당할 것인가를 결정한다. 위 여덟 가지 영역에 대해서 목표설정이 안 된다면 중요한 분야에 대해 태만해질 위험이 있다. 그리고 각 분야에서 측정해야 할 것은 무엇이고, 그 측정 기준은 무엇인지를 결정해 놓아야 한다.

목표들은 단지 좋은 의도에 지나지 않는 것이라면 아무 소용이 없다. 즉 목표들은 반드시 경영활동으로 연결되어야 한다. 따라서 목표들은 항상 구체적이어야 하며, 모호해서는 안 되고 분명해야 한다. 그러려면 측정 가능한 결과를 산출할 수 있어야 하고 마감날짜가 정해져야 하며 구체적으로 책임이 부과되어야 한다.

기업들이 구체적으로 설정한 목표가 그 기능을 다하기 위해서는 다음과 같은 조건을 갖추어야 한다(신유근 2002, 169-170).

첫째, 기업사명과 연계되어야 한다. 경영전략의 궁극적 목표는 기업사명을 달성하는 것이므로 전략목표는 기업사명을 달성하기 위한 하나의 수단적 목표로서 설정되어야 한다.

둘째, 반드시 조직내부 구성원들이 수용 가능한 것이어야 한다. 경영전략의 성공을 위해서는 조직 내 모든 구성원들의 이해와 참여가 필수적이다.

셋째, 실행 가능한 것이어야 한다. 만약 전략목표가 기업능력의 범위를 벗어나는 것이라면 오히려 구성원들에게 좌절감만 안겨줄 가능성이 크다. 그러나 전략목표는 쉽게 달성될 수 없는 도전적 목표라야 한다.

넷째, 환경변화에 탄력적으로 적응할 수 있도록 설정되어야 한다. 경영전략은 오랜 기간에 걸쳐 실행되기 때문에 실행과정에서 예기치 못한 많은 변화가 나타날 수 있으므로 전략목표는 이러한 변화를 수용할 수 있도록 설정되어야 한다.

다섯째, 전략목표는 가능한 한 객관적으로 측정할 수 있도록 정량화되어야 한다. 경영전략이 실제로 기업가치의 극대화에 어느 정도 기여하였는지를 객관적으로 평가하고 그에 따른 합리적 보상을 할 수 있도록 하기 위해서 가능하면 목표가 계량화되어야 한다.¶

전략적 상황분석

전략의 출발점으로서의 분석

분석은 전략적 사고의 출발점이다. 분석은 전체를 관통하는 것처럼 보이는 복잡한 문제점, 경향, 상황을 접하게 될 때 그것을 각각의 요소들로 나눈 후, 이들 요소가 갖는 중요성을 발견해내는 것을 말한다. 분석의 결과를 이용하여 전략가는 상황을 자신에게 가장 유리하게 하도록 하는 방법으로 재구성한다. 전략의 목적은 항상 자신의 입장에서 가장 좋은 조건이 실현되도록 공격과 후퇴의 시기를 적절히 포착하고 절충의 한계를 정확하게 평가하는 것이다.

분석은 상황요소들의 특성을 명백히 이해하기 위해 구성요소들로 나누고 선형적인 순서를 명확히 한다. 그런데 실제 현상과 사건들은 시스템적인 분석에서처럼 순차적으로 전개되지는 않는다. 오히려 이는 비선형적인 인간 두뇌의 사고방식과 관계가 크다. 그러므로 진정한 전략적 사고는 선형적 사고에 기초한 기존의 기계적 시스템 접근과는 대조되며, 그렇다고 분석도 없이 이루어지는 직관에 의한 접근과도 다르다.

데이터에 대한 정교한 분석도 중요하지만 분석 자체만을 강조하는 접근의 문제점은 부분최적화 또는 나무만 보고 숲을 보지 못하는 문제를 야기할 수 있다는 것이다. 한편 직감에 의한 의사결정은 흔히 창업자가 자신의 오랜 경험을 금과옥조처럼 여겨 전체의 극히 일부분만을 가지고 편견에 의해 적합하지 않은 판단을 내리는 폐단이 지적된다.

기업의 경영자는 경쟁시장 속에서 기업의 생명력을 유지시키고 또한 새로운 기운을 불어 넣는 차원의 일을 해야 한다. 그러기 위해서는 정치·경제적 환경의 변화를 이해해야 하고 이러한 변화에 대응하는 고객과 기업, 그리고 경쟁사의 전략적 변화에 직면했을 때 예지적인 의사결정을 해야 하는 통찰력을 지니고 있어야 한다. '통찰력'은 전략적 사고 과정의 핵심요소이다. 그것은 부분적으로는 직관적이지만 창의적이고 때로는 현상을 깨뜨리는 것이다. 그것은 기업전략에 경쟁이라는 충격을 주는, 계획과 추진력 그리고 마음의 의지 속에 들어 있는 창의적 요소이다.

실제로 분석을 하지 않고서는 거의 아무 것도 할 수 없다. 그러나 전략가는 분석을, 창의적인 과정을 자극할 목적, 떠오른 아이디어를 검토하기 위한 목적, 또는 실행을 하는 데 있어서 위험부담을 줄여 주는 목적을 위해 '이용'할 뿐이다. 간혹 기업 내의 천부적이며 본능적인 전략가들은 경영일선에서 밀려나고 그 자리에 분석적인 전문 숙련가들이 포진하는 경우가 많다. 이런 일은 '성숙산업'에서 자주 일어난다.

핵심 이슈의 결정

전략적 사고의 첫 단계는 어떤 상황 속에서 핵심 이슈를 정확하게 찾아내는 것이다. 어떤 문제에 직면하면 사람들은 자기 나름의 방법으로 핵심 이슈를 간파하려고 시도한다. 이 때 문제를 정확히 정형화하는 것이 매우 중요하다. 문제를 올바르게 정형화함으로써 모호한 개선방안이 아닌 구체적이고 실제적인 아이디어를 대안으로 제안할 수 있게 된다.

핵심 이슈를 파악하지 못한 채로 해결안을 만들게 되면 많은 노력은 실패와 좌절로 끝나게 된다. 핵심적인 문제가 파악되어야만 이에 초점을 맞추어 해결하려는 해결지향적 질문이 쉽게 정형화될 수 있으며, 이렇게 초점화된 문제의 성격을 명확히 이해함으로써 창조적인 해결안을 제시할 수 있게 된다. 따라서 문제의 결정적인 초점을 분리해 내는 것, 즉 핵심적인 문제를 결정하는 것은 해법의 발견에 가장 중요한 일이다.

핵심 문제 즉 이슈를 찾아내려면 문제해결을 지향하는 방향으로 문제를 구성할 줄 알아야 한다. 전반적인 과정은, 현상을 집단화하고 요약(추상화)하여 문제를 좁혀나가는 것이다. 추출된 이슈에 대해서 해결방안에 대한 가설을 설정하고, 설정된 가설에 대해서는 심층 분석을 통해 타당성을 검증한 후 결론을 제시하고 구체적인 활동계획을 수립하여 실행한다. 이와 같이 전략적 사고의 중요한 툴(tool)은 '가설지향적' 과정이다. 즉, 방대한 분석 자체에 역점을 두는 것이 아니라, 현재 주어진 한계 내에서 우선 가설을 설정해 보는 것이다. 가설지향적 과정은 문제해결의 생산성을 높여 준다. 이 가설은 추후 분석을 통해 검증되기도 하고, 혹은 기각되기도 하겠지만, 늘 문제해결을 향해 전진할 수 있게 해 준다.

외부환경의 분석

외부 환경의 분석에는 거시환경, 산업환경, 그리고 경쟁환경의 분석이 포함된다. 거시환경은 기업에 영향을 줄 수 있는 사회전반의 여러 환경들을 말한다. 여기에는 정치, 법률, 경제, 사회문화적, 국제 환경 등이 있다. 이들 외부환경 요인은 장기적으로 기업의 고객 관계, 산업, 구매선 등의 변화와 더불어 고객층을 변하게 한다. 산업환경은 회사가 속해 있는 산업의 환경을 말하는데, 산업환경을 분석하는 대표적인 도구는 마이클 포터의 5가지 힘의 모델이 있다. 산업환경 분석을 통해 경영자는 현재 속해 있는 산업에 계속 남아 있을 것인지, 혹은 신규 사업을 어떤 산업에서 창출할 것인지에 대한 시사점을 찾을 수 있다. 경쟁적 우위는 지속적으로 변하므로 경쟁환경 분석이 또한 중요하다. 경쟁환경 분석을 통해서 현재 업계에 있지는 않지만 진입장벽을 손쉽게 극복할 수 있는 잠재적 경쟁자를 파악하고, 현재는 고객이나 공급자인데 수직계열화를 통해 경쟁자가 될 가능성이 있는 회사, 그리고 기술 변화, 규제의 변화, M&A 등을 통해 경쟁자가 될 가능성이 있는 회사를 파악하고 있어야 한다.

기업은 환경 분석을 통해 전략적 비전을 가짐으로써 현재의 경쟁자뿐 아니라 확장된 의미의 잠재적 경쟁자를 확인하고 이에 대비할 수 있어야 한다.

분석의 방법과 도구

산업구조의 평가

경영전략을 넓게 이해하면 개개의 기업이 어떻게 되고 싶은가를 생각하고 그 목표에 어떻게 도달할 것인가를 정하는 것으로 이해할 수 있다. 즉 고객가치를 경쟁자보다 효과적으로 창조할 수 있는 틀을 만들어 내는 것인데 이런 틀을 결정하기 위해서는 외부 환경과 내부 역량에 관한 분석을 해야 한다는 것을 공부했다.

그 중에서 산업환경을 중시하는 어프로치는 산업구조론으로 대표된다. 산업구조론이란 산업 내 공급, 수요, 구매자와 판매자의 집중도, 제품의 차별화 정도, 진입장벽 등의 특성으로 나타나는 시장구조가 결정되면 그것에 의해 기업의 가격정책, 제품전략, 광고, 기술개발, 설비투자 등 시장의 행동이 결정되며, 결과적으로 산업의 구조에 의해 특정기업의 잠재적인 수익률이 결정된다고 보는 것이다.

마이클 포터의 산업구조분석 모형

기업이 성공하느냐 실패하느냐를 가름하는 것은 바로 경쟁이다. 마이클 포터(M. Porter)에 의하면 경쟁전략이란 경쟁이 일어나는 기본 영역이라 할 수 있는 산업 내에서 유리한 경쟁적 지위를 확보하기 위해서 기업이 추구하는 전략이다(Porter, M. E. 1985, 15-17). 따라서 경쟁전략의 목표는 산업 내에서 경쟁적 상황을 결정짓는 여러 가지 요인에 대항해서 기업이 지속적으로 이익을 낼 수 있는 지위를 확보하는 것이라 할 수 있다.

경쟁전략을 수립하기 위해서는 다음과 같은 두 가지 질문에 대답해야 한다.

① 산업 매력도: 산업 내에서 활동하는 기업의 장기적인 수익성을 좌우하는 산업 자체의 매력도가 얼마나 큰가? 그리고 그것을 결정 짓는 요인들은 무엇인가?
② 경쟁적 지위: 한 산업 내에서 활동하는 기업들의 상대적인 경쟁지위를 결정하는 요인들은 무엇인가?

산업 매력도를 결정하는 요인으로서 포터는 신규진입의 위협, 기존기업과의 적대관계의 정도, 대체품의 위협, 구매자의 협상력, 판매자의 협상력 등 다섯 가지 요인을 제시하였다. 기업은 업계 내에서 방어 가능한 지위를 만들어 내기 위해 이들 5 가지 요인(5 forces)에 효과적으로 대처하면서 기업의 수익률을 확대하기 위한 공격적 또는 방어적 액션을 취하는 것이다. (그림 5-5 참조)

결국, 경영자의 전략수립에 있어서 궁극적인 목표는 경쟁에 영향을 주는 요소들로부터 자유로울 수 있거나 혹은 이들 요소를 임의로 변화시킬 수 있는 산업내의 특정한 위치를 찾아내는 것으로 본다.

산업구조분석은 다음과 같은 핵심문제들에 대한 전반적인 해답을 제공하려는 것이다.

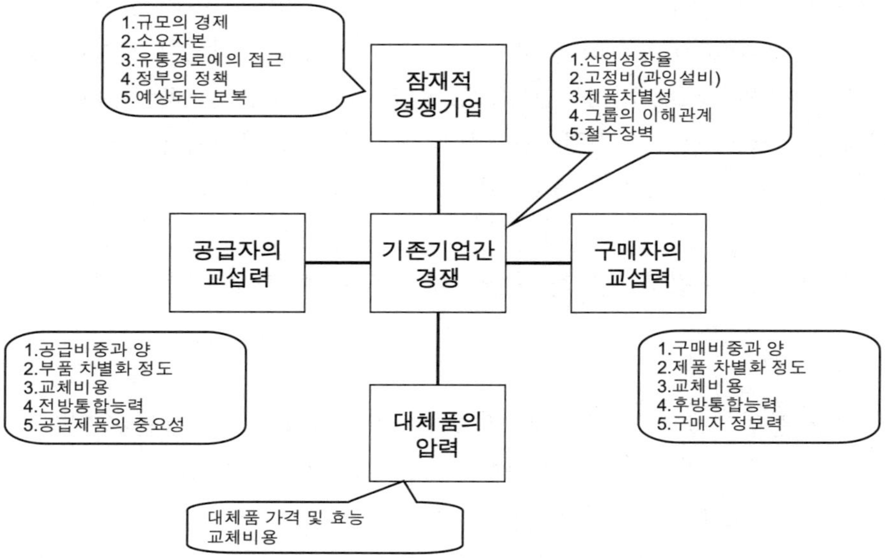

그림 5-5 산업의 수익성 결정요인

- 산업의 주된 경제적 특징은 무엇인가?
- 경쟁세력은 무엇이며, 그것이 기업에게 얼마나 강력한 영향을 미칠 것인가?
- 경쟁구도에 변화를 가져오는 요인은 무엇인가?
- 변하는 환경에 대한 경쟁사들의 가정은 무엇인가?
- 기업의 성공에 중요한 환경요소는 무엇인가?
- 산업환경이 현재와 미래 둘 다 매력적일 것인가? 그렇지 않을 것인가?

산업구조분석의 대상이 되는 산업환경의 요소들이 경쟁구도에 미치는 영향은 다음과 같다.

신규진입의 위협

새로운 진입자가 들어오게 되면 그 산업 내의 시장을 놓고 이익을 나누어 가져야 한다. 따라서 잠재적 진입자의 진입 가능성은 기존 기업에 위협이 된다.

잠재적인 진입자가 얼마나 위협적인가 하는 정도는 진입장벽이라 한다. 이는 잠재적 진입자가 그 산업에 들어가는 데 예상되는 비용과 위험을 말한다. 진입장벽은 정부의 규제, 기존 경쟁자의 대응능력, 기술수준 등에 의해 결정된다. 진입장벽이란 기존시장의 여러 가지 경제적 특성으로 잠재적인 진입자들이 기존시장에 진입하는데 장애요인이 되는 것을 말하는데, 자본소요량, 규모의 경제, 절대적 비용우위, 제품의 차별화, 유통채널, 정부규제와 제도적 진입규제, 기술과 노하우 등이 진입장벽의 주요 요인이 된다.

기존기업들이 신규 진입자들의 진입을 막기 위한 대응방안은 진입장벽을 이용한 가격인하, 광고 및 마케팅 활동의 증대 등이 있다.

공급자의 교섭력

산업내의 생산자들에게 제품의 원료를 공급하는 공급자가 큰 힘이 있는 경우에 경쟁상황이 산업전체에 불리하게 되고, 이에 따라 산업의 수익률은 감소하게 된다. 공급자가 우세한 경우의 예로서는 공급자들이 공급하는 제품이 표준화 되어있지 않고 특이한 경우 즉 차별화되어 있는 경우, 수요자가 상대적으로 그 공급자에게 중요도가 떨어질 경우, 공급자들의 숫자가 적고 몇 개의 공급자들에게 자원이 집중되어 있는 경우, 즉 공급자가 한 두 기업에 의해 독점되고 있는 경우, 그리고 공급자가 전방수직계열화를 할 수 있는 능력과 의지가 있는 경우 등이다.

소비자의 교섭력

어떤 산업에 있는 기업이든 궁극적으로는 소비자들에게 제품이나 서비스를 공급한다.

소비자집단이 한 두 개로 집중되어 있거나 대량구매를 하는 경우 기업은 제품사양이나 가격교섭에 있어서 기업의 자의성을 충분히 발휘할 수 없게 되어 소비자의 교섭력이 우세하게 된다. 그리고 제품이 차별화되어 있지 않고 표준화된 경우 소비자들의 전환비용(switching cost)이 낮기 때문에 소비자의 힘이 커진다. 또 소비자가 수직적 후방통합을 할 수 있는 능력과 의

지가 있는 경우도 역시 소비자의 교섭력이 크다고 할 수 있다.

대체재의 압력

대체재가 많으면 많을수록 기업들이 자신의 제품이나 서비스에 높은 가격을 받을 수 있는 가능성은 줄어든다. 대체재의 존재가 그 산업의 가격결정에 영향을 미치는 정도는 소비자들이 쉽게 대체재로 옮겨갈 수 있는가(전환 비용이 거의 들지 않음), 그리고 대체재가 가진 유용성이 어느 정도인가에 달려 있다. 또한 대체재의 가격이 낮을수록, 품질과 성능이 뛰어날수록, 사용자의 전환비용이 낮을수록, 대체재에 의한 압력은 높아진다.

산업 내 기존 경쟁자의 경쟁강도

대부분의 산업에서 경쟁의 양상과 산업전체의 수익률을 결정하는 가장 중요한 요인은 이미 그 산업 내에서 경쟁하고 있는 기업들간의 경쟁관계이다.

산업 내 기존기업들간의 경쟁양상과 강도를 결정하는 요소로서는 첫째 산업의 집중도를 들 수 있다. 이는 동일산업에 속하는 기업의 수와 그 개별 기업의 규모의 함수로서, 그 산업이 경쟁적이고 많은 기업이 경쟁에 참가할수록 산업의 수익률은 낮아지며, 경쟁자가 적더라도 각 경쟁자의 능력이 비슷할 경우도 역시 수익률은 낮아진다. 둘째, 제품차별화 가능성이 적을수록 역시 산업의 잠재적 수익성은 낮아진다. 셋째, 그 산업의 성장이 정체되어 있는 경우이다.

포터의 산업구조분석은 경영전략의 이론과 실무에 큰 영향을 끼쳤다. 그럼에도 불구하고 포터의 산업구조분석 기법의 문제점으로서 거론되는 것은 이것이 기본적으로 정태적인 모형이기 때문에 경쟁과 산업구조가 동태적으로 변화한다는 사실을 충분히 구체적으로 고려하지 못하고 있다는 점이다. 포터의 주장에 따르면 산업의 구조가 그 산업 안에 있는 기업들의 경쟁방식을 결정하고, 이러한 기업들의 행동이 산업 또는 기업의 수익률을 결정하는 요인이 된다고 한다. 그러나 산업구조는 산업 내 기업들의 전략적 의사결정과 기업들간의 경쟁에 따라 얼마든지 다양하게 변화 가능하고, 따라서 기업의 전략과 산업의 구조는 서로 상호작용하며 계속적으로 변화할 수 있다는 비판이 있다. 또 포터의 모형은 기업들간의 구체적인 경쟁전략을 묘사하지 못한다는 점이 지적되기도 한다.

내부환경 분석

SWOT 분석

SWOT(strengths, weaknesses, opportunities, threats)분석은 어떤 기업의 내부환경을 분석하여 강점과 약점을 발견하고, 외부환경을 분석하여 기회와 위협을 찾아내어 이를 토대로 강점은 살리고 약점은 최소화하며, 기회는 활용하고 위협은 억제하는 전략적 대안을 수립하는 분석이다. 즉 SWOT 분석은 전략이 외부상황과 내부능력 간의 강력한 적합관계를 창출할 수 있게 해야 한다는 원칙 하에 전략적 상황요인들간의 관계를 요약하여 경영전략의 대안들을 개발할 수 있는 지침을 제공하는 분석도구이다.

① 기회(O : opportunity) : 기업에 유익한 요인으로 작용되는 환경을 말한다. 예를 들면, 특정 기업에 우위성을 확보해 줄 수 있는 요인, 즉 법령의 개정, 기존시장의 성장성, 신시장의 가능성 등을 들 수 있다.

② 위협(T : threat) : 기업에 해가 되는 요인으로 작용되는 환경을 말한다. 예를 들면, 원자재 값의 상승, 환 리스크(risk)의 발생, 신규 경쟁자의 시장진입, 새로운 법적 규제, 대체상품의 개발 등을 들 수 있다.

③ 강점(S : strength) : 외부환경의 기회요인을 이용하고 위협요인을 피할 수 있는 기업의 능력을 말한다. 예를 들면, 우수한 인적 자원, 수평적 구조, 정보의 공유력, 판매조직의 활성화 같은 내부조직의 강점을 말한다.

④ 약점(W : weakness) : 기업의 업무수행에 걸림돌이 되거나 실패를 할 수 있게 하는 내부적 결함을 말한다. 예를 들면, 노사간의

갈등, 자금동원력 부족, 생산설비의 노후화, 직원 의식구조의 부패 등을 들 수 있다.

SWOT분석은 환경상의 기회와 위협, 그리고 내부적 강점과 약점을 결합시기기 위해 그림 5-6과 같은 틀을 사용한다.

	외부환경 / 내부환경	기회(O)	위협(T)
		기회 1 기회 2 . .	위협 1 위협 2 . .
강점(S)	강점 1 강점 2 . .	Maxi–Maxi(SO) 전략	Maxi–Mini(ST) 전략
약점(W)	약점 1 약점 2 . .	Mini–Maxi(WO) 전략	Mini–Mini(WT) 전략

그림 5-6 SWOT 분석의 틀

기업 내부의 강점과 약점을, 기업 외부의 기회와 위협을 대응시켜 기업의 목표를 달성하려는 SWOT분석에 의한 전략안의 특성은 다음과 같다.

① SO전략(강점–기회전략): 시장의 기회를 활용하기 위해 강점을 사용하는 전략을 선택한다. 최선의 기업내부 여건과 외부환경의 결합이 가능하며 고도성장을 통한 성장 가능성 또는 잠재력이 큰 전략을 취한다.

② ST전략(강점–위협전략): 시장의 위협을 회피하기 위해 강점을 사용하는 전략을 선택한다. 시장점유율을 증가시키는 데 있어 커다

란 장애에 직면한 기업의 경우, 이익극대화나 유리한 단기 현금흐름을 도모할 수 있으며, 일시적인 축소나 감량을 시도할 수 있다.

③ WO전략(약점-기회전략): 약점을 극복함으로써 시장의 기회를 활용하는 전략을 선택한다. 이 영역은 우회전략을 시도할 수 있는 분야이다. 약점분야는 이를 보완하기 위하여 자체 개발할 수도 있고, 외부로부터 기술이나 인적자원을 도입함으로써 단기간에 유리한 기회를 확보할 수도 있다.

④ WT전략(약점-위협전략): 시장의 위협을 회피하고 약점을 최소화하는 전략으로, 합작투자나 축소, 경우에 따라서는 청산까지도 고려되는 전략이다.

SWOT분석은 기업이 처한 전반적 상황에 대한 보다 포괄적인 분석을 가능케 하는 도구이다. 경영전략 수립에 있어 전반적인 상황분석은 기업이 개입하고자 하는 경쟁시장의 세력, 동향, 상황 등의 근본적인 원인에 대한 최적의 데이터와 정보, 그리고 이해를 제공하기 위해 수행되는데 이러한 개략적인 분석에 SWOT분석이 유용하게 쓰인다.

가치사슬 분석

가치사슬이란 기업내부로 원재료가 들어와 내부적 변환과정을 거쳐 최종재화나 용역으로 산출되는 서로 연결된 과정을 말한다. 가치사슬분석은 가치사슬의 어느 부문에서 가치가 창출되고, 혹은 문제를 야기하는가 찾아냄으로써 기업내부의 강점과 약점을 보다 조직적으로 파악하려는 방법이다. (그림 5-7 참조)

가치사슬분석의 단계는 다음과 같다.

- 기업활동을 세분화
- 분리된 세부활동이 총비용에서 차지하는 중요성 파악
- 각 활동 별 비용의 결정요인을 분석
- 각 단계간의 비용의 연관성 파악
- 구체적으로 어떻게 비용을 줄일 것인가 파악

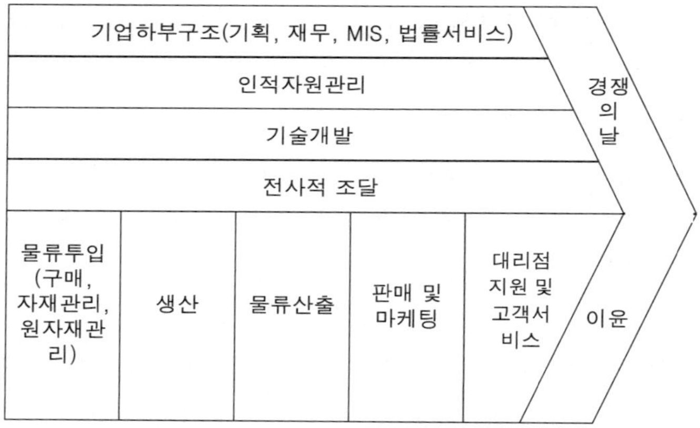

그림 5-7 가치사슬 분석의 틀

가치사슬 분석은 기업의 기능부문의 활동을 중심으로 기업 내부의 가치활동(부가가치를 창출하는 행위)들을 평가하게 되는데, 물류투입, 생산, 물류산출, 판매 및 마케팅, 서비스와 같이 제품·서비스에 직접적인 가치를 부여하는 주 활동(primary activities)과, 전사적 조달, 기술개발, 인적자원관리, 기업하부구조와 같이 주 활동을 지원해 주는 보조활동(supporting activities)으로 나뉘어 진다.

각각의 가치활동들은 경쟁우위를 창출하는 구성요소들로서, 결코 독립적으로 존재하는 것이 아니라 비용과 성과 면에서 서로 밀접한 관련성을 갖고 움직인다. 그래서 이러한 모든 활동의 결과로 축적된 가치는 기업의 '경쟁의 날(competitive edge)', 나아가 기업의 수익성을 형성하게 된다.

가치사슬 분석은 기업으로 하여금 개별적인 주 활동 및 자원활동이 어떠한 방식으로 기업의 전체이익에 기여하고 있는지를 이해하는데 도움을 준다. 그러한 분석을 통하여, 기업의 전체이익에 크게 기여하는 활동은 강화하고, 반대로 그렇지 않은 활동은 제거하는 방식으로 기업의 프로세스 및 조직에 변형을 가하거나 리스트럭처링 등의 구조조정을 시도할 수도 있다.

"우리 기업의 고객은 누구인가?"라는 질문의 답은 의외로 단순하지 않다. 고객을 세분화하여 각 세분 고객의 수익구조, 주요 고객이 요구하는 가치를 분석하여야 한다. 결과적으로 전체 산업을 관통하는 가치사슬 전체에서 자사의 영향력을 키워야 한다. 미래를 보면서 가치사슬 상에 어떤 변화가 예상되는가를 분석하여 미리 선점하는 의사결정을 해야 한다.

경쟁자 분석을 위한 전략적 그룹

산업마다 나름의 성공요인이 있다. 예를 들어 자동차 산업에서의 중요 요소로서는 품질과 가격을 들 수 있다. 이를 두 차원으로 하여 전 세계의 자동차 산업의 경쟁자들을 위치시킬 수 있을 것이다(그림 5-8 참조). 혹은 회사가 사업을 전개하는 지역적 범위와 모델의 다양성의 차원을 바탕으로 그룹을 묶어 볼 수도 있을 것이다.

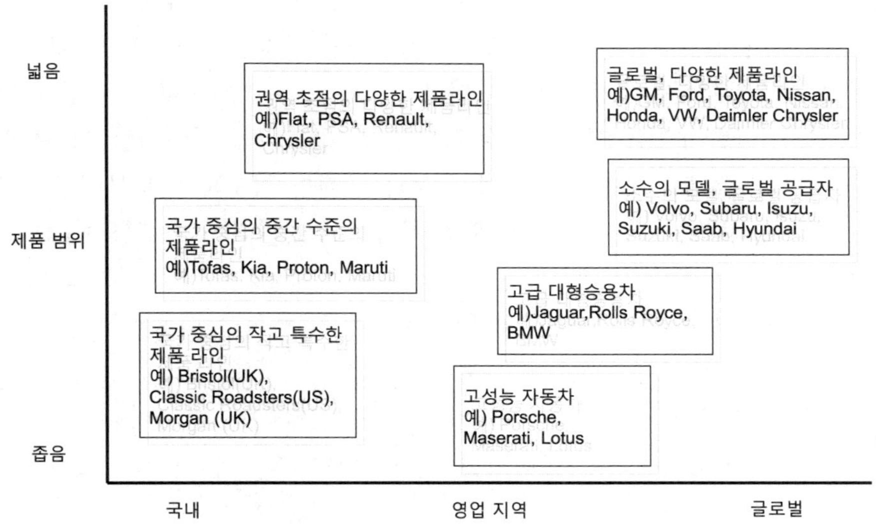

그림 5-8 자동차 산업의 전략적 그룹

이와 같이 전략 상 중요한 변수를 바탕으로 산업 내 경쟁자들을 통계학적으로 묶어본 것을 전략적 그룹(strategic group)이라 한다. 전략적 그룹을 분석함으로써 어떤 기업이 직접적인 경쟁자인지 알 수 있다. 즉 같은 전략적 그룹 내에 있지 않은 기업은 실질적인 경쟁자라고 볼 수 없다. 만약 어떤 기업이 공격적 행위를 해 왔다고 했을 때 실질적인 경쟁자가 아니라면 굳이 대응할 필요가 없을 것이다.

경영전략의 관리과정

전략의 실행

과제에 대한 실행방안 수립

제기된 전략과제는 과제제안서 형태로 공식화할 필요가 있다. 전략에 대한 실행과제는 그림 5-9의 예시와 같이 일정한 양식을 통해 관리하는 것이 좋다. 과제제안서에는 누가 해당과제를 해결할 것인가, 어떻게 해결할 것인가 그리고 과제해결의 성공을 어떻게 판단할 수 있는가 등이 포함된다.

이렇게 실행부분을 강조하여 관리하지 않으면 흔히 전략은 탁상공론이 되기 쉽다. 일반적으로 전략을 수립하는 일은 창조적인 일이지만 그 실행은 시간이 많이 걸리고 가장 어려우며 성공과 실패를 좌우하는 부분이다. 따라서 실행 프로세스가 전략 과정 내에 체계적으로 자리잡을 수 있도록 관리하여야 한다.

전략과제의 성공적인 실행을 위해 고려해야 할 사항은 다음과 같다.

1. 전략실행주체
   - 최고경영자의 몰입과 조직구성원의 적극적 참여와 협력을 이끌어 낼 수 있도록 실행주체가 명확해야 한다.
2. 전략실행 방법
   - 구성원들의 변화에 대한 저항을 감소시키고 적극적인 참여를 유도해야 한다.
   - 그러나 전략이란 대규모 변화를 요구하는 것으로서 이를 대하

는 구성원의 저항은 당연하고 자연스러운 것이다. 최고경영자는 변화관리자로서 리더십을 발휘하고, 조직문화를 도전적인 문화로 바꾸고, 보상시스템을 구축하여 저항을 극복해야 한다.

3. 전략실행을 위한 제도화
    - 프로그램(보고절차, 교육훈련 등 활동 프로그램), 예산, 정책 및 절차 등에 대한 제도화에 유념해야 한다.
    - 여러 가지 프로그램들을 개발하여 조직을 변화시키고 이것을 다시 재결빙하는 과정이 제도화이다.

실행과제 추진계획

실 행 과제명			코드 No.	정 의		
과제목표	정량			과제담당	정	
	정성				부	

실행 방법/절차	일정/기간	특기사항	CSF

과제선정이유(이슈)	선결(지원) 사항	예상 장애요인	소요예산

그림 5-9 실행과제 추진계획 양식

(PD 1993, 123-125)

드러커에 의하면 전략적 계획이 자주 실패하는 것이 전략적 계획에 대한 다음과 같은 오해에서 비롯되고 있음을 들고 있다.

① 전략적 계획은 어떤 책략이나 기법들의 묶음이 아니다. 이런 것들이 쓰일 수도 있지만 가장 중요한 것은 "우리의 사업은 무엇인가?" 그리고 "우리의 사업은 무엇이 되어야 하는가?"하는 것이다. 이런 질문은 본질적으로 정량화나 모델화 할 수 없다.

② 전략적 계획은 예측(forecasting)이 아니다. 미래란 원래 예견할 수 없는 것이다. 오히려 인간이 예측할 수 없다는 사실 때문에 전략적 계획이 필요한 것이다. 전략적 계획을 예측에 기반하는 것은 적절하지 않다. 그것은 기업가적 의사결정의 영역이다.

③ 전략적 계획은 미래의 의사결정을 다루는 것이 아니다. 그것은 현재의 의사결정의 미래 가능성(futurity)을 다루는 것이다. 즉 불확실한 내일을 위해 오늘 해야 할 일이 무엇인가를 다루는 것이다.

④ 전략적 계획은 위험을 제거하기 위한 시도가 아니다. 이런 시도는 불합리하고 더 큰 위험과 재앙만을 가져올 것이다. 전략적 계획의 최종 결과는 더 큰 위험을 감당할 능력을 키우는 것이다.

이런 분석 하에 드러커는 전략적 계획에 대해 다음과 같이 정의를 내리고 있다.

"전략적 계획은 기업가적 (위험을 수반하는) 의사결정을 체계적으로, 그리고 그 결정의 미래 가능성을 최대한 알면서 현재에 내리는 지속적인 과정이다. 즉 그 결정을 수행하기 위해 요구되는 노력을 체계적으로 조직화하고, 그 결정의 결과를 체계적인 피드백을 통하여 기대치와 비교하여 성과를 측정하는 과정인 것이다."

그리고 가장 훌륭한 계획이라 해도 계획은 그저 계획일 뿐이다. 즉, 계획이 일로서 '퇴화'하지 않는다면 (unless it degenerates into work), 그것은 좋은 의도(intentions)일 뿐인 것이다. 계획이 결과를 낼 수 있는가의 여부는 특정 과업에 핵심인재를 지정하여 책임 지우고, 미래에 결과를 가져오도록 실제로 자원을 할당하는 데 있다. 여기에는 일의 책임, 마감 일자, 결과로부터의 피드백과 측정이 포함되는 고단한 실행의 과정이 있다. 이런 과정은 요컨대 경영자의 판단, 리더십, 그리고 비전과 관련이 크다. ¶

전략의 통제

전략통제 활동

"측정하지 못한다면 관리할 수 없다."라는 말처럼 성과평가는 전략에 대한 통제과정을 마무리하는 활동이다. 전략적 통제는 다음과 같은 활동들로 구성되어 있다.

① 전략목표
- 실행된 경영전략이 기대했던 성과를 달성했는지 평가하는 기준이 되는 전략목표

② 성과평가활동
- 실행된 경영전략의 실제성과와 계획된 성과와의 비교를 통해서 조직의 문제점을 밝힘

③ 피드백
- 성과평가활동의 결과를 토대로 수정 보완할 점을 확인하고, 이를 보완하는 활동을 말함

BSC 에 의한 전략적 성과관리 시스템

전략적 통제를 위해서 전략적 성과관리 시스템(SPMS : strategic performance measurement system)을 구축할 필요가 있다. 전략적 성과관리시스템은 전략의 실행을 통제하고 모니터링 하기 위한 시스템이다. 회사의 규모에 따라 전략적 성과관리 시스템을 구축하기 위해서는 본사 차원, 각 부문과 기능 차원으로 전개되면서 주요 성과지표를 개발하고 이를 측정·평가할 수 있도록 체계화해야 한다.

균형성과표(BSC : balanced score card)는 하버드 대학의 카플란(R. Kaplan) 교수와 컨설턴트인 노튼(D. Norton)에 의해서 제안된 성과측정과 평가 방법으로 조직의 비전과 전략에 근거하여 균형 있는 성과지표를 개발하여 성과관리를 하려는 전략적 성과관리 체계이다. 이는 종래 성과측정이 주로 재무적 성과 위주로 측정되었던 데 대한 반성에서 비롯되었다. 존슨과 카플란(Johnson & Kaplan)은 성과평가의 적합성 상실의 주된 원인이 새로

운 경영 현실을 반영하지 못하여 진부화 된 '재무적 지표 위주의 성과평가'에 있다고 진단했다. 생산체계가 발전되면서 전통적인 재무회계로부터의 측정치는 신뢰성이 떨어지고 성과를 왜곡할 수 있으며, 이제 원가효율뿐 아니라 다양한 경쟁우위를 지속적으로 향상시켜야 하는 동기가 커지면서 전통적인 재무적 측정치에 의한 업적평가보다는 비재무적, 운영적 측정치를 더욱 중요시할 필요가 커지게 되었다는 것이다. 이에 대한 구체적인 대안으로 후에 BSC를 제안하게 된 것이다(Johnson and Kaplan 1987).

BSC는 성과지표를 재무적 관점, 고객관점, 내부 경영관점, 혁신과 학습관점의 네 가지 영역으로 종합하여 제시한다(Kaplan and Norton 1992). 균형성과표의 네 영역은 단기 성과로서의 이익, 중기 성과로서의 시장, 그리고 장기적 성과로서 혁신을 연결하는 인과관계의 맥을 놓치지 않으려는 시도라 할 수 있다.

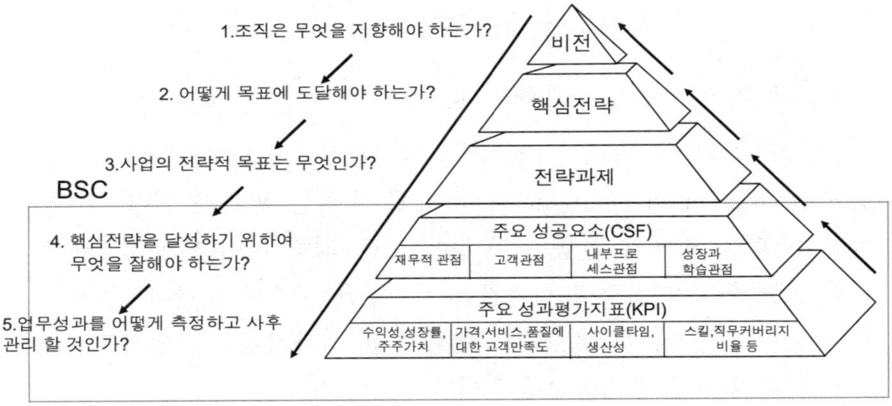

그림 5-10 균형성과표(BSC: balanced scorecard)에 의한 성과관리

BSC 성과측정 방법은 전략적 경영을 위한 중요한 도구로 활용되고 있다. 그림 5-10은 BSC에 의한 성과관리의 흐름을 보이고 있다. 이 흐름은 "비전(조직은 무엇을 지향하는가?) → 핵심전략(어떻게 목표에 도달해야 하는

가?) → 전략과제(사업의 전략적 목표는 무엇인가?)"라는 전략 수립과정을 거쳐, 이들 과제를 BSC의 네 가지 영역의 성과지표로 '번역'해 내는 일련의 과정으로 구성되어 있다.

(PD 2001, 69-96)

요약

피터 드러커는 굳이 전략경영이라는 표현을 사용하지는 않았지만 기업경영의 주된 과제를 다음과 같이 서술하고 있다.

1. 우리의 사업은 무엇인가, 그리고 무엇이어야만 하는가? 우리의 고객은 누구인가? 이 질문은 최고경영자가 철저하게 검토하고 최소한 하나 이상의 해답을 가지고 있어야 한다. 그렇지 않으면 기업 내부의 의사결정자들은 직급의 고하를 떠나 서로 상이하고 양립이 불가능한 모순되는 사업 정의에 근거하여 결정을 내리고 또 행동하게 될 것이다. 따라서 이 질문은 조직이 공동의 비전과 가치관을 가지고 구성원의 행동과 노력을 통합하는 데 매우 중요하다.

2. 목표를 구체화 하라. 목표는 위 첫 번째 질문에 대한 답으로서 도출되어야 한다. 목표는 추상적이어서는 안 되고, 기업의 사명을 완수하기 위한 행동강령이자 성과를 측정하는 기준이 된다. 달리 말해 목표는 기업의 기본적 전략(fundamental strategy)이다. 특히 목표는 행동과 관련되어 구성원들로 하여금 작업의욕을 불러 일으키고 동기를 부여해주는 역할을 해야 하며 작업의 평가기준이 되어야 한다. 그리고 목표 영역은 기업의 성패에 영향을 미치는 주요 영역 – 마케팅, 혁신, 인적·재무적·물적 자원, 생산성, 사회적 책임, 이익 – 을 반드시 포함해야 한다.

3. 기업은 어느 순간 위기에 빠지지 않도록 늘 기업이론을 정비해 두지 않으면 안 된다. 드러커가 말하는 기업이론은 경쟁에서 이길 수 있는 일종의 비즈니스모델과 같은 것으로서 그 내용은 다음과 같다. 첫째, 조직

환경에 대한 가정으로서 사회와 그 구조, 시장, 고객, 그리고 기술에 대한 가정들이다. 둘째, 조직의 구체적인 사명에 대한 가정들이다. 셋째, 조직의 사명을 달성하는 데 필요한 핵심역량에 대한 가정들이다.

그리고 마지막으로 중요한 것은, 외부 환경의 변화에 따라 기업이론은 조만간 진부화 될 운명에 처한다. 따라서 경영자는 늘 기업이론을 재조명 해야 한다. ¶

6 경영전략의 주요 내용

1. 사업부 수준에서의 경영전략
2. 기업 수준에서의 경영전략
3. 글로벌 경영전략 개요

제 6 장 경영전략의 주요 내용

경영전략의 내용은 전략을 수행하는 수준에 따라 달라진다. 경영전략의 수준은 경영자가 당면하는 의사결정 수준과 범위에 따라 사업전략(business strategy)과 기업전략(corporate strategy)의 두 가지 영역으로, 또는 기업전략, 사업전략, 기능전략(functional strategy)의 세 영역으로 나누기도 한다. 사업부 수준에서의 전략, 즉 사업전략이란 특정 사업에서 어떻게 경쟁할 것인가를 모색하고 결정하는 것이다. 구체적으로 개별사업 수준에서의 사업전략이란 전략적 사업단위(SBU : strategic business unit) 하나 하나를 대상으로 하는 것으로서, 예를 들어 TV사업부, 냉장고 사업부, PC사업부 등과 같이 어느 한 가지 사업을 개별적이고 독립적으로 경영하는 경우가 이에 해당된다. 사업부 수준의 경영전략에서는 각 산업 내에서 각 사업의 경쟁적 위치를 증진하는 데 필요한 모든 활동을 다루게 된다. 따라서 사업전략은 흔히 경쟁전략이라고도 부른다. 즉 사업전략은 하나의 사업이 경쟁우위를 확립하는 것에 관한 전략이다. 고객의 니즈와 선호, 회사가 고객 만족을 위해 경쟁하는 방식을 분석함으로써 산업 내 경쟁우위의 전반적인 원천, 즉 핵심 성공요인을 찾는다.

기업 수준에서의 전략인 기업전략은 전사적 차원에서 어떤 사업분야들에 참여하는가, 즉 전사적 차원의 자원할당과 관련된 이슈들을 다룬다. 기업전략에서는 주로 기업의 최종적인 사명을 정의하고, 사업수준과 기능수준에서 나오는 제안들을 검토하며, 관련된 사업단위들 사이의 연계성을 발견하고 시너지를 일으켜 기업 전체에 수익을 가져다 줄 수 있는 사업들을 선택해야 한다. 이러한 의사결정은 자사의 산업 간의 이익 잠재력을 평가하는 것과 관계가 있다. 이렇게 사업 포트폴리오의 구성과 다각화에 관한 의사결정이 주로 기업전략의 내용이다.

사업부 수준에서의 경영전략

사업수준에서의 본원적 경쟁전략

어중간한 상태와 본원적 전략

전술한 바와 같이 사업부 수준의 전략이란 회사가 어떤 전략적 위치를 차지할 것인가에 관한 것이다. 개별사업단위들이 경쟁우위를 확보하기 위한 경쟁전략에는 크게 세 가지 유형이 있다. 마이클 포터는 이 세 가지 전략을 본원적 경쟁전략(generic competitive strategy)이라고 했는데, 원가우위 전략, 차별화 전략, 집중화 전략이 그것이다14.

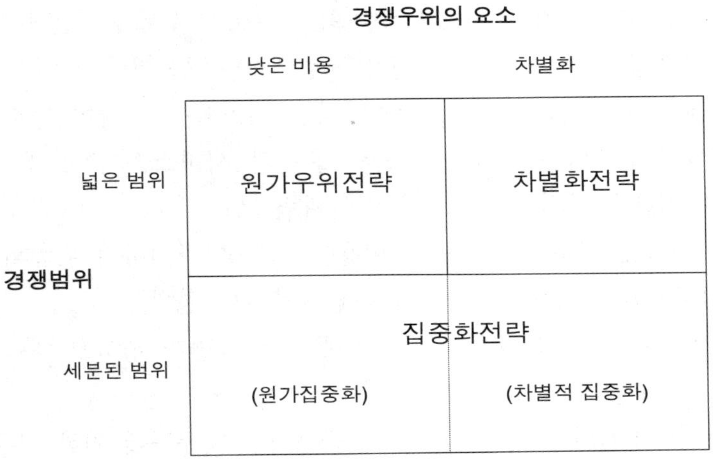

그림 6-1 본원적 경쟁전략

이러한 세가지 기본전략을 효율적으로 실행하는 데는 각각 다른 경영자원

14 집중화전략은 작은 세분된 시장에 초점을 맞추어 그 시장에서의 고객만족을 위해 원가우위 또는 차별화 전략을 구사하는 것이다. 따라서 포터의 본원적 전략은 두 가지라고 할 수 있다.

이나 역량이 필요하다. (그림 6-1 참조) 반면에 기본적인 경쟁우위의 구축 수단인 이들 세가지 전략 중에서 어느 것도 구축하지 못하는 기업은 궁지에 몰릴 수 있다. 그런 상태가 오래 계속되면 경쟁우위 구축을 실현할 수 없게 되며, 차별화에 성공한 기업이나 특정 표적(target)을 선택하여 집중전략을 펼치는 기업에게 점유율을 빼앗겨 버리게 된다. 더욱이 경쟁전략이 명확하지 않거나 일관성을 갖고 있지 않다면 구성원의 행동규범도 방향을 잃을 수 있고, 기업문화도 모호해질 가능성이 있다. 이런 상태를 마이클 포터는 '어중간한 상태(stuck-in-the-middle)'라는 용어로 표현했는데, 원가와 차별화 전략의 중간에 있는 경우 경쟁력을 갖기 어렵다는 점을 유의해야 한다는 것이다. 그러나 물론 쉽지 않은 과제이긴 하지만 글로벌 경쟁에서 잘 나가는 기업은 두 가지를 동시에 추구하는 통합전략으로 성공한 기업도 많다.

원가우위(cost leadership) 전략

낮은 비용은 경쟁우위의 중요한 원천의 하나이며 원가우위전략에서는 비용 면에서 "경쟁회사보다도 낮은 비용을 실현한다."는 것이 기본 테마가 된다. 물론 낮은 비용이라고 해서 품질이나 서비스와는 상관이 없다는 것은 아니다. 원가우위전략은 적정한 수준의 품질과 서비스 수준을 유지하면서 기본적으로 비용을 중심으로 경쟁우위를 확립한다.

원가우위전략에 의해 압도적인 저비용의 지위를 차지하기 위해서는 다음과 같은 실천방안에 의해 선 순환 구조를 구축해야 한다.

- 대규모 생산설비에 대한 적극적인 투자를 재빨리 행하고 대량 생산체제를 정비한다.
- 시장진입초기의 적자를 각오하고 공격적인 저가격에 의한 침투가격전략(penetration pricing strategy)을 실행한다. 신속한 시장점유율 획득으로 규모의 경제성 실현과 경험곡선을 급속하게 떨어뜨리는 것이 가능해진다.
- 일단 높은 점유율이 확보된다면 원자재의 대량 구입이 가능하게 되고 규모의 경제성, 경험곡선과 함께 더 많은 비용절감을 할 수 있게 된다.
- 저비용구조를 구축하는 데 성공하면 높은 이익률을 확보할 수 있다.

- 축적된 이익에 의해서 더욱 더 비용우위를 유지하기 위한 여러 가지 투자가 가능해진다. 이 선 순환에 들어가면 경쟁사가 근접하지 못할 정도로 경쟁에 대한 장벽은 높아지게 된다.

비용우위 요인

대부분의 기업들이 저비용 실현을 위해 대량 생산이 불가결하지만 규모만이 비용우위의 원천은 아니다. 포터는 가치사슬의 사고 방식을 사용하여 포괄적으로 회사의 비용체계를 분석한다. 비용의 움직임(cost behavior)은 비용을 움직이게 하는 많은 구조적 요인에 의해 결정된다. 비용우위 요인에는 다음과 같은 항목이 있으며 전략입안 시 각 항목이 진단된다.

- 규모의 경제성과 학습효과
- 숙련도, 그리고 그것을 자사 내에 가지고 있을 가능성
- 공정 기술, 공정 설계 및 생산능력의 활용
- 생산효율적인 제품 설계(design-for-manufacturing)
- 가치사슬 및 기업을 초월한 가치시스템 내 연결관계
- 다른 사업 단위와의 가치활동 협력을 위한 상호관계
- 수직적 통합의 수준
- 선행자 이득의 효과를 누릴 수 있는 타이밍(timing)
- 자유재량으로 할 수 있는 회사의 유형, 무형의 정책
- 투입비용이 낮은 입지(location)
- 정부의 규제 등 제도적 요인

비용우위전략의 위험

비용우위전략에도 여러 가지 위험이 있다. 기술의 변화가 과거의 투자나 노하우를 무용지물로 만들어 버리거나 혹은 경쟁 상대가 모방이나 판매력 우위를 앞세워 규모의 경제성을 추구하며 따라오는 경우, 또는 마케팅 상 변화요구에 의한 차별화 필요성에 부응할 수 없게 되어버리는 것이 그러한 경우이다.

이 전략은 비용 이외에서 경쟁 우위를 실현하는 것이 곤란한 '규모형 사업'에서는 유효하지만 그 외의 사업에서는 이 전략에 의해 크게 성공하기는

어렵다. 따라서 사업 특성이나 비용 구조를 충분히 고려한 후 기본전략을 결정하는 것이 필요하다.

차별화 전략

차별화 전략은 자사의 제품을 차별화하고 업계 내에서도 특이하다고 보여지는 무엇인가를 창조하고자 하는 전략이다. 그리고 그 특이성이 고객에게 가치로 인식되어 충성고객을 창출해야 하고, 또 그것이 간단하게 경쟁자에 의해 모방되어 판매되는 물건이어서는 안 된다.

차별화를 위한 방법으로는 여러 가지 형태가 있다. 즉 브랜드 이미지에 의한 차별화, 기술에 의한 차별화, 제품(성능, 디자인)에 의한 차별화, 고객서비스에 의한 차별화, 판매채널에 의한 차별화 등이 있다.

차별화 전략은 다음의 두 가지 점에서 비용우위 전략과 크게 다르다. 우선 시장점유율의 확대와 연결되지 않는 경우가 있다는 점이다. 차별화라는 것은 특이성을 호소하는 것이며, 그것이 극단화되면 열렬한 팬을 얻을지는 모르지만, 다른 한편으로는 대중으로부터 받아들여지지 않을 가능성도 높다. 또한 저비용을 실현하는 것이 곤란하다는 점이 문제다. 차별화를 실현하기 위해서는 대규모 기초연구, 제품설계, 고품질소재, 고도의 서비스 등, 일반적인 것보다 비용이 더 드는 경우가 많다. 따라서 고객에게 그러한 비용 이상의 가치를 인식시켜야 한다.

그러나 차별화에 성공해서 상대적으로 고가격을 실현하게 되면 높은 마진에 의한 이익을 새로운 차별화를 위한 재투자에 충당할 수 있게 된다. 그 결과 시간이 흘러 경쟁자가 모방하거나 고객의 의향이 변해 특이성이 희박해지더라도 새로운 차별화 요인이 발생되어 계속적인 경쟁우위 구축이 가능해진다.

예를 들어 스타벅스 커피는 취향에 따라 커피를 선택(무 카페인, 산, 시럽, 밀크, 커스텀 드링크 등)하게 하고, 종업원 교육을 통해 철저한 고객만족 서비스를 하는 고객 맞춤형 서비스를 지향한다. 그리고 스타벅스만의 독특한 이미지와 문화를 창조하는 식으로 차별화 전략에 성공하고 있다.

차별화 전략의 위험

차별화가 고객에게 인식되었다 하더라도 위험은 따른다. 어떤 기업이 차별화를 달성했다 하더라도 경쟁자와의 가격차가 적으면 충분히 경쟁해 나갈 수 있다. 그러나 차별화에만 너무 주력하다 보면 고객이 다양해진 제품기능에 대해 가치를 느끼지 못하는 기능이 생기게 되고 비용 면에서 경쟁자에 비해 너무나 크게 뒤지게 되면 비용 경쟁력을 가진 기업이 일시에 진입해 올 수 있다. 즉 차별화 전략이 비용우위전략에 의해 밀려나게 되는 것이다.

또 경쟁회사의 모방이 성행하게 되어 얼마 지나지 않아 구매자들이 새로운 기능에 대해 학습을 하게 되어 차별화를 인정하지 않게 될 위험도 있다. 이러한 상황은 한번 성공한 차별화에 만족하여 사업환경의 변화를 느끼지 못하고 거기에서 획득한 자금을 새로운 차별화를 위해 재투자하지 않음으로써 나타난 위험이라고 말할 수 있다. 따라서 차별화 전략을 유지하기 위해서는 지속적인 제품개발 등 혁신을 멈추지 말아야 한다. 또한 차별화를 하는 기업은 차별화의 방향에 대한 일관성을 유지함으로써 제품에 대한 신뢰성을 구축해야 한다. 이런 토대 위에 회사는 자사의 평판을 구축하기 위해 고객에게 적절한 커뮤니케이션(신호)을 하여야 한다. 예컨대 자동차 회사의 품질 보증 프로그램은 자동차의 품질이 좋다는 자신감의 표현이기도 하다.

집중화 전략

집중화 전략은 특정 고객층, 특정제품, 특정지역 시장 등 한정된 영역으로 기업의 경영 자원을 집중하는 전략이다. 즉, 집중화 전략은 세분시장을 선정하여 적소 내지 틈새시장(niche)을 찾아 배타적이고 집중적으로 시장을 공략함으로써 경쟁우위를 확보하려는 전략이다.

기업이 집중화 전략을 추구하는 이유는 틈새시장에 집중함으로써 경쟁자에 비해서 더 효과적으로 고객의 니드를 만족시킬 수 있고, 작은 세분 시장만을 노리기 때문에 산업 내 주요 경쟁자가 참여하기에는 적합하지 않거나 적절히 대처하지 못하는 세분 시장을 노릴 수 있다는 점이다.

비용우위 전략과 차별화 전략은 거의 모든 업계에 걸쳐서 목적을 달성하고자 하지만 집중전략은 애초부터 특정 표적시장만을 노린다. 따라서 집중전략도 집약적인 특정 시장 부문에 있어서 비용우위를 실현하는 전략과 차별화를 실현하는 전략으로 분류할 수 있다.

집중화 전략이 갖는 위험

집중전략이 갖는 위험으로는 집중전략을 추구하는 기업이 표적시장에서 책정한 가격이 전체시장에서 볼 때 경쟁회사의 가격에 비해 너무나 높은 경우 고객이 그만큼의 프리미엄 가격을 지불하지 않게 되어 집중화에 의해 실현한 차별화의 가치를 유지할 수 없게 될 때 나타난다. 또 전략적으로 선택한 표적시장과 전체시장과의 사이에서 요구되는 니드(needs)의 차이가 적은 경우, 모처럼 표적을 선택하여 시장을 세분화하는 것 자체가 의미 없게 되고 차별화를 할 수 없게 되는 수도 있다. 가장 위험한 경우는 산업 내 주된 경쟁자가 해당 표적시장에 참여하기로 결정하는 경우이다.

사업부 수준의 전략 사례

델(Dell)은 집중/원가 전략을 추구해 대기업으로 성장했다. 1990년대 초 PC의 성능은 이미 어느 정도 높아진 상태였다. 이제 고객의 니드는 이미 높아진 성능의 PC를 좀 싸게 구입할 수만 있다면 한 대 구입할 용의가 있다는 것이었다. 마이클 델은 우편, 전화, 그 후에는 인터넷을 통해 이런 고객에 직접 접근하는 직접판매 모델을 창안했다. 이는 기존의 PC 유통방식인 대리점에 제품을 비치하고 재고를 보유하여 판매하는 방식과 대비되는 것으로 재고 비용과 중간상의 마진을 제거하여 제품 가격을 낮출 수 있는 모델이다.

델은 직접판매 모델을 구현하기 위해 내부 기능을 하나씩 정비했다. 우선 조달, 생산, 판매, 고객 서비스 기능을 각각 현지에서 이루어지도록 수직적 통합 수준을 낮게 유지했다. 고객의 주문이 접수된 후 조립을 시작하는 BTO(build-to-order) 생산방식을 채택하고, 이를 가능하게 하는 실시간 제품인도 정보시스템을 구축했다. 완제품과 재공품의 재고를 낮게 유지하기 위해 실시간 수요정보에 기반한 수요예측을 하여 생산계획을 수립했으며,

소프트웨어는 고객의 요구 사양에 따라 온라인으로 설치해주는 방식을 구축했다. 중간상을 두지 않고도 대량고객화(mass customization) 방식으로 신속하게 전 세계의 고객에게 인도하고, 온라인으로 기술 지원을 받는 체제를 갖추었다. 델의 직접판매 모델은 어느 정도 교육 수준이 있는 지식층 고객에 초점을 두는 틈새시장 전략으로 시작되었지만 사업이 성공을 거두면서 점차 시장 확대로 이어졌다.

기업 수준에서의 경영전략

기존 사업구조에 대한 평가

기업 수준에서의 경영전략, 즉 기업전략은 다각화 된 여러 사업을 함께 운영함으로써 사업단위 간에 시너지효과(synergy effect)를 얻을 수 있다는 것을 전제로 한다. 다양한 사업단위들의 특성을 고려하여 필요한 자원을 배분함으로써 장기적인 성장을 도모하는 것이 기업전략의 주요 과제이다. 보다 구체적으로 기업수준의 전략은 기업의 활동 범위에 관한 의사결정, 여러 사업들의 관리 방식에 관한 의사결정, 그리고 사업들 간에 어떻게 시너지를 일으킬 것인가에 대한 의사결정에 의해 수립된다. 이를 위해서 먼저 현재의 사업구조를 평가하고 기존사업 중 어떤 부문을 강화하고 또는 철수할 것인지를 판단해야 한다.

사업 포트폴리오 매트릭스

기업들의 현재 사업구조를 평가하기 위한 분석도구로서 사업 포트폴리오 매트릭스가 쓰이는데 이 중 1970년대 초반에 보스톤 컨설팅 그룹이 개발한 BCG 매트릭스에 대해서 소개한다.

BCG매트릭스는 세로축에 시장 전체의 매력도를 측정하는 시장성장율, 가로축에는 경쟁우위의 정도를 가늠하는 상대적 시장점유율을 설정하여 작성한다.

이렇게 시장성장률과 상대적 시장점유율로 만들어진 2차원 공간에 여러 사업을 위치시켜 상호 비교하게 되는데, 2차원 공간은 각각 시장성장률과 성장성이 높은 인기사업(별, stars), 시장점유율은 높지만 성장성이 낮은 수익주종사업(현금젖소, cash cows), 성장성은 있지만 아직 시장점유율이 낮은 개발사업(문제아, problem child), 성장성도 시장점유율도 모두 낮은 사양사업(개, dogs)의 4 분면으로 나뉘어 진다. (그림 6-2 참조)

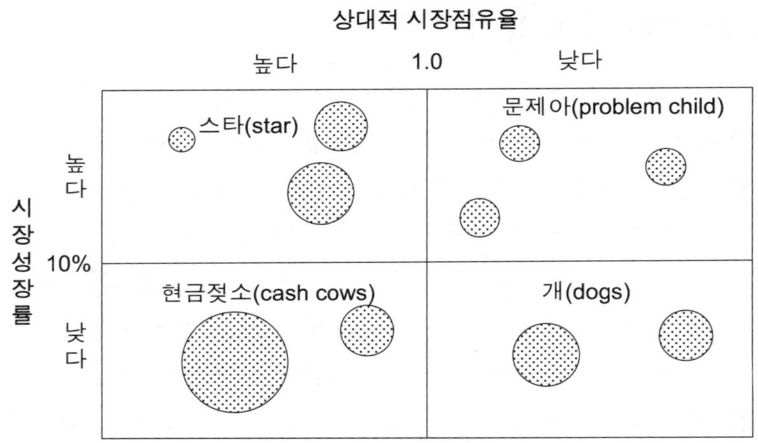

그림 6-2 기존사업 포트폴리오에 대한 평가 - BCG 매트릭스

BCG 매트릭스의 전략적 근거는 크게 경험 곡선과 제품수명주기 이론을 근거로 두 가지를 통합한 것이다.

경험 곡선과의 관련성

경험곡선이란 누적 생산물이 증가할 때, 단위당 비용이 감소한다는 사실에 근거하고 있다. 경험은 학습·전문화·규모 등으로부터 축적된다. 시장점유율이 높은 회사는 가장 높은 누적생산량을 달성할 것이고, 경험 곡선 효과에서 발생하는 비용 감소로 인해서 우월적 포지션을 확보하게 될 것이라는 가정을 할 수 있다.

제품 수명주기와의 관련성

기업의 총체적 수익성을 극대화하기 위한 가장 확실한 방법은, 사업 단위 포트폴리오 전체의 시장점유율을 극대화하는 것이다. 그것을 달성하는 최상의 방법은 성숙기와 쇠퇴기에 접어든 제품에서 제품 수명주기 상 도입기와 성장기 제품을 지원하는 쪽으로 수익을 이전함으로써, 제품 수명주기를 조절하는 것이다. 제품 수명주기에 관련된 두 가지 가정은 다음과 같다. 첫째, 시장점유율은 고성장 시장에서 가장 확보하기 쉽다. 그 이유는 경쟁사의 기존 고객을 뺏는 것보다 새로운 성장을 통해 시장점유율을 확보할 때 상대기업의 보복이 약하기 때문이며, 또한 새로운 소비자들은 낮은 브랜드 선호도를 갖기 때문이다. 둘째, 성숙기 제품은 잉여 현금(excess cash)을 만들어 내는 반면, 성장기에 있는 제품은 현금을 소비한다.

BCG매트릭스는 경험곡선 논리와 제품수명주기 이론의 통합을 바탕으로 시장성장률과 상대적 시장점유율(산업 내 가장 큰 경쟁사의 시장점유율에 대비한 해당 사업 단위의 시장점유율에 의해 측정)에 따라 다음의 4가지 분면으로 나누어진다.

문제아(problem child) 또는 '?': 고성장률, 낮은 시장점유율

시장점유율이 낮아 경험 곡선에 따른 열등한 위치로 비경쟁적 비용구조를 갖고 있으며 상당한 현금 투자를 필요로 한다. 시장 성장 단계와 자사 점유율(상대적 포지션)에 따라 그 위치가 바뀔 수 있는 상태를 말한다. 미래 상태가 불명확한 가운데서 시장점유율을 높이기 위해서는 현금을 잡아 먹기 때문에 '문제아' 또는 '물음표'라고 표현한다. 제품수명주기 상으로는 도입기나 성장 초기의 시장에 해당하는 경우가 일반적이다. 전략 대안으로는 투자를 통해 스타(star)로 진입시키거나, 철수 전략을 취하거나, 틈새시장을 목표로 특화 하는 방안을 들 수 있다.

스타(star): 높은 성장률, 높은 점유율

높은 성장률은 대규모의 현금 투자를 요구하지만, 가까운 장래에 잠재적으로 강력한 현금 흐름이 가능할 것으로 기대되는 상태이다. 일반적인 제품 수명주기 상으로는 성장기나 성숙 초기 시장에 해당하는 경우이며, 자사가 높은 상대적 점유율을 갖고 있는 경우이다. 전략 대안으로는 현금 젖소(cash cow)의 잉여 현금을 이용한 투자로 시장점유율을 유지하고 확대하는 투자 전략을 들 수 있다.

현금 젖소(cash cow): 낮은 성장률, 높은 시장점유율

낮은 성장률은 낮은 현금 투자를 요구하며, 높은 시장점유율은 높은 현금 흐름을 창출하여, 기업에게 보다 유망한 사업을 뒷받침해 줄 수 있는 현금 흐름의 원천이 된다. 일반적인 제품 수명주기 상으로는 성숙기나 쇠퇴기 초기 시장에 해당하며, 자사가 높은 상대적 점유율을 갖고 있는 경우이다. 전략 대안으로는 시장점유율을 유지하면서 투자를 최소화하여 수익을 최대화하는 수확 전략을 들 수 있다.

개(dog): 저 성장, 낮은 시장점유율

낮은 성장률로 인해 시장점유율을 증가시키기 위해서는 비싼 대가를 치러야 하는 경우이다. 또한 낮은 시장점유율로 인해 수익성이 저하되어 시장점유율을 유지하는 데만도 상당한 현금 투자가 요구되는 상태라고 할 수 있다. 일반적으로 제품 수명주기상으로는 성숙 후기 또는 쇠퇴기 시장에 해당하며, 자사가 낮은 상대적 점유율을 보유하고 있어 불리한 경쟁 상태에 놓여 있는 경우이다. 전략 대안으로는 철수 전략을 취하거나 선택적 철수를 통해 틈새 시장에서 살아남아 수익을 올리는 전략을 들 수 있다.

BCG매트릭스는 자금획득과 사용 면에서 균형된 포트폴리오를 유지하도록 다양한 사업단위들에 대한 전략이 설계되어야 한다는 점을 강조한다. 즉 높은 수익성을 가지지만 낮은 성장잠재력을 지닌 사업단위로부터 발생한 자금을, 높은 성장과 이익잠재력을 가진 다른 사업 단위에 투자해야 한다는 것이다. 가장 이상적인 기업전략은 현금젖소에서 발생한 초과자금으로 어린

스타나 성장가능성이 있는 문제아 사업단위들을 지원하여 이것들을 미래의 스타로 육성하는 것이다.

개(dogs) 위치에 있는 사업단위는 일부 플러스 현금을 발생시키며 평균 수익을 내기는 하지만 기업의 자금을 묶이게 하여 기회비용을 발생시키기 때문에 매각하거나 청산하는 것이 좋다.

BCG매트릭스의 한계로서는 시장성장률과 시장점유율의 두 지표만을 사용하여 지나치게 단순화한 점을 들 수 있다. 따라서 분석의 한계점을 고려하면서 추가적인 분석을 통해 여러 가지 측면을 다양하게 검증해야 한다.

사업 재구축 전략

다각화 전략

다각화(diversification) 전략이란 한 기업이 다른 여러 사업에 참여하는 것으로 역사적으로 단일 기업으로 유지하기보다는 기업들이 점차 다각화 전략을 추구하는 비율에 커지고 있다.

현재의 기업활동과 연계된 다른 사업에 진출하는 수직적 통합전략, 현 사업과 관련 있는 산업에 진출하려는 '관련다각화'와 현 사업과 관련 없는 산업에 진출하려는 '비 관련다각화'가 있다. 다각화하는 주된 이유는 사업을 확장함으로써 성장추구, 위험감소, 범위의 경제성, 시장지배력의 행사, 내부시장의 활용 등 시너지를 얻기 위한 것이다. 범위의 경제성은 한 기업이 두 가지 이상의 제품을 동시에 생산할 때 소요되는 비용이, 별개의 기업이 각각 한 제품씩 생산할 때 소용되는 비용의 합보다 훨씬 작아지는 효과를 의미한다. 이는 이미 보유하고 있는 유통망이나 특정기업의 브랜드 자산, 기존의 효율적인 관리능력을 활용하는 등 '시너지 효과'가 나타날 수 있기 때문이다. 비 관련다각화는 흔히 말하는 '문어발식 확장'과 같은 개념인데, 우리나라 대기업의 경우 비 관련다각화의 문제점이 많이 지적되고 있다. 그러나 이같이 대기업이 비 관련다각화를 하는 것은 나름대로 포트폴리오 구성 측면에서 의미가 있기 때문이다.

다각화의 동기

시너지 창출은 매출증대와 원가절감의 두 줄기를 통해 나타난다. 원가절감 시너지는 범위의 경제(economics of scope)를 통해서 나타난다. 범위의 경제의 예로는 P&G사를 들 수 있다. 이 회사는 유통, 창고, 품질 보증, 판매인력, 서비스 관리 등의 유형자산을 공유함으로써 다양한 사업부의 제품 판매에서 시너지를 일으킨다. 또한 다각화된 기업은 자금의 원천으로서 내부 자본시장을 이용할 수 있고, 인력 면에서도 내부 노동시장에서 유능한 인재를 쉽게 구할 수 있다. GE의 경우 주로 다양한 제품을 생산하는 기업으로 성장했지만 지속적으로 제품의 소비자의 자금수요를 해결해주는 금융 서비스를 제공하는 사업으로 다각화하는 등 1980년대 이후 지속적으로 무형적 서비스 부문의 매출액이 유형 제품의 매출의 세 배가 되는 수준으로 변화하고 있다.

매출증대 시너지는 디즈니사의 사례를 들 수 있다. 디즈니는 만화 영화에서 나온 캐릭터를 기반으로 호텔, 크루즈 여행, 출판 등 다양한 사업에 진출하고 있다.

기업들은 미래의 현금흐름에서 오는 불확실성이 크다고 느낄 때 다각화에 나서게 된다. 그러나 다각화를 통해 위험을 분산할 수 있는 반면에 인수 시 발생하는 프리미엄 등으로 큰 자금이 소요되는 문제가 있다.

수직적 통합

수직적 통합(vertical integration)전략은 기업의 가치창출활동으로 연결되는 다른 기업(공급원 또는 유통망)을 통합하는 전략이다. 수직적 통합전략을 그 통합의 방향이 고객 쪽, 즉 유통망을 직접 소유하는 것이면 전방통합, 원재료나 부품의 공급업체를 직접 소유하는 것이면 후방통합이라 한다.

수직적 통합은 운송비, 생산공정상의 효율을 고려할 때 기업이 관련된 가치활동을 통합하여 수행하는 것이 효과적이라는 점(기술적 경제성), 그리고 시장거래의 비효율성이나 시장기능의 실패로 기업이 관련된 가치활동을 통합하여 수행하는 것이 효과적이라는 점(거래비용 이론)을 이용하고자 하는 전략이다. 전방통합을 함으로써 판매 및 분배경로를 안정적으로 유지할 수 있게 되며, 더 나아가 적정한 생산규모를 유지함으로써 생산원가를 낮게 유지할 수 있게 된다. 후방통합을 통해 얻게 되는 이점으로는 원재료나 부품 공급업자를 통합함으로써 공급의 불확실성을 줄이고, 원가절감이 가능하다는 점, 내부 통제에 의해 품질향상과 유지를 통해 제품차별화에 의한 경쟁우위 확보에 유리해진다는 점, 가격경쟁의 위험을 줄일 수 있다는 점 등을 들 수 있다.

그러나 수직적 통합은 그 자체가 기업의 규모를 크게 하여 환경변화에 대한 탄력적인 대응을 어렵게 한다는 데 문제가 있다. 또 통합된 기업 중 어느 한 기업이 비효율성이 커지는 경우 이러한 비효율성이 전체로 확대될 가능성이 높다는 점도 지적되고 있다.

관련다각화

관련다각화(related diversification)는 현재 운영하는 기업의 사업분야와 공통적인 활동요소(제조, 마케팅, 자재관리, 기술, 상표명 등)를 공유하는 사업이나 유사한 사업에 참여함으로써 사업을 다각화하는 전략이다. 특히 관련다각화는 기업이 가지고 있는 핵심역량을 여러 사업들에 활용함으로써 기업 전체의 시너지를 창출하고자 하는 것이 핵심이다. 이 전략은 기업이 현재 사업에서 강한 경쟁력을 가지고는 있지만 점차 산업의 매력도가 떨어지는 경우에 기업이 가지고 있는 강점을 이용해 다른 사업분야에 진출하고자 할 때 주로 이용된다.

예를 들어 프록터 & 갬블 사는 할인마트 등에 공급하는 공통의 배분경로를 활용하여 버터, 케이크믹서, 샴푸, 커피, 세제, 칫솔, 화장지 등 모든 소비재를 생산하는 세계적인 기업으로 성장했다. 소주회사인 진로가 쿠어스와 합작으로 맥주시장에 진입한 것도 관련다각화의 예다.

관련다각화 전략을 수행하는 기업이 주로 공유코자 하는 핵심역량의 분야는 동일한 배분경로, 연구개발 및 생산, 관리 노하우와 전문성의 공유 등이다.

비관련 다각화

비관련 다각화(unrelated diversification)란 기존의 사업과 아무런 관련이 없는 사업, 즉 현재의 사업분야와 기술, 시장, 유통망 등에 있어서 공통의 요소가 존재하지 않는 사업으로 다각화하는 전략이다. 이 전략은 흔히 복합기업(conglomerate) 다각화라고 하는데, 기본적으로 이익이 날 것 같으면 진출한다는 목표를 가진다. 비관련 다각화를 하는 이유는 경영위험을 분산하고, 산업 간 사이클의 순환 차이를 상쇄하는 것이다.

일반적으로 기업들이 비관련 다각화를 추진하는 이유는 경영위험의 분산, 여유자금으로 수익성 있는 사업분야에 진입하고자 할 때, 경영자가 강한 성장욕구를 가지고 있는 경우, 특별히 외부에서 부실기업의 인수 등 매력적인 기회를 제공하는 경우 등이다.

기존의 사업이 더 이상 성장 가능성이 없을 때, 비축해 놓은 자금으로 다른 사업으로 뛰어드는 것은 잘못된 것이라 말할 수 없다. 그러나 단순히 성장을 위해 다각화를 추구하다 보면 거대한 사업집단을 관리하는 데 드는 관료적 비용이 문제될 수가 있고, 특히 경영자가 사업집단을 관리하여 시너지를 창출할 능력이 부족한 경우 성과가 급격히 낮아질 수 있다.

진입전략

새로운 산업에 진출하여 다각화하는 전략을 진입전략(entry strategy)이라 한다. 진입전략이란 먼저 진출대상 산업을 결정하고 나서 그 사업에 어떻게 진출할 것인가를 결정하는 것이다. 진입전략에는 표 6-1과 같이 내부개발, 인수·합병, 전략적 제휴가 있다.

내부개발전략

기업이 기존 사업으로부터 확보한 자본과 능력, 자원을 바탕으로 하여 새로이 진출하고자 하는 사업에서 새로운 생산시설, 새로운 유통관계, 새로운 판매력 등을 포괄하는 새로운 사업단위를 독자적으로 창조하는 전략이다. 내부개발전략은 인수·합병전략과 비교하여 초기진출에 일단 적은 자본을 투자하여 진입이 가능하고, 내부에 새로운 지식, 기술, 시장에 대한 지식을 축적할 수 있다는 장점이 있다. 그러나 진입장벽과 기존기업의 보복으로 예상치 못했던 추가비용이 들 수 있다.

	장점	단점
독자진출 (내부개발전략)	•통제 가능 •문화의 동질성 (연속성)	•오랜 시간 소요 •실패하면 손실 부담 큼
M&A (인수합병)	•신속성 •보완적 자산 확보 •경쟁자 제거	•높은 인수 비용 •불필요한 자산도 인수 •인수 후 통합 어려움
Alliances (전략적 제휴)	•신속성 •비용, 위험 분담	•통제 어려움 •경쟁자에게 핵심 기술 노출

표 6-1 신규사업 진출 방법

인수·합병 전략

인수·합병(M&A : merger & acquisition)은 기업이 타기업의 주식이나 자산을 인수·합병하여 새로운 사업에 진출하는 전략이다. 합병(merger)은 한 기업이 다른 기업을 흡수하여 한 개의 기업이 되는 것이다. 따라서 두 기업이 하나의 독립적인 회사가 되는 것이 아니라 사업부처럼 되는 것이다. 인수(acquisition)는 피 인수기업을 그대로 존속시키면서 경영권을 행사하는 방법이다. 인수는 매수기업이 피 매수기업 주식의 일부만을 취득할 수도 있어 피 매수기업을 계속 존속시킬 수 있다.

인수·합병은 상대적으로 적은 비용으로 진입장벽을 뛰어 넘어 새로운 사업에 진출할 수 있도록 하며, 증권을 통한 자금조달이 용이하다. 그리고 산업 내에는 새로운 진입이 시도된 것이 아니기 때문에 경쟁사의 보복을 피할 수 있다.

일단 인수·합병이 완료된 후에는 기업이 전체 시너지 창출에 기여할 수 있도록 기존기업과의 통합문제가 중요하게 부각된다. 이는 기존의 서로 다른 두 기업을 합치는 경우이기 때문에, 흔히 점령 당했다는 피해의식을 느낄 수 있기 때문에 원래의 두 조직문화가 융합되지 않으면서 커다란 비용이 발생할 수 있다. 따라서 통합과정에서 지나치게 많은 시간과 조직에너지가 소모될 수 있다.

전략적 제휴

전략적 제휴(strategic alliance)란 다른 기업들과 특정 사업 및 업무분야에 걸쳐 협력관계를 맺어 공동으로 새로운 사업에 진출하는 전략이다. 즉 기업들간에 각자의 자율성과 독립성을 유지하면서 상호 보완적인 제품, 시설, 기능 및 기술을 공유함으로써 협력을 통한 시너지를 창출하고자 할 때 전략적 제휴가 이루어진다.

예를 들어 월트 디즈니와 맥도널드 간의 제휴를 통하여 맥도널드는 디즈니만화 캐릭터의 독점 사용권을 가지며, 월트 디즈니는 맥도널드 체인점을 통한 광고·판매의 장으로 활용할 수 있도록 하고 있다. 그리고 삼성전자와 소니는 경쟁기업 간임에도 불구하고 양사 보유 특허를 서로 공유하기로 전략적 제휴를 체결했다. 오늘날의 경영환경은 경영의 글로벌화, 더욱 짧아진 제품수명주기의 영향으로 신속히 시장을 공략할 필요가 커졌다. 따라서 비록 경쟁자라 하더라도 전략적 제휴를 통하여 상호 협력하는 것이 오히려 더 나을 수 있다.

전략적 제휴의 주요 형태에는 역량 창조형과 네트워크 구축형이 있다. 역량창조형은 기술변화가 빠른 첨단 산업에서 흔히 나타나는데 신기술, 신사업의 기회를 포착하기 위해 제휴하는 경우를 말한다. 네트워크 구축형은

글로벌 시장에서 새로운 시장의 지위를 확보하기 위해서 규모의 경제가 필요한 산업에서 일어나는 제휴를 말한다.

다각화의 이유와 그 타당성 판단의 기준

(PD 1993, 679-692)

드러커는 다각화를 하지 않고, 단일 시장·단일 기술에 집중하여 최상의 성과를 낸 기업도 있지만, 반면에 최악의 성과를 내고 실패한 사례도 있음을

제시하면서 다각화를 하고자 하는 이유에 대해서 설명하였다. 다각화를 하고자 하는 압력과 유혹은 내부적, 그리고 외부적으로 나타난다.

내부적 압력

① 다각화를 해야 한다는 압력 중 중요한 것의 하나는 심리적인 것이다. 사람들은 같은 일을 계속 반복하는 것에 지치고, 뭔가 새로운 일을 하고 싶어한다. 그리고 집중화의 장점 속에는 시장, 기술의 진화에 따라 '지나친 전문화(overspecialization)'의 문제가 따라 다닌다.

② 다각화는 기업을 적합한 규모로 키울 수 있는 수단이 된다. 특히 수직적 통합으로 적절한 규모로 기업을 키우는 것 자체가 경쟁적 취약성을 보강하는 방법이 될 수 있다.

③ 내부 코스트 센터를 돈 버는 수익 창출 사업으로 만들고자 하는 욕구가 다각화의 또 다른 이유이다. 각종 연회용 음식물 조달 사업을 하던 회사가 저렴한 가격의 체인 레스토랑 사업으로 다각화하는 것이 이런 예에 속한다.

외부적 압력

① 경제성장이 충분히 진전되지 않아 그 규모 자체가 너무 작은 경우, 기업이 큰 규모로 성장할 수 없도록 한계가 지워진다. 이 때 기업은 외부 기술도입 등 다각화를 통해서 성장하는 경우가 많다.

② 다국적 기업의 예에서와 같이 시장의 확대에 기반하여 기업이 다각화하는 경우도 있다.

③ 기술도 기업을 다각화하게 하는 주요 요인으로 작용한다. 기술은 그 속성 상 가지를 치게 되어 있다.

④ 세법 상의 이점을 살리기 위해서 다각화 하는 경우도 있다.

⑤ 기업을 다각화 함으로써 투자와 자본, 그리고 다양한 인재를 고용할 수 있는 '신시장'이 출현할 수 있다.

기록을 보면 잘 된 다각화와 잘못된 다각화가 있음을 알 수 있다. 그 차이를 설명해 주는 것은 다각화된 사업들 간에 공통적, 핵심적 통일성이 있느냐의 여부다. 어느 정도의 다각화가 요구되는지 결정하기 위한 출발점으로서 경영자는 "우리의 사명, 목표를 달성하면서 지속적으로 번영하기 위해서 최소 얼만큼의 다각화를 해야 하는가?"라는 질문과, "이 사업의 복잡성을 볼 때, 사업을 영위하는 데 있어서 우리가 견뎌 낼 수 있는 최대한의 다각화는 어디까지인가?"라는 질문 사이에서 최적점을 찾아내야 한다.¶

그 밖에도 경영자 자신의 동기에 의한 다각화가 실제로는 많이 일어나는데, 이에는 경영자 해고 위험의 분산, 다각화에 의한 경영자 급여 인상 가능성, 그리고 다각화를 통해 경영자의 제국 건설의 욕구를 충족시키고자 하는 등의 동기가 있다.

글로벌 경영전략 개요

오늘날은 비즈니스 환경은 국내에만 국한되지 않고 국경을 넘어 글로벌적으로 확대되고 있다. 기업들이 해외시장에 진출하여 수행하는 경영활동을 흔히 국제경영 또는 글로벌 경영이라 한다.

글로벌 경영의 단계

글로벌 경영활동의 유형은 다음과 같이 네 단계가 있다.

1 단계 - 국내지향(국내기업) : 창업 초기 기업활동이 주로 국내시장에서만 이루어지게 되는 단계를 '국내지향 단계'라 한다.

2 단계 - 해외지향(수출기업) : 대부분 중소기업 수준에서 국내시장을 위주로 하면서도 한계를 인식하고 국내의 생산요소를 결합하여 해외시장에 수출함으로써 시장의 범위를 해외로 확대하는 단계를 말한다.

3단계 – 현지지향(다국적 기업) : 계약에 의한 해외 진출 및 해외 직접투자를 통하여 현지 생산 등의 운영이 이루어지는 단계로서 대부분 대기업 수준에서 나타난다. 수출활동의 진전에 따라 상대국의 수입규제(무역장벽 등)가 강화되고, 생산요소의 가격차이가 점차 축소되어 이점이 사라짐에 따라 현지에 공장을 설립하는 단계다. 해외투자활동, 기술이전활동(라이센스), 프랜차이즈, 경영관리계약 등의 형태로 이루어진다. 예를 들면 우리나라 기업들이 중국에 공장을 설립하고 국내에서 경쟁력이 없는 라인을 뜯어다가 현지에 설치하여 생산활동을 영위하는 것을 볼 수 있다.

4단계 - 세계지향(세계기업 또는 글로벌기업) : 운송, 정보 수단의 발달에 따라 기업의 생산, 판매 활동이 세계적으로 확산된다. 이 단계가 진전되면 기업은 특정국가의 국적을 버리고 글로벌 기업으로 활동하게 된다. 예컨대 본사는 뉴욕에 있고, 공장은 중국에 있고, 마케팅 거점은 각 대륙 별 거점에 존재하는 식이다.

글로벌 경영을 위한 고려사항

글로벌 경영의 실행을 위해서는 무엇보다도 현지국의 환경에 대한 이해가 필요하며, 따라서 흔히 말하는 현지 전문가를 키울 필요가 있다.

현지국의 환경요인으로서 우선 고려되어야 할 사항은 현지국의 시장요인과 기업환경 요인이다. 시장요인으로는 시장의 규모, 경쟁구조, 마케팅 하부구조 등을 들 수 있다. 현지국의 시장규모가 작다면 간접수출, 라이센싱 같이 본사의 통제수준이 낮은 국제경영활동이 유리하다. 반면에 시장규모가 큰 경우에는 현지 판매지사나 법인을 통한 직접수출이나 직접투자에 의한 현지생산이 적합할 것이다. 현지국 시장의 경쟁구조에 있어서, 불완전 경쟁구조일 경우는 많은 투자와 적극적 시장개입이 유리하지만 완전경쟁 시장인 경우에는 수출에 의한 진입을 노리는 것이 바람직하다. 마지막으로 현지시장의 마케팅 하부구조의 가용성과 질적 수준을 들 수 있다. 마케팅 하부구조의 가용성이 낮을 때는 자사의 현지 판매법인이나 지사를 통한 직접수출이 적합하다.

현지국의 기업환경요소는 현지국 정부의 외국 업체에 대한 정책과 규제,

정치적 위험, 경제·사회적 하부구조, 그리고 현지국의 문화적 거리감 등이 포함된다.

글로벌 경영전략의 내용은 결국 현지 국가의 매력도(현지시장규모, 현지시장성장률, 정부규제, 정치적 안정성)과 사업경쟁력(시장점유율, 제품의 현지시장 적합성, 마케팅 지원능력)을 기준으로 적합한 진출전략을 어떻게 선택해야 할 것인가로 요약할 수 있다. 글로벌 비즈니스는 국내비즈니스에 비해서 어려운 영역이 될 수 있지만, 점차 경제가 세계화되면서 그 비중과 중요성이 더욱 커지고 있다.

제4부

경영 조직

제 7 장 경영조직의 개념과 설계

제 8 장 조직의 관리과정과 관리활동

7 경영조직의 개념과 설계

1. 경영조직의 개념
2. 경영조직의 설계
3. 경영조직의 구체적인 모습

제 7 장 경영조직의 개념과 설계

경영조직의 개념

경영조직의 의의

현대사회는 조직(organization)의 집합체라 할 수 있다. 대부분의 사람들은 잠 자는 시간을 제외하면 어떤 종류이든 조직 속에서 살고 있다. 예를 들면, 병원, 학교, 교회, 구청, 기업 등을 들 수 있는데, 그 중에서 우리의 주된 연구 대상인 대기업은 상대적으로 늦게 태동된 조직이다. 오늘날과 같은 대기업들이 모양을 갖추기 시작한 1870년 당시, 조직의 개념과 설계를 위해서 참고할 수 있는 대규모 상설조직은 군대뿐이었다. 그러나 오늘날 기업만 하더라도 벤처기업, 중견기업, 대기업 등 크고 작은 규모의 다양한 조직이 있다.

경영조직의 기능

경영조직은 다음과 같은 세 가지 기능을 통해 구성원의 행동 및 사고, 그리고 구성원들간의 상호작용방식, 기업의 생산성과 효율성에 지대한 영향을 미친다.

공통목표(common goal)

업무의 할당, 업무수행에 필요한 규정과 절차를 명시함으로써 구성원들이 시너지 효과를 낼 수 있도록 한다. 이렇게 함으로써 구성원들이 할당된 업무를 잘 수행하여 공통 목표를 달성할 수 있도록 하는 것이다. 공통목표가 무엇인지에 대해서는 업무에 따라 규정서가 있는 경우도 있지만 규정서가 없는 경우에도 조직문화에 의해서 암묵적으로 구성원 사이에 공유되는 경우도 있다.

협력의사(willingness to cooperate)

혼자서 일하는 데 따르는 한계를 극복하기 위하여 조직에 참여하여 여러 사람이 더불어 협력하려는 의사를 갖게 하는 데 조직의 의미가 있다. 조직은 협력을 통해 시너지 효과를 창출할 수 있게 된다.

인간관계(human relations)

사회적 존재로서 인간은 경영조직을 통해 다른 사람들을 만나 업무적으로 상하 또는 수평 관계를 맺으면서 사회적 신분관계를 형성하기도 하고, 상호 의사소통을 하며, 사회적 신분의 상승, 사회적 권한의 획득과 같은 사회적 욕구의 충족을 이루게 된다.

경영조직의 개념

이하 경영조직의 두 구성요소인 조직구조(organizational structure)와 조직과정(organizational process)에 대해서 알아 본다.

조직구조

조직구조란 기업의 성공적인 경영활동을 위해 필요한 일과 부서, 직위와 권한관계 등을 안정적으로 짜 놓은 틀 또는 뼈대를 말한다. 조직구조는 일반적으로 조직도에 의해 그 일단이 나타내어 진다.

조직구조를 구성하는 요소는 다음과 같다.

- 업무들을 할당하는 방법(과업의 분화)
- 업무를 어느 정도나 담당자 재량에 맡길 것인가를 정하는 방법(권한의 배분)
- 업무수행을 위한 필요한 규정과 절차를 명시하는 방법(공식화)

조직과정

조직과정이란 구성원간의 일련의 상호작용적 활동과 관계(의사결정, 커뮤니케이션, 코오디네이션)를 말한다. 조직과정에 대해서는 제 8 장에서 다루도록 한다.

조직구조에 관한 변수를 적용하여 구체적으로 어떤 형태의 조직을 운영하느냐의 문제를 조직형태 또는 구조적 형태라 한다. 각 기업은 자사가 처한 상황적 차이를 반영하여 적합한 조직의 형태를 선택하게 되는데 여기에는 사업부제 조직, 네트워크 조직, 팀 조직 등 다양한 형태가 존재한다.

조직구조의 구성요소

조직구조의 구성요소는 과업의 분화, 권한의 배분, 공식화의 세 가지로 이루어져 있다.

과업의 분화

과업의 분화는 경영목표나 경영계획을 고려하여 필요한 일(작업)을 결정하고 명확히 하여 담당자에게 할당하고 세분화된 업무를 다시 유사한 업무들로 묶는 활동(통합)을 말한다. 과업의 분화 정도는 분화된 직무의 복잡성을 보면 알 수 있다. 일반적으로 과업에 대해 분화가 많이 이루어지면 직무는 단순해진다. (그림 7-1 참조)

수평적 분화

조직이 목표를 달성하기 위해 우선 필요한 일 또는 업무부터 파악해 이를 담당자에게 할당해 주는 과정, 즉 조직이 여러 전문화된 업무와 부서를 형성해 가는 과정이 필요한데, 이를 수평적 분화라 한다. 수평적 분화에는 직무전문화(역할전문화)와 부문화가 있다. 직무전문화(job specialization)는 분업의 원리에 따라 일을 세분화하여 담당자에게 전담토록 할당, 배분하는 것을 말한다. 이렇게 함으로써 분업효과에 의해서 업무의 생산성이 향상된다. 부문화(departmentalization)는 통합이라고도 하는데 직무전문화로 개개인에게 세분화된 일을 어떤 기준에 의해 다시 몇 개의 유사한 직무들로 집단화시키는 것이다. 부문화는 기본적으로 기능, 제품, 지역 및 고객별로 이루어진다.

수직적 분화

수직적 분화는 과업의 분화가 상하관계를 가지고 이루어지는 것으로 이를 계층 또는 위계라고도 한다. 역할이 직무의 수평적 분화를 나타내는 것과 같이 지위는 계층간의 수직적 분화를 나타낸다. 특히 공식조직에서 어떤 역할에 대하여 지위가 부여될 때 이를 직위(position)이라 한다. 예를 들어 회사 내에는 사장, 부사장, 이사, 부장, 과장, 사원 등의 직위가 있다.

수직적 분화는 감독 폭(span of control)의 원리에 의해 이루어진다. 만약 한 사람의 관리자에게 보고하는 부하직원의 수가 늘어 난다면 수직적 계층의 수는 줄어들 것이다. 일반적으로 고층구조는 조직의 복잡성 정도가 수직적으로 크게 나타나는 형태로서 철저한 위계통제로 의사전달과정이 느리고 부정확해질 가능성이 크며, 저층구조는 수평적 복잡성이 크게 나타나는 구조로서 부하에 대한 통제가 약해질 수 있다.

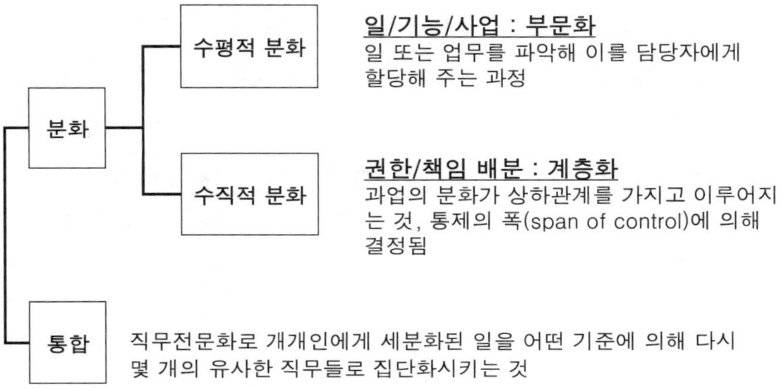

그림 7-1 분화와 통합

권한의 배분

권한배분이란 조직에서의 권한이 위에서 아래로 어떻게 배분 또는 분포되어 있는가 하는 정도와 양태를 가리킨다. 권한이란 상위계층의 허락 없이도 어떤 사안에 대해 특정인 자신이 의사결정을 내리고 부하들로 하여금 이를 따르도록 하는 합법적이고 공식적인 권리, 영향력을 포괄하는 개념이다. 권한에는 공식적인 명령지휘계통에 따라 부하들의 업무를 직접적으로 지휘하는 라인(line)권한과 직접적인 지휘권은 없이 라인권한을 가진 사람을 지원하거나 조언하는 스태프(staff)권한이 있다.

권한배분의 문제는 결국 의사결정권과 명령지시권이 조직의 상층부에 얼마나 집중되어 있는가 하는 문제라고 할 수 있다. 예를 들어 어떤 조직은 대부분의 권한이 사장에게 집중되어 있는 반면, 다른 조직은 각 부서장에게 분산되어 있는 경우도 있다. 이와 같이 권한의 배분은 집권화와 분권화의 두 가지 방식으로 나타난다.

권한배분 원칙

(1)계층연쇄 원칙

권한을 배분할 대 최고경영자에서 일반종업원에 이르는 각 계층이 명령체계에 의해 연쇄적으로 연결되어야 한다는 것이다. 즉 최고경영자의 지시가 일반종업원에게까지 전달될 수 있고, 일반종업원의 업무 결과가 최고경영자에게 보고될 수 있는 연쇄적인 권한체계가 형성되어야 한다는 것이다. 계층에 따라 부여되는 권한 정도는 다르게 되는데, 직위가 높을수록 더 많은 권한이 주어지고 조직의 명령 보고체계가 형성되어 위계적 질서가 생긴다.

(2)명령일원화 원칙

각 구성원은 오로지 한 상급자로부터 지시를 받고 자신의 업무처리 결과를 보고하도록 권한을 배분해야 한다는 것이다. 만약 한 사람이 두 사람 이상의 상급자로부터 지시를 받게 된다면 누구의 지시를 따라야 할지 또 어떤 것을 먼저 이행해야 할지 갈등을 느낄 것이며, 결과적으로 효율적인 업무수행이 어려울 것이다. 그러나 오늘날 프로젝트팀에서와 같이 명령일원화에 지나치게 얽매이지 않는 조직형태도 많이 시도되고 있다.

(3)책임-권한 동등 원칙

업무와 관련해 담당자에게 부여된 의사결정권을 권한이라고 하고, 부여된 업무를 책임이라고 했을 때, 책임에 상응하는 권한이 주어져야 한다는 원칙이다. 만약 의사결정권은 상급자에게 있고, 책임은 부하종업원에게 있다면 효과적인 업무수행이 불가능하다. 책임과 권한이 함께 있지 않다는 것은 도덕적으로도 문제가 된다.

공식화

공식화(formalization)는 조직내의 업무가 얼마나 표준화되어 있는가, 또는 업무를 구성원들이 수행하는 데 있어서 취할 수 있는 수단 및 행동과 관련된 사항들이 얼마나 구체적으로 제시되어 있는가 하는 정도를 말한다. 규칙 및 규정, 표준화된 절차가 문서화되어 있는 것들이 많거나 비록 문서화되어 있지는 않더라도 조직 내에서 불문율로서 엄격하게 지켜야 할 것이 많으면 공식화 정도가 높은 조직이다.

공식화는 종업원의 시간 낭비를 배제하고 부서간 발생할 수 있는 마찰이나 갈등을 방지할 수 있게 하며 고객에 대한 제품 및 서비스 품질의 수준을 일정하게 하는 등의 효과를 가져 온다. 그러나 지나친 공식화는 구성원들의 행위나 태도에 부정적인 영향을 주거나 조직을 경직화시킬 수 있으므로 탄력적으로 운영할 필요가 있다.

조직규모와 조직의 연령, 업종, 업무의 성격에 따라 공식화 정도를 달리할 필요가 있다. 초기 창업단계에서는 창업자나 부하직원의 자유재량이 더 많이 필요하며, 서비스 업종에서는 종업원의 복장이나 고객응대 면에서 철저한 규정이 필요하나, 제조업에서는 납기준수, 업무시간 준수 등이 더욱 강조된다. 업무 성격 상 컨설팅 같이 개인에게 내재되어 있는 지식에 의존하는 경우는 낮은 공식화가 유리하다.

이와 같이 공식화의 정도가 무조건 높다고 좋은 것은 아니다. 일단 공식이 정해지면 일을 하던 현장에서 상황변화가 있을 경우 작업자는 융통성을 발휘하기 어렵고 자신의 재량권이 없기 때문에 옆의 작업자와의 협조관계에서 여유 있게 대할 수 없게 된다. 또한 작업자가 창의성을 발휘하여 자기 방식대로 과업을 수행한다든지 자기 형편에 따라 작업 시간이나 순서를 바꿀 수도 없어서 인간소외를 가져오기도 한다.

일의 분할과 직무 설계

직무설계란 조직 내에서 구성원들이 맡아 처리해야 할 과업들을 구체화하여 할당하는 과정이다. 직무를 구성하는 일은 조직설계의 첫 번째 과제라 할 수 있다. 여기서 직무란 구성원이나 집단에게 맡겨져 수행되는 과업들의 묶음을 말한다. 직무는 서로 다른 종류의 과업들이 포함되어 있는 정도에 따라 다양성이라는 특성이 정해지며, 담당자가 직무를 수행할 때 갖는 의사결정권에 따라 재량권이라는 특성이 정해진다.

직무설계의 원칙들

직무단순화와 직무전문화

직무를 작고 간단한 과업들로 구성하는 직무단순화는 구성원들에게 일을 나누어 주는 기본적인 원칙으로 오랫동안 사용되어 왔다. 산업혁명이 일어나자 농업에 종사하던 미숙련 노동자들이 도시의 공장으로 몰려들었다. 그러나 교육을 거의 받지 못했으며 유사한 일을 해 본 경험도 없는 이들에게 단순한 일을 맡기는 것이 당시로는 최상의 방법이었다. 이후 이런 원칙은 전문적인 지식이나 능력이 요구되는 한두 개의 업무를 각 구성원에게 전달시킴으로써 생산성 향상을 꾀하려는 직무전문화로 발전하였다.

일의 작고 한정된 부분만을 맡아 처리하게 하면 필요한 기능을 빠르고 쉽게 습득하여 능숙해짐으로써 보다 능률적으로 일할 수 있게 된다. 뿐만 아니라 자신에게 맞는 일을 쉽게 찾을 수 있으며 필요한 기능 습득을 위한 훈련비용도 적게 드는 장점이 있다. 그러나 각 구성원이 조직 전체의 일 중에서 아주 적은 부분만을 책임지게 되어 일에 대한 만족과 주인의식이 낮아져 산업사회에서 흔히 나타나는 소외감을 느끼게 되는 단점이 있다. 또한 구성원들이 한정된 일을 계속 반복하게 됨으로써 쉽게 지루함을 느껴 생산성이 떨어질 수도 있다. 교육과 경제 수준의 향상으로 사람들이 일로부터 의미나 보람을 기대하게 됨에 따라 직무단순화나 직무전문화가 갖는 단점을 극복하고 장점을 살릴 수 있는 새로운 직무설계 원칙이 필요하게 되었다.

직무확대와 직무충실화

직무단순화가 갖는 단점을 극복하기 위해 보다 다양한 과업으로 직무를 구성하는 직무확대가 시도되었다. 이에 따라 전에는 담당하지 않았던 다른 종류의 과업을 추가시켜 주었는데 처음에는 흥미와 근로의욕을 높일 수 있었지만 그 효과가 오래 지속되지는 못했다. 그 이유는 종류가 늘었을 뿐이지 여전히 단순한 과업들로 이루어져 있고, 일을 처리하면서 스스로 결정할 수 있는 재량권은 전과 같이 제한되어 있었기 때문이다. 즉 맡은 일이 다양해져도 단순하고 반복적인 것들이어서 일을 처리할 때마다 정해진 방법이나 절차를 따르거나 상급자의 지시를 받아야 한다면 일에 대해 주인의식을 갖기 힘들 것이다.

종업원들의 근로의욕과 직무만족을 더 높은 수준으로 끌어올리기 위해서는 과업의 다양성뿐만 아니라 업무수행과 관련된 재량권도 높여 주어야 하는데, 이런 직무설계원칙을 직무충실화라고 한다. 직무충실화에 의한 직무설계는 담당자에게 직무에 관한 권한을 보다 많이 허용하여 자율성과 책임감을 갖게 하고, 종업원들이 직무에 관해 더 많은 것을 배우고 자신의 성장을 위해 노력할 수 있도록 해 준다.

직무충실화를 위한 5 가지 특성

① 다양한 기능 – 직무담당자가 다양한 기술이나 기능을 사용할 수 있도록 직무가 서로 다른 여러 가지 일들로 이루어진 정도
② 과업 정체성 – 직무담당자가 일의 시작부터 끝마무리까지 맡아 자신의 일이 갖는 의미와 결과를 확인할 수 있는 정도
③ 과업 중요성 – 직무수행 결과가 다른 사람의 직무나 생활에 얼마나 중요한 영향을 미치는지를 의미
④ 자율성 – 담당자가 자신의 직무활동에 대해 갖는 결정권 정도

⑤ 피드백 - 직무수행을 통해 자신이 얼마나 일을 잘 처리하고 있는지에 대해 알 수 있는 정도

경영조직의 설계

경영조직의 개념적 형태

대규모 조직의 출현과 더불어 조직의 설계에 대한 연구가 시작되었는데, 그때 기초로 삼았던 가정은 "세상에는 단 하나의 올바른 조직구조가 존재한다."는 것이었다. 올바른 조직구조의 모습은 지금까지 몇 번의 변화를 겪었다.

앙리 페이욜(Fayol H.)과 앤드류 카네기(Carnegie A.)는 기능별 조직구조를 제창하였다. 그 후 피에르 듀퐁(Dupont P. S.)과 알프레드 슬로언(Sloan, A.)는 분권형 조직구조를 개발하였다. 그리고 지난 몇 년 동안과 오늘날에는 거의 모든 조직에 적용할 수 있는 단 하나의 올바른 조직구조로서 팀(team) 구조를 적극 선호하기에 이르렀다.

그러나 '단 하나의 올바른 조직구조'라는 것은 존재하지 않는다(PD 2001, 180-182). 존재하는 것은 특유의 강점과 약점을 가진 개별 조직에 각각 적용할 수 있는 특정의 조직들이다. 조직이란 절대적인 것이 아니라 다만 사람들이 함께 작업함으로써 생산성을 올리도록 하는 하나의 도구일 뿐이다. 따라서 특정의 주어진 조직구조는 특정 상황과 시기에 수행할 특정 과업에 적합해야 한다.

예를 들어 조직이 위기상황에 처해 있을 경우는 즉각적인 명령계통에 의해 움직일 수 있도록 집권화되어야 할 것이다. 반대로 일반적인 상황에서는 구성원들 간의 협의 또는 팀워크에 의해 움직이는 형태가 바람직하다.

요컨대 조직의 전략에 따라 다양한 형태의 경영조직을 설계할 수 있다. 이는 마치 집을 지을 때 한옥을 지을지 양옥을 지을지를 결정하는 것과 같은 것이다. 그리고 한 기업 내에도 공존하는 몇 개의 서로 다른 조직구조를

필요로 한다.

기계적 조직과 유기적 조직

위에 논의한대로 조직구조는 반드시 어떤 형태라야 한다는 것은 성립되지 않지만 오늘날 경영조직의 특성을 이해하는 데 중요한 특성으로서 기계적 조직과 유기적 조직의 특징을 살펴볼 필요가 있다(신유근 2002, 255-256).

기계적 조직은 정형화된 규정이나 절차에 따라 운영되는 조직으로서 마치 기계와 같이 작동되는 조직이다. 대개 안정된 환경에서 표준화되고 규정된 절차 및 방법에 따라 일하는 것이 효율적인 경우에 이용되는 조직 형태라고 할 수 있다.

유기적 조직은 환경 변화에 탄력적으로 반응하면서 필요하다면 전략적으로 조직을 신설 또는 개편한다거나, 한 부서가 여러 가지 일을 동시에 처리하는 형태의 조직이다.

이들 두 조직 모델의 특징과 차이는 표 와 같다.

	기계적 조직	유기적 조직
주요 목표	- 효율성, 생산성	- 유연성, 적응성
운영 방식	- 기계적 방식	- 인간의 잠재력 활용
조직구조의 구성요소	- 높은 과업의 분화 - 높은 집권화 - 높은 공식화	- 낮은 과업의 분화 - 높은 분권화 - 낮은 공식화
조직과정의 운영방식	- 조직직위에 기초한 의사결정 - 하향적 커뮤니케이션 - 상급자에 의한 조정	- 개인능력에 기초한 의사결정 - 쌍방적 커뮤니케이션 - 상호조절 및 자발적 조정
적합한 상황요인	- 대량생산 - 연속생산기술 - 안정적이고 단순한 환경	- 소량생산 - 주문생산기술 - 동태적이고 복잡한 환경

표 7-1 기계적 조직과 유기적 조직

경영조직의 선택과 설계

조직설계란?

조직설계란 조직의 목표를 달성하기 위해 가장 적합한 조직구조를 구축하는 것이다. 예를 들어 개인의 직무를 어떻게 설계할 것이며, 부문을 어떻게 편성하고, 어디에 얼만큼의 권한을 부여할 것인지, 의사결정과 코오디네이션 방식 등을 어떻게 할 것인지 등을 고려하여 가장 적합한 조직형태를 선택하는 것이 바로 조직설계라 할 수 있다.

이 때 조직구조의 구성요소와 조직과정의 상호작용을 이해하는 것이 필요하며, 이 상호작용은 크게 조직의 분화와 통합의 체계적 패턴으로 단순화될 수 있다. 조직의 분화와 통합은 어떻게 부문으로 나누어 권한을 배분하고, 또 어떻게 연결하고 통합할 것인가? 즉 업무분장과 업무 간의 상호관계, 권한 및 권력관계를 정의하는 근본활동이다. 이러한 조직설계는 조직의 장기적인 성과에 영향을 미치며, 조직과 환경 간의 적합관계에 영향을 준다.

조직설계의 상황이론

앞서 논의한대로 어느 경우에나 가장 적합한 조직이란 존재할 수 없고 상황에 따라 효과적인 조직이 달라진다고 볼 수 있는데, 이런 관점을 상황이론(contingency theory)이라고 한다. 상황이론에 따르면 조직의 규모, 기술, 환경, 경영전략, 자원 및 정보, 사회문화적 요인 등 상황요인이 달라지면 이것이 조직의 성과와 같은 조직유효성(organizational effectiveness)을 결정하게 된다. 따라서 조직설계의 관점에서는 높은 조직유효성을 보이는 조직구조가 되도록 상황 적합하도록 조직구조를 설계해야 한다는 것이다.

(PD 2001, 73-75)

조직설계의 원칙

상황이론에도 불구하고 조직구조와 관련해서 모든 조직이 반드시 준수해야 할 어떤 원칙(principles)들이 있다.

첫째, 조직은 투명해야 한다. 조직의 구성원은 누구나 자신이 일하고 있는 조직의 구조를 알고 또한 이해할 수 있어야 한다.

둘째, 조직은 최종 결정을 내릴 권한을 가진 사람을 필요로 한다. 그리고 그 누군가는 조직이 '위기'에 봉착했을 때 분명하게 명령을 내려야 한다. 그리고 그 권한에는 반드시 책임이 따라야 한다.

셋째, 상사는 한 사람이어야 한다. 한 사람 이상의 상사를 갖는 것은 갈등을 빚게 마련이다15.

넷째, 명령계층의 수를 최소화 해야 한다. 즉 조직을 가능하면 '수평적'으로 만드는 것이 합리적인 조직구조의 원칙이다. 정보이론에 따르면 모든 명령의 전달단계마다 잡음은 두 배로 늘어 나고, 메시지는 반으로 줄어 든다.

이들 원칙은 건축가에게 어떤 건물을 지으라는 것을 말해주지는 않지만 건축법 상의 규제사항과 같이 무엇을 하지 말아야 하는가를 말해 준다. ¶

경영조직의 구체적인 모습

일반적인 조직형태

단순 라인 조직

조직이 설립되어 창업 이후 진화하는 모습을 보면, 초기에는 보통 4~5명으로 시작하여 비록 대외적인 교섭을 위하여 사장, 상무, 부장 등의 직함을 두고 있으나 내부적으로는 누구든 무슨 일이든 닥치는 대로 처리하는 것을 볼 수 있다. 그러나 조직의 규모가 커지면서 경영자 1인의 독단적 경영에 의존하기 쉬워 성장의 기회를 포착하기 어렵게 되고, 대개 조직에 의한 경영보다는 인적 요소에 의한 경영에 흐르기 쉽다.

---

[15] 드러커는 요즘 유행되는 소편성 재즈악단 조직(Jazz Combo형 조직 - 매트릭스 조직을 말함)이 어려움을 겪는 것을 당연하다고 지적한다.

그래서 점차 위계질서나 분업의 원리에 따라 부서가 나누어지고 묶여지는 단순 라인 조직의 형태로 진화하는 조직의 분화 및 부문화가 일어나게 된다. (그림 7-2 참조)

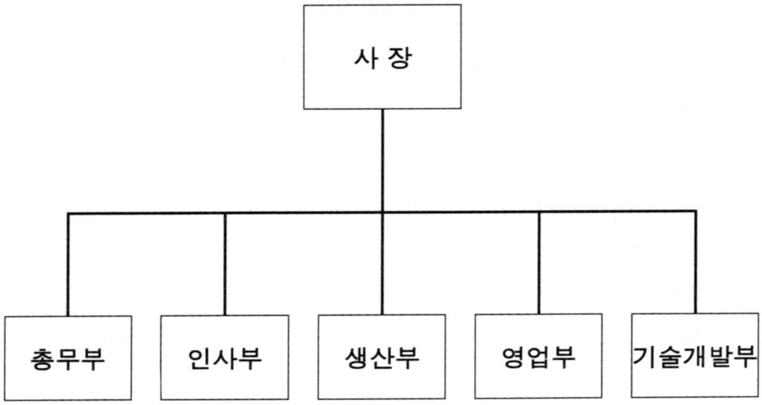

그림 7-2 단순 라인 조직

이 조직구조의 특징은 명령통일의 원칙, 전문화의 원칙, 감독 폭의 원칙, 권한위양의 원칙, 권한과 책임 대행의 원칙 등이 충실히 지켜진다는 점이다.

단순 라인조직의 장·단점은 다음과 같다.

- 장점
  - 신속한 기동성과 강력한 추진력, 빠른 의사결정
  - 관리자로서의 개인능력발휘의 기회가 제공됨
- 단점
  - 경영환경변화에 대응이 느리고 혁신에 한계가 있음
  - 대규모조직이 갖는 시너지 효과를 누리기 어렵다.

라인·스태프조직(직계참모조직)

조직의 성장에 따라 경영자 혼자서 조직내부의 일들을 일일이 관여하기가 점차 어려워진다. 따라서 기존 라인기능만으로는 업무수행이 불가능한 부분을 지원하고 최고경영자를 보좌할 수 있도록 스태프기능을 두게 된다. 라인·스태프조직의 목적은 명령통일의 원칙과 전문화의 원칙을 조화시켜 경영의 대규모화, 복잡화에 대응할 수 있게 하는 것이다.

스태프에는 종합조정실, 경영기획실, 비서실 등 최고경영자를 보좌하는 스태프부서를 두기도 하고, 구매부서, 자금부서, 인사부서와 같이 공통업무를 지원하는 스태프부서를 두기도 한다. 이들 스태프부서는 라인조직에 대해서는 스태프기능을 하지만 규모가 커지면 그 자체로서 라인으로서의 성격도 갖게 된다. (그림 7-3 참조)

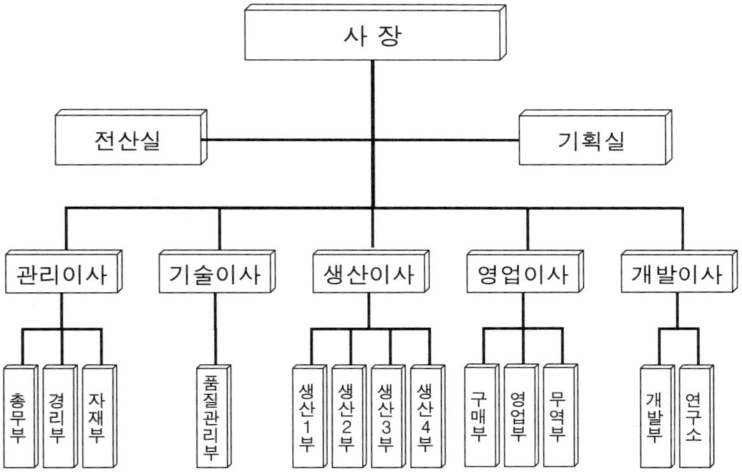

그림 7-3 라인·스탭 조직

일반적으로 라인·스태프조직의 특징은 명령통일의 원칙과 전문화의 원칙을 조화시켜 경영의 대규모화, 즉 경영관리기능의 복잡화에 대응할 수 있도록 만들어진 조직이다. 또한 많은 부문들을 효과적으로 조정·통합하기 위하여 정보시스템, 문서화 등을 이용한 공식적 통제가 이루어진다.

흔히 라인과 스태프 간에 권한문제와 관련하여 마찰이 발생하는 경우가 있다. 또한 많은 부문과 계층이 생겨나 조직이 비대해지면 관료제(bureaucracy)가 촉진되어, 조직이 경직되고, 조직구성원의 창의성이 억제되고 비능률이 발생할 수 있다.

라인·스태프조직은 조직이 대규모화되는 초기상황, 경영환경이 안정적이고 확실성이 높은 상황에 효과적인 조직형태이다.

사업부제 조직

기업의 규모가 확대되면서 직계참모식 조직으로는 기업의 제반 업무를 효율적으로 수행할 수 없으므로, 조직의 직능구조를 중·소단위로 분할하여 분할된 조직단위를 중심으로 책임경영을 할 수 있도록 구조화한 것이 사업부 조직이다. 예를 들면 지역별 사업부, 제품별 사업부(TV사업부, 공조기 사업부 등), 고객 별 사업부 등의 형태가 있다. (그림 7-4 참조)

사업부제 조직의 장·단점은 다음과 같다.

- 장점

일반적으로 각 사업부는 권한을 대폭 위양받고, 독립채산제로 운영된다. 그리고 각 부문별로 시장특성에 적합한 서로 다른 제품을 생산 판매함으로써 제품에 대한 소비자들의 만족을 높일 수 있고 시장세분화에 따라 제품을 차별화하기가 용이하다. 각 사업부문 별로 권한이 위양되므로 최고경영층은 일상적인 업무에 대한 부담이 줄어들게 되어 전체조직의 장기전략 수립과 같은 주요 업무에 주력할 수 있다.

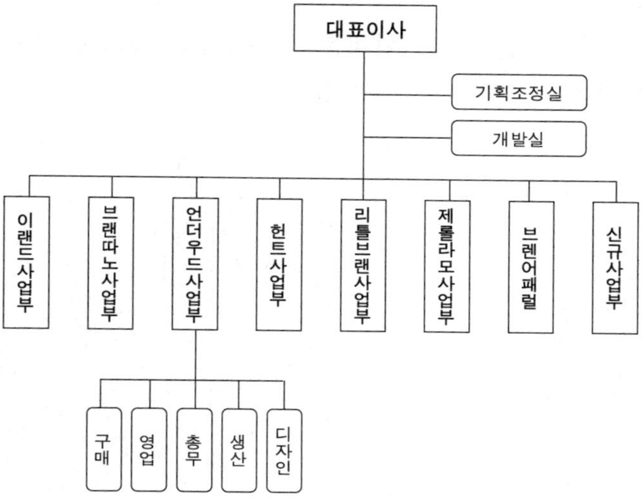

그림 7-4 사업부제 조직(이랜드의 예)

- 단점

사업부 조직에서 나타날 수 있는 문제점으로는 각 부문에 유사한 설비를 갖추게 되어 자원활용 면에서 비경제적일 수 있으며, 또한 기능이 여러 부문으로 분산되어 있어 기술의 전문화가 어렵고, 연구개발이 단기적 수익 창출에 치우치기 쉽다는 점이다. 그리고 라인간의 협동을 촉진하는 인센티브가 거의 없어 라인간 조정이 곤란하다.

매트릭스 조직

외부환경이 불확실하고, 과업이 복잡하며, 인간의 상호의존성이 높은 상황 하에서 전통적인 정보처리방법은 조직의 적응력을 약화시킬 수 있다. 따라서 한정된 인적, 물적 자원을 폭넓게 활용하기 위하여 어느 한 부문에 고정 배치하는 것보다 유연하게 배치 전환할 수 있는 구조로서 매트릭스(matrix) 조직이 효과적이다.

매트릭스 조직에서 기능부서로서의 권한은 수직적으로 흐르는 반면에 각 부서를 가로지르는 프로젝트 업무의 권한은 수평적으로 흐르는 등 권한흐름이 격자 형태를 띠는 것이 특징이다. 또한 그림 7-5에서 볼 수 있듯이 조직관리의 기본원칙인 단일명령계통을 무시하고 다원적 명령체계를 도입하고 있음을 볼 수 있다. (그림 7-5 참조)

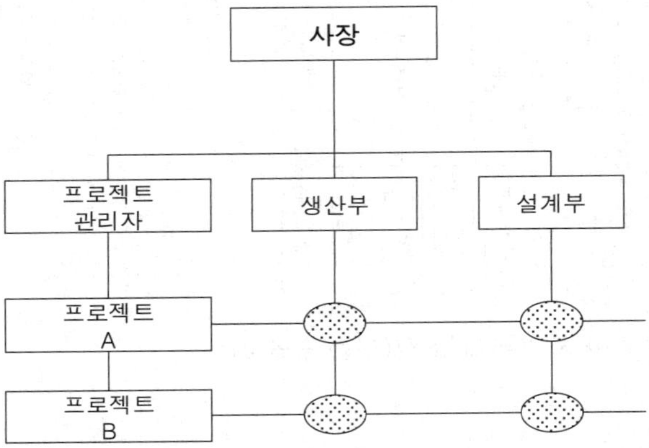

그림 7-5 매트릭스 조직

매트릭스 조직의 장·단점은 다음과 같다.

- 장점
  - 의사소통을 신속하게 하여 외부 환경변화에 신속하게 대응할 수 있으며, 조직이 복잡하고 상호의존적인 여러 활동을 동시에 수행하고 있을 때 각 부문간의 조정을 촉진하고 부문관리자 사이에 권한과 균형을 가능하게 한다.
  - 조직이 기술의 전문성과 제품라인의 혁신이라는 두 가지 과제를 동시에 충족할 수 있다.
- 단점
  - 명령일원화라는 전통적 관리원칙에 위배되어 권한의 한계가 모호하고 권력투쟁의 가능성을 내포한다.

- 그로 인하여 하위자들이 역할갈등과 좌절을 느낄 수 있으므로 이를 해결할 수 있는 대인관계 및 의사소통에 노력이 필요하다.

새로운 조직설계의 시도

조직설계의 방향

최근 경영환경의 변화에 따라 전통적인 조직구조에서 벗어나 새로운 조직형태를 도입하고자 하는 시도가 많이 일어나고 있다. 향후 조직설계의 추세로서 예상되는 설계방향은 다음과 같다(신유근 2002, 273-279).

- 정보처리형 조직화
  - 정보의 과중, 복잡화 현상에 대처하기 위하여 컴퓨터를 이용한 정보처리기술과 통신기술을 활용하여 정보를 처리하고 조직 내에 전달·공유할 수 있도록 시스템을 갖춤
  - 조직은 무경계화(boundaryless)가 촉진됨
  - 정형적인 일은 탈 분업화가 촉진되며, 권한 면에서는 분권화가 촉진됨
- 수평조직화와 슬림화
  - 수평조직화란 몇 개의 핵심업무 과정을 중심으로 업무를 수행하도록 경영조직을 설계하면서 피라미드식 계층구조로부터 탈피하는 것을 말함
  - 슬림화는 관리부문의 감소 등 조직의 군살빼기를 말함
  - 사회 전체적인 다원화, 분권화의 진전과 함께 빠른 고객의 니드가 다양성과 스피드를 요구하게 됨에 따라 의사결정을 신속하게 해야 할 필요 증대됨
  - 현장 일선담당자에게 의사결정권한을 위양
  - 전 구성원이 자신의 전문능력을 활용하여 문제를 해결하고, 부족한 부분은 외부와 제휴로 해결하는 “작고 강한 조직”으로 이

행

- 고객지향적 조직화
  - 다양한 제품을 개성에 맞게 요구하는 고객의 니드 변화에 따라 회사의 내부조직, 인적자원관리, 기술개발과 제품의 생산, 판매에 이르기까지 고객의 욕구와 가치를 중시하도록 조직함
- 학습조직화
  - 경영조직이 조직학습을 지속적으로 할 수 있는 조직, 이른바 지식경영을 구축하기 위해 조직을 설계하고 운영하는 것
  - 조직학습이란 환경변화에 맞추어 기업경영에 유용한 새로운 지식, 능력을 지속적으로 창출하고 조직전체에 전달, 축적하는 과정임
- 글로벌 조직화
  - 기업경영활동이 글로벌화 됨에 따라, 현지 지역시장의 요구에 부합하는 차별화된 제품 공급능력, 전세계에 걸친 커뮤니케이션 네트워크 구축, 글로벌 자원의 이용과 제휴에 관한 고려 등이 조직에 반영되어야 함

이상의 방향을 수용하기 위해 시도되고 있는 조직형태로서는 다음과 같은 것들이 있다(신유근 2001, 280-294).

사내벤처·분사 조직

사내벤처·분사 조직은 조직구성원의 기업가 정신을 고취함으로써 조직의 내부 또는 외부에 자율적인 사내기업을 설치, 운영하여 지속적인 혁신과 조직변화를 촉진하려는 조직형태이다. 전통적인 대규모 기업이 다각과, 수직적 통합, 해외진출 등을 통해 외형적인 성장을 추구하여 오면서 대규모화되는 가운데 대기업 병이 발생했다. 그 결과, 시장변화에 대한 반응이 느리고, 계층화된 조직에서 과도한 표준화로 일을 기계적으로 처리하고 현실에 안주하는 문제가 발생한다. 사내벤처·분사조직은 마치 새로운 기업이 탄생할 때와 같이 기업가정신을 가진 사람에 의해 운영되는 중소규모의 신설 조직

을 대규모 조직 내에서 운영하는 것이다. (그림 7-6 참조)

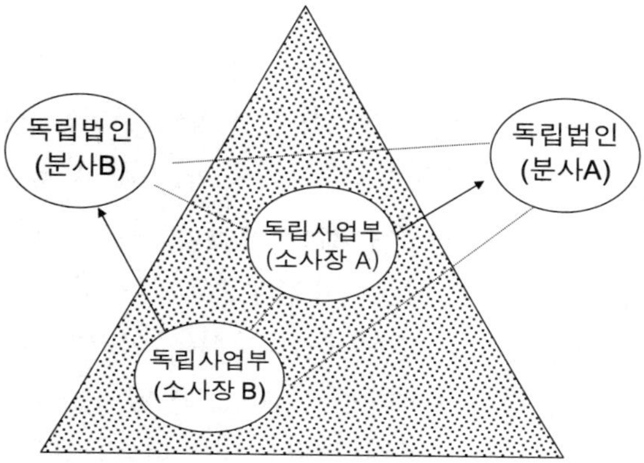

그림 7-6 사내벤처·분사 조직

사내벤처·분사조직의 특징은 다음과 같다.

- 중소기업의 장점과 대기업의 장점을 결합
- 사내기업가(intrapreneur)와 모기업 간의 잘 정의된 계약적 합의에 의함
- 본사와 분사, 분사들간 상호 경쟁과 협력을 조화시키는 구조로서 소사장제라고도 함
- 이질적 사업분야에의 진출을 위하여, 또는 유능한 사원이 조직외부에 경쟁기업을 설립하는 것을 예방하는 목적으로도 이용됨

사내벤처·분사조직은 대기업의 인사적체 해소, 품질 및 원가 문제 해결, 조직구성원의 창의력과 도전의욕 고취, 노사관계 관리의 부담 감소 등 효과가 있으며, 반면 본사와 사내 벤처 간의 갈등관리가 필요하다.

팀 조직

팀이란 공동의 목적과 성취목표를 달성하기 위해 상호 보완적인 기능을 갖춘 사람들이 서로 신뢰할 수 있는 방식으로 함께 일해 나가는 소수의 집합체를 말한다.

팀 조직의 필요성은, 첫째 기존 기능식 조직의 업무간 조정·통합에서의 문제점을 들 수 있다. 기업의 성과는 여러 가지 일들이 서로 잘 연결되어 나타난다. 예를 들어 생산 공정에서의 제품 생산은 부품 조달, 기계 정비, 수요 예측 등 여러 가지 다른 업무들과 유기적으로 연결되어 수행되어야만 의미가 있다. 그런데 개인 중심의 업무 분장 방식은 이러한 조정 코스트를 크게 만들어, 결국 기업의 경쟁력 약화를 가져올 수 있다는 것이다. 특히 환경변화 속도가 빨라지면 업무 간 조정의 필요성이 더 커진다. 때문에 개별 과업 중심의 업무 분장 방식에서 벗어나 프로세스나 제품, 서비스 등을 중심으로 업무 분장을 다시 해야 한다. 그런데 이처럼 업무의 범위가 커지면 개인 중심으로 업무를 분장할 수가 없게 되고, 그래서 팀이 업무 수행의 핵심단위가 되어야 한다는 결론이 나온다.

둘째로 분권화된 과업 중심의 업무 분장 방식은 구성원들에 대한 모티베이션에도 문제가 있다. 이러한 방식의 업무 분장은 구성원들이 마치 큰 기계의 부속품처럼 느끼게 되어 일에 대한 주인 의식이나 열의를 불러 일으킬 수 없다는 것이다. 만약 구성원들이 큰 기업에서 근무는 하지만 독립적인 영역을 맡아 업무를 수행하고, 그 일의 결과가 구성원들의 노력 여하에 의해 달라진다는 것을 알 수 있으면 일에 대한 몰입 정도가 훨씬 높아지지 않겠느냐는 것이 바로 팀 조직을 선호하는 두 번째 이유이다.

팀제 조직에서는 명령지휘계통이 아닌 업무중심, 과제중심, 주제중심으로 조직을 편성한다. 즉 부, 과, 계의 전통적 계층조직이 폐지되어 팀으로 수평조직화하고, 팀의 공동목표에 대한 명확한 개념을 갖고 개인별 계획을 설정할 수 있어야 하며, 팀원이 자발적으로 일을 수행하도록 업무수행에 요구되는 기술과 자원에 대한 지식을 교육해야 한다. 팀원 각자는 최대한의 자율권이 부여되지만 각자가 자신의 권한과 책임영역을 정확하게 인식해야 한다. 팀 내 업무분장은 팀장의 발의 하에 수시로 조정될 수 있고, 팀장에게 인사권이 부여되며, 예산은 팀 단위로 편성하고 팀장 재량으로 운영되는 등 팀장의 역할이 달라지는 것이 주요한 특징이다.

팀의 형태에는 그 작업 수행에 필요한 기능들을 모두 팀에 포함시켜 기능간 정보 흐름 및 조정 필요성을 최소화 시키는 작업팀(서비스팀, 자율경영팀, 상품화 개발팀 등), 그리고 조직 내 정보 흐름을 증가시키고 원활하게 하는 역할을 하는 통합팀(최고경영자팀, 관리팀 등)이 있다. (그림 7-7 참조)

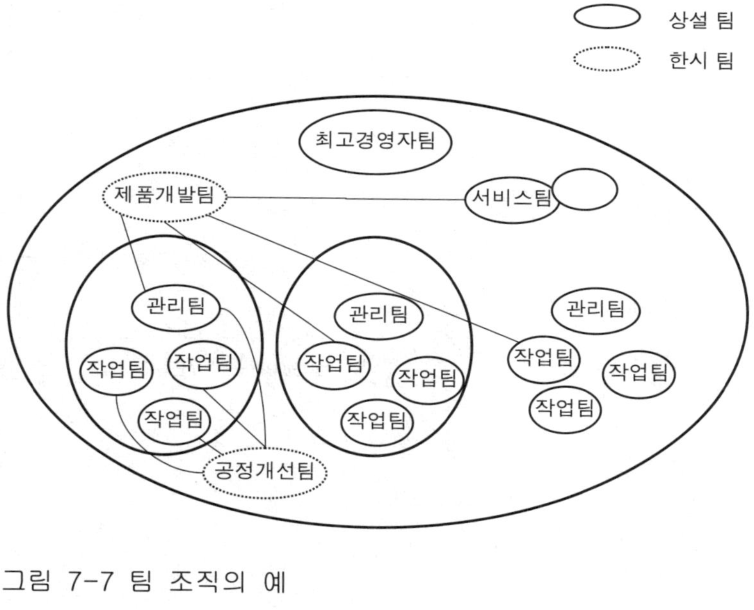

그림 7-7 팀 조직의 예

- 특징
  - 팀 내의 상호의존관계에 있는 동료에 의해 상호 감독됨
  - 의사결정의 신속성과 기동성, 이질성과 다양성의 결합과 활용을 통한 시너지 효과 증대

- 정보의 공유와 의사소통이 원활
- 팀장의 리더십 자질이 크게 요구됨

네트워크 조직

네트워크 조직은 정보통신기술을 활용하여 조직의 유연성과 연계성의 극대화를 이루며 새로이 출현하는 기술이나 사회적 유행 및 조류 변화에 신속히 적응할 수 있는 조직형태이다. 전통적 조직에서의 위계적 피라미드 구조와는 달리 네트워크 조직은 수평적으로 연계된 구조와 사람 및 정보를 중시하고 참여에 의한 사람관리를 하며, 자기관리에 의한 통제방식을 주요 관리수단으로 한다. 즉 네트워크 조직은 개개인의 전문적 지식과 자율권을 기초로 하여 사업부문간 의사소통의 활성화를 도모하는 신축적인 조직이다. (그림 7-8 참조)

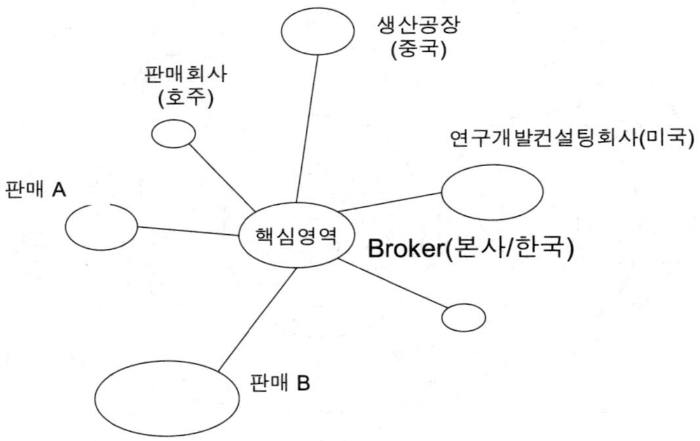

그림 7-8 네트워크 조직

네트워크 조직은 신제품 컨셉트나 독특한 디자인 등 핵심적 분야만을 소유하고 그 외의 분야는 다른 기업과 네트워크를 형성함으로써 소수의 인력으로도 종래 대기업이 할 수 있었던 경영활동을 수행하고자 하는 시도이다. 이러한 네트워크 조직은 패션산업, 출판산업, 영화, 생명공학 산업처럼 소비자의 욕구나 기술 변화가 급격한 산업에 적합하다. 또한 이런 개념을 글로벌 차원에서 전개하면 글로벌 네트워크 조직이라 한다.

이러한 네트워크 조직은 환경변화의 속도가 빨라지고 동시에 기업이 수행해야 하는 업무의 복잡성이 커지는 추세에 따라 작은 규모의 핵심역량 중심의 조직으로 신축성 있게 환경변화에 대처할 필요성이 커지면서 생겨난 조직 형태라고 할 수 있다. (그림 7-9 참조)

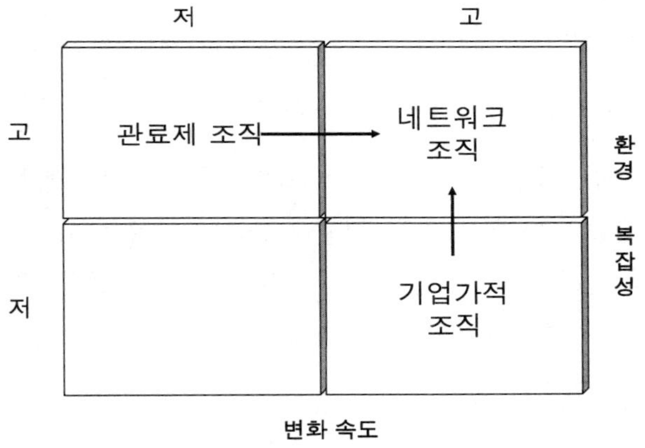

그림 7-9 네트워크 조직으로의 전환 추세

네트워크 조직은 자원의 중복이나 투자를 감소시키고 시장상황에 유연하게 대처할 수 있고, 시간과 공간의 제약을 극복할 수 있으며, 학습능력을 제고할 수 있다는 장점이 있는 반면, 생산과정에 대한 직접적인 통제가 안 되어 일의 수행 상 왜곡이 일어날 수 있다.

지식 조직

지식경영을 활성화 하기 위한 조직으로서 지식 조직이 최근 관심의 대상이 되고 있다. 지식 조직은 지식거래조직과 지식공동체 조직으로 구분된다.

지식거래조직

지식거래조직이란 조직 내 지식이 시장 메커니즘을 통하여 이전되고 공유되는 측면을 강조하는 말이다. 지식거래조직의 특징은 다음과 같다.

- 지식의 창출, 확보, 활용을 위해 개인들간의 지식이전을 장려함
- 지식저장창고(knowledge pool)를 통한 지식거래
- 지식공헌자에 대한 인센티브 등 지식의 공유 및 활용을 북돋우는 조직문화 창달이 중요
- 형식지에 적합

지식공동체조직

지식공동체조직은 구성원들간의 강한 신뢰, 애정, 배려 등의 특징을 보이는 지식창출을 중시한다. 지식공동체조직의 특징은 다음과 같다.

- 집단 또는 조직 전체 차원에서 지식의 창출을 중시
- 조직구성원간의 신뢰가 중요
- 암묵지에 적합

지식경영의 조건

지식경영에서 강조되는 사항은 다음과 같다.

- 지식에 접근 가능해야 함(accessibility)
- 구성원들이 지식의 결합이나 교환이 가치가 있을 것으로 인식해야 함(expectation)
- 결합이나 교환을 통해 새로운 지식을 창출하는 것이 그들의 이해에 도움이 된다고 인식해야 함(motivation)
- 구성원들에게 새로운 지식을 창출할 수 있는 능력과 시간 등 자원이 구비되어 있어야 함(absorptive capacity)

참고 : 노나까의 지식창조 과정

노나까는 지식을 명시적 지식과 묵시적 지식으로 구분하고 조직의 지식창조는 4 가지의 패턴(공동화, 표출화, 연결화, 내면화)이 순환하면서 이루어진다고 하였다.

명시적지식(형식지)은 부호화되고, 공식적 체계적 언어로 전달 가능한 지식으로서 예를 들면 책, 데이터, 기술사양서, 설계도면, 서류 등에 기술된 지식이다. 묵시적지식(암묵지)은 인간의 정신과 신체에 체화되어 있기 때문에 부호나 전달이 어렵고 특정 상화에서 오직 행동과 노력을 통해서만 표출되고 이전 될 수 있는 지식으로서 예를 들면 자동차 운전기술, 디자이너의 제품계획, 프로골프 선수의 노하우 같은 것이다.

노나까는 지식변환을, 원천이 되는 지식 두 가지(암묵지, 형식지)와 변환된 지식 두 가지(암묵지, 형식지)로 이루어지는 지식변환의 네 가지 패턴(공동화, 표출화, 연결화, 내면화)으로 유형화 하였다. 조직의 지식창조 프로세스는 이 네 가지 패턴이 나선형으로 순환하면서 공유, 발전을 하며 축적되어 가는 프로세스로 이해할 수 있다는 것이다. (그림 7-10 참조)

지식의 변환과정

원천지식 (from) \ 산출물 (TO)	묵시적지식	명시적지식
묵시적지식	사회화 (Socialization)	외재화 (Externalization)
명시적지식	내재화 (internalization)	결 합 (Combination)

그림 7-10 지식변환의 4 패턴

전통적인 서구 기업의 견해는 조직을 '정보처리' 기계로 보는 것이다. 이 견해에 따르면 사용할 수 있는 지식은 계량화할 수 있는 자료(hard data), 성문화된 절차, 일반화된 원리와 같이 공식화되고 체계화된 것만 해당한다.

그러나 혼다, 가오, 마쯔시다, NEC, 캐논과 같은 성공적인 일본기업의 예를 보면 지식의 역할에 대해서 또 다른 사고 방식을 발견할 수 있다. 즉 고객대응, 신시장 창출, 신속한 신제품 개발, 신기술 우위 등 서구의 기업이 볼 때는 다소 애매모호한 구호들이 지식창조의 효과적인 수단이 되고 있음을 알 수 있다. 일본 기업들의 접근방법에 있어서 핵심사항은 새로운 지식창조가 단지 객관적인 정보를 '처리하는' 것만이 아니라, 조직구성원 개인의 암묵적이고 주관적인 통찰력, 직관, 육감을 이끌어내고, 이러한 통찰력을 조직이 검증하고 유용한 것으로 만들어 준다는 점이다. 즉 지식창조과정의 핵심은 자사의 사명달성에 전념하는 조직 구성원의 '개인적 몰입(personal commitment)'에 달려 있다. 지식창조기업에 있어서 모든 구성원은 '지식근로자'이며 '기업가'인 셈이다.

(PD 1993, 523-528)

드러커는 조직구조의 설계에 대해서 우리가 이미 배워서 아는 사실을 다음과 같이 몇 가지로 제시하고 있다.

1. 조직구조는 스스로 '진화'하지 않는다. 또한 올바른 조직구조가 '직관'에 의해 나오는 것도 아니다. 조직 설계와 구조는 생각, 분석, 그리고 체계적인 접근을 요하는 과정이다.
2. 조직구조를 설계하는 것은 첫 번째 단계는 아니라 마지막 단계이다. 첫 단계는 조직의 '집 짓기 블록(building blocks)' 찾기, 즉 최종 구조가 포함해야 할 활동들을 확인해 내는 일이다. 이 활동들은 그 일이 어떤 종류의 공헌(contribution)을 하는가에 의해 결정되어야 하며, 단지 전통적인 분류로서 '라인' 또는 '스태프' 업무 식으로 결정되는 것은 조직설계에 장애만 될 뿐이다.
3. "구조는 전략을 따른다." 따라서 조직이란 조립식 주택처럼 미리 규격화할 수 없다. 조직은 유기체와 같이 개별 사업 또는 기관에

특이해야 한다. 조직구조에 관한 일은 반드시 조직의 목표와 전략으로부터 출발해야 한다.

4. 조직에는 운영적 일(operating work), 최고경영자의 일(top-management work), 혁신성 일(innovative work)의 세가지 유형의 일이 있다. 이 세가지 일은 서로 다른 설계 원칙이 적용되어야 한다. 동시에 이들 모두는 한 지붕 아래에 통합되어 편제되어야 한다.
5. 다음 질문들은 양자택일의 문제가 아니라 정도의 차이는 있을지언정 둘 다 고려되어야 하는 문제이다. 1) 직무설계 및 조직구조에 있어서 과업 초점(task-focus)인지 사람 초점(person-focus)인지의 문제, 2) 계층제(hierarchical) 조직인지 자유형태(free-form) 조직[16]인지의 문제
6. 조직설계에는 유일의 해답이 있는 것은 아니다. 또는 있다 해도 그것이 무엇인지 사전에 알 수는 없다. 유일의 해답을 찾기 보다는 "이 구조가 사람들로 하여금 성과를 내게 하고 공헌하게 하는가?" 라는 질문이 올바른 질문이다. 단지 균형미와 조화보다는 사람의 에너지를 해방시키고 동원하는 것, 즉, '사람이 성과를 내는지' 여부가 조직의 목적이고 최종적인 시험이다. ¶

[16] 특정의 과업을 위해 설계된 팀제 조직의 형태를 말함

8 조직의 관리과정과 관리활동

제 8 장 조직의 관리과정과 관리활동

조직과정 또는 조직의 운영방식은 정해진 조직구조의 틀 속에서 조직구성원들이 서로 의사를 전달하거나 문제해결을 위한 결정을 하거나 갈등을 해소하고 커뮤니케이션 하는 등의 상호작용 활동을 하는 조직적 과정(organizational process)을 영위하는 것을 말한다. 따라서 앞의 제 7 장의 내용인 조직구조와 조직형태라는 하드웨어에 대해서 조직 과정은 그 하드웨어를 연결해 주는 접착제와 같은 역할을 하는 소프트웨어적 측면이다.

의사결정

조직의 모든 관리활동은 의사결정을 통해서 이루어진다. 조직에 있어서 의사결정이란 조직목표를 합리적으로 달성하기 위해서 어떤 문제를 인식하고 그 문제를 해결할 수 있는 여러 가능한 대체안을 개발 선택함으로써 바람직한 결과로 이끌 수 있는 일련의 체계적인 과정을 말한다.

의사결정은 본질적으로 기업경영의 근본적인 활동이다. 예컨대 경영자는 늘 경영목표의 설정, 업무 별 책임자 선임, 시장점유율을 늘리기 위한 방안 등 의사결정 문제와 더불어 살게 된다.

의사결정 일반

인간은 매 순간 선택의 갈림길에 놓여 있다. 특히 조직을 운영하는 리더에 있어서 의사결정의 영향력은 더욱 크다. 의사결정에는 정보의 양, 시급성의 차이, 독단과 합의, 최선과 적합, 이상과 현실의 문제가 항상 따른다. 여기에는 해답은 없고 다만 어떤 원칙이 존재할 뿐이며, 일종의 예술(art)에 가깝다.

의사결정이란 의사결정자가 문제를 인식하여 이를 체계화하고 문제해결에 필요한 정보를 수집하고, 편집하여 최종 대안을 찾아내는 일련의 과정이다.

의사결정의 과정

일반적으로 의사결정의 과정은 다음과 같다. (그림 8-1 참조)

1단계 : 문제의 인식 – 경영자가 해결해야 할 문제의 중요성을 인식하는 단계이다. 여기서 문제란 '실제 상태와 바람직한 상태의 차이'로 정의할 수 있다.

2단계 : 대체안의 개발 및 선택 – 인식된 문제를 해결할 수 있으리라고 여겨지는 대체안들을 개발하고 이들이 얼마나 문제해결에 효과적이며 현실적으로 실행 가능한가를 고려하여 최종안을 선택하는 단계이다.

3단계 : 실행단계 – 여러 대체안 중 선택된 방안이 문제를 효과적으로 해결하도록 실천에 옮기는 단계이다. 실행단계에서는 예기치 않은 방해 요인이 나타날 수 있기 때문에 이에 대한 조처가 필요하다.

4단계 : 결과의 평가 – 실행된 선택안이 문제를 해결하는 데 있어서 소기의 성과를 달성했는지를 평가한다. 즉 해결대안을 선택할 당시 예상되었던 문제해결 효과와 실제 성과를 비교해 봄으로써 성공여부를 평가할 수 있고, 차후 대체안의 변경이나 조정이 필요한지 결정한다. 또한 의사결정과정에서 얻을 수 있는 시사점은 장차 유사한 의사결정에 참고될 수 있다.

그러나 그 과정에 요구되는 정보와 분석 내용은 언제나 완벽할 수는 없고, 결국 리더는 불완전한 상황 속에서 최종적인 결단을 내려야 하는 경우가 많다.

효과적인 경영자는 너무 많은 의사결정을 하려고 하지 않는다. 대신 중요한 문제를 결정하는 데 집중한다. 그의 의사결정은 단순히 문제해결의 차원이 아닌, 전략적이고도 근본적인 이슈를 해결하려는 차원이다. 의사결정 과정에서 기교를 발휘하기 보다는 구성원에게 영향을 미치기를 원하며, 건전한 분별력을 추구한다.

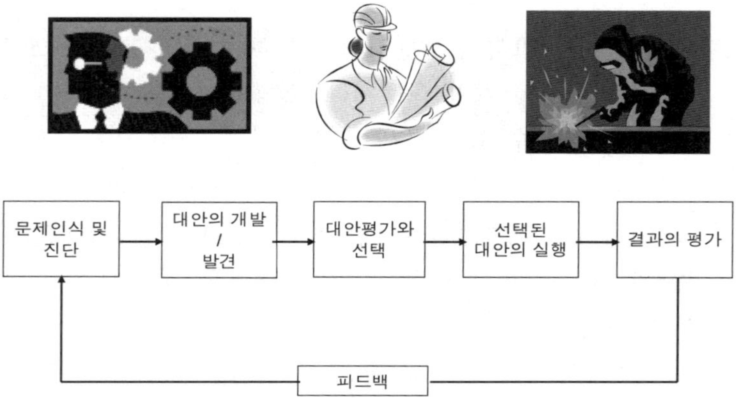

그림 8-1 의사결정의 단계

효과적인 경영자는 의사결정의 문제가 어떤 성격의 것인지를 먼저 판단한다. 단지 상황에 따라 실용적인 의사결정을 해야 하는 때가 언제인지, 또한 원칙에 따라 의사결정을 해야 하는 때가 언제인지 안다. 그리고 의사결정 과정에서 가장 많은 시간을 필요로 하는 단계는 의사결정 자체가 아니라, 그것을 실행하여 목적을 달성하는 단계라는 사실을 안다. 따라서 의사결정에 대한 실행 행동은 가능한 한 실무계층과 가까워야 하고, 또한 단순해야 한다.

(PD 2000, 229-246)

의사결정의 요건

드러커는 효과적인 의사결정의 주요 요건을 다음 다섯 단계로 제시하고 있다.

첫째, 다루어야 할 문제의 종류를 파악한다. 사람들은 자신이 다루는 문제가 매우 개별적이고 특수하다고 주장한다. 그러나 진정으로 특수하고 개별적인 문제는 지극히 드물고 대개는 일반적인 것으로서, 일반적인 것들은 오직 원칙에 근거한 의사결정을 통해서만 해결될 수 있다[17].

둘째, 의사결정의 경계조건을 명확히 한다. 이는 의사결정을 통해서 성취하고자 하는 것에 대한 확실한 명세서를 만드는 일이다. 경계조건은, 의사결정이 도달하고자 하는 목표는 무엇인가?, 그리고 그것이 만족시켜야 할 조건, 즉 이 문제를 해결하기 위해서 필요로 하는 최소한의 조건은 무엇인가? 라는 식의 질문을 통해서 파악된다. 경계조건이 간결하고도 명확할수록 의사결정이 효과적으로 이루어질 확률이 높아진다.

제너럴모터스의 슬로언은 1922년 사장으로 취임했을 당시 “제너럴모터스는 몇몇 족장들이 할거하고 있는 느슨한 연방정부 같았다.”고 술회했다. 그도 그럴 것이 각 사업부장들은 몇 해 전까지만 해도 자기 회사였던 각 사업부문을 맡고 있었기 때문이다. 슬로언은 보다 효과적인 조직구조를 구상하기로 마음먹었다. 슬로언은 이 문제에 대한 경계조건으로, 1) 각 사업부의 책임자들에게 지위에 따른 권한과 책임을 부여한다. 2) 동시에 중앙에 각 사업부를 통일시키고 통제할 수 있는 충분한 권한을 부여한다는 두 가지를 설정했다. 이런 경계조건 하에 슬로언은 탁월한 의사결정으로 평가 받고 있는 분권제 사업부 조직을 탄생시킬 수 있었다.

셋째, 의사결정은 ‘무엇이 수락 가능한가’에서 출발해서는 안 되고, ‘무엇이 올바른 것인가’에서 출발해야 한다. 수락 가능한 것을 먼저 고려하는 것은 결국 먼저 타협안부터 생각하는 식이다. 흔히 외부의 컨설턴트로부터 나

---

[17] 안소프(Ansoff, H. I.)는 의사결정의 유형을 경영계층에 따라 전략적 의사결정, 관리적 의사결정, 업무적 의사결정으로 나눈다.

온 해결안은 근본적으로 옳다고 생각하는 바대로 보고하지 않고, 각 사업부 임원들 간의 타협점을 고려함으로써 전혀 효과를 볼 수 없는 결론을 내는 수가 많다.

넷째, 의사결정을 행동으로 전환해야 한다는 점이다. 의사결정의 경계조건을 설정하는 것이 가장 어려운 일이라면, 결정된 사항을 효과적인 행동으로 전환하는 일은 대체로 가장 많은 시간을 소비하는 과정이다. 어떤 사람에게 어떤 과업을 할당하고, 책임을 맡기는 구체적인 실행 단계를 밟지 않으면, 실질적으로 그 의사결정은 단지 그럴듯한 의도에 지나지 않는다.

다섯째, 피드백을 의사결정 과정에 포함시켜서, 의사결정이 달성하고자 하는 기대수준과 실제 활동을 지속적으로 비교해야 한다. 의사결정은 결국 사람이 하는 것이고, 사람은 오류를 범하기 마련이다. 또한 실행과정에 내재된 온갖 커뮤니케이션은 본질적으로 신뢰하기 어려운 것이다. 원래의 취지가 자꾸 변질되기도 하며 간혹 잡음으로 오염되기도 한다. 가장 완벽한 피드백 방법은 의사결정자 자신이 직접 눈으로 진도를 확인해 보는 것이다. 부하들의 보고는 잘된 부분을 강조하여 결과적으로 전체 상황을 왜곡시킬 가능성이 크기 때문이다.

의사결정의 효과성 높이기

의사결정의 효과성을 높이기 위해서 고려해야 할 몇 가지 요점은 다음과 같다(PD 2000, 246-260).

첫째, 의사결정의 출발점은 '의견(opinion)'이라는 점이다. 가능한 몇 가지 대안의 하나인 의견들 중 한 가지를 선택하는 것이다. 의사결정이 올바른 것과 틀린 것 사이의 선택인 경우는 드물다. 기껏 해봐야 '거의 올바른 것'과 '거의 잘못된 것' 사이의 선택이다.

요컨대 의사결정은 사실(fact)로부터 출발하지 않는다. 과학과 마찬가지로 의사결정도 가설이 유일한 출발점이다. 따라서 가설의 타당성을 검증하기 위한 판단 기준이 무엇인가를 규명하는 일이 우선되어야 한다.

둘째, 의견의 불일치를 조장하라는 점이다. 의사결정은 상반되는 견해의 충돌, 견해가 다른 사람들 사이의 대화, 여러 다른 판단들 가운데에서의 선택일 경우에만 오직 올바르게 될 수 있다. 의견불일치를 조장함으로써 의사결정자가 조직의 포로가 되는 것을 막을 수 있고, 의사결정이 잘못되었을 경우 되돌아갈 곳이 있게 되며, 무엇보다도 반대 의견은 상상력을 자극한다. 효과적인 의사결정자는 확실한 반증이 없는 한 반대자 역시 상당히 지적이며 공정한 사람이라고 가정하고, 그가 보고 있는 현실은 무엇인지 이해하려고 노력해야 한다.

셋째, 의사결정이 진정 필요한지 질문한다. 중요한 의사결정은 대개 외과수술과 같이 조직의 개혁을 요구하는 것이다. 무엇인가 서둘러 조치를 취하지 않으면 아주 중요한 기회를 잃어 버릴 수도 있을 때에만 급진적인 개혁을 해야 한다. 즉, 사소한 일에 긁어 부스럼을 내는 일이 없어야 한다.

넷째, 결단의 순간을 미루지 말라는 점이다. 의사결정은 양약이 입에 쓴 것과 같이 대체로 거부감을 가져온다. 그렇다고 해서, 앞서 살펴 본 의사결정의 단계들을 거쳐 결단을 내려야 할 시점에, '한 번 더 검토해 보자'는 식으로 의사결정을 미뤄서는 안 된다. 이는 자신의 결단력 부족을 은폐하기 위해서, 무수한 사람들의 시간을 낭비하게 하는 일이다.

다섯째, 그러나 효과적인 의사결정자는 상황을 이해 했다는 충분한 확신이 없이는 서둘러 의사결정을 하지 않는다. 결단의 순간, '뭔가 부족하다', '조심하라'고 속삭이는 내면의 소리가 들리면 그 의사결정은 중단되어야 한다. ¶

의사결정의 주요 관점

의사결정자는 어떠한 과점과 가정 하에서 의사결정을 내리는가 하는 관점은 다음과 같이 합리적 경제인 모형과 관리인 모형으로 구분된다.

합리적 경제인 모형

합리적 경제인 모형은 의사결정자는 경제적으로 합리적인 사고 하에 목표달성을 극대화하는 대안을 선택하려 하고, 그렇게 하기 위하여 모든 가능한 대체안을 체계적으로 탐색하고 평가한다는 것이다. 즉, 완전한 합리성(perfect rationality)과 최적(optimal)의 의사결정을 한다는 것이다. 그러나 이 이론은 인간의 지적 능력의 한계, 결과에 대한 예측 불가능, 완전한 대체안을 탐색하는 데 드는 비용이 소요된다는 등의 요인들을 고려하지 못하고 있다는 비판을 받는다. 흔히 규범적 모형(normative model)이라 한다.

관리인 모형

관리인 모형은 의사결정자가 인간으로서 현실적인 능력에 있어서 한계를 가지고 있어서, 문제해결을 위한 모든 방안을 인식할 수 없을 뿐만 아니라, 모든 대체안들의 결과가 어떻게 될 것이라는 것도 예측할 수 없기 때문에 완전한 합리성보다는 제한된 합리성(bounded rationality)에 기초하여 만족스러운(satisfactory) 수준에서 의사결정을 한다는 것이다. 이 모형은 인간의 실제적인 의사결정 모습을 묘사한다는 점에서 기술적 모형(descriptive model), 또는 만족해를 구한다는 점에서 만족모형(satisfying model)이라 한다.

커뮤니케이션

커뮤니케이션의 의의

커뮤니케이션이란 조직 내에서 상급자와 하급자간, 동료간, 단위부서간 의사 및 정보의 전달활동을 말한다. 커뮤니케이션을 통하여 구성원들은 조직 외부 및 내부의 정보를 경영층에 보고하기도 하고 경영층은 의사결정 사안을 하달하고 명령하게 된다.

커뮤니케이션의 개념적 모형

커뮤니케이션의 개념적 모형은 전달자, 피전달자, 커뮤니케이션 상황(잡음: noise)의 세 요소로 구성된다. 커뮤니케이션의 효과는 전달자의 설명력, 언어구사력, 발음, 신뢰성, 인지구조 등에서, 피전달자의 이해력, 관심 및 수용자세, 주의 집중력 등에서, 그리고 커뮤니케이션 상황으로서의 조직분위기라든가 조직구조의 짜임새 등에 의해서 영향을 받는다.

이러한 커뮤니케이션은 우리 신체의 신경망과 같이 조직 전체에 있어서 경영활동에 필요한 정보를 전달하고 조직 내 정보공유를 촉진함으로써 기업경영의 위험과 비용을 줄이고 구성원간의 신뢰를 구축하게 하는 등 경영성과에 중요한 영향을 미친다.

커뮤니케이션의 유형

조직 내에 이루어지고 있는 커뮤니케이션에는 다음과 같은 유형이 있다.

- 수직적/수평적 커뮤니케이션 : 수직적 커뮤니케이션은 조직의 위계 또는 명령계통에 따라 이루어지는 하달, 방침, 지시, 성과표준 등의 하향적 커뮤니케이션과, 업무보고, 제안, 개인의 고충 등 상향적 커뮤니케이션이 있다. 수평적 커뮤니케이션은 조직의 위계 수준이 같은 구성원이나 부서간의 의사소통을 의미하는 것으로 상호작용적 커뮤니케이션이라 한다.
- 일방적/쌍방적 커뮤니케이션 : 피드백 유무에 따라 구분한다. 쌍방적 커뮤니케이션은 피전달자의 피드백에 의해 시간이 더 걸리는 문제가 있지만 훨씬 효과적이다.
- 공식적/비공식적 커뮤니케이션 : 조직의 공식적인 커뮤니케이션 경로에 따르는 정보의 전달활동을 공식적 커뮤니케이션이라 한다. 비공식적 커뮤니케이션은 자생적이고 비계획적이며 소문의 형태를 띠는 커뮤니케이션으로 자연발생적이며 비공식조직에서 주로 이루어진다.

비공식적 커뮤니케이션

조직 내에는 공식경로에 의하지 않지만 중요한 소문들이 순식간에 확산되기도 한다. 이는 비공식 커뮤니케이션에 의한 경우가 많은데, 그 특성과 활용되는 이유는 다음과 같다.

비공식 커뮤니케이션의 특성

- 전달속도가 빠르다.

- 정보전달에 있어서 선택적이고 임의적이다.
- 공식 커뮤니케이션과 상호보완적이다.
- 조직구성원을 포함한 모든 사람들이 불안하거나, 변화에 직면했을 때 사용한다.
- 왜곡의 가능성이 많아 경영자들은 이를 부정적으로 보는 경향이 많다.

비공식 커뮤니케이션이 활용되는 경우

- 공식경로에 의한 정보획득이 잘 이루어지지 않을 때
- 상황이 불확실한 경우
- 개인적으로 공식적 의사소통을 하기 어려운 감정 상태일 때
- 미워하는 사람을 음해하려는 경우
- 새로운 정보를 가능한 한 빨리 조직구성원에게 전파시키고자 할 때

조직 내 커뮤니케이션의 방법

오늘날 조직 내의 원활한 커뮤니케이션을 위해서 많은 연구가 이루어지고 있음에도 불구하고 이 문제는 쉽사리 손에 잡히지 않는 난해한 것이라는 인식이 깊다. 실상 규모가 어느 정도 커진 대기업들 중에 부서간, 구성원 간 커뮤니케이션이 원활한지 물어보면 그 대답은 대부분 부정적인 경우가 많다.

(PD 2001, 261-267)

커뮤니케이션의 네 가지 원리

1. 커뮤니케이션은 지각(perception)이다.

이 말에는 커뮤니케이션의 주체가 바로 커뮤니케이션을 받아들이는 사람이라는 의미가 담겨 있다. 소위 전달자가 커뮤니케이션 행위를 하는 것이 아니다. 그가 무엇인가를 외친다고 해도 그것을 듣는 사람이 없다면 커뮤니

케이션은 없는 것이다. 지각하는 행위가 바로 커뮤니케이션이라는 것이 바로 커뮤니케이션의 제 1 원리이다.

소크라테스는 “사람은 다른 사람과 말을 할 때 듣는 사람의 경험에 맞추어 말해야 한다. 예를 들어 목수와 이야기할 때는 목수가 사용하는 말을 써야 한다.”고 지적했다고 한다. 이와 같이 커뮤니케이션은 발신자가 수신자의 언어 혹은 수신자가 사용하는 용어로 말할 때에만 이루어질 수 있다.

따라서 그 매체가 무엇이든 간에 커뮤니케이션에 있어서 제일 먼저 질문해야 할 것은 “이 커뮤니케이션이 수신자의 지각능력 범위 내에 있는가? 그가 이것을 수용할 수 있는가?”이다.

2. 커뮤니케이션은 기대이다.

우리는 원칙적으로 지각하기를 기대하는 것만을 지각한다. 대체로 보고자 하는 것을 보며, 듣고자 하는 것을 듣는다. 기대하지 않았던 것이 일어나면 적대감을 일으킬지도 모르지만 사실 이것이 중요한 것이 아니라 정말 중요한 것은 기대하지 않았던 것은 전혀 받아들여지지 않는다는 사실이다. 기대하지 않았던 것은 보이지 않고 들리지 않으며 오직 무시당하고 만다.

따라서 커뮤니케이션을 하기 전에 수신자가 무엇을 기대하고 있는지에 대해 알아야만 한다. 그래야만 커뮤니케이션이 그 기대를 이용할 수 있는지, 또는 수신자의 기대를 깨뜨리는 충격요법을 줄 필요가 있는지 알 수 있는 것이다.

3. 커뮤니케이션은 언제나 요구를 한다.

커뮤니케이션은 언제나 수신자가 어떤 사람이 되기를, 무엇을 하기를 또는 무엇을 믿기를 요구한다. 커뮤니케이션은 항상 수신자에게 동기부여를 하고자 한다. 만약 커뮤니케이션이 수신자의 야망이나 가치관 또는 목적에 부합되면 그것은 강력한 힘을 발휘한다. 반대로 커뮤니케이션이 수신자의 야망이나 가치관 또는 동기와 어긋나면 그것은 전혀 받아들여지지 않거나 저항을 받게 될 것이다.

그래서 조직의 비전을 설정하는 작업도 일종의 커뮤니케이션인 것이다. 즉 구성원으로 하여금 조직의 비전과 부합하는 가치관을 갖도록 변화를 요구하는 것이 비전의 기능이다.

4. 커뮤니케이션과 정보는 다른 것이다.

커뮤니케이션과 정보는 다른 것이며 사실상 거의 대립관계에 있다. 그러면서도 또한 상호 의존적이다. 커뮤니케이션은 지각인 반면 정보는 논리이다. 정보는 완전히 형식적인 것으로서 그 자체는 아무런 의미가 없다. 그것은 인간 사이의 관계가 아니다.

정보는 언제나 암호화 되어 있다. 따라서 정보를 입수하거나 이용하기 위해서 수신자는 암호를 알고 해독할 수 있어야 한다. 이는 사전에 약속이 되어 있어야 한다는 것으로 수신자와 전달자 사이에는 커뮤니케이션이 있어야 정보가 이용 가능하다는 의미가 된다. 따라서 정보는 커뮤니케이션을 전제로 한다.

이런 점에서 커뮤니케이션은 정보에 의존하는 것이 아닐지도 모른다. 가장 완벽한 커뮤니케이션은 어떠한 논리도 필요 없는 순수한 '경험의 공유'일지도 모른다. 따라서 커뮤니케이션에 있어 가장 중요한 것은 정보가 아니라 지각이다.

효과적인 커뮤니케이션

그렇다면 조직 내에서 효과적인 커뮤니케이션을 위해서 어떤 방식이 요구될 것인가? 흔히 상의하달방식과 하의상달방식, 경청의 강조 등이 자주 논의되는 내용이지만 이는 단지 지엽적인 출발점일 뿐이다.

상의하달방식과 하의상달방식 중 어떤 것이 나으냐의 문제는 역시 쌍방향 커뮤니케이션 모두가 작동하는 상태가 바람직할 것이다. 애초에 커뮤니케이션이란 그 정의 상 쌍방향이라야 한다. 그러나 조직 내 커뮤니케이션은 주로 상의하달 식의 일방향 커뮤니케이션 위주로 이루어진다. 따라서 향후에는 구성원의 생각을 자유스럽게 이야기할 수 있는 하의상달 식 커뮤니케이션을 강조함으로써 커뮤니케이션을 쌍방향으로 복원해야 한다.

커뮤니케이션의 과정에서 심리학자들은 적극적인 경청이 도움이 될 것임을 자주 강조한다. 경청이 효과가 있다는 것은 구성원들이 우선 경영자의 말을 이해할 수 있다는 것을 전제로 한다면 맞는 말이다. 그러나 이러한 가정은 받아들이기 어렵다.

커뮤니케이션이 쌍방향이라야 한다거나 적극적 경청이 도움이 된다거나 하는 말은 단지 출발점에 지나지 않는다. 그렇다면 조직 내 커뮤니케이션에 대해서 어떤 건설적인 것을 제안할 수 있는가? 피터 드러커는 목표관리(management by objectives)를 효과적인 커뮤니케이션의 전제조건으로 제안한다(PD 2001, 266-267).

목표관리는 부하직원으로 하여금 자신이 조직 또는 자신의 부서를 위하여 어떤 중요한 공헌을 할 것인지 그리고 어떤 책임을 질 것인지에 대해 깊이 생각하고 스스로 내린 결론을 상사에게 보고할 것을 요구한다. 부하직원이 제출한 것이 상사의 기대와 일치하는 경우는 극히 드물다. 그러나 이렇게 하는 일차적인 목적은 상사와 부하직원 간의 지각 상의 차이를 명확하게 밝히는 데 있다. 목표관리에 의한 커뮤니케이션은 동일한 현실을 서로 다르게 인식할 수 있다는 사실을 알게 하며, 이 차이에 대한 인식 자체가 곧 커뮤니케이션인 것이다.

목표관리는 커뮤니케이션의 수신자인 부하직원으로 하여금 이해의 폭을 넓힐 수 있는 경험을 제공한다. 의사결정의 실체, 우선순위 문제, 자기가 하고 싶은 것과 상황이 요구하는 것 사이에서의 선택 그리고 무엇보다도 의사결정에 따른 책임에 대해 이해할 기회를 갖게 해 준다. 그는 목표관리에 의한 커뮤니케이션을 통해 상사가 처해 있는 복잡한 상황을 이해하게 되고 또한 그 복잡함이 상사가 만들어 낸 것이 아니라 상황 그 자체에 내재해 있는 것이라는 것 등에 대해서 이해할 수 있게 될 것이다.

이런 예들은 커뮤니케이션이 바로 '경험의 공유'임을 생각할 때 매우 중요한 시사점을 제공한다. 커뮤니케이션은 조직의 수단이 아니라 조직의 존재양식 그 자체이다. 즉 커뮤니케이션은 조직과정의 주된 요소인 것이다.¶

의사결정의 실행과 코오디네이션

과업의 분화에 의해서 역할이 세분화될수록 이들 세분화된 업무를 다시 전체적으로 통합 연결해야 할 필요가 커진다. 이러한 통합 연결을 하는 조직과정이 조정 또는 코오디네이션(coordination)이다. 코오디네이션은 분화된 업무들간 또는 부서간에 발생할 수 있는 갈등을 해소하기 위해서 반드시 필요하다.

갈등관리

갈등의 개념과 의의

일반적으로 업무나 부서가 분화되면 각각의 부서는 자체적인 업무목표에 몰입하기 때문에 구성원간, 그리고 부서간에 여러 가지 이견이 발생할 수 있다. 예를 들면 업무목표의 차이라든가, 업무수행 방법이나 일정에 관한 견해차라든가, 이해관계의 대립상태와 같은 불일치 등인데 이런 차이는 갈등상태를 유발한다. 즉, 조직에서의 갈등은 어떤 한 사람 또는 부서가 자신의 관심사나 이해를 관철시키기 위해서 다른 한쪽의 관심사나 이해를 좌절시키거나 차단함으로써 시작되는 것이다.

갈등의 기본 개념과 갈등이 일어나는 핵심적인 원인은 다음과 같다.

기본개념

- 개인(또는 집단)이 추구하려고 하는 목표나 행동이 타인(또는 다른 집단)에 의해 부정적인 영향을 받았거나, 받게 될 것이라고 인식하는 과정

갈등의 핵심적 원천

- 개인 또는 집단간 상반된 문제(상황)인식
- 목표의 차이와 이해관계의 충돌

- 상대방이 자신의 이해관계를 방해한다는 지각
- 실제로 방해하는 행동

갈등의 순기능과 역기능

통상 사람들은 조직 내 갈등이 구성원들로 하여금 스트레스를 느끼게 하고, 상대부서에 대해 적대감, 부정적 태도, 편견 등을 갖도록 하며, 부서간 커뮤니케이션을 감소시켜 원활한 업무수행을 방해한다고 생각하여 갈등을 완전히 제거하려고 한다. 물론 갈등상태가 심각한 경우에는 경영성과에 나쁜 영향을 줄 수 있다. 그러나 조직이 직면한 문제해결을 위한 어느 정도의 갈등은 오히려 조직의 창의성이나 지속적인 개선 및 혁신을 촉진함으로써 문제해결과 경영성과의 향상에 도움이 될 수 있다. (그림 8-2 참조)

즉, 갈등이 전혀 없는 조직보다는 어느 정도의 갈등이 있는 조직은 오히려 조직이 필요로 하는 변화와 혁신에 도움이 된다.

이와 같이 조직 내 갈등은 경영성과에 대해 역기능적이기도 하고 순기능적이기도 하므로, 갈등을 완전히 없애기보다는 역기능을 줄이고 순기능을 높이는 방향으로 갈등을 관리할 필요가 있다. 이러한 경영활동을 갈등관리(conflict management)라고 하는데, 이 때 코오디네이션을 통해 적정한 갈등수준을 유지함으로써 구성원 및 집단들로 하여금 문제해결에 더욱 주의를 집중할 수 있도록 할 수 있다

갈등관리

갈등관리는 순기능적인 갈등수준을 유지하여 구성원들이 문제해결에 더욱 집중하게 하는 것을 말한다.

순 기 능		역기능
• 새로운 아이디어 유도 • 창조성 유발 • 변화촉발 • 조직의 행동감 제고 • 문제 해결 촉구	⟺	• 심리적 스트레스 • 업무로부터 에너지 분산 • 자원낭비 • 부정적 조직분위기 • 집단응집력 파괴 • 적대심과 공격적 행위

그림 8-2 갈등의 순기능과 역기능

읽기: 잭 웰치의 한국방문 시 강연 중에서

"사람들의 영향을 활용할 수 있으려면 그들의 꿈을 달성할 수 있도록 하는 것이 필요한 것입니다. 관리자는 직원들에게 에너지를 주는 것, 즉 역량을 키울 수 있도록 권한을 위임해 주어 사람들이 꿈을 달성할 수 있도록 힘을 주는 것이 중요합니다. 매니저의 역할은 바로 그런 것이라고 저는 생각합니다. 매니저의 역할은 한 손에는 비료를 들고 또 한 손에는 물통을 들고 있는 사람입니다. 그리고 직원들을 꽃이라고 생각해야 합니다. 이 꽃에 물을 주고 비료를 주는 것이 매니저의 역할입니다. 잘 자라는 꽃은 하늘로 뻗으면서 꽃을 피울 것이고, 비료를 줘도 잘 자라지 않는 꽃은 정원에서 솎아내고 그 자리에 새로운 꽃씨를 심어야 할 것입니다. 그리고 비료와 물을 새로운 꽃에 주어야 합니다. 그것이 매니저의 일입니다."

공헌에 초점 두기

갈등이란 피할 수 없는 것이며 여러 가지 징표에 의해서 갈등의 발생가능성을 알 수 있다. 서로에 대한 무관심, 창조성의 결핍, 너무 쉽게 합의하는 분위기 등 무기력한 상황의 경우 적절한 갈등의 창조가 필요하다. 반면에 역기능적인 갈등상황의 경우는 갈등 극복방안이 필요하다. 갈등관리를 위해서 제일 중요한 점은 도전적이고 명확한 목표를 설정함으로써 구성원이 조직을 위해서 공헌할 목표를 갖게 하는 것이다.

피터 드러커는 지식정보화 사회에 살고 있는 전문가로서의 조직구성원들은 대부분 지식근로자이며, 이들은 늘 성과와 공헌에 초점을 맞추도록 함으로써 커뮤니케이션, 팀워크, 자기계발, 인재육성 등의 면에서 효과적인 인간관계를 가져온다고 하였다(PD 2000, 146-148).

일단 부하직원에게 자기 자신에게 어떤 공헌이 기대되고 있는지를 충분히 생각하게 한 후 다음에는 상사가 그 타당성을 판단해 주어야 한다. 이런 과정에서 견해차이는 뚜렷하게 부각될 것이고 이런 과정 자체가 효과적인 커뮤니케이션을 위한 출발점이 된다. 또 공헌에 초점을 맞추게 되면 횡적인 커뮤니케이션이 이루어지면서 팀워크가 가능해진다. “나의 산출물이 성과와 연결되기 위해서 누가 그것을 이용해야 하는가?”라는 질문을 하게 되면 명령계통의 상하가 아닌 프로세스의 선후에 있는 사람들의 중요성을 즉각 알 수 있게 된다.

코오디네이션 방법

과업의 분화에 따라 일 또는 역할이 세분화되면서, 이들 세분화된 업무들을 다시 조직 전체적인 관점에서 통합·연결시킬 필요가 커지는데, 이를 코오디네이션이라 한다.

코오디네이션은 그 조정이 조정담당자에 의해 이루어지느냐, 혹은 사람이 아닌 어떤 규칙이나 시스템에 의해 이루어지느냐에 따라 인적 조정과 제도적 조정으로 나누어 볼 수 있다. 인적 조정방식은 커뮤니케이션 채널을 통하여 상호 업무를 조정해 나가는 방식으로 주로 개인적 조정역할을 담당하는 사람을 통해 이루어진다. 예를 들면 상위 감독자의 직접적인 구두지시에 의해 조정을 한다거나, 조정업무를 맡은 상위 감독보조자에 의해 조정을 하는 것, 동일한 계층의 조직구성원 및 부서들 간에 이루어지는 조정으로는 상호 인력의 교류, 직접적인 접촉, 어떤 사람이나 부서에 연결역할을 부여, 통합역할을 담당하는 조정자 혹은 연락역할 담당자(liaison role)의 임명, 위원회를 만들거나, 임시적인 프로젝트 조직을 만드는 것 등이 포함된다.

제도적 조정방법은 사전에 확립된 계획이나 일정, 공식화된 규칙, 정책, 표준화된 절차, 관리시스템 구축 등을 통해 이루어지는 것을 말한다. 표준화(standardization)에 의한 조정은 엄격한 규칙이나 규범을 만든다거나, 업무절차를 전산화하여 매뉴얼화한다거나 하는 식의 공식화 방법에 의한 조정을 말하는데, 사건의 발생수가 적고 예측이 가능하며 반복적이며 안정적일 때 효과적인 조정방식이다. 계획(plan) 또는 스케줄(schedule)에 의한 조정은, 어떤 부서의 목표보다 더 큰 상위목표를 제시하려고 하거나 업무일정을 명확히 제시하려고 하는 조정방식을 말하는데, 발생하는 사건의 수가 많고 예측가능성이 높지 않을 때와 같이 약간 불안정적일 때 효과적이다. 그리고 여유자원(slack resource)에 의한 조정은 조직 내 물적·인적·시간 등과 같은 자원의 여유분을 둠으로써 불필요한 조정문제의 발생을 막고 오히려 탄력적인 조정이 이루어지도록 하는 조정방식이다.

실행의 강조

(PD 2000, 243-246)

실행을 위한 질문들

의사결정과정에서 결정된 사항을 효과적인 행동으로 전환하는 것은 대체로 가장 많은 시간을 소비하는 과정이다. 그렇기 때문에 계획된 일이 실패하는 것은 주로 실행단계에서 비롯된다.

어떤 사람에게 과업을 할당하고 책임을 맡기는 구체적인 실행단계를 밟지 않으면 실질적으로 그 어떤 것도 결정된 것이라고 볼 수 없다. 그 때까지 그것은 단지 하나의 좋은 의도에 지나지 않는다.

의사결정을 행동으로 전환하기 위해서는 몇 가지 질문들에 답을 해야만 한다.

- 이 질문을 알아야 할 사람은 누구인가?
- 어떤 행동을 해야 하는가?
- 누가 그것을 해야 하는가?
- 그 행동을 해야 할 사람이 그것을 할 수 있도록 하기 위해서 필요한 행동은 어떤 것이 되어야 하는가?

의사결정에 대한 피드백

실행을 보장하기 위해서는 반드시 피드백 활동을 의사결정과정에 포함시켜 의사결정이 달성하고자 하는 기대수준과 실제활동의 결과를 지속적으로 비교해야 한다. 의사결정은 사람이 하는 것이다. 사람은 오류를 범하게 마련이며 그들의 과업은 그리 오래 지속되지 않는다. 피드백 과정이 작동되지 않으면 의사결정은 곧 진부해지고 만다.

가장 전통적이고 그러면서도 중요한 피드백은 직접 가서 눈으로 확인하는 방법이다. 그것은 군대에서 오래 전부터 이루어지던 방식인데, 눈으로 확인함으로써 의사결정의 기초가 되었던 전제들이 여전히 유효한지, 또는 그것들이 진부한 것으로 되어 재검토할 필요성이 있는지 판단할 수 있기 때문이다. 실제로 현실은 오랫동안 그대로 유지 되는 것이 아니므로 의사결정의 전제가 되었던 상황들은 조만간 진부해진다는 것을 항상 예상하고 있어야 한다.

의사결정자는 피드백을 위한 조직적인 정보, 즉 보고서와 숫자를 필요로 한다. 그러나 현실에 직접 노출된 피드백 방법을 수립하지 않으면, 즉 현장에서 직접 관찰하는 원칙을 세우지 않으면 실행과정은 실제와 어긋나게 될 것이다.¶

제 5 부

기능관리론

제 9 장 기능관리론의 개관

기능관리론

9 기능관리론의 개관

1. 생산관리의 기초
2. 마케팅관리의 기초
3. 재무관리의 기초
4. 인적자원관리와 노사관계의 기초

제 9 장 기능관리론의 개관

기업에는 여러 가지 '기능(function)'이 존재한다. 이들 기능에 따라 부문화가 이루어지면서 조직구조가 형성된다. 이렇게 기능이 분화한 이유는 말할 것도 없이 조직의 사업목적을 보다 효과적으로 달성하기 위한 것이다. 그럼에도 불구하고 간혹 각 기능 간에는 '벽'이 생겨서 커뮤니케이션이 단절되고, 상호 갈등이 표출되기도 하며, 결과적으로 부문적정화(sub-optimization)현상이 생기는 경우가 많다. 부서 간의 갈등은 조직생활에서 나타나는 자연스러운 특징이기는 하지만, 그런 종류의 긴장이 구성원들로 하여금 기업의 공통된 비전을 망각하도록 한다면 매우 위험한 일이다.

각 기능의 목적은 언제나 사업목적에 일치시켜야 한다. 사업의 유일하고도 궁극적인 목적은 고객만족, 즉 고객에게 가치를 제공하여 사업전체를 언제까지나 넉넉히 지탱할 수 있는 충분한 수의 고객을 확보하고 유지하는 일이다.

그러기 위해서는 고객을 얻고 지키기 위해서 고객이 누구인지 알아야 하며, 고객이 원하는 것이 무엇인지 확실히 알아야 한다. 이런 것을 명확히 하는 활동이 바로 마케팅이다.

생산은 마케팅에서 정의된 고객가치를 실천하는 기능이다. 그러므로 사실상 생산은 마케팅과 같은 목적을 갖는다. 고객창조라는 공통의 사업목적에 대해서 마케팅은 개념적 정의를 한다면 생산은 이를 실현하기 위한 구체적 활동을 수행하는 것이다.

생산과 마케팅이 고객창조 활동을 하는 데는 사람의 혈액과도 같이 늘 자금이 필요하다. 재무는 효과적인 자본의 조달과 운용을 통하여 기업가치를 극대화할 수 있도록 하는 데 관심이 있다.

그리고 이 모든 경영활동을 하는 주체는 사람이므로 인적자원관리가 중요하게 부각된다. 사람이야말로 조직이 보유하고 있는 진정한 자원이며, 조직은 인적자원을 더욱 생산적으로 만듦으로써 성과를 달성하게 된다.

이하 이들 각 기능관리 분야[18]에 대해 알아 본다.

생산관리의 기초

생산관리 기능

생산활동과 생산시스템의 경쟁우위요소

생산(production)은 제품 또는 서비스를 만들어 내는 기능을 수행한다. 생산은 기업이 이용 가능한 자원, 즉 인간, 원자재, 기계설비, 에너지, 정보 등을 유용하게 활용하여 제품이나 서비스로 변환해 가는 과정이다. 생산활동은 대표적으로 공장의 경영에서 볼 수 있지만 병원, 백화점, 식당 같은 서비스 조직의 경영 활동도 역시 생산활동이다.

우량기업은 제품의 물리적 특성, 제품의 내구성, 고객수요에 대한 반응시간, 품질 면에서 차이가 나는데, 이런 차이는 기본적으로 생산활동의 능력 차이에서 비롯된다.

기업의 목적인 '고객의 창조'를 달성하기 위해서 구체적으로 생산시스템이 추구해야 할 목표(경쟁우위요소)는 어떤 것인가? 생산시스템이 추구해야 할 목표로 전통적으로 생산성(productivity), 품질(quality), 원가(cost), 납기(delivery), 그리고 신축성(flexibility) 등을 들고 있다.

생산기능은 이들 경쟁우위요소를 체계적으로 강화하기 위한 계획, 조직(설계), 집행, 통제의 관리과정을 수행한다.

---

[18] 기능관리 각 분야는 경영학 각론을 형성한다. 따라서 경영학 분야 중 어느 특정 분야를 깊이 있게 전공하고자 할 경우 생산, 마케팅, 재무, 회계, 인사·조직, 경영정보시스템(MIS) 중에서 선택하게 된다.

생산관리자의 역할

생산관리자는 생산기능을 관리하는 관리자로서의 역할과 아울러, 생산기능이 추구해야 할 전략적 역할에 대한 방향을 잡아야 한다. 생산관리자의 역할은 크게 세 영역으로 구분할 수 있다.

① 생산 기능이 수행해야 할 전략적 방향을 구상하고 실행하는 일이다.

② 변환과정을 설계하고 개발하는 일이다. 이 영역에서는 새로운 생산시스템을 시작하는 데 필요한 제품설계, 공정설계, 입지선정, 설비배치 등의 의사결정이 포함된다.

③ 가치 창조 및 가치제공 프로세스에 대한 운영(계획 및 실행)과 개선이다. 이 영역은 주어진 생산시스템의 일상적인 운영에 관련된 의사결정을 말한다. 수요예측, 총괄생산계획, 재고관리, 설비보전 등이 이에 속한다.

생산관리의 발전

산업혁명이 시작되기 전의 생산은 완제품에 이르는 전체 공정을 숙련된 장인이 혼자서 수행하는 수공업 방식으로 이루어졌고, 장인의 노하우는 도제에게 장기간에 걸쳐 은밀히 전수되었다. 산업혁명 이후 공장이 대형화되면서 비숙련 노동자에 의해 대량으로 생산이 수행되어야 할 니드가 커졌는데, 이는 부품을 표준화하여 호환성 부품이 사용되도록 하는 계기가 되었다.

1885년에서 1910년 사이에 프레드릭 테일러(Frederck W. Taylor)에 의해 개발된 과학적 관리법은 최선의 작업 방법을 찾는 과업관리, 작업 및 제조건의 표준화, 차별적 성과급제 등의 내용으로 이루어져 생산성의 혁명을 가져오게 했다. 과학적 관리법은 노동을 과학적으로 분석함으로써 경영을 하나의 과학으로 만들었으며, 작업을 단 시간 내에 배울 수 있는 미숙련 작업 단위로 만들 수 있게 했다. 과학적 관리법은 그 후 길브레드, 간트 같은 사람들에 의해 계승되었고, 교육 훈련을 통해 점차 생산성 혁명이 전 세계로 퍼져나갈 수 있게 하는 전기를 만들었다.

헨리 포드에 의한 이동조립법은 생산의 표준화를 전제로 컨베이어 벨트와 작업자가 컨베이어의 속도에 타이밍을 맞추는 동시관리를 실현한 것인데, 이는 과학적 관리법의 사상을 자동차 산업에 적용하여 대량생산 방식을 확립한 결과라 할 수 있다.

대량생산이 가능해지면서 1940년대 이후부터는 품질의 중요성이 한 층 부각됨에 따라 슈하트(Walter A. Shewhart)는 품질관리 문제에 통계적 기법을 적용하는 이론을 제시했고, 데밍과 주란(Deming & Juran)에 의해 통계적 품질관리(statistical quality control, SQC) 이론으로 발전되었다. 그 후 통계적 품질관리는 전사적 품질관리(total quality management, TQM) 활동이라는 보다 광범위한 품질관리 개념으로 발전되었다.

1970년대에서 1990년대는 일본 기업들의 약진이 두드러졌다. 당시 도요타 자동차 회사에서 개발된 적시생산시스템(just-in-time, JIT)은 생산계획이 실수요에 연동하게 하는 끌기(pull) 방식의 린 생산시스템으로서 다양한 제품들을 적정량씩 생산하고 낭비를 제거하는 생산을 실현코자 한 것인데, 이는 수공업 생산방식의 원가상승 문제와 대량생산방식의 유연성부족 문제를 동시에 해결할 수 있는 대안으로 각광을 받았다. 1990년대 이후에는 유연생산시스템 (Flexible manufacturing system)을 구축하는 기업이 나타나기 시작했다. 이는 대량 고객화(mass customization)를 유연한 자동화에 의해 가능케 함으로써 공정에서 생산품목을 전환하는 데 소요되는 시간을 단축하여 다품종 소량생산을 경제적으로 가능하게 하는 시스템, 즉 범위의 경제를 실현한 단계로 볼 수 있다.

생산전략

생산전략은 경쟁우위 실현을 지지하기 위하여 생산역량을 일관되게 사용할 것을 정하는 기능전략이다. 즉 생산전략은 기업의 장기적인 경쟁전략을 최대로 지원하고 기업의 전략적 테두리 속에서 전체적으로 조화되는 생산능력을 개발하고 전개하는 것, 그리고 기업의 생산자원을 사용하기 위한 광범위한 정책 및 계획을 설정하는 것과 관련된다. 즉 생산전략은 기업전략 또는 사업전략과 일관성 있게 수립되고 구현될 때 저렴한 제조비, 고품질 제품, 제조상 유연성 같은 경쟁우위를 제공해줄 수 있다.

생산전략이 요구하는 의사결정의 영역을 공정선택과 하부구조로 구분하고 있으며, 생산전략이란 생산기능이 총괄전략으로부터 유도된 마케팅전략과 주문획득기준을 지원하는 역할을 수행할 수 있도록 의사결정의 각 요소들이 상호작용에 의해서 일관되도록 해야 함을 강조하면서 각 단계별로 요구되는 의사결정 항목들을 표 9-1과 같이 제시하였다(Berry 외 1995).

요컨대, 표 9-1에서 총괄전략, 마케팅전략, 주문획득기준, 생산전략의 공정선택 및 하부구조적 의사결정은 내적으로 일관되어 총체적으로 기업의 경쟁우위를 지지할 수 있도록 구성되어야 하며, 이를 위해서는 그 수립 과정 상에 긴밀한 상호작용이 요구된다.

총괄전략 (Corporate Objectives)	마케팅전략 (Marketing Strategy)	주문획득 기준(Order Winning Criteria)	생산전략 (Production Strategy)	
			공정선택 (Process Choice)	하부체계 (Infrastructure)
성장 생존 이익 투자수익률 (ROI) 기타 재무회계적 지표	제품과 시장 범위 제품믹스 생산량 표준화와 고객화 혁신의 정도 리더 vs. 추종전략	가격 품질 납기(속도, 신뢰성) 제품범위 설계상의 리더십 기술적 지원	공정선택 공정선택에 관한 절충 생산능력 (규모, 시기, 입지) 재고의 역할	기능간 지원 생산계획 통제 품질보증과 품질관리 시스템설계 급여시스템 작업구조 조직구조

표 9-1 생산전략의 의사결정 흐름과 내용

생산전략 수립의 개념적 틀

생산전략은 기업전략을 지지해야 한다. 그러나 기업전략이나 생산전략에서 경쟁과업이 명시적으로 명확히 제시되는 경우는 그리 흔하지 않다. 대신 실제로 강조되는 경쟁우선순위 등을 종합하여, 생산이 고객의 요구를 어떤 측면에 우선순위를 두어 만족시켜야 하는지 확인할 수 있을 것이다.

실무적으로 생산전략의 수립과정은 다음과 같은 일을 포함한다.

① 고객의 요구(가치)를 확인한다.
② 경쟁사가 무엇을 하고 있는지 고려한다.
③ 생산의 현재 역량(능력)을 고려한다.
④ 생산이 선택 가능한 모든 생산시스템의 대안을 고려하고 선택한다.
⑤ 생산이 제공해야 할 경쟁요건을 구체적으로 열거하고 이를 달성하기 위한 최적의 개선 및 혁신에 관한 의사결정을 명확히 한다.

이런 요소들을 고려하기 위한 개념적 틀로서 그림 9-1 과 같은 매트릭스(matrix) 구조를 이용할 수 있다(Miltenburg 1995). 이 구조는 시장에서 요구되는 경쟁요건에서 출발하여 구조적·하부구조적 의사결정 영역을 결정해 가는 순서를 명시적으로 보여준다.

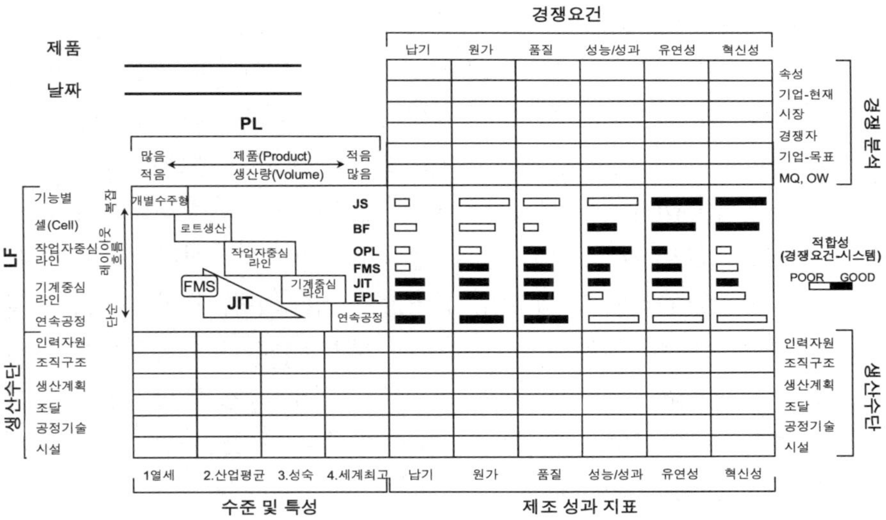

그림 9-1 생산전략 수립 매트릭스

첫 단계는 납기, 원가, 품질, 성능, 유연성, 혁신성 등의 생산과업으로부터 시장 참여의 기본요소(order qualifier)는 무엇이며, 고객주문획득을 위한 요소(ordering winning criteria)는 무엇인지 이해해야 한다. 다음 단계는 경쟁력 형성의 우선순위(competitive priority)를 명확히 하고, 나아가 이를 지원할 생산시스템의 유형과 차별적 핵심역량의 개발할 생산수단을 결정해야 한다. 마지막으로는 경쟁력 유지를 위한 중장기 계획을 입안하고 이를 착실히 실천해야 한다.

생산시스템 유형

그림 9-1의 좌·상단 부분에는 제품-공정 매트릭스가 표시되어 있다. 제품-공정 매트릭스는 생산되는 제품의 다양성과 제조 공정의 형태에 따라 두 축으로 나눈 매트릭스 상에서 어떤 생산시스템이 효과적으로 운영되는지를 표시한 것이다. 그림 9-1에서와 같이 생산시스템의 유형 별 특징은 다음과 같다.

① 개별주문 생산시스템 : 중소규모 제조업에서 많이 볼 수 있는 것으로 대부분 고객의 주문에 따라 생산한다. 다품종소량생산이라고도 불리는 이 시스템은 10개 미만의 소로트를 단위로 생산하기 때문에 대량생산에 의한 "규모의 경제" 효과를 기대할 수는 없다. 대신에 수요 변화에 탄력성이 크며, 대량생산이 어려운 고가의 주문품 생산에 유리하다.

② 로트/뱃치(lot/batch) 생산시스템 : 개별생산과 연속흐름공정의 중간 형태로서 로트 생산, 또는 뱃치 생산시스템이라고 한다. 로트/뱃치 생산시스템은 공작기계 제조업, 단조, 주조업, 의류, 제화, 가구, 도자기 등 많은 업종에서 볼 수 있다. 또한 개별생산이나 연속흐름생산 시스템을 채택하고 있는 공장이라 하더라도 일부 공정은 뱃치생산의 형태를 취할 수도 있다. 로트/뱃치생산에 있어서 생산로트는 수백 개 내지 수천 개 규모로 다양하다.

③ 라인 생산시스템 : 자동차공업이나 전기·전자 제품 제조업에서 흔히 볼 수 있는 가공, 조립라인을 말한다. 이 생산시스템은 생산되는 제품의 가공, 조립에 적합하도록 제품중심의 설비배치가 되어 있으며, 대부분 전용설비를 이용한다. 기계 및 작업자의 작업능률을 높이기 위해서 동작연구 내지는 시간연구가 유용하게 적용될 수 있다.

④ 연속 흐름 생산시스템 : 화학공장과 같은 장치산업에서 흔히 볼 수 있는 생산시스템이다. 연속 흐름생산시스템에서는 다른 생산시스템과는 달리 투입된 원료는 이동하면서 가공되기 때문에 물자의 공간이용률이 매우 크다. 앞의 라인생산시스템과 함께, 연속 흐름생산시스템도 생산의 흐름이 연속되므로 어느 한 곳에서 고장이 생길 경우 전체 공정이 정지되어 많은 손실을 입게 된다. 원가 면에서는 전용설비를 이용하여 일정품목을 대량 생산하는 것이므로 규모의 경제 효과에 의해서 제품 단위 당 생산원가가 매우 낮아진다는 이점이 있다. 그러나 다양한 수요 변화에 대응하기 위한 유연성에는 한계가 있다.

⑤ 적시생산시스템 : 적시생산시스템은 JIT(Just-in-Time) 생산시스템으로 불리는 생산체계로서 일본 도요타 자동차의 오노다이치에 의해서 개발되었다. 오노는 미국의 대량생산 방식이 수요변화에 신축적으로 대응할 수 없다는 점에 착안하여, 도요타 자동차가 미국의 자동차 회사들과 경쟁하기 위한 생산시스템을 연역적으로 구상하였다. 그 결과 다품종 소량으로 고객의 요구에 맞게 대응하면서도 재고를 갖지 않는 시스템으로서 고객의 실 수요를 바탕으로 끌기(pull) 식으로 대응하는 JIT생산시스템을 창안하게 된 것이다. JIT 생산시스템은 소로트 생산으로 시장의 수요에 대응하되, 소로트 생산의 한계인 제품 당 원가 상승의 문제를 해소하기 위하여 공정을 흐름화하기 위한 다양한 아이디어를 제시하였다. 이 사고방식은 린생산방식(lean manufacturing system)으로도 불린다. (제 11 장 참조)

⑥ 유연생산시스템 : 유연생산시스템(FMS : flexible manufacturing system)은 다양한 제품생산(가공)을 자동으로 행하는 유연자동화를 실현하기 위하여 여러 가지의 자동생산기술과 생산관리기술을 종합한 생산시스템이다. FMS는 여러 대의 공작기계와 산업용 로봇, 가공물의 자동 탈착 장치, 자동 팰릿 교환장치, 자동 공구 교환장치, 무인운반차, 자동창고시스템 등으로 자동생산기술을 사용하며 이들을 관리하고 제어하는 컴퓨터와 소프트웨어 등 생산관리기술을 종합함으로써 노동력 절감 효과가 매우 크며 상대적으로 작업속도가 빠르고 고품질의 생산을 할 수 있다. 그러나 유연생산시스템을 실현하기에는 큰 투자액이

소요된다는 제약점이 있다.

전사적 품질경영(TQM)

전사적 품질경영 개요

전사적 품질경영(TQM : total quality management)은 최고경영자의 리더십 아래 품질을 최우선 과제로 하고, 고객만족을 통하여 기업의 장기적인 성공을 도모한다. 이 단계에서는 전사적인 품질시스템을 구축하는 것이 목적이다. 즉, 회계는 내부 고객에게 오류가 없는 정보를 제공해야 하며, 인사는 종업원으로 하여금 품질의 중요성을 알도록 동기부여하고, 교육훈련을 제공해야 한다. 마케팅은 고객이 요구하는 품질 수준을 모니터링하고, 자사 제품의 품질을 판촉에 이용한다. 이 단계에서의 품질은 이제 생산현장의 문제가 아니라 기업 전체의 시스템 차원으로 확대 된다.

전사적 품질경영은 1980년대 초반, 미국이 일본 기업에게 제조업의 많은 분야에서 경쟁우위를 빼앗겨 시장점유율을 상실하는 현실에서 태동하였다. 미국산 자동차의 점유율은 1980년 71%에서 91년 62%로 감소하고, 기계, 전자, 철강 등 많은 산업이 황폐화 되는 등 미국 사람들의 위기 의식을 일깨웠다.

말콤 볼드리지 품질상

이런 분위기에 발 맞추어 미 의회는 1987년 말콤 볼드리지 품질상(Malcolm Baldrige National Quality Award)을 제정하였다. 당시 레이건 행정부와 의회는 '미국 병'에 빠진 기업들에게 자극을 주려고 이 상을 만들었다. 말콤 볼드리지는 이 상을 제안했던 당시 상무장관의 이름이다. 그는 미국기업의 경쟁력 하락에 위기의식을 느끼고 분발할 수 있도록 품질경영상을 제정해 시상하기 시작했다. 상의 권위를 높이기 위해 백악관에서 대통령이 상을 직접 주고 있다. 미국기업들은 영예로운 이 상을 받기 위해 노력했다. 수많은 기업들이 볼드리지 평가항목에 근거해 자사의 품질경영수준을 점검하고 문제점을 보완했다. 이런 과정을 거쳐 품질의 '관리(control)'는 품질의 '경영(management)'이라는 보다 넓은 차원으로 발전하게 되었다.

말콤 볼드리지 품질 상에서 평가하는 요소는 다음과 같은 일곱 가지 기준으로 구성되어 있다.

1. 리더십 : 리더십 체계, 가치, 기대, 공공에 대한 책임
2. 전략계획 : 전략계획 및 사업계획의 유효성과 성과요건에 초점을 둔 계획의 전개
3. 고객 및 시장 지향 : 고객과 시장의 요구를 어떻게 정의하며 고객만족을 어떻게 달성하는가?
4. 정보분석 : 고객지향적 탁월성과 시장에서의 성공을 지원하기 위해서 정보시스템을 효과적으로 사용하는 정도
5. 인력 지향 : 구성원의 잠재력을 최대한 실향하기 위한 노력의 성과
6. 공정 관리 : 제품 및 서비스의 품질을 보장하기 위한 시스템 및 공정의 효과성
7. 사업 성과 : 고객 만족도, 재무적 지표, 인력, 공급업체, 생산 부문의 성과와 경쟁적 벤치마킹

ISO 9000 규격

1970 년대 이후 구미에서는 품질보증 규격의 제정이 가속화되었다. 그 배경에는 일본의 품질경쟁력 강화에 자극을 받은 점과 함께 내부적으로는 항공기, 식품, 제약 등 품질에 민감한 산업을 필두로 점차 보다 엄격한 품질보증이 필요했기 때문이다. 한편, 각국이 제각기 규격을 만들기 보다는 세계적으로 통용될 수 있는 품질보증시스템의 필요성이 제기되었다. 이에 따라 1976년, 국제표준위원회(ISO)는 품질보증시스템 표준화를 위한 기술위원회(technical committee : TC)로서 TC176을 설치하게 되었는데 이것이 ISO 9000 탄생의 모태가 되었다. 그로부터 10년 가까운 분과위원회 활동을 통하여 1986년에 품질보증 규격 ISO 9000 ~ 9004가 제정되었다.

ISO 9000 시리즈는 품질보증에 관한 국제표준이다. 이는 제품 자체에 관한 품질을 보증하는 것이 아니라 제품 생산과정, 즉 프로세스(품질시스템)에 대한 신뢰성 여부를 판단하기 위한 기준이다. ISO 9000 시리즈의 대상 산업은 공산품 제조업뿐 아니라 서비스, 소프트웨어 등 전 산업에 적용될 수 있다.

ISO 9000은 생산자 중심의 규격이 아닌 소비자 중심의 규격이다. 즉 소비자가 제품을 구입할 때, 그 품질을 신뢰할 수 있는 판단기준을 제공한다. 이때 제3자인 인증기관의 개입을 통하여 품질보증의 객관성을 높인다. ISO 9000에서 규정하고 있는 품질수준은 사업장이 갖추어야 할 최소한의 요구조건이며, 지속적 개선을 위한 출발점에 해당한다.

ISO 9000의 요구사항을 개관하면 다음과 같다.

- 품질정책, 설계관리, 공정의 관리, 계측기기 관리, 교육훈련, 내부감사 등 제품/서비스의 품질을 확보하기 위하여 필요로 하는 모든 품질활동을 명확화할 것
- 품질을 확보하기 위한 모든 활동을 담당할 조직을 명확화할 것
- 모든 품질활동을 표준화(프로세스화)하고 문서화할 것
- 조직도, 신제품 개발 절차, 작업지시서, 계측기기 교정절차, 교육.훈련 계획, 내부감사 실시 방법 등 품질활동의 모든 내용을 모든 사람이 볼 수 있도록 문서화할 것
- 중간결과 및 프로세스의 최종결과를 문서화할 것
- 요구사양서, 도면, 제조조건, 검사기록, 감사 결과들을 명확히 문서화할 것
- 작업이 정해진 절차에 의해 실시되었다는 증거를 제시할 것
- 작업 절차의 확인과 책임소재를 보이는 기록을 보존할 것

기업의 품질관리 실무

제조 기업에서의 주요 품질관리 활동은 생산활동의 진행에 따라 그림 9-2와 같이 이루어진다.

품질의 설계는 시장의 요구와 경영자의 품질방침에 따라 이루어진다. 설계에 따라 규격에 맞는 부품이 입고되는지 수입검사가 이루어진다. 그 후, 제조공정 내에서 원자재와 재공품에 대한 검사, 프로세스 검사 등 공정의 관리가 이루어지며, 결함이 없는 제품만을 고객에 제공할 수 있도록 품질의 보증이 행해진다. 이러한 품질관리 활동은 지속적인 개선으로 이어지도록 그 결과가 피드백 되어 앞의 관리활동으로 전달된다.

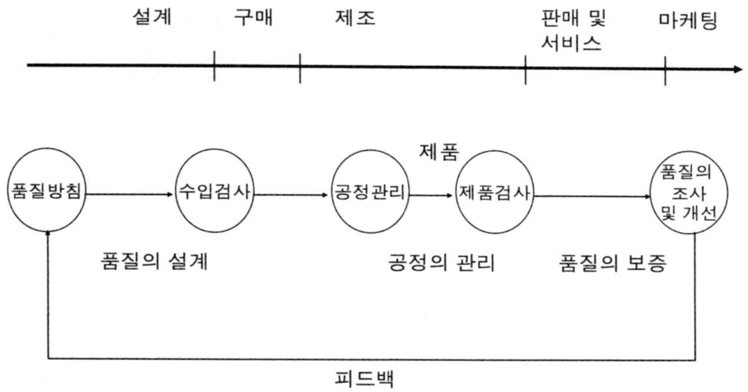

그림 9-2 기업 내 품질관리 활동

지속적 개선을 위한 **PDCA** 사이클

품질관리 기능은 일회성 활동이 아니라 지속적으로 전개되어야 한다. 지속적 개선을 위한 유용한 개념적 틀로서 데밍은 PDCA 사이클을 제시하였는데, 이 사이클을 끊임 없이 돌림으로써 품질의 지속적인 개선이 이루어진다. 지속적 개선이 일어나기 위해서는 종업원의 참여가 핵심 요건이다. 그 바탕 위에 지속적 개선활동을 일상화 하는 방법이 그림 9-3 에 그려져 있는 PDCA사이클로서 다음과 같은 단계에 따라 진행된다.

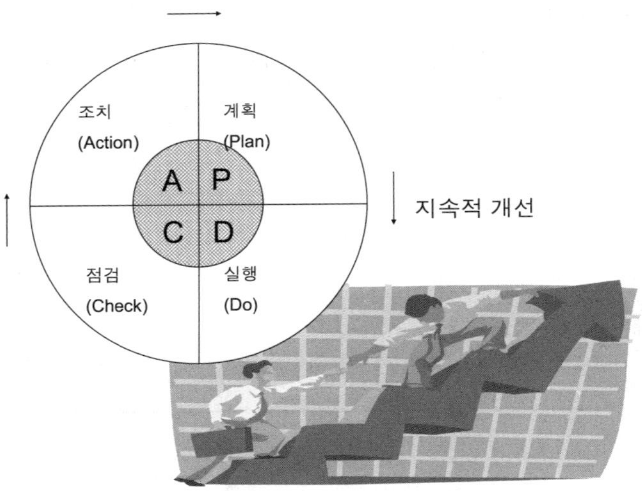

그림 9-3 PDCA 사이클

1. 계획(Plan). 개선이 필요한 프로세스를 선정한다. 이를 위해서는 자료를 수집·분석해야 하며, 선정된 프로세스에 대해서 정성적, 정량적 개선 목표를 설정한다.
2. 실행(Do). 계획을 실행하며 진척도를 관리한다. 프로세스를 개선하기 위해서는 계속적인 자료수집이 필요하며, 프로세스에 변화를 줄 때마다 이를 기록하고 수정조치를 취하게 된다.
3. 점검(Check). 실행단계에서 수집한 자료를 분석하여 계획단계에 설정한 목표에 얼마나 가까워졌는가를 확인한다. 계획과의 격차가 크다면 계획을 다시 검토하는 일도 필요하다.
4. 조치(Action). 결과가 성공적이라면 새로운 프로세스를 정착시키기 위해서 표준화를 한다. 표준화란 예컨대 개선된 프로세스에 맞게 일할 수 있도록 문서화하고, 필요한 교육을 시키는 일을 포함한다.

데밍의 PDCA사이클은 실상 경영의 기본 기능인 의사결정 과정을 품질개선의 문제에 적용한 것으로 볼 수 있다. 최근에는 PDCA사이클을 6시그마 품질경영 방법으로 체계화하여 전사적으로 적용하는 기업이 늘고 있다.

생산의 계획과 통제

네 가지 질문

계획수립은 고객의 요구를 만족시키는 데 필요한 자재나 생산능력 등 자원의 가용성을 보장하기 위해 필요한 기능이다.

생산의 목표를 "올바른 제품을, 올바른 품질로, 올바른 수량만큼, 올바른 시점에, 최소의 원가에 제공하는 일(the right goods, of the right quality, in the right quantities, at the right time, at minimum cost)"이라고 할 때, 품질과 원가를 제외한 우선순위에 관한 목표는 다음과 같은 네 가지 질문으로 요약된다. (그림 9-4 참조)

① 무엇을 만들 것인가? (What are we going to make?),
② 그것을 만들기 위해서 무엇이 필요한가? (What does it take to make it?),
③ 우리가 이미 가지고 있는 것은 무엇인가? (What do we already have?),
④ 무엇을 확보해야 하는가? (What must we get?)

그림 9-4 우선순위와 생산능력에 관한 질문들

우선순위와 생산능력

우선순위(priority)는 업무의 상대적인 중요도, 즉 작업이 되어야 하는 순서를 말한다. 구체적으로 우선순위는 무엇이 필요하고, 얼마나 많이 필요하며, 언제 그것이 필요한가를 지정한다.

생산능력(capacity)은 작업자, 기계, 작업장, 공장 또는 조직전체 수준에서 각각 산출될 수 있는데, 일정시간 동안에 제품을 몇 단위나 산출할 수 있는지의 능력을 말한다. 계획이 작동 가능 하려면 생산능력은 작업 부하(workload)보다 크거나 같아야 한다.

계획수립과 통제의 계층

앞서 살펴 본 우선순위와 생산능력을 바탕으로 다음과 같은 장·단기 계획이 수립된다. (그림 9-5 참조)

사업계획(business planning : BP)

장기 전략계획(long-range strategic plan)으로서 넓은 범위의 품목(broad items)으로 기술되고, 최고경영자의 책임 하에 수립된다.

판매 및 생산계획(sales and operations planning : S&OP)

중기계획(medium-range plan)에 속하고, 제품그룹(product groups)에 대해서 생산율(production rates)을 정하는 계획이다. 재고(inventory) 또는 미납주문(backlog)의 수준을 관리하는 역할과 자원소요에 대한 계획을 맡는다.

기준생산일정 수립(master scheduling)

총괄계획(master planning)의 마지막 단계로서 수요에 대한 예측(forecasted demand), 생산 평준화(production leveling), 재고 및 미납주문에 대한 조정(inventory and backlog adjustment), 신제품 소개(new product introductions), 현재고 및 입고예정량, 안전재고를 감안하여 특정 제품 별로 주별 또는 일별 기준생산일정(master production schedule - MPS)을 수립하는 과정을 말한다. 계획시평(planning horizon)은 가장 긴 리드타임을 갖는 제품의 누적리드타임(cumulative lead time)을 커버해야 한다.

자재소요계획(material requirements planning : MRP)

자재소요계획은 어떤 품목을, 얼마나 많이, 언제(what items? how many? when?) 확보할 것인가를 다룬다. MPS 수량에 BOM의 제품당 구성품수(component quantity per)를 곱하면 구성품의 총소요량(component gross requirements)이 나온다. 여기에 보유재고(on hand), 오더수량(on order), 안전재고(safety stock) 등을 감안하여 추가로 필요한 수량이 있으면 그 수량만큼의 순소요량(net requirement)이 산출된다. 여기에 로트크기 등 발주 정책이 적용되어 발주할 수량(how many)이 결정된다. 언제 발주할지 결정하기 위해서 리드타임이 적용된다. 이런 절차가 제품의 레벨 별(level by level)로 계속되어 자재소요계획이 만들어진다.

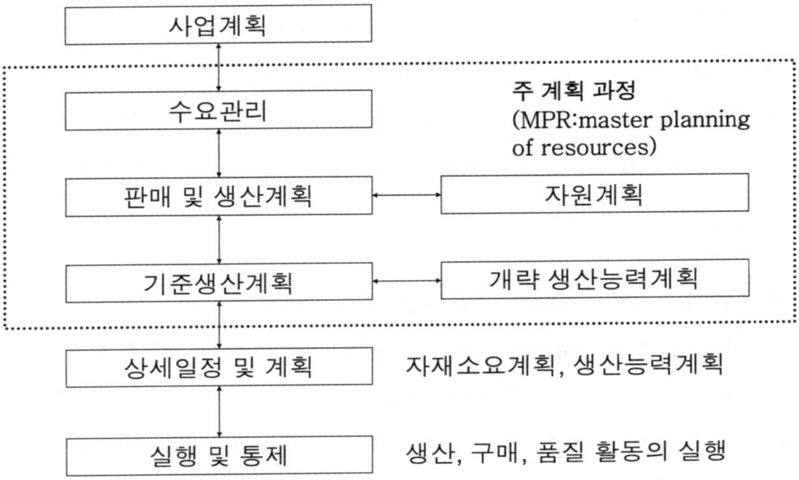

그림 9-5 장·단기 생산계획과정

생산능력계획(capacity requirement planning : CRP)

생산능력계획은 주요 장비나 노동력의 부하(load)에 대비하여 생산능력(capacity)이 가용한지를 다룬다. 작업부하는 계획 오더 및 발급된 오더를 바탕으로 하여 계산된다. 이 부하량이 작업장의 생산능력(주- 대개 표준시간을 단위로 산정됨)과 비교되고, 이 양자 간의 균형을 맞추는 조처가 이루어진다.

생산활동계획(production activity control : PAC)

생산활동계획은 작업지시를 위한 상세 계획과 일정(schedules)을 수립한다. 자원(작업장)의 가용 여부에 따라 오더를 발급하며, 작업이 실행되는 상황을 반영하여 필요한 조정을 한다.

계획수립과 통제의 각 단계 별로 다음 세 가지 질문이 제기된다.

1. 우선순위(언제)는 어떠한가?
2. 생산능력은 가용한가?
3. 차이가 있다면 어떻게 해결될 것인가?

(PD 1993, 199)

드러커는 일(work)을 보다 생산적이도록 하는 데는 각기 특성과 요구가 다른 다음 네 가지의 분리된 활동을 필요로 한다고 하였다.

① 일은 분석(analysis)을 필요로 한다. 일을 위해 어떤 특정의 작업(operations)들이 있어야 하는지, 어떤 순서로 작업이 이루어져야 하는지, 그 각각의 요구사항은 어떤지 알아야 한다.
② 또한 합성(synthesis)을 요한다. 각 개별의 작업은 함께 모아져서 생산의 공정(process)으로 합성되어야 한다.
③ 그 공정 속에 지시의 통제(control of direction)를 구축해야 한다. 통제에는 수량, 품질, 표준, 그리고 예외에 관한 내용이 포함된다.
④ 적절한 도구(tools)가 제공되어야 한다.

이런 일들은 실상 백 여 년 전에 프레드릭 테일러가 제련소에서 철광석을 나르기 위한 삽 작업에 적용되었던 원리들이다.

생산에 대해서 흔히 '생산은 원재료에 도구를 적용하는 일'이라고 생각한다. 그러나 드러커에 의하면 생산이란 일(work)에 논리(logic)를 적용하는 것이다. 그 논리가 보다 일관되고, 합리적일수록 생산이 한계는 없어지고 기회는 더 커질 것이다. ¶

마케팅관리의 기초

마케팅(marketing)은 고객의 요구를 파악하여 생산에 전달하고, 생산된 제품·서비스를 다시 고객이 향유할 수 있도록 촉진하는 활동 및 유통활동을 포함한다. 즉, 고객의 욕구를 충족시킬 수 있는 제품을 개발하고 고객이 적절하다고 판단하는 가격을 설정하여야 하며 적절한 유통경로를 통하여 시장에 제공하여야 한다. 또한 자사제품의 특징을 고객에게 알려야 하며 판매 이후에도 적절한 사후 서비스(after services)를 하여야 한다. 즉 마케팅이란 소비자의 필요와 욕구의 파악, 가격을 고려한 제품의 고객 만족수준을 높이는 일, 고객과의 거래를 지속적으로 유지하여 관계 구축하는 일(교환), 이러한 교환이 이루어지는 시장에 대한 분석을 포함한다.

이와 같은 일련의 활동이 바로 마케팅이다. 결국 마케팅은 "고객을 확보하고, 유지하는 활동"이다. 따라서, 마케팅이란 고객의 요구를 만족시켜 기업의 목표를 달성하려는 조직의 통합적 노력을 의미한다.

마케팅관리 개념의 전개

생산지향의 시대

생산지향 관점에서의 고객은 광범위하게 가용하고 가격이 저렴한 제품을 선호한다고 여겨진다. 생산이 판매를 따르지 못해 소비자들의 잉여 수요가 많으며, 기업 입장에서는 소비자들의 왕성한 수요 욕구로 인해 생산만하면 팔리므로 표준화된 제품을 대량으로 만들어 내는 생산능력이 가장 중요하다고 생각한다. 이때 마케팅의 역할은 생산설비 확충, 대량생산 등 규모의 경제에 비중을 두고 이루어진다.

제품지향의 시대

제품의 공급부족이 해소되고 경쟁 기업이 한 두 개 생기게 되면, 기업은 소비자들이 더 좋은 품질, 성능을 제공하는 제품을 선호할 것이라고 생각한다. 그래서 기술개발에 의해 경쟁사보다 더 좋은 제품을 생산하고 계속해서 품질을 개선하는데 정력을 집중한다.

판매지향의 시대

판매지향의 시대에는 수요에 비해 생산능력이 과잉인 상태로서 일반적으로 소비자들은 그대로 두면 기업의 제품을 많이 구입하지 않는다고 주장한다. 따라서 판매실적을 위해 더 더욱 판매 및 촉진에 노력을 기울인다. 당시 기업의 목표는 "가득 찬 트럭으로 나가서 빈 트럭으로 돌아오라"는 것이었다. 판매지향은 간혹 과대, 허위광고의 문제를 야기하기도 한다

마케팅 지향의 시대

팔려는 노력이 실패를 거듭하게 되면서 기업은 기업의 입장에서가 아닌 고객(소비자)의 입장에서 생각하게 된다. 고객이 원하는 것이 무엇인지를 파악하고 또 그것을 충족시키기 위해서 기업은 조직의 모든 자원과 부문의 노력을 통합·조정하여 움직인다. 이 단계에서의 마케팅 활동은 고객지향적 사고, 경쟁의 고려, 전사적 노력, 고객만족을 통한 이익실현 등으로 표출된다. 즉, 고객의 입장에서 기업경영활동을 전개하는 고객중심적 마케팅관리 철학을 바탕으로 표적시장에 속한 고객들의 필요와 욕구를 찾아내어 경쟁자들보다 그것을 더 효과적이고 효율적으로 충족시키고자 하는 것을 기업 목표로 하며, 고객을 단순히 상품의 판매대상으로 보는 것이 아니라, 고객이 가진 문제를 해결하여 만족을 얻을 수 있도록 하는 것을 목표로 한다.

사회적 마케팅

사회적 마케팅 관점은 이제 고객은 욕구를 만족시킬 뿐만 아니라 사회적 복지를 만족시키는 회사를 선호한다고 보는 관점이다. 이에 따라 마케팅 초점은 환경지향적 마케팅, 소비자 중심주의, 통합적 마케팅, 관계 마케팅, 사회적 책임 마케팅, 전자상거래의 활용 등 여러 방면으로 전개되고 있다.

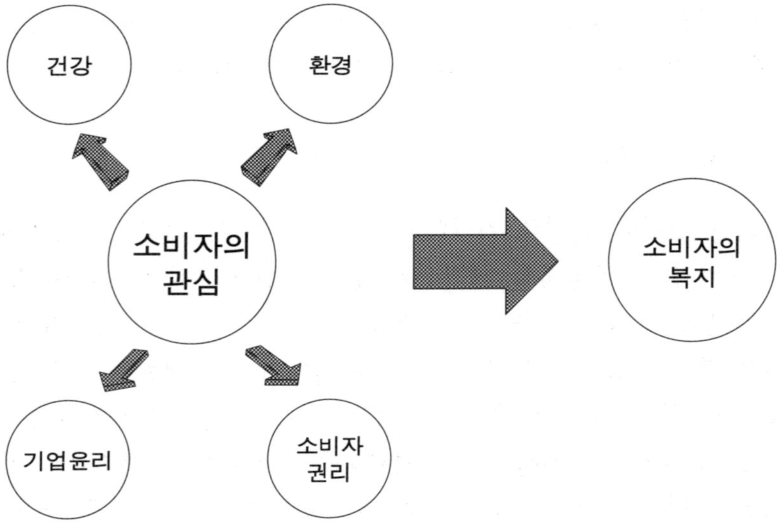

그림 9-6 사회적 마케팅의 관심 영역

마케팅 전략

시장 또는 고객이 없이는 기업의 생존은 불가능하다. 아무리 훌륭한 제품이라고 스스로 생각한다 해도 그 가치를 인식하고 구매해 줄 고객이 없으면 무용지물이다. 마케팅의 목적은 고객에 가치를 제공하는 것이며, 그것은 올바른 제품과 서비스를, 올바른 가격에, 올바른 장소에서, 올바른 시간에 소비자가 갖도록 하는 것이다. 마케팅의 목표는 늘 다시 찾는 반복구매자를 확보하는 것, 나아가서 고객이 다른 고객에게 호의적으로 구전하여 추천구매가 일어나도록 하는 것이다.

그림 9-7 은 마케팅 관리의 전체적인 프로세스를 보이고 있다.

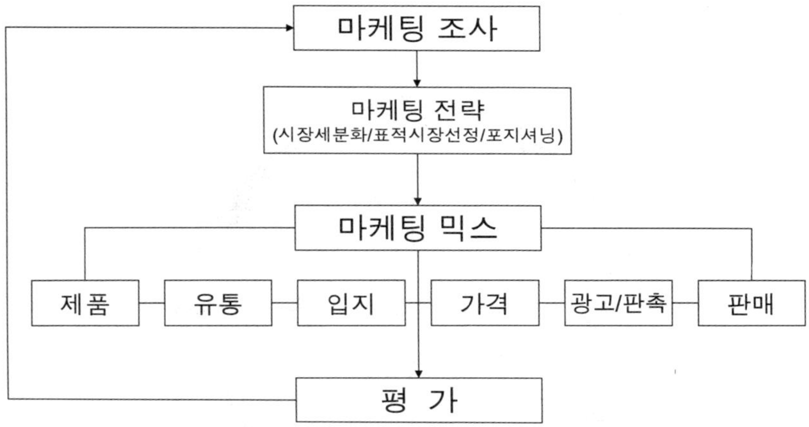

그림 9-7 마케팅 프로세스

마케팅 프로세스를 통해서 기업은 마케팅 비용을 효과적으로 사용하면서, 일관성 있고 조화 있는 마케팅 활동이 이루어지도록 한다. 마케팅 프로세스의 핵심은 정확한 시장 이해를 바탕으로 목표시장을 제대로 선정한 후, 고객이 원하는 혜택을 충족시킬 수 있는 상품 또는 서비스를 만들어 내는 것이다. 이를 위해 우선적으로 마케팅 전략이 수립되는데, 이는 그림 9-8과 같이 시장세분화, 목표시장 선정, 시장 포지셔닝의 단계로 구성된다.

시장 세분화

세분화 된 시장은 소비자의 니드(needs)가 동일하다고 평가되는 고객들의 집단으로 구성된 시장을 말한다. 기업은 전체 시장을 대상으로 마케팅 전략을 구사하기 보다는 특정 세분시장을 대상으로 하는 것이 한정된 자원으로 경쟁하는 데 유리하다. 시장 세분화(market segmentation)를 하기 위해서는 시장을 몇 개의 그룹으로 구분하는 것이 필요한데, 이 때 사용되는 세분화 기준의 예를 들면 다음과 같다.

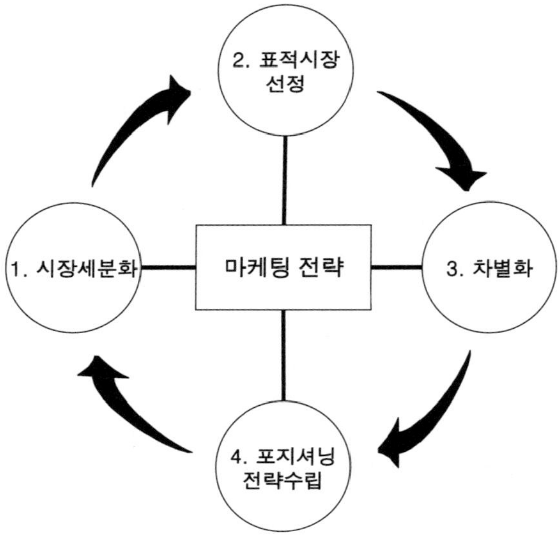

그림 9-8 마케팅 전략의 흐름

- 지리적 세분화 : 시장을 지역, 도시, 상권 등으로 구분
- 인구통계적 세분화 : 성, 연령, 소득, 직업, 교육수준 등으로 구분
- 심리적 세분화 : 사회 계층, 라이프스타일, 개성 등으로 구분
- 행태 세분화 : 구매동기, 추구혜택, 이용량, 빈도, 로열티 등으로 구분
- 제품관련 변수 : 성능과 기능, 추구 가치(편리함, 안전성 등), 가격 민감성(hi-end, low-end 등), 제품 유형이나 제어 방식 등으로 구분

시장을 세분화 하다 보면 어느 수준까지 세분화하는 것이 바람직한지가 문제가 된다. 이 때 사용되는 판단 기준은 다음과 같다.

- 측정 가능성 : 규모, 구매력, 특성 등이 측정될 수 있어야 한다.
- 접근 가능성 : 개념적이 아니라 실제 도달 가능해야 한다.
- 중요성 : 시장 규모가 충분해야 한다.

- 실행 가능성 : 세분 시장 별로 효과적 마케팅 프로그램을 개발할 수 있어야 한다.

시장 세분화 작업이 끝난 후, 각 세분시장의 특성을 다시 한번 정리해야 한다. 예를 들면 세분 시장 별로 고객이 구매하게 되는 요인, 즉 핵심적 구매요인이 무엇인지 파악할 필요가 있다.

목표시장의 선정

시장을 세분화한 후 그 중 어떤 시장을 대상으로 개척할 것인지 결정해야 한다. 목표시장을 평가하고 선택하기 위해서는 고객에 가치를 가장 잘 줄 수 있고 이를 장기적으로 지속할 수 있어야 한다. 자원이 한정되어 있는 창업기업으로서는 세분시장 중에서 한 두 개만 선정하는 것이 좋을 것이다. 특히 틈새시장(niche market)을 찾아내는 것이 필요하다.

세분시장의 평가를 위해서는 기업의 강점, 약점뿐 아니라 시장 상황이 제기하는 기회와 위협을 종합적으로 고려해야 한다. 즉 시장의 매력도와 창업기업의 역량을 고려하면서 어느 영역을 선택할 것이며, 각 선택된 표적시장 별로 어떤 전략 대안이 전개될 것인지 결정한다.

경쟁우위 확보를 위한 포지셔닝

목표시장을 선정했으면 어떤 전략적 포지션을 설정할 것인지 결정해야 한다. 제품의 포지셔닝(positioning)은 소비자들의 마음 속에서 형성되는 이미지로서, 소비자들이 쉽게 구매 의사결정을 할 수 있도록 마음속에 가격 등 중요한 속성의 관점에서 제품을 위치시키는 것을 말한다.

포지셔닝은 소비자의 지각, 인상, 감정 등이 복합적으로 작용하는 과정인데, 구체적인 포지셔닝 추진 절차로 다음 네 가지 사항을 체계적으로 정립할 필요가 있다.

- 이름과 영역 : 잠재고객이 무엇을 사는 것이고 제품의 영역이 무엇인지 알아야 한다.

- 고객과 목적 : 어떠한 고객이 무슨 목적으로 제품을 사용할지를 제시해야 한다.
- 경쟁시장 형성과 차별화 : 경쟁시장이 조성되어 경쟁제품 간에 비교를 할 수 있어야 고객이 제품에 대해 기대하는 바와 적절한 평가를 내릴 수 있다.
- 기업과 재무구조 : 고객은 회사가 현재의 시장에서 튼튼한 재무구조를 가지고 앞으로도 그 제품영역에 지속적인 투자와 개발을 할 수 있을 것이라는 신념이 있어야 안심하고 그 제품을 구입한다.

고객에게 자사의 제품을 포지셔닝하기 위해서는 타 경쟁자의 제품과 차별화 되어야 한다는 점이 중요하다. 차별화의 영역에는 기능, 성능, 스타일, 디자인에 의한 제품차별화뿐만 아니라, 적기 배달, 설치 서비스, 수선, 고객 교육 등 서비스의 차별화, 그리고 브랜드 이미지에 의한 차별화가 포함된다.

마케팅관리의 주요 활동

마케팅 활동을 전개하는 데 필요한 통제 가능한 수단의 조합을 마케팅 믹스(marketing mix)라 한다. 마케팅 믹스란 '제품(product), 가격(price), 유통(place), 촉진(promotion)의 마케팅 4요소를 통합하여 마케팅 효과를 최대한으로 발휘하고자 하는 것'을 말한다. 마케팅 믹스를 흔히 '4P'라고도 한다. 이들 마케팅 요소들은 잘 결합되어야 하고, 이들의 결합으로부터 상승효과를 얻을 수 있도록 해야 한다.

- 제품관리 : 소비자의 욕구에 대응하는 제품의 구성을 끊임 없이 조정하고 수명주기를 관리함
- 가격관리 : 가격결정 및 가격정책, 원가구조
- 유통경로관리 : 유통경로의 설계, 공급체인관리에 대한 고려
- 촉진관리 : 광고, 홍보, 인적판매, 판매촉진, 소비자 행동의 연구 등

제품관리

상표전략

상표는 자기회사 제품을 경쟁사 것과 "어떻게 차별화되게 할 것인가"라는 전략적 사고에서 결정되어야 한다. 또한 상품이 가진 특징과 의미, 사용상의 편익을 부여하는 전략도구로서 받아들여야 한다. 소비자가 하나의 상표를 기억하게 하는 데는 많은 비용이 소요되고 한 번 기억된 상표는 쉽게 잊혀지거나 바뀌지 않기 때문에 상표결정에 매우 신중해야 한다. 같은 기업에서 만든 제품이지만 종류에 따라 상표를 각각 다르게 붙이는 것을 개별상표(individual brand)라 한다. 반면에 통합상표(family brand) 전략은 한 제조업체가 생산하는 전 품목에 같은 상표를 쓰는 것으로 소비자에게 친숙해진 기존 상표를 이용하면 신제품의 소개가 쉬워지고 하나의 상표에만 투자하면 되므로 마케팅 투자의 효율성이 높다는 장점이 있다.

제품수명주기 관리

모든 제품은 처음 시장에 도입된 후 고객만족을 창출하면서 인기를 끌다가 경쟁제품에 의해 자리를 물려주고 시장에서 퇴장하게 된다. 이러한 제품수명주기를 이해하는 것은 제품관리의 선결요건이라 할 수 있다. 제품수명주기(PLC - product life cycle)는 시장수요의 변화패턴에 의해 대체로 도입기, 성장기, 성숙기, 쇠퇴기로 구분할 수 있다. (그림 9-9 참조) 따라서 자사의 제품이 각 제품수명 상 어디에 위치하는지를 알고 시장의 욕구와 필요에 부응하도록 제품의 구성을 끊임없이 조정하는 일이 중요하다. 제품관리활동은 제품수명주기상의 단계에 따라 제품수정활동, 기존제품의 폐기의사결정, 그리고 신제품의 개발을 통한 새로운 제품의 추가 등의 일로 구성된다.

신제품 개발

일반적인 제품개발 프로세스는 사전조사와 기술적인 개발활동과 연계된 계획단계에서 시작한다. 계획 단계의 결과물은 개념 개발단계를 시작하는데 필요한 입력정보이자, 개발팀의 안내자로서 업무수행목표를 제시하는 역할을 한다. 제품개발 절차의 마지막은 제품의 출시이며, 이제 제품은 시장에서 판매될 것이다. 제품개발의 각 단계는 마케팅을 비롯하여 설계, 생산, 기술, 구매 등 여러 기능들이 동시에 참여해서 이루어지는 전체시스템적 과정이다. 제품개발 과정은 제 11 장에서 자세히 다룰 것이다.

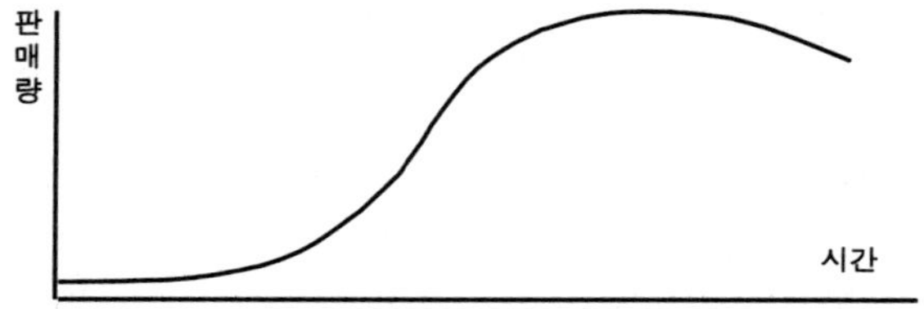

	도입기	성장기	성숙기	쇠퇴기
생산·판매량	• 하	• 빠른 성장	• 상	• 감소
고객	• 혁신층	• 조기 수용층	• 중간 다수층	• 최후 수용층
경쟁자	• 약간	• 점차 증대	• 점차 감소	• 감소
제품설계의 다양성	• 높은 고객 맞춤 빈번한 설계변경	• 표준화 증대	• 주종 제품형태 출현	• 보통재, 표준화
주요 경쟁우선순위	• 제품특성 성능,진기함	• 품질 • 가득성	• 가격 적시 공급	• 가격
주요 경쟁요건	• 품질 다양성	• 가격 다양성	• 다양성 품질	• 적시 공급
주된 운영목표	• 유연성 품질	• 스피드 납기, 품질	• 원가 납기 준수	• 원가

그림 9-9 제품 수명주기 단계에 따른 관리의 차별화

가격관리

가격(price)은 구매자들이 특정제품을 구매함으로써 얻게 되는 효용에 부여된 가치를 말한다. 가격의사결정은 마케팅믹스의 교환잠재력을 결정짓는 중요한 요소이다. 가격은 기업의 수익과 이윤에 직결되고 생산 투입요소에도 영향을 끼친다는 측면에서 마케팅활동의 성공에 기여하는 극히 중요한 활동으로 인식된다.

기업의 가격관리활동은 제품개발 후 최초의 가격결정과 그 후의 상황에 따른 가격의 조정으로 이루어진다. 최초의 가격결정은 기준가격의 설정이라고도 하는데 여기에는 가격목표 설정, 가격전략의 방향 설정, 가격산정, 최종가격의 결정 등의 과정이 포함된다. 이 때 최초가격결정은 제품에 대한 수요, 원가구조, 경쟁제품의 가격과 품질, 그리고 법적 요인 등의 영향을 받는다. 그 밖에도 마케팅적 시각에서 가격을 결정한다는 것은 시장이라는 큰 테두리 내에서 제품, 촉진, 유통 등 마케팅 요소와의 연계 하에 연속적이고 장기적인 차원에서 가격을 결정하게 된다. 즉 제품의 목표시장에 따라 브랜드 이미지선정, 마케팅 믹스 구성, 가격정책 선택, 가격전략의 결정이라는 구체적인 가격결정 과정을 밟게 된다.

일반적인 가격결정 접근

일반적인 가격결정의 접근은 다음 세 가지가 있다. (그림 9-10 참조)

① 원가기반 가격결정(cost-based pricing) – 가장 단순한 방법으로서 원가에다가 어느 정도의 마진을 붙여서 가격을 결정하는 방식이다 (Kotler and Armstrong 2001, 384-390).

② 가치기반 가격결정(value-based pricing) – 이 방식은 제조업자의 원가에 기초하는 것이 아니라 구매자의 인지된 가치에 따라 가격을 결정하는 것이다. 점차 많은 기업들이 제품의 인지된 가치에 기초하여 가격을 결정하고 있다.

③ 경쟁기반 가격결정(competition-based pricing) – 소비자는 경쟁자가 유사한 제품에 어떤 가격을 붙였는지에 따라 특정 제품의 가치를 판단할 것이다. 일반적으로 철강, 비료, 종이 등 보통재를 파는 기업들은 경쟁기반 가격에 의해 시장에 형성된 가격과 유사하거나 약간 조정하여 자사의 가격을 정한다.

신제품의 가격결정

제품의 가격은 제품의 수명주기 상의 위치에 따라 변하기 마련이다. 도입기에는 특히 도전적인 가격이 책정된다. 신제품을 출시하려고 하는 기업은 두 가지 전략 사이에서 고민을 하게 된다. (그림 9-10 참조)

①고가정책(market-skimming pricing) – 인텔은 마이크로 프로세서 신제

품을 내 놓은 후 고가로 높은 마진을 실현할 수 있도록 가격을 책정한다. 그리고 매 12 개월마다 신제품을 내 놓으면서 원래의 제품은 가격을 낮추고 새로운 제품을 고가에 출시하는 식으로 매 가격대 세분시장의 고객을 벗겨내는 식(skimming)으로 가격정책을 수립한다.

② 시장침투 정책(market-penetrating pricing) – 이 정책은 초기부터 시장에 신속하고 깊숙이 침투해서 높은 시장점유율을 획득하기 위해서 낮은 초기가격을 책정하는 것이다. 예를 들어 델(Dell)컴퓨터는 PC시장에 침투하기 위해서 양질의 제품에 대해 낮은 가격을 책정했다.

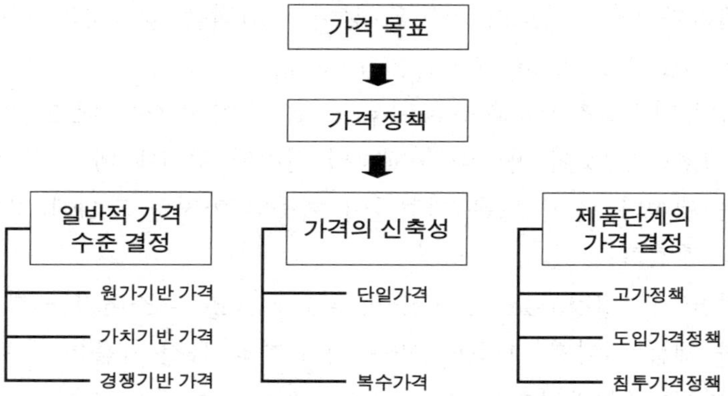

그림 9-10 가격결정 정책의 유형

가격조정 전략

최초 설정된 가격은 이후에 고객의 차이나 변화된 상황을 반영하여 변경이 필요하게 된다. 가격 조정정책에 반영되는 요소는 고객에 따른 할인, 세분 시장에 따른 조정, 심리 요인의 고려, 촉진을 위한 조정, 지리적 조정, 국제시장을 위한 조정 등이 있다.

유통경로관리

유통경로란 생산자로부터 소비자에게로 제품과 그 소유권을 이전시키기 위해 수행되는 각 활동을 담당하는 중간상들의 상호연결과정을 지칭하는 개념이다. 유통경로를 관리한다는 것은 마케팅의 다른 제반 의사결정과 연결되어 있다. 예를 들어 가격은 대량 판매형식으로 할지 고품위 특수품 매장에서 판매할 지와 관계가 갔다. 기업의 판매인력과 광고 의사결정은 설득, 훈련, 동기부여, 지원에 관한 딜러의 니드에 따라 달라질 것이다. 유통경로 관리는 소비자에게 경쟁력 있는 방식으로 상품을 전달하기 위해 소비자, 도매상, 제조업자, 운송업자, 금융기관 등 유통에 참가하는 기관들이 각각 어떤 유통기능을 어떻게 특화 하여 수행하는 것이 가장 이상적인가를 모색하는 활동을 말한다.

제품정보 전달 활동

제품이 소비자에게 전달되는 과정에는 기업정보와 가격, 제품종류, 제품의 효용성, 판매조건, 배달시기, 지급조건 등에 관한 판매 정보가 필요하다. 이러한 정보는 소비자가 구매할 때 반드시 필요한 것으로써 유통업자의 구전에 의해 전달된다.

거래협상 활동

생산자와 도매상, 생산자와 소매상, 도매상과 소매상, 소매상과 소비자 사이의 거래조건에 대한 상담이 이루어진다.

물적유통 활동

제품수주, 보관 운송, 포장, 재고관리 등의 활동을 말하며 물류기능이 원활하고 신속히 진행되어야 유통비용이 감소하고 판매가 증대한다.

읽기: 월마트의 유통전략

1945년 Ben Franklin Franchise Store로 시작한 월마트는 1962년에 할인점인 'Wal Mart Discount City' Store를 개점하였다. 그 후 1970년 38개의 할인점으로 연간 매출액 4천 4백만 달러를 기록하였고, 1991년에는 총

1,300 여 개의 점포에 연간매출액 326억 달러로 급성장하는 성장세를 이어갔다. 출범 후 불과 20년 만에 세계 제일의 소매기업으로 자리를 잡게 된 것이다.

할인점과 회원제 창고형 도소매점을 양 축으로 한 월마트의 놀라운 성장의 핵심은 첨단의 유통정보시스템과 규모의 경제를 이용하여 경쟁사에 비해 낮은 구매가격을 실현함으로써 ELP(Everyday Low Price)를 실현한 것을 들 수 있다. ELP는 유통업에서 가장 강력한 경쟁적 무기가 된 저가격 정책으로 이 전략을 수행하기 위해서는 저 구매가와 저비용의 실현이 전제되어야 한다. 실제로 월마트의 매출액 대비 경비율은 다른 경쟁자 소매기업들의 절반 이하 수준이다.

그렇다면 월마트의 저비용 실현의 비결은 무엇인가? 이는 선구적인 정보 시스템의 도입과 초소형 본부 그리고 소도시 중심의 출점으로 요약된다. 월마트는 일찍부터 본부, 점포, 물류센터를 연결하는 컴퓨터 네트워크를 완성하였고, 위성 통신망을 이용한 배송차 주행위치 추적 시스템 등 고도의 정보시스템을 업계 최초로 도입하여 서비스의 수준을 올리고 물류비용을 절감하였다. 또한 토지의 구입이나 임대 시 지가가 저렴한 지방 소도시를 위주로 출점하는 전략을 채택함으로써 투자 비용을 절감하면서도 동시에 소도시의 상권을 선점하는 효과를 거둘 수 있었다. 그리고 최고 경영층은 주중에는 점포나 물류센터에 근무하고 별도의 지역본부를 가지 않는 등 초소형 본부를 유지함으로써 관리 비용을 절감하고 있다.

촉진관리

촉진(promotion)이란 기업이 소비자, 중간구매자 또는 기타 이해관계가 있는 대중에게 제품 또는 기업에 관해서 의사를 전달(communication)하는 기능을 말한다. 촉진의 수단과 예는 표 9-2와 같다.

각 촉진방법의 내용과 특징은 다음과 같다.

광 고	판매촉진	홍 보	인적판매
인쇄 및 방송광고	경진대회	신문게재용	자료 판매제시
포장-외장	추첨(sweepstakes)	설명회	판매회의
포장 내 삽입물	복권	기술정보 세미나	전화 마케팅 (tele-marketing)
우송광고	경품, 할증	연차보고서	인센티브프로그램
카탈로그	견본배포	자선적 기부	판매원용 견본
영화	견본제시 박람회	주관, 주최 (sponsor)	박람회와 전시회 첨가
사보	전시회	간행물	다단계 판매
브로셔와 소책자	실연	공동체 관계	방판조직
포스터와 리플렛	쿠폰(coupon)	로비	통신판매
안내서	환불	기업홍보영화	
광고의 복사물	저리융자	소비자 자문단	
간판	오락		
진열간판	중고품 교환공제		
구매시점 광고	거래스탬프		
시청각용 광고	함께 끼워 팔기		
상징과 로고 (logos)	무료견본		

표 9-2 촉진의 수단과 구체적인 예

- 광고: 광고란 특정한 광고주가 대가를 지불하고 제품 및 서비스에 관하여 비인적 매체를 통해 전달하는 수단이다.
- 홍보: 사람 이외의 매체(신문, 잡지, TV 라디오 등)로 하여금 제품이나 서비스에 관하여 뉴스나 논설의 형태로 다루게 함으로써 수요를 촉진시키는 방법이다. 광고와 달리 대가를 지불하지 않는다.
- 판매촉진: 판매촉진이란 통상적인 방법이 아닌 비반복적 판매노력으로 소비구매를 자극하는 마케팅활동을 말한다. 일반적으로 판매촉진은 모든 제품의 상황에 적용될 수 있을 정도로 융통성이 많으며, 즉각

적인 행동을 얻어내기 위한 직접적인 요인으로 다른 촉진수단과 결합하여 고객에게 무료로 준다는 이미지를 심어 우호적인 태도로 전향시킬 수 있다.

- 인적판매: 인적판매는 판매원들을 이용하여 표적고객들에게 설득적인 메시지나 일련의 정보들을 직접 전달하는 것을 의미한다. 다른 촉진믹스의 요소들과는 달리 인적판매는 잠재고객과 판매원간의 쌍방적인 대인 의사소통의 성격을 지니고 있다. 또한 판매원들은 시장상황과 긴밀한 관계를 맺고 있기 때문에, 고객과 제품에 대한 중요한 정보를 회사에 제공한다.

(PD 1993, 61-63)

드러커는 기업의 목적이 '고객을 창조하는 것'이기 때문에 기업체는 오직 두 가지의 기본 기능만을 갖는다고 했다. 그것은 마케팅과 혁신이다. 마케팅은 기업만의 독특한 기능이다. 기업이 세상의 다른 조직들, 예컨대 교회, 학교, 군대와 구별되는 것은 바로 기업의 제품과 서비스에 대해서 마케팅을 한다는 점 때문이다. 마케팅이 결여된 기업이란 있을 수 없고, 있다 해도 관리될 수 없다.

마케팅을 기업 특유의 기본적인 기능으로 생각하고 고객 창조를 경영자의 의무로 생각한 최초의 사람은 사이러스 맥코믹(Cyrus H. McCormick, 1809-1884)이다. 그렇지만 역사책에는 그를 단지 수확기의 발명자라고만 기록하고 있다. 그는 오늘날의 근대적 마케팅의 기초적인 방법인 시장조사, 시장분석, 평가정책, 가격정책, 서비스 판매원, 고객에 대한 부품과 서비스 소모품의 공급, 신용 할부판매 등을 창조한 사람이다. 그는 이런 일들을 이미 1850년에 시행한 바 있는데, 이런 방법은 미국에서조차 그 후 50년 동안이나 모방되지 않았다.

마케팅은 기업에 있어서 너무나 기본 기능이기 때문에 여타의 다른 기능처럼 독립적인 기능으로 생각되어서는 안 된다. 마케팅은 분명히 구별되는 활동들로 이루어져 있지만, 그 일은 기업 전체 차원의 일이다. 마케팅은 기업의 최종 결과, 즉 고객의 관점에서 본 전사적인 일인 것이다. 따라서 마케팅에 관한 관심과 책임은 회사의 모든 부문에 스며들어야 한다.¶

재무관리의 기초

재무관리의 개념

기업의 운영과 재무관리

재무관리란 기업에 필요한 자본의 조달과 운용에 관한 재무활동을 계획하고 이를 지휘·통제하는 활동이다. 경영활동을 개별 자본의 이동으로 본다면 "자본조달 / 고용·구매·투자 / 제조 / 판매"의 순환활동이다. 따라서 경영활동은 늘 자본이라는 관점에서 그 합리성을 검토하는 일이 중요하다. 재무관리(financial management)는 크게 두 가지 영역으로 나누어 살펴볼 수 있다. 협의의 재무관리는 기업의 활동 중에서 필요자본량의 산정, 주식·사채 등의 자본조달방법의 선택, 현금수지나 보관 등 집행적 재무활동들 대한으로 하는 기업재무(corporate finance) 활동을 말하며, 광의의 재무관리는 기업재무뿐만 아니라 유가증권, 부동산, 외환 등 자본 운용에 관한 의사결정, 이익관리, 예산관리, 원가관리, 경영분석, 투자이론 등의 내용을 포함한다.

기업재무 의사결정의 영역은 첫째, 기업은 어떠한 장기투자 혹은 프로젝트를 채택해야 하는가에 관한 자본예산(capital budgeting), 둘째, 자산을 구입하기 위한 자금을 어떻게 조달하는가, 그리고 이를 위해 부채(debt)를 사용해야 하는가, 아니면 자본(equity)을 사용해야 하는가에 관한 의사결정인 자본구조(capital structure)의 결정, 그리고 셋째, 일상의 자금은 어떻게 관리하는가에 관한 운전자본관리(working capital management)에 관한 의사결정으로 구성되어 있다.

재무관리의 목적은 궁극적으로 기업이 소유한 자산의 가치를 극대화하는 것에 있다. 주로 기업가치의 변동은 자기자본의 변동을 의미하며 이는 주식시장에서 주가의 변동으로 나타난다.

기업가치는 그림 9-11과 같이 근본적으로 기업의 수익성과 위험에 의해서 결정된다고 볼 수 있다(이재규 외 2004, 389). 기업의 가치를 결정하는 변수로서 수익성과 위험은 기업이 어떤 재무적 의사결정을 하였는가에 달려 있다. 즉 얼마나 수익성 있는 자산에 투자하고 있는가? 그리고 그 투자의 위험은 어느 정도인가? 투자를 위한 자본조달은 어떠한 방법으로 했는가? 이러한 것들이 기업의 가치를 결정하게 된다. 즉 투자결정과 자본조달결정이 기업의 수익성과 위험을 좌우하게 되어 기업가치를 결정하게 되는 것이다.

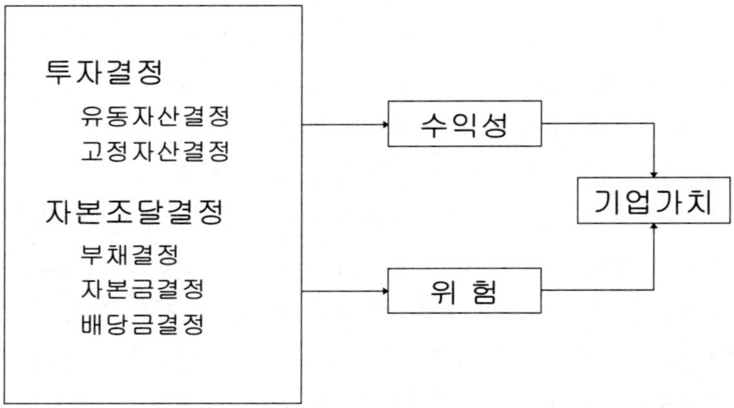

그림 9-11 기업의 가치

오늘날 재무관리는 다음과 같은 측면에서 경영에 중요한 영향을 미치고 있다.

- 구매, 생산, 판매활동 등 기업의 다른 경영활동과 밀접하게 관련되어 있다.
- 기업이 처한 금융환경의 불확실성이 커짐에 따라 자금의 적절한 운용과 활용을 통해 불확실성에 대처할 필요가 커졌다.
- 기업이 다루는 자금의 규모가 이전에 비해서 커짐에 따라 재무관리의 실패는 기업의 재무상태를 급격히 악화시킬 수 있다.

재무관리의 위치

그림 9-12는 일반적인 기업의 조직구조 상 재무관리 관련 부서의 구성을 보이고 있다.

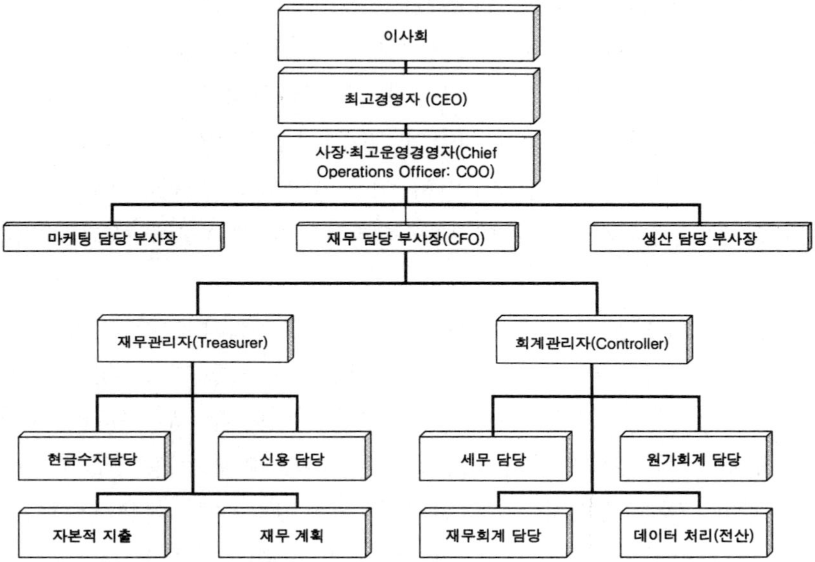

그림 9-12 기업조직 내 재무관리의 위치

일반적으로 재무담당 부사장(CFO : chief financial officer) 산하에는 재무담당 관리자(treasurer)와 회계담당 관리자(controller)가 있다. 재무담당 관리자는 현금관리, 신용관리, 자본지출 그리고 재무계획을 관장하며, 회계는 기업의 재무적 거래를 기록, 분류, 요약하여 그 결과를 해석·평가할 수 있도록 보고하는 자료처리 활동을 말한다. 재무관리의 의사결정은 모두 재무제표 등 회계정보를 바탕으로 하기 때문에 재무와 회계 기능은 밀접하게 연결되어 있다고 할 것이다.

재무제표에 대한 이해

회계란 무엇인가?

재무제표(financial statements)란 기업의 재무상태를 총괄적으로 정리한 보고서이다. 재무제표는 기업의 경제활동에 관심이 있는 사람, 특히 투자자에게 제공할 목적으로 기업이 보유한 자원의 가치를 측정하고 보고하는 것을 목적으로 한다. 경영자의 대리인 문제, 예를 들어 투자자를 속이고 경영자 자신의 이익을 위해 경영하면서 이를 숨기려다 발각된 엔론 사태에서와 같은 회계부정은 기업에서 나오는 회계정보의 중요성에 대해 경각심을 갖게 했다.

현대 경제환경에서 전문 투자자는 은행, 증권회사와 같은 자본 중계자들이다. 기업은 이들 이해관계자의 의사결정에 유용한 회계 정보를 제공해야 한다. 이 때 제공하는 정보는 적시에 제공되어야 할 뿐 아니라 윤리적으로 바른 정보를 제공해야 한다. 정보의 이용자는 외부 이용자로서 투자자, 주주, 채권자, 정부, 소비자, 외부 감사인 등이 있고 내부 이용자로서는 최고관리자, 관리자, 종업원, 내부 감사인 등이 있다. 이들이 어떤 정보를 요구하는가에 의해 즉 투자 의사결정이 요구되는 외부 정보이용자에게는 재무회계 정보, 기업 운영을 위한 정보가 필요한 내부 정보이용자에게는 관리회계 정보가 제공된다.

재무 회계 정보는 외부에서 정해진 규정에 따라, 즉 일반적으로 받아들여지는 회계 원칙(GAAP: Generally Accepted Accounting Principles)을 따라 작성된 정보다. 반면에 관리회계 정보는 내무 운영을 위한 목적이기 때문에 경영자의 필요에 따라 다양한 형식으로 제공될 수 있다.

회계에 있어서 가장 대표적인 재무제표로는 대차대조표와 손익계산서가 있다.

대차대조표

대차대조표(B/S : balance sheet)는 어느 특정시점(통상 사업연도의 말일 현재)에 있어서 기업의 재무적 상태를 나타내는 표이다. 즉 대차대조표는 기업의 자원과 의무, 투자 상태, 재무 상의 위험 등 재무적 상태를 나타내는 회계정보다. 재무적 상태는 자산, 부채, 그리고 자본의 세 가지 큰 항목으로 표현하는데, 계정식인 경우 왼편(차변)에는 자금의 운용 측면으로서 자산, 오른편(대변)에는 자금의 조달 측면으로서 부채와 자본을 기록한다. 즉 대차대조표는 '자산 = 부채 + 자본'이라는 회계 등식의 형태를 띠고 있다. 보고식의 형태인 경우는 자산, 부채, 자본을 좌, 우로 나누지 않고 순서대로 기술한다.

자산항목

자산은 과거의 거래나 사건의 결과로서 현재 기업 실체에 의해서 지배되고, 미래에 경제적 효익을 창출할 것으로 기대되는 자원을 말한다. 즉 기업의 자금운용 결과 소유하고 있는 물리적 실체로서, 생산 및 판매 활동에 이용되어 그 기업에 미래의 경제적 효익을 가져오게 하는 것을 말한다. 그러나 회계에서는 유능한 CEO와 같은 인적자원은 자산으로 인식하지 않는 한계가 있다.

- 유동자산(current assets): 현금이라든가 유가증권 혹은 재고자산 등과 같이 1년 이내에 현금화할 수 있거나 사용되어지는 자산
- 고정자산(비유동자산 - fixed assets): 기업의 경영활동에 장기간 투자되어 1년 이내에 현금화가 어려운 자산으로 투자유가증권과 장기대여금 같은 투자자산, 토지·건물·기계·설비와 같은 유형자산, 영업권과 창업비와 같은 무형자산 등으로 구성된다.

부채항목

부채(liabilities)란 과거 거래나 사건의 결과, 현재 기업 실체가 부담해야 하거나 미래에 자원의 유출 또는 사용이 예상되는 의무를 말한다. 즉 기업이 투자자나 물품구입자들에게 기업의 자산을 처분함으로써 갚아야 빚을 말한다.

- 유동부채(current liabilities): 갚아야 할 외상값인 외상매입금, 아직 지급하지 않은 이자인 미지급이자 등과 같이 1년 이내에 갚아야 할

빚을 말한다.

- 고정부채(fixed liabilities): 기업이 자금을 모집하기 위해서 발행한 채권 등과 같이 1 년 이상 장기적으로 차입한 부채를 말한다.

자본항목

자본(owner's equity)은 출자자가 기업 활동을 위해 투자한 금액으로 기업활동의 기초가 되는 투자 금액이다. 여기에 은행 등에서 조달한 부채를 더하여 자금이 조달되고, 이것을 바탕으로 건물, 비품 등 고정 자산을 장만하기도 하고 일부는 현금, 예금과 같은 유동자산으로 보유하여 사업을 시작하게 된다.

자본은 크게 주식발행을 통한 자본금(capital stock), 주식의 액면가액과 현재 주식시장에서 거래되는 가격과의 차이 등에서 발생하는 자본잉여금(capital surplus), 그리고 이전까지 축적된 이익으로부터 발생한 이익잉여금(retained earnings)으로 구성되어 있다.

손익계산서

대차대조표가 어느 특정일 현재 누적된 기업의 재무상태를 나타내주는 회계정보인 반면, 손익계산서(I/S : income statement)는 일정 기간 동안 기업의 영업성과를 집약한 회계 보고서이다. 손익계산서의 주요 구성요소는 경영활동으로 인해 자본을 증가시키는 수익(revenue)과 자본을 감소시키는 비용(expenses), 그리고 수익과 비용을 대응시켜 산출된 이익(net income) 또는 손실(loss)이 있다.

수익항목

수익(revenue)이란 기업이 해당 기간 동안에 제품의 판매라든가 서비스의 제공을 통해서 벌어들인 총금액을 말한다. 수익은 대부분 매출액으로 구성되어 있다. 매출액 외에 기업의 재무활동과 부수적인 영업활동의 결과인 이자수익, 배당금 수익, 외환차익, 임대료 수입 등이 있다.

비용항목

비용(expenses)이란 기업이 수익을 창출하기 위해 지출한 총금액을 말한다. 비용에는 매출원가, 판매비 및 일반관리비, 지급이자 등이 포함된다. 매출원가는 제품이라든지 서비스를 생산하는 데 직접적으로 소요된 금액을 말하고, 판매비와 일반관리비에는 임금, 광고비, 복리후생비, 수도광열비, 임차료 등이 포함된다.

이익항목

이익은 해당 기간에 기업의 경영활동 결과 늘어난 경영성과로서 수익에서 비용을 뺀 금액이다. 여기서 어떠한 영업활동에 따른 수익과 비용을 인식하느냐에 따라 다음과 같은 이익항목으로 구분된다.

- 매출총이익: 매출액에서 상품과 서비스의 제조 또는 구입원가를 비용으로 차감한 이익. 제조업의 경우 생산효율성을 판단하는 성과지표로 활용한다.
- 영업이익: 매출총이익에서 매출활동과 관련된 판매관리비를 비용으로 차감한 이익. 이는 기업의 생산, 판매, 일반관리 활동의 경영성과를 나타낸다.
- 경상이익: 영업이익에서 기업의 재무활동과 부수적인 영업활동에서 발생한 수익과 비용을 가감한 이익. 이는 영업활동 성과뿐 아니라 재무활동의 성과를 포함하는 정보다.
- 세전순이익: 경상이익에서 기업의 특별활동에 따른 수익과 비용을 가감한 이익. 여기서 특별활동이란 비경상적이며 비반복적인 이익과 손실로서 보험차익이나 재해손실 등이 포함된다.
- 당기순이익: 세전순이익에서 법인세를 차감한 최종적인 경영성과로 자주 간주된다[19].

---

[19] 드러커는 이익의 기능과 의미에 대해서 많은 오해가 있다는 점을 자주 언급하였다. 특히 사람들이 기업의 대표적인 성과로서 순이익을 제시하는 것에 대해서, 이 지표가 아주 높은 수준의 추상임을 알아야 한다고 경고한다. 만약 어떤 기업이 순이익을 냈지만 장기적인

기업과 자본시장

자기자본과 타인자본의 조달

기업이 필요로 하는 자본의 수요와 공급을 연결시켜 주는 시장을 자본시장(capital market)이라 한다. 넓은 의미로는 자본거래가 이루어지는 추상적 시장을 모두 지칭하는 것으로 증권시장(security market)을 비롯하여 주로 단기자본거래가 이루어지는 금융시장과 보험시장까지도 포함하는 개념이다. 그러나 자본시장은 통상적으로 기업의 장기자본조달의 창구역할을 하는 증권시장을 뜻한다. 증권시장에서는 주식(stock)이나 사채(bond)와 같은 유가증권이 발행되고 거래된다.

기업이 증권시장을 통해 자본을 조달한다고 할 때 주식의 발행을 통한 조달은 자기자본을 통한 조달이라 하고, 사채의 발행은 타인자본을 통한 조달이라 한다.

자기자본조달의 장점은 대규모의 자본을 단기간에 조달할 수 있다는 점이다. 그리고 기업의 입장에서 보면 원금을 주주에게 반환할 필요가 없는 자본이다. 반면에 자기자본 조달의 불리한 점은 매년 영업실적에 상응하는 배당(dividend)을 주주에게 지급해야 할 의무가 있다는 점과 주식발행 시 그 발행비용이 높다는 점이 주로 거론되고 있다.

다음으로 사채의 발행을 통해서도 거액의 자본을 조달할 수 있다. 사채란 주식회사가 일반대중으로부터 비교적 장기의 자금을 대량으로 조달하기 위하여 발행하는 일종의 차용증서를 말한다. 사채는 주식과는 달리 일종의 차용증서이기 때문에 만기일과 만기일에 지급해야 할 이자가 발행 시 결정된다. 사채의 장점은 기업주나 주주의 소유권과 경영권에 영향을 주지 않으면서 거액의 자본을 일시에 조달하여 장기적으로 사용할 수 있고, 주식발행에 비해서 비용이 덜 든다는 장점이 있다.

생존조건, 예컨대 장래의 유통망 개척, 연구개발, 구성원의 학습 등에 당연히 투입했어야만 하는 금액이 순이익보다 더 크다면, 이 기업은 사실은 순손실을 기록한 것이다. 단순하게 말하자면 기업이 장기적인 계속기업으로 생존해야 한다고 전제할 때, 일반적인 수준의 순이익보다 훨씬 큰 순이익을 내야만 한다.

증권시장에서뿐만 아니라 은행으로부터의 차입을 통한 자본조달도 가능한데, 은행으로부터의 차입의 경우 사채와 마찬가지로 대출하려는 기업의 신용도라든가 자금력 그리고 성장가능성 등에 따라 조달할 수 있는 자본의 규모와 그 이자율(interest rate)이 달라진다. 따라서 대규모의 자본을 저금리로 조달할 수 없는 기업은 그렇지 못한 기업에 비해서 자금력에서 뒤지는 불리한 경쟁 상태에 놓이게 된다.

기업과 자본시장/현금흐름의 관계

그림 9-13 은 자본의 조달과 투자, 그리고 현금흐름의 창출과 분배로 이어지는 기업과 자본시장 간의 현금흐름 관계를 표시하고 있다.

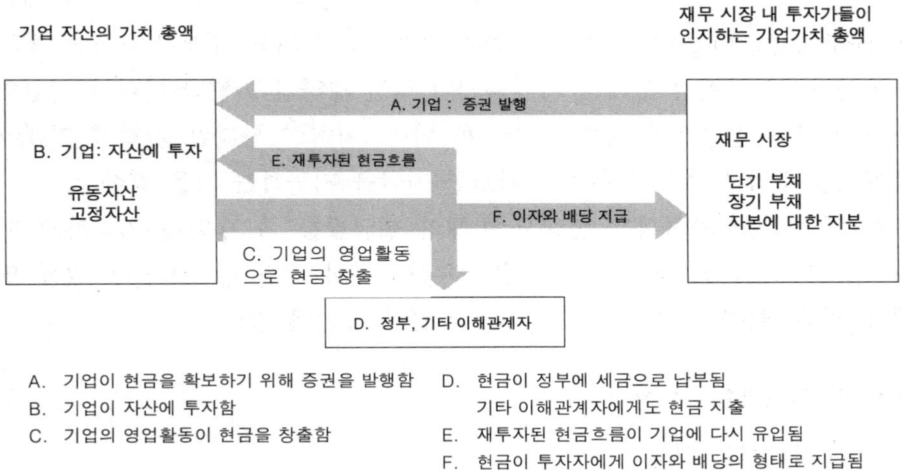

그림 9-13 자본조달과 투자에 의한 현금흐름

자본조달과 투자

A: 자본조달의 수단으로서 증권을 발행하는 거래를 나타낸다.

B: 자산에의 투자를 나타낸다.

이 두 항목은 대차대조표에 영향을 준다.

현금흐름의 창출과 분배

C : 영업을 통한 현금흐름의 창출
D : 제 세금 및 공과금
E : 재투자 (유동자산의 축적, 고정자산에의 투자)
F : 현금흐름의 분배(우선권)
이들 항목은 손익계산서 항목에 영향을 준다.

재무관리의 주요 업무

자본예산

투자안의 수익성을 분석하여 채택 여부를 결정 짓는 과정을 자본예산(capital budgeting)이라 한다. 기업이 수행하는 투자는 대개가 대규모 장기투자인데, 이 투자의 성패는 기업의 장기적인 경영성과 뿐만 아니라 기업의 존립 자체에 결정적인 영향을 미치게 된다. 이처럼 투자란 기업이 미래에 불확실한 수익을 위해서 현재의 확실한 자금을 지출하는 것을 말한다.

기업은 자본투자결정을 통해서 미래의 현금흐름 즉 수익을 기대하게 된다. 일반적으로 투자에는 생산시설, 부동산 등과 같은 실물자산에 대한 투자와, 주식, 채권 등과 같은 금융자산에 대한 투자가 있다.

투자 시 고려해야 할 사항

- 투자목적의 설정
- 투자대상의 선정
- 각 투자대상의 미래 현금흐름 측정 및 평가

이 중에서 투자안 선택 시 최종적으로 중요하게 고려되는 것은 투자대상의 미래 현금흐름 측정 및 평가이다. 기업에 있어서 투자란 미래에 더 많은 현금흐름을 기대하며 현재의 현재흐름을 포기하는 것이다. 따라서 투자안에 따른 현금흐름이 투자안 선택의 판단기준이 된다.

투자안의 경제성을 평가하는 방법으로는 순현가법, 회계적 이익률법, 회수기간법, 내부수익률법 등이 있으나 일반적으로 순현가법이 가장 많이 사용되고 있다. 순현가법(NPV: net present value)을 수식으로 표현하면 다음과 같다.

$$NPV = \sum (CF_t / (1+k)^t) - I_0$$

CF_t: t시점에서의 순현금흐름

I_0: 0시점에서의 투자액

k: 할인율(자본비용)

자본의 조달

미래에 수익성이 있다고 판단되는 사업에 진출하려고 할 경우, 기업은 일단 제품을 생산할 수 있는 공장부지를 마련해야 하고, 공장을 지어야 하며, 또한 생산장비를 설치해야 한다. 그런데 이런 프로젝트에는 대규모의 자본이 들어가게 마련이다.

자본조달에는 타인자본과 자기자본이 있는데 그 구성형태인 자본구조(capital structure)를 기업에 가장 유리하게 가져가야 한다. 자본을 사용하는 대가로 자본의 사용자인 기업이 자본의 제공자 혹은 제공기관에 지급하는 비용, 즉 사채의 이자나 주주에게 지급되는 배당금을 자본비용(cost of capital)이라 한다.

기업의 경우 타인자본에 대한 이자비용은 비용이 발생하는 대신 이른바 감세효과(tax shield)가 있다. 반면에 주식의 발행을 통한 자기자본조달에 의해서 발생하는 자기자본비용은 일반적으로 주식시장에서 수요와 공급에 따라 가격이 어떻게 결정되는가를 설명하는 이른바 자본자산가격결정모형(CAPM : capital asset pricing model)에 의해서 결정할 수 있다.

위험관리

일반적으로 기업이 당면하게 되는 위험은 두 가지로 나눌 수 있는데, 경영위험과 재무위험이 그것이다. 전자는 투자결정과 관련되고 후자는 자금조달결정과 관련된다(이재규 2004, 407-408).

경영위험

경영위험은 기업이 어떤 시기에 어떤 산업에 투자하였는가에 따른 위험으로, 미래 기대수익의 분산 정도로 측정된다. 경영위험의 결정요인은 다음과 같다.

- 국내외의 정치 및 경제동향
- 기업이 속해 있는 산업의 동향
- 특정기업의 경영과 관련된 요인

재무위험

재무위험이란 기업의 자본구성에 타인자본이 증가함으로써 나타나는 위험을 말하는데, 여기에는 기업의 유동성에 따른 위험과 재무 레버리지의 손익효과 확대에 의한 위험이 있다.

유동성 위험은 부채의 원금상환과 이지지급으로 인하여 기업이 도산할 가능성이 커지는 위험이다.

재무 레버리지의 손익확대 위험은 타인자본 비중이 커짐으로써 기업환경의 변화에 따라 그 기업의 주주에게 귀속되는 미래수익이 불안정하게 되는 위험을 말한다.

(PD, Flaherty 2002, 195-208)

드러커는 자본주의는 자신의 자원을 갱신시킬 능력이 없기 때문에 자본주의의 사망이 불가피하다고 진단한 마르크스의 해석을 거부하기는 했지만, 기업의 부를 창출하는 활력을 분석할 때 마르크스의 접근이 매우 유용하다고 생각했다. 경제적 빈혈증과 기업의 침체를 막기 위해서, 경영진은 자본생산성이 하락하면 그 어떤 기업도 살아 남을 수 없다는 사실을 인식해야 한다. 자본주의 시스템이 붕괴를 피할 수 있었던 것은 마르크스가 전혀 예측할 수 없었던 기업가적이고도 혁신적인 변화, 기술의 획기적인 진보, 노동생산성에 대한 프레드릭 테일러의 연구, 하나의 독립된 활동으로서 전문경영의 등장 같은 사건들 때문이라는 것이 드러커의 생각이다.

드러커는 탁월한 기업들은 공통적으로 재무적 자산을 개선하는 데에서 오는 결과에 초점을 두고 있다고 결론지었다. 드러커는 부를 창출하기 위한 다음의 네 가지 지침을 제시했다.

- 투자의 내용을 분명히 규정하라. 드러커는 자본생산성을 측정하는 데 자본수익률(ROE)이나 매출액이익률 같은 정형화된 단일지표를 사용하는 것에 반대하고, 기업의 투자패턴에 대한 분명한 이해에서 출발하는 보다 포괄적인 재무전략을 제안했다. 투자의 내용에 관한 두 가지 근본적인 질문은, 1) 투자의 내용은 어떻게 정의할 수 있는가?, 그리고 2) 필요한 자금은 어디에 있으며, 그 자금은 어떤 역할을 할 수 있는가? 드러커가 말한 투자에는 자금뿐 아니라 인력, 물리적 자원, 그리고 혁신의 노력 등 여러 요소들이 포함되어 있다. 따라서 가장 적절한 지표는 기업이 고용한 모든 자본자산에 대한 수익률이다.
- 자본비용을 평가하라. 드러커는 "사업을 유지하는 최소한의 비용은 자본비용이다."라며, 자본비용을 맞추지 못하는 이익률은 부(富)로서의 의미가 전혀 없으며, 회사는 말할 것도 없고 국민경제 전체에 손실을 끼치는 것이라고 했다. 드러커는 기업이 미래의 성장을 위해 자금을 투입하는 과정을 분석하면서 자본비용을 1)이자비용, 2)경상적 운영자본 비용, 3)미래의 자본수요의 세 가지 상호 중복되는 영역으로 구분했다. 기업은 생존과 건강한 성장을 위해 고용하고 있는 모든 자산의 수익률에 초점을 맞추어야 하며, 어떤 기업에 대해 중요하고 적절한 질문은 "이 사업의 미래 위험을 보상하는 데 필요한 최소한의 이익률은 얼마인가?"라며, '이익극대화'의 논리를 부정하였다.
- 전체 대 개별요소 간의 관계를 분석하라. 드러커는 전통적인 원가회계모형이 과거지향적인 속성, 즉 기업가적인 자세로 기회를 탐색하기보다는 이미 지나간 비용에 초점을 두고, '반짝 판매'의 관점에서 사업을 바라보고 있다고 지적했다. 그는 부분과 전체의 관계를 묘사하기 위해서 '종합(aggregates)'과 '구성요소(components)'라는 표현을 사용했다. 전체를 구성하는 여러 부분이 발생시키는 비용과 기여도를 알 수 있게 관리해야 한다

는 것이다.

- 거래분석에 집중하라. 드러커는 기업활동도 파레토의 법칙에 따라 거래분석을 해 보면 대부분의 거래에 있어서 성과의 90%가 중요한 10%의 사건에서 창출되고, 비용의 90%가 나머지 별 쓸모 없는 90%의 사건에서 유발된다는 사실을 확인하였다. 이런 원리를 활용한다면 기업은 수익에 가장 적게 기여하는 고객에게 신용을 제공해서는 안 된다. 이런 논의는 후에 활동기반회계를 개발하게 된 모태가 되었다.

¶

인적자원관리와 노사관계의 기초

인적자원관리

인적자원관리는 유능한 인적 자원을 개발·육성하기 위한 경영활동으로 경쟁력 있는 인적자원관리체계를 구축하는 데 관심을 두고 있다.

인적자원관리의 의의와 핵심과제

인적자원관리의 의의

전통적인 인사관리(personnel management)에서는 종업원들을 통제·감시하고 잘잘못을 가리는 데 초점이 주어졌다면, 현대 인적자원관리의 기본은 구성원들의 자발성과 자율성, 구성원의 몰입(commitment), 개개인의 욕구와 개성을 강조하고 있다. 현대 인적자원관리는 이런 자율적인 인간으로 조직이 구성되도록 하기 위해서 인재를 확보·유지·개발·평가·보상하는 유기적이고 통합된 관리활동을 포괄한다.

실제로 기업에 있어서 인적자원만이 유일한 자산이며 다른 것은 모두 비용일 뿐이다.

인적자원관리의 주요 과제는 조직 내 인력의 흐름과 관리기능에 따라 확보관리, 평가관리, 개발관리, 보상관리, 유지관리로 나누어진다.

확보관리

확보(acquisition)는 인적자원관리에서 제일 먼저 수행되는 기능으로서 조직에 필요하고 적합한 자질과 능력을 갖춘 인재를 획득하는 과정이다.

- 인적 자원의 적정성 판단
- 앞으로 요구되는 인력의 수요예측
- 우수인력이 우리 기업에 지원하도록 하기 위한 대책
- 타당성과 신뢰성 있는 선발프로그램 구축
- 직무분석을 통한 인력계획 수립
- 유능한 인재를 확보하기 일련의 채용관리활동

평가관리

평가(evaluation)에는 확보한 인적 자원의 자질, 능력, 업적 등을 평가하는 인사고과 활동과, 직무의 중요도, 난이도, 위험도 등 여러 평가요소에 의해 직무의 상대적 가치를 평가하는 공식적이고 체계적인 방법인 직무평가가 포함된다.

인사고과(rating or performance appraisal)는 개개인의 성과 기준과 직무수행성과를 비교하고 미래의 능력을 평가하는 활동이다. 인사고과는 현대 인적자원관리의 거의 모든 영역에 영향을 미치는 기초자료로서의 역할을 하고 있다.

직무평가(job evaluation)란 조직에서 개별 직무(일)의 중요도와 난이도 등 여러 평가요소에 의해 직무의 상대적 가치를 평가하는 것을 말한다. 직무평가의 결과는 능력급의 일종인 직무급 임금체계의 기초가 되며, 배치, 교육, 훈련, 승진, 직무설계 등 다른 많은 인사관리 영역에 활용된다.

직무평가를 위해서는 우선 직무분석이 이루어져야 하는데, 직무분석(job analysis)은 직무에 관한 정보를 수집·분석하여 각 직무의 수행에 필요한 지식·능력·숙련·책임 등의 제 요건을 명확히 하는 일련의 직무합리화 과정이다.

개발관리

개발(development)이란 인적 자원의 능력을 최대한 발휘할 수 있도록 일의 기회와 교육훈련의 기회를 부여하는 과정이다. 개발관리에 포함되는 내용은 다음과 같다.

- 종업원에 대한 교육훈련의 필요성 분석
- 교육프로그램의 내용, 대상, 방법의 선정
- 교육훈련의 실시평가와 피드백의 효과적 활용
- 승진기준과 승진유형의 결정
- 연공이나 능력과 같은 승진요소의 반영
- 교육훈련, 승진, 직무순환 등의 활동

보상관리

보상(compensation)은 확보되고 개발된 인적 자원이 조직에 공헌한 만큼 금전적·비금전적 대가를 제공하는 활동을 말한다. 보상관리에 포함되는 내용은 다음과 같다.

- 조직 전체의 보상수준 책정
- 기본급 임금체계 중에서 적합한 유형의 선정
- 개인 또는 집단의 성과에 대한 인센티브(incentives) 정책 결정
- 수당이나 복리후생 그리고 퇴직금에 대한 관리

유지관리

유지(maintenance)란 조직 내 인적 자원이 자신의 능력을 발휘하면서 조직 내에 남아 있도록 각종 배려를 하고, 조직에서 사람들이 직무를 수행하는 과정에서 나타나는 여러 가지 어려운 문제, 예를 들어 인간관계에 대한 문제, 노동의 대가에 대한 불만, 기타 갈등과 근무 불안 등을 극복하여 최대한으로 능력을 발휘하게끔 인적 자원을 유지시키는 활동이다.

유지관리에 포함되는 내용은 다음과 같다.

- 인간관계·퇴직·이직·재훈련 등의 활동을 행하는 관리기능
- 근로자의 삶의 질 향상과 기업의 경쟁력 강화를 균형 있게 실현하기 위하여 직장 내에서 협력적 노사관계를 구축하려는 활동

노사관계 관리

노사관계의 의의

앞 서 언급한 인사관리의 내용은 개별적인 종업원에 대한 관리를 다루는 반면 노사관계는 기업주 또는 사용자와 종업원 전체를 집단적인 차원에서 그 관계를 다루는 입장이다. 일반적으로 노사관계(labor relations)라고 하면 노동력을 고용·지휘하는 사용자 또는 경영자와, 근로자들의 단체인 노동조합과의 관계를 말한다. 구체적으로는 생산현장에서 그용조건을 결정하기 위해 근로자와 사용자 간에 상호 작용하는 과정, 또는 노조가 특정 기간 동안의 임금이나 노동시간, 기타 고용조건을 협상하는 절차를 지칭한다.

오늘날 노동자는 노동조합을 조직하고, 주주는 전문경영자를 자신의 대리인으로 내세워 경영에 종사토록 하고 있다. 이런 구도에서 노동조합의 대표와 자본가의 대리인인 경영자가 단체교섭이라는 수단을 통하여 근로조건을 결정하게 되는데 이를 단체협약이라 한다.

노동조합의 기능

우리나라 헌법은 근로자의 단결권, 단체교섭권, 단체행동권이라는 노동 3권을 보장하고 있다. 노동조합은 사용자와 노동자 간의 노동력에 대한 협상력에 있어 상대적으로 열세에 있는 노동자의 권익을 보호하기 위한 것이다. 그러나 오늘날 노종조합의 기능은 조합원에 대한 기본적인 근로조건 협상뿐 아니라 아래와 같은 부가적인 기능들을 수행한다.

- 경제적 기능: 임금협상, 근로조건 협상
- 공제적 기능: 조합원 상호간의 상호부조
- 정치적 기능: 노조의 정치활동

노동조합의 가입방식

노동조합이 조합원을 확보하고 조직을 강화하기 위해서 다양한 가입 방식이 시도된 바 있다. 노조가입 방식을 숍제도(shop system)라 하는데, 여기에는 다음과 같은 방식이 있다.

- 오픈 숍(open shop). 회사가 노동자를 채용할 때 노동조합에 가입한 조합원뿐 아니라 가입 안 한 노동자도 임의로 채용할 수 있다.
- 유니온 숍(union shop). 사용자가 자유롭게 고용을 하지만 일정기간 후(예, 30일 이내) 노조에 반드시 가입해야 하는 방식이다.
- 클로우즈드 숍(closed shop). 노조가입이 고용의 전제조건이 되는 제도로서 회사는 노동조합 이외에서 종업원을 채용할 수 없다. 미국의 경우 해운업과 인쇄업에서 현실적으로 인정되고 있다.

노사관계 제도

단체교섭(collective bargaining)제도

단체교섭은 노동조합의 대표자가 노동3권을 배경으로 임금, 노동시간, 선임권, 복리후생, 고충처리 절차 등의 근무조건을 기업의 대표자와 교섭하는 과정이다. 단체교섭 결과 합의내용이 이루어지면 서면으로 협약을 체결하여 그 이행여부를 관리하게 된다.

교섭 결과 합의내용이 끝까지 이루어지지 않을 때 노동조합은 단체행동권을 발휘하여 최후의 실력행사인 노동쟁의(labor dispute)에 들어갈 수 있다. 노동쟁의에는 태업(strike), 시위(picketing), 불매운동(boycott)이 있다. 노동쟁의에 대해서 사용자는 시설관리권을 발휘하여 공장폐쇄(lockout)와 조업단축의 실력행사를 할 수 있다.

한편 고충처리제도는 노사간의 관계증진과 상호간의 애로를 해결하기 위한 것으로 기업의 일선감독자와 노조의 숍 스튜어드(shop steward)가 고충처리에 관한 실무적인 문제를 해결하고 있다.

단체교섭을 보다 효율적으로 운영하기 위해서는 노사협의제를 활성화할 필요가 있다. 노사협의제는 노사의 의사소통에 의한 상호이해와 노사의 이해가 일치하고 있는 문제를 협의하는 장으로서, 노사 상호간 신뢰를 바탕으로 성공적인 협조관계를 유지하면서 생산성향상과 노동복지를 동시에 추구하기 위한 제도이다. 노사협의제를 적절히 활성화함으로써 노동조합과의 대화를 통하여 커뮤니케이션과 신뢰를 증진하고, 결과적으로 단체교섭을 원활하게 추진할 수 있는 토양을 만드는 데 기여할 수 있다.

경영참가(employee participation) 제도

경영참가제도는 노동자 대표가 직접 경영에 참가하여 경영의사결정의 권리와 책임을 지는 제도를 말한다. 이 제도는 노사협조체제의 분위기를 조성하고 종업원의 참여를 통하여 사기 진작과 생산성 향상에 기여하도록 하기 위한 것이다.

노동자의 경영참가는 임금과 근로조건, 고용과 해고, 직업훈련, 기술적인 변경과 생산기구의 조직 및 사회적 귀결, 투자 및 계획 등의 문제에 관하여 기업수준에서 여러 가지 결정을 하거나 이를 준비하고 준수하는 데 있어서 노동자들이 영향력을 행사하는 것이다. 이러한 경영참가제도에는 자본참가(종업원지주제), 이익참가(이윤분배제), 의사결정참가(종업원대표제, 위원회제, 임원파견제) 등의 제도가 있다.

(PD, Flaherty 2002, 73-75)

노동자의 지위와 역할

드러커는 '산업인의 미래'에서 산업사회가 자유주의 사회로 변화하는 과정에서 기업의 요구와 인간의 요구 사이의 균형을 맞추는 문제에 대해 서술했다. 사회생활에서 오직 경제적 부만이 중요하다고 교육받은 대부분의 저자들은 현대 대량생산 산업에 종사하는 피고용 노동자들이 사회적 지위와 역할을 전혀 부여 받지 못하고 있다는 사실에 대해서 간과하고 있다는 것이다.

그 결과 1930년대 노동조합이 노동자의 지위와 역할을 바로 하기 위한 목적으로 태동하게 되었다. 드러커는 처음에는 노동조합주의가 표방한 이상적인 주장에 동조했으나, 좀더 깊이 분석해 본 뒤에는 노동조합주의가 겉으로 제시한 목표와 현실의 운영과정 사이에 많은 차이가 있음을 알게 되었다. 그는 노동조합주의를 다음과 같이 판단했다. "노동조합주의는 이 시대의 최대 신기루다. 그것은 자유주의 사회가 아니라 독재주의 사회에서 틀림없이

종말을 고하게 되어 있다."

드러커는 노동조합이 구조적으로 문제를 안고 있다고 주장할 만한 이유로서, 허상의 민주주의, 부정적 태도, 그리고 관료적 성향의 세 가지를 들었다.

허상의 민주주의

드러커는 노동조합원을 주주와 비교하면서, 신분 이동가능성이라는 측면에서 오히려 노동조합원이 주주보다 더 불리한 위치에 처해 있다고 한다.

"개별 노동조합원은 개별 주주와 유사하다. 그는 개별 주체로서의 권리를 행사하고 싶어하지 않을 뿐 아니라, 그것을 어떻게 행사해야 하는지, 그리고 무슨 이유로 그렇게 해야 하는지 알려고 하지도 않는다. 현실적으로 노동조합원은 자신의 책임을 노동조합 위원장에게 위임해 버렸다. 주주는 언제든지 주식을 팔아 버릴 수 있는 반면에, 노동조합원은 생계를 담보로 끝까지 조합원으로 남아 있어야 한다."

부정적 태도

드러커는 기업의 긍정적 태도와는 대조적으로 노동조합의 부정적 태도를 지적했다. 노동조합은 본질적으로 자신을 제외한 여타 이해관계자에 대해서는 무관심한 태도를 지닌다. 노동조합이 항상 '더욱 더 많은' 요구에만 치중하다 보니 어느덧 기업의 이익과 혁신에 대해서는 깊이 생각하지 않는 태도가 생겨 났다.

관료적 성향

드러커는 노동조합이 향후 경영자의 지위를 맡을 것을 전혀 기대하지 않고 오직 충직하게 반대하는 역할을 맡을 수밖에 없게 되어 있다고 생각했다. 드러커는 노동조합이 더욱 성장하면서 노동자 복지에 대한 최초의 이상적인 목표는 점점 희미해질 것이라고 예측했다. 노동조합의 지도부는 정당성을 결여한, 자기 이익에 집착하는 관료주의에 빠지면서 그 구성원의 요구와 희망보다는 그 자신의 권력에 더욱 관심을 기울이게 될 것이라고 보았다.

드러커는 노동자의 지위와 역할을 개선할 수 있는 처방으로서 노동조합

보다는 기업 내 자율성을 확대하는 방안을 제시했다. 즉 공장을 잘 작동하는 사회 공동체로 탈바꿈하도록 해야 한다는 것이다. 드러커의 이상적인 희망은 공장 공동체(plant community)에 산업사회 시민권의 씨앗을 뿌리는 것이다. 그 결과, 노동자들 사이에 보다 강한 집단 소속감, 증대된 사기와 직무만족도, 회사의 목표에 대한 이해증진 등 여러 긍정적인 결과가 나타나게 하고, 그리고 우수한 직원에 대해서는 장차 경영진에 합류할 수 있는 기회를 부여하는 방식으로 진정으로 커뮤니티에 합류하도록 하는 것이다.¶
(PD 2001, 236-250)

부문목표의 통합 - 목표에 의한 경영

드러커는 오랜 세월 동안 학계의 전문가들이 기업에 대한 의미 있는 비전을 개발해내지도 못하고 그 특수한 기능들을 기업의 정체성 속에 통합시킬 수 있는 수단을 창안해내지도 못해 온 점에 대하여 깊이 우려했다. 이런 과제에 직면하여 '경영의 실제'에서 그가 제시한 해법은 '목표에 의한 경영'이라는 개념이었다. 이 아이디어는 그가 자신의 컨설팅 경험을 통하여 GM의 알프레드 슬로언이나 GE의 랠프 코디너 같은 존경할 만한 경영자를 만나서 얻은 경험과 시스템이론의 연구를 결합함으로써 도출한 것이다. 슬로언과 코디너는 기업의 사명을 형성하는 과정에서 시너지 효과를 일으키는 방식으로 여러 개의 사업단위를 연결한 드문 능력의 소유자들이었다. 드러커는 다양성 속에서 통일성을 창출해낸다는 개념이 모든 조직에 통용될 수 있는 중요한 경영원리임을 간파했다.

목표에 의한 경영이론을 체계화하는 제 2의 원천인 시스템이론은 정보를 고립된 지식단위로 원자화시키지 않으려는 전일적 접근이라고 해석할 수 있다.

날로 변화하고 복잡해지는 환경에 대응해야 하는 기업조직은 일종의 혼란상태에 빠져 있고, 산더미 같은 정보를 수용할 준비조차 제대로 되어 있지 않다. 그 결과 대부분의 기업들이 부서별로 자신의 영역에만 갇혀서, 전체의 사명을 잘 이해하지 못하고, 상호 연결된 여러 분야의 기능 사이에 교통은 두절 당하게 된다.

경영자들이 공통의 목표를 지향하고 있지 못하다는 사실을 보고, 드러커는 목표에 의한 경영이라는 진찰도구를 도입한 것이다. 이것이야말로 조직화된 경영조직에서 기업의 생존기능을 정의하는 첫 번째 단계다.

드러커는 기업이 그 생명력을 지속적으로 확보하기 위해 최소한도의 성과를 요구하는 활동들을 핵심활동(key activities)이라고 정의했다. 드러커는 '경영의 실제'에서 목표를 달성해야 할 주요 분야로서 시장지위, 생산성, 물리적·재무적 자원, 혁신, 수익성, 노동의 기여, 경영의 성과, 그리고 사회적 책임을 들었다.

드러커는 목표에 의한 경영이 이루어져야 하는 이유를 두 가지 중요한 부문에 대해서 설명했다. 조직부문과 개인부문이 그것이다. 조직부문에서는 다음 두 가지의 중요한 주제가 등장한다.

- 어떤 유일한 기업목표가 존재한다는 환상을 근절시킬 것
- 여러 핵심 기능별로 그 최소한의 성과가 지니는 중요성을 강조하여 균형을 유지할 것

목표에 의한 경영은 경영자와 부하 경영자로 하여금 명령에 의한 경영(management by domination)에서 벗어나 자기관리에 의한 경영(management by self-control)을 할 수 있게 해 준다. 이는 의사결정의 권한을 가능한 한 최하위 계층으로 이양한다는 임파워먼트의 개념과 맥이 통하는 것이다.

드러커는 실용적인 제안을 하나 했는데, 부하 경영자들은 일년에 두 번씩 상사에게 경영자의 편지(manager's letter)라는 것을 쓰라는 것이다. 그 편지에는 우선 상사의 직무와 자신의 직무에 대해 알고 있는 대로 기술하고, 그런 다음 자신에게 적용되어야 한다고 스스로 생각하는 성과기준을 설정하고, 그 다음에는 그것을 달성하기 위해 스스로 해야만 하는 사항들의 목록을 만들도록 했다. 그리고는 자신이 맡고 있는 부문에서 발견되는 방해요인들의 목록도 기록한다. 마지막으로 그는 자신의 목표를 달성하기 위해 다음 일 년 동안 해야 할 일의 대략적인 계획을 수립한다. 상사가 그 편지의 내용을 수락하면 그것은 부하 경영자가 수행해야 할 직무에 대한 지침서가

된다.

목표에 의한 경영은 드러커의 수많은 통찰력 어린 개념 가운데 사람들의 큰 주목을 끈 것 중 하나이다. 드러커는 목표에 의한 경영이 결코 전능한 수단이 될 수는 없다고 조언하면서, 경영자들이 개개의 목표를 지닌 여러 분야에 대해 주의 깊게 사고하고 그 여러 목표의 본질을 잘 깨닫고 있다고 확신하고 있을 때에만 목표에 의한 경영이 유익할 것이라고 했다.

목표에 의한 경영은 드러커의 말처럼 다소 결함이 있어 보일지 모르나, 이 개념이 소개된 후 사람들이 경영을 단지 몇 가지 기능적 기술로 보는 일이 없어졌고, 최고경영자가 전능한 존재라고 보는 일도 없어졌으며, 중간경영자의 역할이 지니는 중요성을 경시하는 일도 없어졌다고 평가된다. ¶

제6부

변화와 혁신

변화와 혁신

10 혁신과 변화관리

1. 변화관리 개요
2. 혁신점화 단계
3. 비전설계 단계
4. 혁신실행 단계
5. 기업문화의 창달

제 10 장 혁신과 변화관리

변화관리 개요

변화관리란?

변화는 종종 사람들을 실망시키고 화나게 하며, 많은 희생자를 남기기도 한다. 예를 들어 경영자들은 변화과정의 시간이 너무 걸리며 비용이 많이 든다고 불평하기도 하고, 변화의 노력이 충분하지도 않고 오래 지속되지도 않아서 제대로 효과를 발휘하지 못한다고 걱정하기도 한다. 한편 직원들은 경영진이 주장하고 약속한 것을 제대로 실천하지 않는다고 불평을 늘어 놓는다. 중간관리자들은 경영진과 하급 직원 모두에게 잘못이 있다고 비난한다. 변화는 거의 언제나 파괴적이며 때로는 깊은 상처를 남기는 경우가 많다. 이런 이유로 사람들은 할 수만 있다면 변화를 회피하고 싶어한다. 그만큼 조직 차원에서 변화와 혁신을 일으키는 것은 쉽지 않은 과제다.

변화관리란 혁신이 일어날 수 있도록 혁신의지를 불러 일으키고(혁신점화), 적절한 혁신안이 마련될 수 있도록 유도(혁신설계, 혁신실행, 혁신내재화)하며, 이러한 일련의 과정이 장애 없이 진행될 수 있도록 행하는(혁신저항관리) 총체적 관리를 말한다.

체계적인 변화관리란 바로 혁신활동이라는 배가 거친 항해 과정에서 나타나는 변화무쌍한 위기상황들을 조직 구성원과 함께 극복하고 무사히 항구에 도착할 수 있도록 하는 체계적인 항해 기술이라 할 수 있다.

조직변화의 어려움

구체적으로 조직 내에서 변화와 혁신의 노력이 좌절되고 어려움을 겪게 되는 데는 다음과 같은 이유가 있다.

- 개인적인 이해관계에 집착 - 개인이나 집단의 이해가 조직 전체의 이

해와 충돌하면서 정치적인 행동이 전개된다.

- 변화추진자를 신뢰하지 않음 - 신뢰가 형성되어 있지 않은 경우, 변화에 함축된 의미를 이해하지 못하거나 변화에 의해 얻는 것보다 잃는 것이 많다고 생각한다.
- 상황을 다르게 해석함 - 정보의 차이로 인하여 변화추진자와 다르게 상황을 인식한다.
- 변화에 대한 수용력 부족 - 이성적으로는 변화에 대해서 필요하다고 인식하지만 심정적으로 변화를 수용하지 못하며, 기득권 상실, 낙오에 대한 두려움이 있다.

실패한 (경영)혁신 프로젝트의 실패 원인 중 큰 비중이 구성원의 문화적,인적 요소를 충분히 고려하지 않았기 때문으로 알려져 있다. 따라서 혁신 프로젝트를 성공적으로 완수하기 위해서는 무엇보다도 사람들의 감정적·정서적 측면을 잘 고려해야 한다. 그러나 한 편으로는 조직 내 변화 노력이 조직의 성과를 향상하기 위한 것이 목적이므로, 조직 성과를 위한 하드웨어적 혁신이 배제되어서는 안 될 것이다.

변화의 유형

기업 내 변화는 크게 구조적인 측면과 문화적인 측면으로 나눌 수 있다. 구조적인 변화란 기업의 구조조정, 비용절감을 위한 업무 프로세스의 변화 등을 말한다. 예를 들면 M&A, 분할매각, 핵심사업 외에 비 본질적인 사업활동을 제거하거나, 업무절차를 간소화 하여 효율성과 신뢰성을 높이고, 비용을 개선하는 목적을 동시에 추구하는 일 등이 이에 속한다.

한편 문화적 변화는 기업의 인간적 측면에 초점을 두어 구성원의 사고와 행동 변화를 추구하는 측면이다. 예를 들면 지휘통제식 경영에서 참여식 경영으로의 변환, 고객중심의 문화 창달하는 것 등이 이에 해당한다.

어느 연구에 의하면 변화의 유형을 표 10-1과 같이 세 가지로 대별하였는데, 이는 각각 위에서 언급한 구조적 변화와 문화적 변화, 그리고 이들 두 가지를 혼합한 방식을 말한다.

변화의 양상	경제(E) 이론	조직(O) 이론	혼합방식
목표	주주가치의 최대화	조직 역량 개발	경제적 가치와 조직 역량 사이의 패러독스를 인정한다.
리더십	위에서부터의 변화를 추구한다.	종업원들의 자발적 참여를 유도한다.	위에서 방향을 설정하고 나서 종업원들을 참여시킨다.
초점	조직 구조와 시스템을 강조한다.	기업 문화 구축(종업원의 행동과 태도)	두 가지를 동시에 추구한다.
프로세스	먼저 계획을 세우고 프로그램을 세운다.	실험적 시도를 통해 서서히 발전시킨다.	자발적 참여를 유도할 수 있도록 계획을 수립한다.
보상체계	경제적 인센티브를 통해 동기 부여	권한 위임을 통해 동기부여(급여는 적정 수준 유지)	변화를 강화하기 위해 인센티브를 이용하지만 지나친 인센티브는 자제
컨설턴트의 활용	컨설턴트가 문제를 분석하고 해결책 제시	경영진이 컨설턴트의 도움을 받아 스스로 해결 방안 도출	컨설턴트는 종업원의 능력을 키워 주는 역할을 한다.

표 10-1 변화에 대한 두 가지 접근

이 연구의 결론은, 이들 두 유형 중 어느 한 편에 치우치는 것은 대개 성공적이지 못하고, 양쪽을 균형 있게 추구하는 경우 성공할 가능성이 가장 높다는 것이다.

사례(Beer and Noria 1978) : 하버드 비즈니스 리뷰 중에서

스콧 페이퍼(Scott Paper)

"1954년 5월 앨 던랩(Al Dunlap)은 스콧 페이퍼의 경영권을 넘겨받자마자 11,000명의 종업원을 해고하고, 여러 사업 부문들을 매각해버렸다. 그는 어느 연설에서 이렇게 말했다. "주주는 제 1의 고객입니다. 연차보고서에 주주를 제외하고 다른 고객 그룹에 대해서만 언급하는 회사가 있다면, 분명 그 회사는 잘못 경영되고 있는 것입니다." 주주의 입장에서 보면, 던랩의 경영 성과는 놀라울 정도였다. 1994년 30억 달러 정도였던 스콧의 시장가치가 1995년에는 약 90억 달러로 뛰어올라 겨우 20개월 만에 주주들의 이익을 3배로 증가시키는 실적을 기록했던 것이다."

<그 후> : 직원들의 사기가 떨어져 비효율적인 조직이 되고만 회사를 킴벌리 클라크(Kimberly-Clark)에 매각함

챔피언 인터내셔널(Champion International)

챔피언 인터내셔널의 개혁 노력은 전례가 없을 정도로 남달랐다. CEO인 앤드류 시글러(Andrew Sigler)는 경제적 가치의 증대가 경영의 주요 목표인 것은 알고 있지만, 그 목표는 경영진을 비롯하여 노동조합과 근로자 모두의 행동 방식을 바꿈으로써 가장 잘 달성될 수 있을 것이라고 믿었다.
<그 후> : 오랫동안 침체를 벗어나지 못하다가 유피엠 킴멘(UPM-Kymmene)에 의해 인수됨

두 가지 방법의 결합

위의 예와 대비해서 볼 때, 변화에 대한 강한 접근 방식과 부드러운 접근 방식을 효과적으로 결합한 기업은 장기적으로 수익성과 생산성 양면에서 큰 성과를 거두고, 경쟁우위를 확보할 가능성이 높다고 한다.

이런 예의 대표적인 기업이 GE 인데, GE의 전 CEO 잭 웰치는 두 가지 접근 방식을 번갈아 가며 사용했던 것이다. 예컨대, E이론의 혹독한 수단을 동원해 기능이 중복되거나 실적이 부진한 부서와 인력을 제거했으며, O이론에 따라 관료주의를 타파하고 강하고 도전적인 기업문화를 창달하기 위해 변화 프로그램을 추진했다.

GE는 1980년대 후반까지는 주로 사업 구조조정과 전략 등 구조·전략 측면에서 강력한 변혁을 추진했다. 13개 주요 사업 모두 군살이 없는 조직이 되었으며, 세계적으로 품질을 인정 받아 산업 내 1,2위의 시장점유율을 유지하는 초일류 사업군을 구축하였다. GE는 1980년대 말 이후부터는 보다 근본적인 기업문화의 변화에 초점을 맞추었다. 워크아웃(workout)이라는 이름 아래, 많은 수단들을 동원하여 관료주의적인 요소를 타파하고, 의사결정 과정을 단축하며, 고객서비스에 보다 신속히 대응하고, 불필요한 업무 절차를 제거하는 등의 개선 노력에 종업원들을 적극 참여 시켰다.

극복해야 할 조직의 타성

우리는 왜 변화에 저항하는가?

변화에 대한 저항은 어느 조직에 있어서나 관성의 작용에 의해 나타나는 현상으로 자연스러운 것이다. 특히 그림 10-1 에서 보는 바와 같이 혁신 프로그램을 시작한 초기에 변화에 대한 저항이 가장 크다. 따라서 혁신활동의 초기에는 변화의 노력에 비해 그 성과가 더욱 미미하게 나타나게 되어 혁신활동을 시작한 경영진을 당황시킨다.

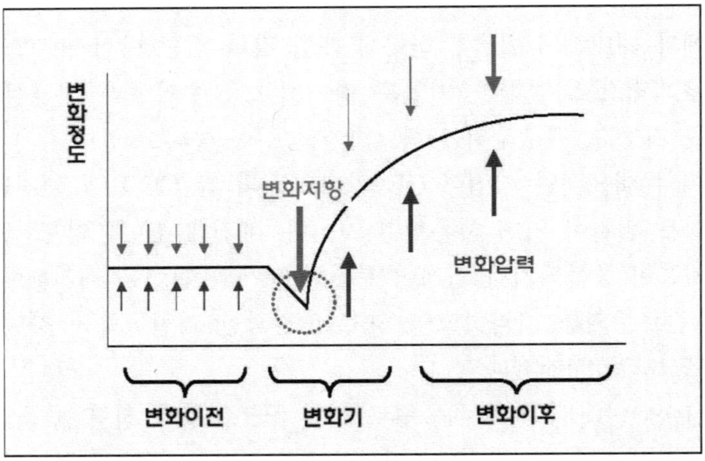

그림 10-1 변화에 대한 저항과 변화곡선

혁신의 중요성에도 불구하고 조직 전체에 걸친 대규모 혁신을 수행하는 것은 결코 쉬운 일이 아니다. 혁신을 수행하는 데 있어서 발목을 잡는 여러 가지 조직적 타성이 있기 때문이다. 이하 조직 혁신을 위해 극복되어야 할 조직의 타성에 대해서 유형 별로 알아 본다.

관료주의

사전적 의미에서 관료주의란 관료제가 지배하고 있는 조직에서 발생하는 특정한 행동양식과 의식상태로서, 흔히 비밀주의, 선례답습, 획일주의, 형식주의, 법규만능주의, 창의성 결여, 파벌의식, 권위주의 등의 병폐를 말한다.

관료주의의 뿌리는 불안감이다. 불안감은 사람들을 변화에 저항하게 만든다. 그들은 변화를 기회로 보지 못하고 위협으로 받아들인다. 내부의 문제에 집착하느라 외부의 변화를 보지 못하는 것이 관료주의이다.

관료주의는 내용보다는 형식을 중요시한다. 이 보고를 왜 하는가 보다는 어떤 과정을 거쳐 어떤 양식으로 할 것인가에 에너지를 쓴다. 왜 이 서류가 필요한지는 중요치 않다. 다만 예전부터 해왔기 때문에 필요하다고 주장한다. 문제가 생기면 늘 관행이라고 치부한다. 도전적이고 성과를 지향하는 사람은 견디기 어려운 반면 주어진 일을 형식대로 조용히 처리하기를 좋아하는 사람에게 관료주의는 최상의 입지를 제공한다. 관료주의는 권위가 직함에서 나온다고 믿는 사람에게서 자란다. 관료주의는 스피드를 무서워하며 단순성을 증오한다. 그것은 사람들을 방어적으로 만들고, 음모를 키우게 하고, 때때로 비열하게 만든다. 관료주의에 빠진 사람들은 공유하는 것을 두려워하며, 열정적이지 못하다.

조직 냉소주의

조직 냉소주의(organizational cynicism)란 '해당 조직의 구성원들이 경영진, 정책, 제도, 변화 및 혁신활동 등 조직 전반에 걸쳐 이유 없는 무관심이나 적대감, 극단적인 불신을 나타내는 것'이다. 이러한 냉소적 반응은 감정적 동요, 부정적 태도 및 행동 등 세가지 측면에서 나타난다.

첫째, 구성원들이 무력감, 거리감, 소외감, 분노, 적대감 등 감정적으로 동요하는 것이다. 예컨대 "내가 아무리 옳은 소리를 하면 뭘? 아무 소용 없는데", 혹은 "나에게까지 그런 정보를 알려 주겠는가"라고 느끼는 것이다. 이런 반응은 회사의 주요 경영 정보공유에 있어서 구성원들이 소외감을 갖거나, 구성원 스스로가 자신의 의견이 무용지물이라는 무력감을 느낄 때 나타난다.

둘째는 조직 구성원들이 조직에 대해 항상 부정적인 태도를 견지하는 것이다. 즉 경영진, 각종 정책 변화, 혁신 활동 그리고 조직문화에 대해 불신을 품는 모습을 말한다. 예컨대 경영진에 대해서는 "지금의 경영진에게 뭘 바라겠어?"라거나, 조직이 제시하거나 도입한 각종 정책, 제도, 혁신 프로그램에 대해서는 "일년만 지나 봐. 또 딴 소리하겠지"와 같은 반응을 보이는 것이다.

셋째는 냉소적 감정과 태도가 부정적 행동으로 표출되는 것이다. 예컨대 "너나 잘 해라. 나는 나 할 일만 하겠다.", "월급만큼 일하는 거지 뭐" 식의 비 협조로 조직에 기여하지 못하는 행동을 보이는 것이다.

조직 냉소주의의 반응들은 그대로 방치될 경우 다른 구성원들에게 전염병처럼 확산되는 경향이 있다. 따라서 조직 냉소주의는 구성원들의 열정과 의지를 손상시켜 조직의 혁신활동과 변화를 가로 막는 내부의 적이 된다. 결국에는 조직 전체의 분위기를 해칠 뿐 아니라 바람직하지 못한 조직문화를 형성하는 원인이 된다. 그러므로 조직 냉소주의가 퍼지는 원인을 명확히 규명하고 이에 대처할 수 있는 방안을 강구해야 한다.

변화 단계의 장애물들

'체인지 몬스터'는 중요한 변화가 시도될 때마다 – 마치 갑자기 수면 위로 모습을 드러내는 '괴물'과 같이 – 나타나는 복잡한 인간 감정과 조직관계 속의 역학을 복합적으로 표현한 상징적 괴물을 말한다.

변화가 이루어지는 단계마다 나타나는 전형적인 '체인지 몬스터'는 다음과 같다(Daniel 1993).

- 침체기 : 무감각과 무사안일, 과(過)활동성

- 준비기 : 짜증, 냉소, 불안, 두려움, 불확실성
- 실행기 : 혼란과 무관심, 분노와 무력감, 변덕 등
- 결정기 : 피로, 뒷걸음질(retreat) 등
- 결실기 : 만족감, 안주, 새로운 침체 등

이들 몬스터는 모두 변화의 소용돌이 속에서 나타나는 지극히 인간적인 모습의 '괴물'들이다. 변화·혁신 관리는 단지 조직 운영 상의 개선과제를 실행만 하면 되는 것이기보다는 본질적으로 감정적이고 인간적인 문제이다. 조직의 변화나 혁신은 결국 사람들의 의식구조와 업무방식이 변해야 가능하게 때문에 변화과정에서 사람의 문제를 극복해야 한다. 결국 조직변화의 근간은 구성원들의 행동변화이며, 사람들의 감정에 호소하는 것보다 더 효과적인 방법은 없다. 다니엘 덕은 장황한 분석 데이터는 실제 별 효과가 없으며, 오히려 변화를 이끄는 가장 강력한 도구는 사람들로 하여금 문제를 스스로 보고(see), 느끼고(feel), 변화(change)하는 세 단계 패턴을 실천하는 것이라 했다.

혁신과정에서 범하기 쉬운 과오

혁신이라는 것은 어느 정도의 부작용을 수반하게 되어 있다. 인류의 역사를 보건대 한 사회가 변화를 겪어 나가는 과정에서 언제나 고통이 따르게 마련이다. 코터(John Kotter)는 변화 과정에서 흔히 범해 온 실수들을 다음과 같이 8 가지로 제시하였다(Kotter 1999, 15-31).

첫 번째 실수 : 자만심을 방치한다.

조직혁신을 시도하려 할 때 가장 자주 범하는 실수는 구성원들에게 위기의식을 불어 넣기도 전에 혁신과정을 시작해 버리는 것이다.

자만심이 발생하는 이유는 그림 10-2 와 같이 다양하다.

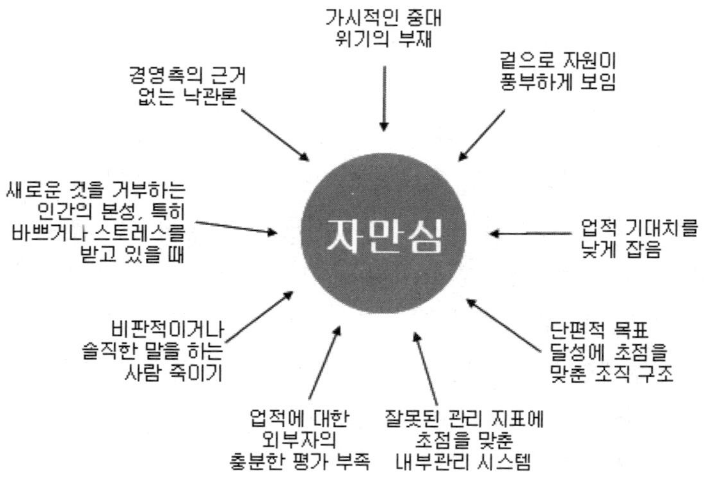

그림 10-2 자만심이 발생하는 이유

특히 자만심과 관료주의가 팽배해 있는 조직에서 위기의식 없이 경영혁신의 목적을 달성하는 것은 거의 불가능하다. 사람들은 과거의 성공에 안주하는 경향이 있고, 외부의 변화를 대수롭지 않다고 생각한다. 이런 상태에서는 혁신에 필연적으로 수반되는 희생이나 가외의 노력을 기울이려 하지 않는다.

두 번째 실수 : 혁신을 이끄는 강력한 팀이 없다.

흔히 조직 최고책임자의 적극적인 후원이 없는 경영혁신은 결국 실패하고 만다. 그러나 성공적인 경영혁신을 하려면 사장, 사업본부장, 또는 담당책임자 이외에도 혁신에 헌신적인 일단의 혁신팀으로 경영자를 지원해야 한다.

이 팀에 회사 내 고위직 책임자들을 모두 포함시킬 필요는 없다. 그러나 거의 모든 성공사례에는 항상 강력한 '혁신지도부(guiding coalition)'가 있다. 공식적인 명칭에서, 정보수집 능력이나 전문지식에서, 그들이 쌓아온 명성이나 대인 관계 능력에서, 그리고 지도력 등에 이르기까지 모든 면에서 혁신추진팀은 아주 강력해야 한다.

세 번째 실수 : 5분 안에 설명할 수 있는 비전이 없다.

위기의식을 높이고 강력한 혁신추진팀을 구성하는 것은 성공적인 경영혁신의 필요조건이긴 하지만 충분조건은 아니다. 경영혁신의 성공조건 중에서 미래에 대한 통찰, 즉 '비전'을 갖는 것만큼 중요한 것은 없다.
비전은 구성원들에게 조직이 나아가야 할 올바른 방향을 제시하고 한 방향으로 대열을 짓게 하며, 격려·고무시킴으로써, 성공적으로 경영혁신을 완수하는 데 중요한 역할을 한다. 경영자가 방향감각을 가지고 있어도 경영혁신에 실패하는 경우는 많다. 그 방향이 너무 복잡하거나 불분명해서 도움이 되지 못하기 때문이다. 비전은 '왜 경영혁신을 해야만 하는지', 그 직접적 이유를 5분 안에 설명할 수 있을 정도로 명확해야 한다.

네 번째 실수 : 비전을 전사적으로 전파하지 못한다.

대다수의 조직원이 단기적인 희생을 감수하면서까지도 경영혁신을 지원할 의지를 가지고 있지 않으면 전사적인 혁신은 기대할 수 없다. 그런데 사람들은 현 상태에 대해 불만은 잔뜩 갖고 있으면서도 경영혁신이 가져다 줄 결과가 자신들에게 이롭지 않으면, 또 혁신이 반드시 성공할 것이라는 확신이 서지 않으면 어떤 희생도 치르려 하지 않는다. 신뢰를 바탕으로 하는 커뮤니케이션 없이는 직원들의 마음을 절대로 사로잡을 수 없다.

다섯 번째 실수 : 방해물, 특히 무사안일주의 관리자를 방치해 둔다.

어떤 종류의 경영혁신이라도 이를 실행에 옮기기 위해서는 반드시 많은 사람들이 움직여 주어야 한다. 비록 직원들이 새 비전을 수용한다 하더라도 그들의 앞길을 가로막고 있는 커다란 장애물 때문에 무력감을 느끼고 있다면, 새로운 혁신조치들은 실패로 끝나기 쉽다. 때때로 그런 장애물이 직원들의 머리 속에만 있는 무형적인 것일 수도 있는데, 그 점을 깨닫게 하는 것은 쉬운 일이 아니다. 그래서 많은 경우 머리 속의 장애물이야말로 정말 어려운 장애물이다.

어떤 때는 조직구조가 장애물이 되기도 한다. 즉 업무영역이 지나치게 세분화되어 있어서 생산량을 높이려는 노력이나 고객 서비스를 개선하려는 의욕을 해칠 수 있다. 때로는 직원의 업적 평가제도나 보상제도가 새로운 비전 수용을 저해하는 원인이 되기도 한다. 그러나 무엇보다 새 비전의 수용을 가로막는 가장 큰 장애요인은 새로운 환경에 적응하기를 거부하거나 경영혁신과 상치되는 요구를 하는 고위관리자들의 태도라고 할 수 있다.

여섯 번째 실수 : 단기간에 가시적인 성과를 보여 주지 못한다.

진정한 경영혁신은 시간이 걸린다. 그러나 우선 짧은 시간 내에 이룰 수 있고 또 모두가 축하할 수 있는 단기적인 목표가 포함되어 있지 않으면 안 된다. 그렇지 않을 경우 전략을 바꾼다든지 사업내용을 재구축하는 것과 같은 대대적인 경영혁신은 그 추진력을 잃어버릴 수 있다. 처음 6개월에서 18개월 내에 어떤 가시적인 결과를 보여주지 않는다면 사람들은 경영혁신이라는 대장정에 동참하려 들지 않는다. 짧은 기간 안에 어떤 성공을 눈으로 직접 확인하지 않으면 사람들은 쉽게 포기해 버리든지 아니면 변화에 적극적으로 저항하게 된다.

일곱 번째 실수 : 샴페인을 너무 일찍 터뜨린다.

몇 년 동안의 힘든 노력 끝에 그럴 듯한 성공을 처음 맞이하게 되면 '이제 경영혁신에 성공했다'고 선언하고 싶은 유혹에 빠지게 된다. 성공을 축하하는 것은 좋지만, 모든 일이 다 끝났다고 주장하는 것은 일반적으로 치명적인 실수가 된다. 경영혁신이 깊게 뿌리를 내려서 기업문화까지도 바꾸게 되기까지는 대개 3년에서 10년이라는 기간이 걸리는데, 샴페인을 너무 일찍 터뜨려 그 이전까지 어렵게 이룩해 놓은 혁신을 쉽게 허물어뜨리고 과거로 회귀할 수 있기 때문이다.

여덟 번째 실수 : 새로운 제도를 조직문화로 승화시키지 못한다.

마지막으로, "이제 그 새로운 방법이 우리 회사에서는 통상적인 방법이 되었다네" 라는 말이 쉽게 나오게 될 때, 또는 그 새로운 혁신의 정신이 회사의 단위부서나 회사 전체의 뼛속까지 스며들었을 때, 경영혁신이 진정으로 회사 내에 정착되었다고 볼 수 있다. 새로운 조직규범이나 공유가치관에 뿌리를 둔 행동들이 자연스럽게 우러나오기 전에는, 경영혁신 압력이 없어지면 그 이전에 이루어졌던 모든 혁신 노력들이 하루아침에 물거품이 된다.

경영혁신을 추진하는 과정에서 흔히 볼 수 있는 여덟 가지 실수 가운데 어느 하나라도 범하게 되면 심각한 결과를 초래한다. 새로운 경영혁신 조치의 도입을 늦춘다든지, 불필요한 저항을 불러일으킨다든지, 직원들이 좌절감을 느끼게 한다든지, 일단 시작한 혁신을 활성화시키지 못하고 질식시켜 버린다든지 하는 이런 실수들은 결과적으로 회사로 하여금 경쟁에서 도태되는 결과를 가져오게 한다. 잘못된 경영혁신의 전형적인 결과는 다음과 같다.

- 힘들여 개발한 전략들을 제대로 실행하지 못함
- 기업의 인수합병이 소기의 시너지 효과를 얻어내지 못함
- 리엔지니어링에 시간이 너무 오래 걸리고 비용도 많이 듦
- 조직축소(downsizing)도 소기의 원가절감 효과를 거두지 못함
- 품질관리 운동도 바라던 성과를 얻어 내지 못함

변화관리 단계

조직변화는 점진적인 변화와 변혁적인 변화가 반복적으로 연결되면서 일어난다. 대개 조직의 수명주기의 흐름을 바꿀 정도의 변화는 변혁적인 조직변화에 의해서 가능하다.

일반적으로 조직은 '태동기→성장기→성숙기→쇠퇴기'라는 수명주기에 따라 순환한다. 그러나 조직 성과가 하강곡선을 그리기 이전에 새로운 성장을 일으킬 변화를 준비한다면 조직은 지속적인 발전을 할 수 있다. 여기에 변혁적인 조직변화의 필요성이 있는 것이다. (그림 10-3 참조)

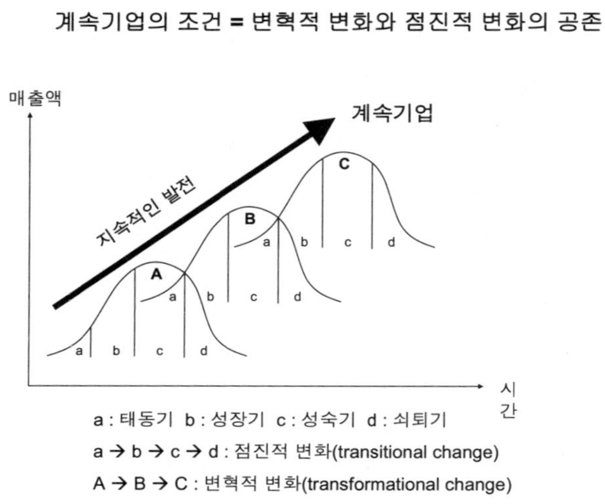

그림 10-3 조직 변혁의 연속 과정

체계적인 변화관리의 중요성과 변화 모형

실패한 혁신 프로젝트의 원인을 살펴보면 조직적, 인적 요소의 중요성을 간과한 경우가 대부분이다.

반면에 변화관리의 성공사례들을 보면 가장 뚜렷한 교훈은 상당히 오랜 기간 동안에 수 많은 단계를 거쳐 변화가 이루어지고 정착된다는 사실이다. 사람들은 흔히 급한 마음에 단계를 건너 뛰어 변화과정을 더 빨리 마무리하고 싶어하지만, 그럴 경우 결코 만족스러운 결과를 얻을 수 없다.

존 코터는 변화단계를 표 10-2 와 같이 8 단계로 제시하고 있다(Kotter 1999, 42).

제 1 단계	위기감 조성 - 환경 및 경쟁상황을 조사한다. - 위기와 주요 기회 등을 인식하고 토론한다.
제 2 단계	강력한 변화추진팀 구축 - 변화노력을 이끌기에 충분한 힘을 가진 집단을 구성한다. - 그 집단이 하나의 팀으로 협동할 수 있도록 격려한다.
제 3 단계	비전 창조 - 변화 노력을 이끄는 데 도움이 되는 비전을 창조한다. - 비전 달성을 위한 전략을 개발한다.
제 4 단계	비전 전달 - 새로운 비전과 전략을 전달하기 위해 가능한 모든 수단을 사용한다. - 변화추진팀의 예증을 통해 새로운 행동을 교육한다.
제 5 단계	구성원이 비전에 따라 행동하도록 임파워먼트 추진 - 변화에 대한 장애물을 제거한다. - 비전에 악영향을 미치는 시스템이나 구조를 변경한다. - 위험감수 행동, 틀에서 벗어난 아이디어·활동·행동 등을 격려한다.
제 6 단계	단기적인 성과를 위한 계획수립 및 실현 - 가시적인 성과향상을 위한 계획을 수립한다. - 성과 향상을 실현한다. - 성과 향상에 참여한 종업원들을 인정하고 보상한다.
제 7 단계	달성된 성과향상의 통합과 후속 변화의 창출 - 증진된 신뢰를 이용해서 비전에 맞지 않는 시스템, 구조, 정책을 변경한다. - 비전을 수행할 수 있는 인력을 고용, 승진, 개발한다. - 새로운 프로젝트, 주제, 변화의 동인을 이용, 변화 프로세스를 재 활성화한다.
제 8 단계	새로운 접근방법의 제도화 - 기업의 성공과 새로운 행동 간의 연관성을 명문화한다. - 리더십의 개발과 그 계승을 확실히 하는 수단을 개발한다.

표 10-2 존 코터의 8 단계 변화 모형

한편, 킬만(Kilman)은 앞의 8단계 프로세스와는 다르게 효과적인 변화관리 과정을 다음과 같이 5 단계 프로세스로 제시하고 있다(박원우 1999, 56).

1 단계 – 변화 공감 및 비전제시
2 단계 – 개인능력 증진(능력 개발)
3 단계 – 조직능력 증진(능력 확산)
4 단계 – 조직변화 정착(전략과 구조)
5 단계 – 개인변화 정착(보상 제도)

5 단계의 변화과정은 그림 10-4와 같이 레윈(Kurt Lewin)의 3 단계 변화과정을 좀 더 상세히 전개한 것이다.

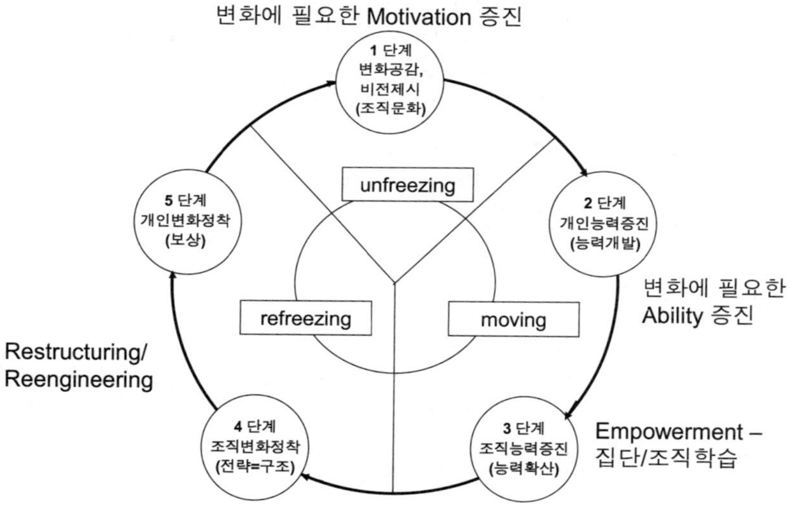

그림 10-4 킬만(Kilman)의 5 단계 변화 모형

킬만이 제시한 5 단계 조직변화의 세부 내용은 표 10-3 과 같다.

단계	주요 내용	비고(레윈의 단계)
조직문화	변화의 필요성 인식 및 공감대 조성 (변혁에 대한 비전 및 신념 부여) chaos-making을 통한 새로움 추구 (cognitive learning)	해빙 (unfreezing)
능력개발	변혁에 필요한 구성원의 능력 배양 종합적 능력(전문적+사회적+도구적 능력)의 체계적 육성(individual learning)	변화 (moving)
능력확산	개인능력의 조직화 임파워먼트를 통한 구성원 능력의 시너지 효과 추구 (group & organizational learning)	
제도·구조 변화	제도적 뒷받침을 통한 변혁의 공식화 및 가속화 업무 및 조직구조의 재설계 (조직차원의 변화 굳히기)	재결빙 (refreezing)
보상 (강화)	긍정적(및 부정적) 강화를 통한 변혁의 내재화 추구(개인차원의 변화 굳히기)	

표 10-3 킬만의 5단계 변화 모형

이들 변화관리 모형들이 시사하는 바는 첫째, 성공적인 변화는 사람을 통해서 일어나는 것이므로 체계적인 변화관리 과정에 의해 혁신과정에 일어날 수 있는 다양한 인간적인 문제들을 조직구성원과 함께 극복할 수 있도록 해야 한다는 점과, 둘째, 급한 마음에 전체 변화과정을 소홀히 하여 단계를 건너 뛰면 그것이 결국 치명적인 영향을 미쳐서 추진력을 저하시키고 그 전에 어렵사리 성취한 것까지 백지화 시켜버릴 수 있다는 사실이다.

이상의 변화관리 모형을 참고로 하여 본 서에서는 '혁신점화 → 혁신설계 → 혁신실행'의 3 단계로 조직변화 단계를 서술한다.

혁신점화 단계

'혁신점화' 단계에서는 변화에 둔감한 의식상태를 깨워 '자! 혁신하자'라는 분위기를 조성하는 단계이다. 이제 최고경영자는 혁신의 깃발을 올리고 주위가 다 듣도록 큰 소리로 경적을 울려야 한다. 혁신을 점화하는 일이 단지 혁신 프로그램에 대한 선포식을 거행하고, 여기서 조직의 장으로서 연설하는 일만은 아니다.

무엇보다도 중요한 것은 최고경영자로서의 커미트먼트 과정이 있어야 한다는 점이다. 이 단계의 핵심은 상황인식과 출발이 반드시 최고경영자에서 시작되어야 한다는 점이다. 위기의식을 갖도록 하기 위해서는 현재 조직이 처한 모습을 철저히 인식하는 것이 요구된다. 그러나 이를 위하여 심층적인 분석을 하기 위해서는 시간이 많이 필요하므로 자칫 혁신점화의 타이밍을 놓칠 수 있다. 따라서 심층적 분석결과에 의한 자료보다는 감성에 호소할 수 있는 함축적인 문구를 개발하는 것도 좋은 방법이다.

위기감 조성

위기의 인식

혁신의 시작은 조직 스스로 현 상황에 대한 냉철한 자성에서 출발해야 한다. 위기란 예컨대 기업에서 경쟁우위를 상실하는 일, 공 조직의 경우 그 존재가치에 대해서 국민이 별로 인정하지 않는 상황과 같은 것들이다. 이런 상황에 대해 조직 구성원이 함께 인식을 공유해야 한다. 현상에 대한 막연한 낙관, 고객 요구에 대한 무감각, 현행 관행이 언제나 통할 것이고 문제 없다는 자만심 등은 상황에 대한 정확한 인식을 바탕으로 극복되어야 한다.

경영자를 포함하여 위기감을 조성하는 데는 현재 진행되고 있는 환경과 조직을 둘러싸고 있는 이해관계자의 니드, 자체 구성원의 행동과 사고(문화) 등에 대한 진단이 필요하다. 그리고 그 결과가 좋든 나쁘든, 조사된 결과에 의해 앞으로 일어날 수도 있는 악조건들에 대해 솔직하게 토론할 수 있는 여건이 마련되어야 한다.

이런 활동의 목표는 현상유지가 변화라는 미지의 미래로 발을 내 딛는 것보다 더 위험하다는 것을 보이기 위한 것이다. 최고경영자는 이런 상황을 위기로 인식하고 혁신의 엔진을 점화해야 한다.

조사·분석 활동

대부분의 성공적인 변화 노력은 해당 조직의 경쟁상황, 고객에 대한 위상, 환경 변화, 조직의 성과 등을 면밀하게 조사하는 데서부터 시작된다. 이런 과정에서 조직의 현재 상황에 대해 뭔가 방치할 수 없는 문제점을 찾아내게 되고, 이를 구성원들에게 알리고 쟁점화함으로써 변화프로그램을 출범 시키기 위한 분위기를 조성하게 된다.

조사 내용은 주로 외부 환경에 대한 분석과 내부 역량의 분석으로 나누어진다. 그리고 구성원이 현재 상황에 대해서 어떻게 인식하고 있는지에 대해 설문을 통해 광범위한 조사가 이루어진다. 그 후 분석을 통하여 구성원이 느끼는 상황인식, 그리고 조직문화 측면의 강점과 약점 등을 조직 내 구성원들에게 피드백하게 된다.

분석된 결과의 쟁점화

변화 프로그램을 출범시키기 위해서는 구성원들의 적극적인 협력이 필요한데, 구성원들은 적절한 동기부여가 되지 않으면 변화에 동참하려 하지 않기 때문이다. 변화 프로그램에서 긴박감을 조성하는 이 첫 번째 단계에서는 분석된 정보를 조직 내에서 쟁점화하는 방법을 모색해야 한다. 특히 위기나 잠재적 위기, 주요 기회를 적시에 알리는 것이 중요하다.

전체 변화과정의 다른 단계들과 비교해서 위기감을 조성하는 제 1단계가 쉬워 보일 수 있다. 그러나 사실은 그렇지 않다. 변화를 시도한 조직의 50%이상은 이 단계에서 실패한다. 변화 프로그램은 일종의 외과 수술과도 같은 것이다. 이런 일을 시작함에 있어서 구성원들을 안전지대 밖으로 내모는 일은 생각보다 쉬운 일이 아니다.

구성원의 혁신 수용단계 이해하기

혁신에 대하여 구성원들이 반감을 갖는 것은 자연스러운 현상이다. 일반적으로 구성원들은 '혁신인지 / 혼란 / 두려움 / 믿음 / 참여'라는 5단계의 심리적 변화를 경험하게 된다. 이러한 단계를 이해하지 못하고 구성원들을 혁신의 대상으로만 인식하는 것은 혁신실패의 가장 큰 원인이 된다.

혁신을 성공시키기 위해서는 구성원들에게 충분한 정보를 제공하고 이해를 구하는 것이 매우 중요하며, 이러한 취지에서 구성원들을 체계적으로 설득하고, 교육하고 구성원들과 자주 대화하는 것은 매우 중요하다.

변화에 대한 구성원의 심리는 다음 다섯 단계를 거치는 것으로 알려져 있다.

1. 인지 - 불충분한 정보로 혁신에 대한 이해 부족을 경험함
2. 혼란 - 혁신이 자신의 미래에 어떤 영향을 미칠지에 대한 혼란을 경험함
3. 두려움 - 실패에 대한 두려움으로 실행으로 옮기기를 주저함
4. 믿음 - 혁신방향에 대한 확실한 몰입이 생김
5. 참여 - 혁신에 대하여 열정적으로 참여코자 함

CEO의 커미트먼트

최고경영층 위기인식

조직의 변화에는 반드시 경영자의 리더십이 요구된다. 특히 전체 조직에 걸친 전사적인 변화가 요구되는 경우라면 최고경영자 스스로가 변화 주도

자로서의 리더십을 발휘해야 한다. 그런데 때로는 경영자 스스로가 과거의 성공을 과대 평가하여 현재 진행되고 있는 위기상황을 큰 문제로 인식하지 못하는 경우도 있다. 또한 개혁에 실패했을 경우 겪게 될 구성원의 반발과 사기 저하, 단기적 성과의 저하 등을 우려하여 변화를 주저하게 되는 경우도 있다. 사람들은 나쁜 뉴스를 전하는 사람에게 비판적인 성향이 있다. 특히 최고경영자가 변화를 그리 좋아하지 않는다면, 사람들이 더욱 더 현재의 상태를 호의적으로 전하는 성향이 나타난다.

그 다음으로는 상위 경영층이 문제가 된다. 상위 경영층의 절대 다수가 현재의 경영상태로는 절대로 안 된다고 솔직히 시인하는 수준의 긴박감이 있어야만 변화 프로그램이 성공적으로 추진될 수 있다.

최고경영자의 커미트먼트

혁신의 긴 여정에 불을 지피는 사람은 역시 최고경영자이다. 많은 연구 결과에 따르면 대규모의 혁신이 성공하려면 최고경영자의 리더십이 절대적인 역할을 한다고 알려져 있다. 즉 최고경영자의 상황인식과 위기의식이 부족하고 위기 전파자 역할을 충분히 수행하지 못하는 경우 혁신이 실패할 확률이 매우 높다는 것이다.

많은 변화 시도가 실패하는 이유를 내들러(David Nadler)는 다음과 같이 열거하고 있다(Nadler 2001, 32).

첫째, 최고경영자가 개인적인 헌신과 참여의 책임을 포기하고 변화의 리더십을 타인에게 맡겨버린다.

둘째, 적임자도 아닌 소수의 사람들이 밀실에서 만든 계획을, 준비되지도 않은 조직에 강요한다.

셋째, 경영간부는 다른 대안을 충분히 검토하지 않고, 특정 전략에 집착한다.

넷째, 불완전하고 편향적인 정보에 의거하여 중대한 결정을 한다.

다섯째, 조직 변화의 어려움을 일거에 해결해 줄 마법의 열쇠 같은 신비한 개념이 존재할 것이라는 잘못된 희망을 품는다.

이상의 예에서 맨 앞에 있는 부분이 최고경영자의 리더십이라는 점은 아무리 강조해도 지나치지 않을 정도다. 변화에 있어서 최고경영자의 리더십을 흔히 커미트먼트(commitment)라 한다. 커미트먼트는 "경영자가 행하는 경영행위 가운데 특히 해당조직을 구속해 미래에 특정한 행동방식에 따라 움직이도록 만드는 것"을 의미한다. 즉 단순히 커미트먼트는 조직 또는 조직의 목표에 대한 경영자의 애착 정도를 뜻하는 것이 아니라 직접적인 행동이나 조치를 뜻하며, 조직이 갖는 전략의 지속성 혹은 시간의 흐름에 따른 개인행동의 지속성을 포함한다.

조직의 장으로서 경영자가 변화 프로그램의 시작을 천명한다고 할 때, 그는 다음 예와 같은 커미트먼트를 가슴 속에 품고 있는 것이다.

- 집중에 관한 결정 – 어떤 분야에 집중하고 어떤 분야를 포기할 것인가?
- 인적자원과 관련된 결정 – 조직의 장은 변화의 결과 새로운 인재를 중요한 분야에 재배치하고, 중요도가 떨어지는 분야의 인력을 삭감하는 등의 인적자원에 관한 의사결정을 하게 될 것이다.
- 공약 – 해당 조직이 앞으로 무엇을 하겠다고 천명하는 것은 조직의 장래 모습, 비전을 그리는 것이다.
- 보상과 통제 – 사람은 보상을 받은 만큼 일하게 마련이다. 경영자는 어느 새로운 분야에서 중요한 임무를 성공적으로 완수한 사람에게 더 많은 보상이 주어지도록 하는 시스템을 염두에 두고 있는 것이다.

그렇다면 경영자의 커미트먼트가 없는 상태에서 변화 프로그램을 시작하는 모습은 어떤 것일까?

마음에 없는 일을 남들이 하니까 눈치를 보면서 하는 시늉만 하는 경우가 있을 수 있다. 그러다 보니 혁신 프로그램의 고비 고비마다 요구되는 경영자의 리더십이 발휘되지 않고, 하위 계층에 맡겨 놓거나 더 바쁜 일을 핑계로 혁신 과정에 참여하기를 꺼리게 된다. 이런 모습은 그대로 조직 구성원들에게 전달되고, 구성원들은 냉소적인 분위기에 빠지게 된다.

혁신 커뮤니케이션

최고경영자와 혁신주체들은 끊임없이 구성원들과 대화하여야 한다. 이를 위해서 최고경영자는 조직의 현 상황과 위기를 객관적으로 인식하고, 전 구성원에게 전달할 메시지를 독자적인 논리구조로 간결하게 정리하여야 한다. 각 종 회의(월례, 주례, 간부), 홈페이지 기고, 편지, 1:1 만남 등 활용 가능한 모든 방법을 이용하여 반복적이고 일관되게 메시지를 전달해야 한다.

예컨대 최고경영자 자신의 습관, 태도, 행동 및 사고방식 중에서 자신부터 솔선해서 변화해야 할 항목을 몇 가지 정리하여 전 직원에게 공지한다든가, 최고경영자가 구성원과 직접 대화할 수 있는 장을 만들고 메시지를 전달하는 등 다양한 방법을 구사할 수 있다.

혁신 활동에 대한 자주 이용되는 커뮤니케이션 수단은 다음과 같다.

- 인쇄매체를 통한 의사소통: 이 방법은 영구적이고 많은 정보를 저렴하게 제공한다는 특징이 있으나 그만큼 극적이지는 못하다.
- 각종 이벤트: 극적인 효과가 있으며 우리 조직이나 구성원들의 문제를 가장 잘 보여주는 비디오물 상영 등이 매우 효과적이다. 또한 워크숍을 통해 문제점과 혁신방향을 공유하는 것도 좋은 방법이다. 조직만의 고유한 혁신구호를 사용하는 것도 좋은 방법이며 초청강의도 유용한 수단이 될 수 있다.
- 구성원과의 1:1 의사소통: 이 방법은 혁신을 시도하는 순간부터 이루어져야 한다. 시간과 장소에 구애됨이 없이 CEO와 혁신주체는 만나는 모든 구성원들에게 혁신신념을 전달하여야 한다[20].

최고경영자는 여러 가지 기회를 살려 구성원들과의 직접적인 대화를 하는 것이 필요하다. 최고경영자가 느끼는 만큼 구성원들은 조직의 위기상황을 인식하지 못할 수 있으므로 이를 올바르게 전달하는 것이 성공적 혁신의 첫 번째 열쇠다. 이를 위해서는 시간이 허락하는 한 구성원들과의 직접 대

---

[20] 정부혁신지방분권위원회,혁신관리전문위원회, *정부혁신관리매뉴얼*, 2004. p47

화가 효과적이며, 아침의 조회시간이나 이메일을 이용하는 것도 좋은 방법이다.

가장 좋은 방법은 부서 단위의 소규모의 사람들과 직접 만나 대화하는 것이다. 이런 대화는 진솔하게 조직의 실상을 알리고 새로운 방향을 전달하면서도 한편으로 구성원들의 목소리를 직접 듣는 것이 목적인데, 여기에 참여한 구성원은 최고경영자의 확실한 커미트먼트를 피부로 느끼고, 이를 다른 사람들에게 전파하는 역할을 할 것이다.

강력한 혁신추진팀 구축

과거의 유명한 경영혁신은 대개 어떤 저명인사와 깊은 관계가 있었다. 예를 들어 크라이슬러 자동차의 리 아이아코카(Lee Iacocca), 월마트의 샘 월튼(Sam Walton), GE의 잭 웰치(Jack Welch)와 같이 대규모 경영혁신은 걸출한 리더 한 사람의 리더십에 의해서 이루어진 것 같은 인상을 받는다.

이런 현상은 리더십을 부각하기 위해 한 사람의 리더를 만능인 것처럼 묘사한 작가들의 탓이기도 하지만, 실제로 경영혁신이 성공적이기 위해서는 리더 혼자의 힘만으로는 부족하다. 조직의 최고책임자로부터 적극적인 지원을 받지 못하면 변화에 성공할 수 없지만, 또한 변화에 성공하려면 최고경영자 외에 혁신의 촉진자 역할을 하는 강력한 팀이 필요하다. 이 팀은 직위, 정보, 전문성, 대인관계 면에서 강력한 존재이어야 한다.

이와 같이 변화 프로그램은 흔히 한 두 사람에 의해 시작되지만, 추진 주체는 시간이 감에 따라 점차 확대되어야 한다. 특히 혁신단계의 초기에 변화를 리드할 최소한의 인원이 확보되지 않으면 바람직한 결과를 얻을 수 없다.

혁신팀의 구성

혁신을 성공적으로 수행하기 위해서는 최고경영자와 한 몸을 이루는 강력한 혁신추진팀을 두어야 한다. 혁신추진팀은 최고경영자의 혁신의지, 혁신방향과 비전을 철저히 공유하는 사람들로 혁신을 위한 전략과 방법론을 제공하는 역할을 하며, 대개 전담팀으로 구성된다. 혁신추진팀은 변혁 프로그램을 진행하는 동안 현업 부서에 적절한 혁신방법을 모색하고 제공하는 역할을 한다.

혁신추진팀과 함께 혁신을 이끄는 주체로서 각 현업 부서에서는 혁신리더를 임명한다. 혁신리더는 조직의 혁신이 업무현장에서 일어날 수 있도록 혁신과제를 개발하고 이를 실행시키는 중요한 역할을 담당하게 된다. 혁신리더는 부서장급에게 선정하는 것이 좋으며, 가능하면 주요 부서장들이 혁신리더로서 활동할 수 있도록 안배해야 한다.

하부조직에는 변화요원(CA : change agent)를 두는 것이 좋다. 이들은 부서 내에서의 혁신의 전파와 타 구성원들의 혁신수용성을 높이는 역할을 하게 된다. 최고경영자-혁신추진팀-혁신리더의 삼 자는 조직 혁신의 컨트롤 타워로서 역할을 하여야 한다. 현재 진행되고 있는 혁신의 방향을 점검하고 문제점을 인식하여 이를 교정하고 구성원들을 독려할 수 있도록 하는 것이 컨트롤 타워의 역할이다.

혁신추진팀은 보통 각 부서에서 차출된 멤버들로 구성된 복합기능팀(cross-functional team)의 형태로 운영되기 때문에 대개 정상적인 조직체계를 벗어난 태스크 팀 형태로 운영되는 경향이 있다. 태스크 팀의 인원 중 핵심 멤버들은 자신의 원래 부서에서 당분간 완전히 떨어져 나와 혁신업무에 전념하고, 나머지 구성원은 현업 업무와 함께 혁신업무를 동시에 해나가도록 조직될 수 있다. 이것은 부자연스럽지만 반드시 필요한 과정이다. 만일 기존 조직질서가 잘 지켜지고 있었다면, 개혁은 필요 없었을 것이다. 현행 시스템이 제대로 작동하지 못했기 때문에 태스크 팀을 만든 것이고, 변화과정은 일반적으로 공식적인 경계, 기대치, 규약을 벗어난 활동을 요구한다. (그림 10-5 참조)

혁신 추진조직 구성 (예시)

혁신리더
혁신실행과 일상에서의 모니터링
소속 부서 내 CA 활동 지원
혁신관련 의사소통 참여
부서 혁신과제 개발

CA
부서 내 혁신활동 주도
혁신리더 보좌
혁신관련 의사소통 참여

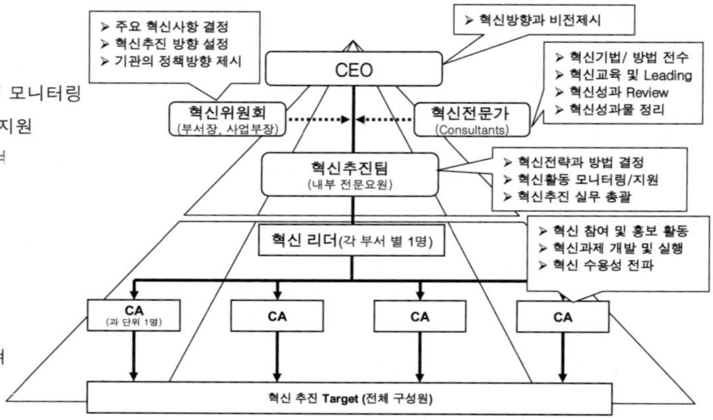

그림 10-5 혁신추진조직(예)

혁신 추진주체들의 역할

혁신추진팀

- 전일제 근무(full time)로 혁신활동을 주도
- 혁신전략과 방법론 수립
- 혁신활동 모니터링/지원
- 혁신추진 실무 총괄

혁신리더 그룹

- 혁신실행과 일상에서의 모니터링
- 소속 부서 내 변화요원(CA) 활동을 지원
- 혁신관련 의사소통 참여
- 부서 혁신과제 개발

변화요원(CA: change agent)

- 부서 내 혁신활동 주도
- 혁신리더 보좌
- 혁신관련 의사소통 참여

혁신주체들의 핵심 질문

혁신주체들은 경영혁신의 전체적 모습을 머릿속에 그리고 있어야 한다. 이를 위해서 혁신 주체들은 다음과 같은 질문에 대하여 충실한 해답을 항상 준비하고 있어야 한다.

- 어느 국면까지 혁신하여야 하는가?
- 전체 최적화 혁신과제와 부분 혁신과제를 어떻게 추출할 것인가
- 이들 과제를 누가 추진할 것인가?
- 이들 혁신과제에 대한 진도관리와 보고는 어떻게 할 것인가?
- 구성원들은 어떻게 설득할 것인가?
- 혁신에 대한 성과보상을 어떻게 할 것인가?

혁신팀 구성 시 유의할 점

앞서 언급한대로 혁신추진팀은 흔히 조직 내 각 부서별로 안배되어 차출된다. 이때 유의해야 할 점은 각 부서장들이 아직 혁신의 필요성에 공감하지 못하는 상태에서 혁신추진팀에 적합하지 않은 사람을 지명하는 경우가 많다는 것이다.

이렇게 구성된 혁신팀의 활동 결과는 자명하다. 자주 일어나는 실패 사례 중 대표적인 것은 외부 컨설턴트 한 두 명이 보고서를 작성하는 식의 프로젝트를 진행하는 것이다. 구성원의 참여는 최소화 하면서 그럴듯한 보고서를 작성하는 데에 대부분의 에너지를 투입한다. 그러나 실상은 보고서의 화려함보다 구성원들의 실질적인 참여에 의해 변화 과정이 전개되는 것이 무엇보다 중요하다(Kotter 1999, 81).

역시 실패로 끝나는 팀 구성의 예로는 혁신추진팀의 리더로서 최고경영층에 속하는 사람보다는 인사나 전략기획 담당 참모기능에 속하는 사람에게 임무가 부여되는 경우이다. 이런 참모기능에 속한 관리자들은 대개 외부에서 초청해 온 한 두 사람의 컨설턴트의 지원을 받아 혁신추진팀을 운영한다. 물론 팀 책임자는 자신이 맡은 역할의 중요성을 알기 때문에 상당히 열정적으로 혁신 업무를 하려고 노력한다. 그러나 이 팀의 안팎에 있으면서 정치적 감각이 뛰어난 사람들은 이 팀이 결국에는 성공하지 못할 것이라는 것을 재빨리 간파하고는 성심껏 지원도 하지 않고, 팀 활동에도 참여하지 않으며, 조언도 해 주지 않는다. 이런 분위기는 결국 팀 내부의 구성원들에게도 전달되고, 얼마 후에는 대부분의 사람들이 형식적으로 참여하게 되며, CA요원 중 주관부서 관리자 한 두 명이 모든 일을 다 떠 맡게 되고, 나머지 팀원들은 이들 소 그룹이 만들어 낸 안을 자동으로 통과시키는 역할만을 하게 된다.

그러나 조만간 문제점들이 불거지기 시작한다. 혁신 과정에 나타나는 수많은 갈등 상황들, 예컨대 중요한 문제해결 방안에 대해 의견의 일치를 보지 못할 때, 혹은 해결방안을 실행에 옮기려고 하나 조직 분위기가 냉소적이고 저항에 부딪힐 때가 닥치면 팀은 한 걸음도 나아가지 못하고 주춤거리게 된다. 태스크 팀이 제대로 운영되려면 팀워크가 살아나야 하는데, 리더가 약한 추진팀은 출발할 때부터 강력한 리더십을 발휘하는 데 필요한 팀워크를 갖추기 어렵다.

오늘날의 경영환경은 간혹 조직의 기능과 구조를 재구축해야 할 정도로 대규모적인 혁신을 요구한다. 이렇게 동적으로 변하는 세계에서 강력하지 못한 혁신팀은 일상적이지 않은 의사결정 문제를 다루는 데 필요한 정보들을 확보할 수 없으며, 조직혁신을 성공시키는데 필요한 개인적 희생을 요구할 만한 신뢰성이나 시간적 여유도 없다.

팀장과 팀원이 제대로 짜여 있을 때 구성원 상호간에 믿음이 충만하게 된다. 이런 팀만이 어려운 혁신 과정에 걸쳐 성공적으로 활동할 수 있다.

혁신팀이 팀워크를 바탕으로 성공적으로 움직이려면 팀 형성에서부터 팀 리더, 팀원 모두의 역할이 중요하다. 그러나 실상 조직 내에는 전통적인 관료제 조직에서 일한 경험은 많지만 팀제 하에서 일해 본 경험이 있는 사람은 그리 많지 않다. 또한 기존 보상체계 등 제도도 역시 종래의 계층적 조직 내에서 성과를 내는 개인을 찾아 내어 인센티브를 주는 방식이기 때문에 새로운 팀 제 하에서 구성원들은 자신의 경력관리를 어떻게 해야 할지에 대해 혼란을 겪고 서로 이해가 엇갈리게 된다. 결국 개인이 승진하는 것이지 팀이 승진하는 것은 아니기 때문에 개인은 자기의 경력 관리를 위해서 확실한 실적을 필요로 한다. '이러이러한 실적을 올린 팀에 내가 속해 있었다' 는 주장은 별로 호소력이 없다.

이런 저런 이유로 혁신팀을 구성하기는 하지만 그 팀이 제대로 운영되도록 하는 조처에는 별로 신경을 쓰지 않는다. 그리고는 서둘러 혁신의 다음 단계로 넘어가 비전을 수립하거나 조직구조를 개편하는 등 다른 것들을 하려고 든다. 그러나 성공적인 혁신을 위해서는 혁신과정을 이끌고 나갈 강력한 팀이 필수적이라는 사실을 조만간 깨닫게 된다.

혁신추진팀의 자격 요건

혁신 과정은 대단히 복잡하고 시간도 오래 걸리고 제발 피해갈 수 있었으면 하는 순간들로 가득 차 있다. 따라서 이러한 과정을 헤쳐나가기 위해서는 요건에 부합되는 구성원을 혁신추진 조직원으로 선발하는 것이 매우 중요하다. 혁신추진 조직이 한직(閑職)으로 분류되어 조직 내에서 '그렇고 그런 사람'을 혁신요원으로 선발하거나, 설득과 의사소통을 잘 하지 못하고 사고가 경직된 사람을 혁신요원으로 선발할 경우 혁신이 성공할 가능성은 거의 없다.

다음은 혁신추진팀의 구성원을 선발하는 기준이다.

- 조직 내 많은 구성원으로부터 신망을 받는 사람
- 혁신이 무엇인지 잘 알고 있는 사람
- 다른 사람들을 어떻게 동기부여 시켜야 하는지 아는 사람
- 기존의 사고와 문화 등 고정관념에 도전할 수 있는 사람

- 열정적으로 명확하게 의사소통을 할 수 있는 사람
- 강인한 정신력을 소유하고 유연한 사고를 하는 사람
- 대내외 이해관계자로부터 스폰서십을 구할 줄 아는 사람
- 결과에 근거하여 보상을 받고자 하고, 반드시 성공하고자 하는 의지가 강한 사람

존 코터는 혁신을 주도할 팀을 구성하는 데 있어서 구성원의 자격 요건을 다음과 같이 4 가지로 제시하고 있다(Kotter 1999, 85).

1. 힘이 있는 자리 : 요직에 있는 사람들, 특히 주요 실행부서 관리자들이 많이 참여하고 있는가? 그렇게 되면 혁신을 쉽게 방해하지는 못할 것이다.
2. 전문성 : 현재 추진하고자 하는 혁신에 어울리는 다양한 사람들이 전공분야, 현장경험, 국적 등의 차원에서 골고루 섞여 있어서 충분한 정보를 구하고 현명한 결정을 내릴 수 있는가?
3. 진실성 : 조직 내에서 평판이 아주 좋은 사람들로 구성되어 있어서 그들의 발표를 다른 사람들이 언제나 진지하게 받아들이는가?
4. 리더십 : 앞장서서 혁신을 끌고 갈 검증된 지도자들을 충분히 확보하고 있는가?

팀에 포함되지 않아야 할 사람

또한 팀에 포함되지 않도록 경계해야 할 사람들로서는 다음과 같이 제시하고 있다.

- 고집이 너무 세서 회의장을 자신의 독무대로 만들고 다른 사람에게 틈을 주지 않는 사람
- 서로간의 반목을 부추겨 팀워크를 깨는 사람
- 마지 못해 움직이는 사람

위에 예시된 사람들의 공통점은 팀 내의 신뢰에 손상을 주어 팀워크를 무

너뜨린다는 점이다. 그러나 팀워크를 유지하며 함께 성과를 내야 한다는 점을 깨닫지 못하고, 또한 회사전체를 위한 목표가 개인의 목표보다 더 중요하다는 것을 깨닫지 못한다면 이런 사람은 혁신팀을 표류하게 만든다.

혁신추진팀의 팀워크 형성

변화의 어려운 과정을 헤쳐 나가는 데 있어서 변화 추진팀의 팀워크가 무엇보다도 중요하다. 그리고 팀워크를 이루는 데 중요한 요소가 '신뢰'다. 따라서 변화 추진팀을 결성하면서 추진팀의 신뢰 형성을 위한 팀 빌딩 방안을 세심하게 수립해야 한다. 이 방안으로 가장 효과 있다고 보이는 것이 바로 혁신팀 구성원에 대한 교육이다. 팀워크 형성을 위해서 고려되어야 할 사항은 다음과 같다.

신뢰 구축 위한 방안
- 회사를 멀리 떠난 장소에서 벌이는 치밀하게 계획된 행사
- 많은 대화와 집단활동

공동목표 개발하기
- 합리적이면서도 강한 호소력이 있는 공동목표 개발

비전설계 단계

공유가치 체계

비전의 중요성

성공한 모든 변화관리 활동에는 구성원을 비롯한 모든 이해관계자들에게 호소력 있는 미래 비전을 개발하여 전달하는 것을 볼 수 있다. 비전은 조직이 변화해 나가야 할 방향을 분명히 이해시켜 주는 역할을 한다. 비전은 조

직의 핵심가치와 목적, 미래 달성해야 할 모습 등으로 이루어져 있다. 비전의 초안은 대부분 어느 한 사람에 의해서 마련되지만 그 뒤에 변화추진팀의 주도 하에 조직 내 구성원이 참여하는 인터뷰 활동에 의해서 일정 기간 비전 설계 작업을 하고 나면, 이상적이면서도 현실적으로 설득력이 있는 보다 명확한 비전이 탄생하게 된다. 비전이 수립된 후에는 구체적으로 혁신활동 내지 새로운 전략과제를 수립하는 의사결정과 문제해결 과정이 따를 것이다.

피부에 와 닿는 비전이 없다면, 변화 노력은 조직을 잘못된 방향이나 전혀 엉뚱한 방향으로 몰고 가는 혼란스러운 프로젝트로 전락하기 쉽다. 개혁에 실패한 기업들을 보면, 계획과 지침, 프로그램은 많았지만 명확한 비전이 없었다는 사실을 알 수 있다. 간혹 어떤 변화 프로젝트의 경우 매우 두꺼운 결과물을 내어 놓기도 하지만 그 속에 분명하면서도 설득력 있는 비전이 제시되어 있지 않다면 변화 노력은 실패할 가능성이 크다. 그 두꺼운 보고서를 만드는 동안 대부분의 종업원들은 혼란스러워 하거나 소외되어 있는 수가 많고, 그들을 단결시키거나 변화를 고취시키지 못한 것이다.

공유가치의 명확화

앞서가는 기업들은 환경 변화에 대응하여 기업 전략이나 경영 방식을 끊임없이 변화시키면서 성공적으로 경영하는 모습을 보여주고 있는데, 이렇게 할 수 있는 이면에는 바로 공유가치라는 토대가 튼튼히 자리 잡고 있기 때문이다. 콜린스에 의하면 이들 공유가치는 조직이 환경변화에 대응하여 부단히 자신의 전략을 변화시키는 것과는 대조적으로 공유가치를 오래 불변으로 유지하는 모습을 보인다. 콜린스는 조직의 공유가치를 보다 분명하게 제시해 줄 수 있는 개념적 틀을 제시했는데, 이는 '핵심이념(core ideology)'과 '비전화된 미래(convisioned future)' 라는 두 부분으로 구성된다(Collins 1996).

첫째, 핵심이념은 조직의 핵심가치와 핵심목적을 결합시킨다. 그것은 기업이 성장하고 변화할 때 기업을 굳건히 유지시켜주는 역할을 한다. 핵심가치는 그것이 설사 경쟁우위에 반하는 면이 있다 할지라도 조직 내에 필수적으로 유지되어야 하는 공동의 믿음이고, 핵심목적은 조직의 근본적인 존재 이유이다. 핵심가치는 외부적인 정당화를 필요로 하지 않는 내재적 가치이며, 조직 내부의 사람들에게는 중요성을 갖는다.

핵심가치는 조직의 본질적이면서 지속적인 신조(tenets)를 말한다. 영원한 지도 원칙들의 작은 집합체인 핵심가치는 외부적인 정당성을 필요로 하지 않는다. 핵심가치는 내재적 가치를 보유하며 조직 내부의 사람들에게 중요성을 갖는다. 예를 들어, 상상력과 유익함이라는 월트 디즈니(Walt Disney)의 핵심가치는 시장의 요구에서 나온 것이 아니라, 상상력과 유익함 그 자체가 양성되어야 한다는 창업자의 내부 신념에서 나온 것이다. (표 10-3 참조)

기업	핵심가치
월트 디즈니 (Walt Disney)	냉소주의 엄단 '건전한 미국 가치'의 육성·보급 창의성, 꿈, 그리고 상상력을 소중히 함 일관성을 유지하고 세부 사항에 대해 많은 관심을 보임 디즈니 매력을 보존하고 관리함
머크 (Merck)	기업의 사회적 책임 완수 기업 모든 측면에서 명백하게 우수성을 드러냄 과학에 기반한 혁신 추구 정직하고 성실한 자세 이익, 그러나 인류를 이롭게 하는 일을 통한 이익 추구
노드스트롬 (Nordstrom)	다른 모든 것에 우선한 고객 서비스 개선 어려운 일을 반기고 개인 생산성을 높임 만족이란 없음 우수한 평판 ; 특별한 존재의 일부가 됨

표 10-3 핵심가치의 예

핵심이념의 두 번째 부분인 핵심목적은 조직의 존재 이유이다. 목적이 효과적으로 설정되면 구성원들이 업무를 수행하는 데 있어서 이상적인 동기부여가 될 수 있다. 효과적인 목적은 단지 조직의 산출물이나 목표 고객을 말하는 것이 아니라, 조직의 정신을 나타낸다. (표 10-4 참조)

기업	핵심목적
3M	미해결 문제의 혁신적 해결
카길(Cargill)	전세계 삶의 기준 개선
페니 매(Fannie Mae)	주택 소유권의 지속적인 대중화를 통한 사회구조 강화
휴렛-팩커드 (Hewlett-Packard)	인류의 진보와 복지를 위한 기술적 공헌

표 10-4 핵심목적의 예

핵심이념의 발견은 단순히 지적 연습과는 다르다. 우리가 어떤 핵심가치를 가지고 있어야만 하는지 질문해서는 안 된다. 대신에 어떤 핵심가치를 진정으로 그리고 열정적으로 보유해야 할지 질문해야 한다.

둘째, 비전화된 미래를 설정하기 위해 기업은 먼저 과감하게 확장된 목표를 세워야 한다. 그런 다음 목표 달성이 의미하는 바를 생생한 표현(vivid description)으로 묘사해야 한다.

헨리 포드(Henry Ford)는 자동차의 대중화를 목표로 삼으면서, 다음과 같이 이야기했다. “내가 그 일을 완수했을 때, 모든 사람들이 자동차를 한 대씩 가지게 될 것이며 마차는 도로상에서 사라질 것이다.” 그 당시에 이는 꽤이나 공상적이며 과장된 목표였다. 그러나 그의 비전은 실현되었고 열심히 돈을 모은 사람들은 자동차를 한 대씩 장만할 수 있게 되었다.

모든 기업은 목표를 가지고 있다. 그러나 단지 목표를 가지고 있다는 것과 에베레스트산을 오르는 것과 같은 크고 위압적인 도전에 몰입하는 것 사이에는 차이점이 있다. 콜린스는 비전 있는 기업이 진보를 자극하는 강력한 방법의 하나로 'BHAG(Big Hairy Audacious Goals)'라고 불리는 대담한 사명(mission)을 종종 사용한다는 사실을 밝혀냈다(Collins 1996).

표적 BHAG는 양적 혹은 질적일 수 있다.

- 2000년까지 매출액 1,250억 달러의 기업이 된다.(월마트, 1990)
- 자동차를 대중화한다.(포드자동차, 1900년대 초)

공동의 적 BHAG는 다윗 대 골리앗의 대결 사고를 담고 있다.

- 전세계 1위의 담배회사로 RJ 레이놀즈를 물리친다.(필립 모리스, 1950년대)
- 아디다스(Adidas)를 격파한다.(나이키, 1960년대)

역할 모델 BHAG는 진취적인 조직에 적합하다.

- 사이클 산업의 나이키가 된다.(자이로 스포츠 디자인, 1986)
- 20년 후에 오늘날의 휴렛-팩커드만큼 존경 받는 기업이 된다.(왓킨스-존슨, 1996)
- 서부의 하버드 대학이 된다.(스탠포드 대학, 1940년대)

내적 변환 BHAG는 대규모, 기존 조직에 적합하다.

- 우리가 속한 모든 시장에서 1위 혹은 2위의 기업이 되고, 대규모 기업의 강점과 소규모 기업의 날씬함 및 민첩함이 결합된 회사로 우리 회사를 변화시킨다.(GE, 1980년대)
- 방위산업에서 세계적으로 가장 다각화된 하이테크 기업으로 변화시킨다.(록웰, 1995)

비전의 커뮤니케이션

비전의 정렬

많은 경영자들이 사명 선언문과 비전 선언문을 놓고 고심한다. 불행히도 대부분의 이런 선언문은 가치, 목표, 목적, 철학, 신념, 열망, 규범, 전략, 관행, 서술적 묘사 등의 범벅이 되고 만다. 그것들은 보통 따분하고, 혼란스러우며, 구조적으로 "옳은 말이야, 하지만 내가 알게 뭐야?" 라는 반응을 불러일으키는 단어들의 불합리한 나열일 뿐이다. 더욱 문제가 되는 것은 이런 문장들이 비전 있는 기업의 근본적인 역동성, 즉 '핵심을 보존하고 진보를 자극한다'와 직접적으로 연결되지 못한다는 것이다. 영속하는 기업의 주요 원동력은 비전이나 사명 선언문이 아니라, 바로 역동성이다. 비전은 단지 이러한 역동성에 생기를 불어넣는 상황을 조성할 뿐이다.

비전 있는 기업을 구축하는 일은 1%의 비전과 99%의 정렬(alignment)이 필요하다. 정렬이 원활히 이루어진다면, 외부 방문객은 글을 읽거나 고위 경영자를 만나지 않고도 회사의 운영과 활동에서 기업의 비전을 유추해 낼 수 있다.

공유가치의 각 구성 요소들은 조직 내 구성원들이 참여하는 포커스그룹 인터뷰(FGI)를 거쳐서 완성된다. 비록 처음 제정된 공유가치 체계가 전체 구성원이 모두 공감하는 데까지는 미치지 못한다 하더라도 우선 그 내용을 구성원들의 마음 속에 자리 잡도록 하는 다방면의 커뮤니케이션이 필요하다. 비전 선언문은 공유가치를 한 눈에 볼 수 있도록 체계화 하여 존 코터(Kotter, J.)가 말했듯이 공유가치를 '5분 내'에 설명할 수 있도록 요약해야 한다.

비전의 전파

한 집단이 실제로 매우 우수한 비전을 개발하고도 이를 단 한번의 회의나 커뮤니케이션을 통해 전달하려고 한다면 대부분의 사람들은 이 새로운 시도를 이해하지 못한다. 비전에 대한 이해는 기본적으로 시간을 요한다. 조직의 최고책임자가 구성원들에게 상당한 시간을 들여 설명하더라도 대부분의 사람들이 여전히 이해하지 못하는 경우가 많다. 어떤 경우는 뉴스레터와 설명회 등을 통해 비전의 전파를 위해 아주 많은 노력을 하지만, 몇몇의 최고경영진이 여전히 비전에 반대되는 행동을 보이는 경우가 있다. 그 결과 조직 내 냉소주의가 만연하고 의사전달에 대한 믿음이 떨어진다.

변화의 과정은 대부분의 구성원들이 비록 단기적으로는 희생을 감수하더라도 참여하겠다는 의지가 있어야 성공할 수 있다. 구성원들은 변화가 유익하다는 믿음이 가지 않으면 비록 현상에 대해 불만이 있어도 자기를 희생하려 하지 않는다. 그래서 신뢰를 기반으로 하는 의사전달이 사람들의 마음과 정신을 사로 잡는데 꼭 필요하다.

비전을 전달하는 일이 꼭 선포식과 같은 공식적인 커뮤니케이션을 통해서만 이루어지는 것은 아니다. 의사전달을 잘하는 경영진들은 일상적 활동과 대화를 통해서도 비전에 담겨 있는 메시지를 전달한다. 사업문제에 관한 일상적인 토론에서 그들은 제시된 해결책이 비전에 비추어 타당한지 여부를 논한다. 정규적인 성과측정에서 그들은 구성원의 행동이 어떻게 비전에 도움이 되는지 아니면 해가 되는지를 설명한다. 부서 별 성과를 검토할 때에도 그들은 수치뿐만 아니라 혁신에 대한 공헌도를 논한다. 구성원과의 정기적인 질의응답(Q&A)시에도 임원들의 답변은 항상 개혁 목표로 귀결된다. 이와 같이 변화에 성공한 조직의 임원들은 비전을 전달하기 위해 기존의 모든 의사소통 채널을 활용한다. 예를 들면, 사보, 간부 회의, 사내의 많은 교육 프로그램 등 모든 가능한 채널을 활용하고, 특히 중요하지 않은 정보로 인해 낭비되고 있는 채널을 적극 활용한다.

특히 중요한 것은 '행동으로 말하기'이다. 비전을 말로만 설명하는 것이 아니라 그들은 새로운 기업문화의 살아있는 상징이 되기 위해 의식적으로 변화를 행동으로 옮긴다. 이것은 결코 쉬운 일이 아니다. 핵심인물들의 말과 행동의 불일치보다 더 크게 변화를 저해하는 요소는 없다.

비전을 성공적으로 전파하기 위한 원칙

- 쉬운 용어 : 전문용어나 기술용어를 사용하지 마라.
- 은유법, 유추법, 그리고 사례 : '말로 묘사하는 그림'은 천 마디 낱말보다 낫다.
- 다양한 기회 이용 : 크고 작은 회의, 메모와 신문기사, 공식적이거나 비공식적인 접촉, 이 모든 것들이 뜻을 전달하는 데 매우 효과적이다.
- 반복 : 아이디어는 여러 번 거듭해서 들어야만 마음 깊숙이 뿌리를 내린다.
- 솔선수범에 의한 리더십 : 비전과 일치하지 않는 중요 인사의 언행은

다른 의사 전달도 망쳐 버린다.

- 모순처럼 보이는 것은 충분히 설명 : 앞뒤가 안 맞는 것처럼 보이는 것을 충분히 해명하지 않으면, 모든 의사 전달에 대한 신뢰성이 떨어진다.
- 서로 주고받기 : 양방향 의사 전달 방식이 일방통행식 방법보다 항상 더 유용하다.

비전경영의 성공 요건

비전은 항해하는 선박에게 방향을 제시해 주는 등대와도 같이 기업의 미래상과 기업경영의 기본 방향을 설정해 준다. 비전경영은 장기적인 비전을 설정하고 꾸준히 이를 구현하는 것을 강조하는 경영이다. 이는 곧 변화와 혁신의 목표이기도 하다. 비전경영을 수행하는 데 있어서 성공 요건은 다음과 같다.

- 장기적으로 일관성 있게 추진한다.
- 왜 우리가 지금 이러한 일을 해야 하는가에 대해 공감대를 형성
- 구성원들의 참여의 폭을 넓힌다.
- 특히, 중간관리층으로부터 지지를 얻는다.
- 과거부터 개선을 해야 한다는 공감대가 어느 정도 형성되어 있고, 비교적, 파급효과가 큰 제도나 직무부터 생활화 작업을 시도한다.
- 가능한 한 구체화시키고 주변에서부터, 작은 것부터 다듬고 생활화 시키도록 하여야 한다.
- 평가와 보상제도가 적절히 뒷받침되어야 한다.
- 중요한 계기를 활용한다.

혁신실행 단계

실행단계의 주요 활동

실행의 중요성

어느 단계보다도 혁신의 성패를 좌우하는 것은 실행단계라 할 수 있다. 혁신의 실행 단계에서는 설계된 혁신과제 수행과 관련하여 과제해결팀 구성, 과제 실행과 과제 관리, 과제 해결 및 결과보고 등을 수행하는 단계이다.

성공적 혁신실행을 위해서는 과제 특성에 따라 과제해결팀을 구성하고 초기 결속을 다지는 것이 중요하다. 혁신과제 해결의 진척도를 관리하고 과제해결 과정의 주요 애로사항을 적시에 해결함으로써 혁신성과가 도출될 수 있도록 지원해야 한다.

혁신실행의 주요 포인트는 다음과 같다.

- 모니터링(monitoring) 체제 구축
- 실행계획 내용이 일상업무에 내재화 되도록 함
- 성과에 대한 보상과 조직 내 커뮤니케이션

과제해결팀 구성하기

대규모의 경영혁신을 실천하기 위해서는 이것을 적절한 크기로 분해한 몇 가지의 구체적인 과제로 세분화되어야 한다. 이들 중점과제의 수행 시 다음과 같은 과제추진팀이 필요하다.

- 외부컨설턴트 : 핵심중점과제는 대규모의 변화가 요구되며 전체 조직의 시스템 변경과 관련이 있는 경우가 많으므로, 내부 구성원이 독자적으로 혁신 과정을 설계하기가 어려울 때가 많다. 따라서 때로는 외부 컨설팅 요원의 활용이 필요하다. 외부기관을 활용한 혁신과제 수행 시 중요한 점은 외부 컨설턴트들이 해당 기업의 상황을 정확히 이

해하고 판단해야 한다는 점이다.

- 실행 총괄관리조직 : 외부 컨설턴트들의 활동을 적극적으로 지원하여 조직 전체를 총괄하면서 혁신과제 수행을 주도하는 팀으로서 혁신추진팀이 이 역할을 담당할 수 있다.
- 혁신과제 지원조직 : 각 부서장 및 부서원들로 과제수행 지원조직을 만들어 혁신과제의 수행을 지원한다.

잘못된 과제의 점검

과제 실행 단계에서는 의미 없는 과제 또는 과제를 위한 과제나 건수 채우기 중심의 과제를 수행하는 경우가 많다. 이러한 잘못된 과제를 항상 점검하고 적절히 제거하거나 중단하는 것이 중요하다.

과제가 잘못 선정된 대표적 사례

- 과대포장형 : 별로 중요하지 않은 과제를 확대 해석하여 시간과 자원을 낭비하는 경우
- 오리무중형 : 혁신과제가 구체화되지 못하고 방향 설정을 잘못하여 시간을 낭비하는 경우
- 주체상실형 : 혁신과제가 과제로서의 의문이 있음에도 불구하고 경영층의 강요로 할 수 없이 수행되고 있는 경우
- 좌충우돌형 : 팀원들이 과제해결의 방향을 충분히 공감하지 못해 추진력이 떨어지는 경우
- 현실안주형 : 현재 여건에 맞추어 하기 쉬운 과제만 골라 실행하는 경우[21]
- 현상무시형 : 현상과 동떨어진 과제로 과업의 당위성만 내세워 계획서만 열심히 만드는 경우

---

[21] 드러커는 GM에 대한 컨설팅 활동의 경험을 토대로 컨설턴트가 절대로 해서는 안 되는 것이 '의뢰자가 좋아 할만한 해결안을 만들어 주는 것'이라 했다.

과제추진의 주기적 점검과 피드백

과제의 실행결과에 대한 주기적 점검이 없다면 책임감과 긴장감이 약화되어 결국 과제의 실행 자체가 실패로 연결될 가능성이 높다. 따라서 실행결과에 대한 점검을 통해 각 과제 해결팀의 성과와 책임을 명확히 해야 한다.

과제 점검의 결과는 간트 차트(일정관리 차트)에 기록하여 각 팀의 진도상황을 파악하고 점검결과를 공개하여 구성원들과 공유하여야 한다. 과제 점검 시 주요 관리 지표는 과제의 진척도(목표기간, 목표수준달성도 등), 구성원의 참여도, 현황판 관리의 적절성, 과업관리의 적절성 등이며 점검 결과는 반드시 피드백 하여야 한다.

과제해결 보고서에는 과제해결로 인한 성과(개선 전 수준, 목표수준, 달성수준 등)를 상세히 기술해야 한다. 특히 과제완료 전후를 상세히 비교하여 혁신과제의 가치를 평가하는 것이 중요하다. 비교가 선행되지 않을 경우에는 과제가 성공적인지 아닌지를 판단하기 어렵게 된다. 이 때 가능하면 정량적 지표를 써서 평가하는 것이 좋다. 그러나 그것이 어려울 경우에는 정성적 결과를 바탕으로 시행 전과 후의 결과가 서로 비교 되어야 한다. 이러한 비교를 통해, 과제 수행의 구체적인 모습과 개선효과를 보여줌으로써 혁신활동이 적합했는지 평가할 수 있게 된다.

개선과제 내재화의 제도적 장치 : 평가 및 보상

개선과제에 대해서는 개선 성과에 따라 평가와 보상이 이루어져야 혁신활동이 내재화 되는 데 도움이 된다. 평가를 위해서는 혁신성과를 측정할 수 있는 평가 방법이 개발되어야 한다.

혁신성과의 평가는 개인별, 부서별, 과업수행팀 별로 나누어 다양하게 이루어지는 것이 효과적이다. 평가결과는 인센티브나 인사평정에 활용되어야 한다. (그림 10-6 참조)

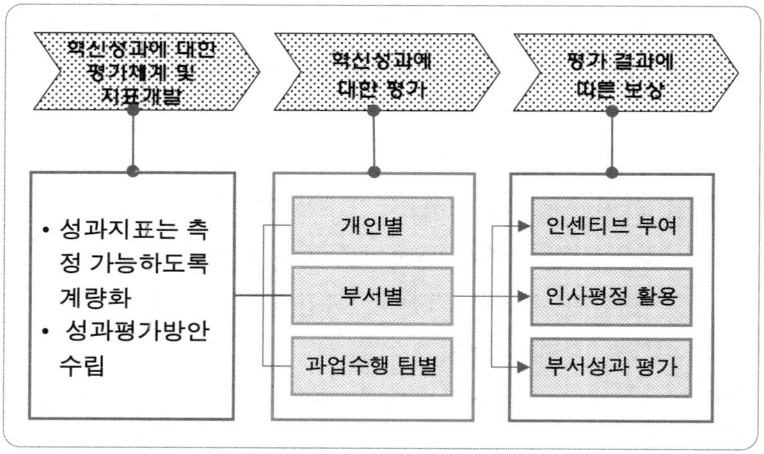

그림 10-6 개선과제 내재화를 위한 체계

평가방법

공정한 평가를 위해서는 별도로 평가팀을 선정하여 평가를 총괄하도록 하는 것이 좋다. 평가팀은 과제와 부서의 성과를 평가하여 순위를 결정하고 과제의 중요도에 따라서는 성공사례 발표회(best practice 대회)를 통하여 발표할 기회를 주는 것이 혁신활동의 분위기 조성을 위하여 효과적이다.

평가 시 일반적으로 적용되는 기준은 다음과 같다.

- 적절한 과제 선정 여부 : 과제의 중요성과 난이도를 기준으로 평가
- 과제해결 여부 : 실행력과 조직 내 파급효과로 평가함. 실행력은 과제해결팀원의 몰입도를 의미하며, 파급효과는 과제해결의 결과가 전 조직 또는 부서횡단적인지 또는 개별부서 국한적인지를 의미함
- 과제 성과 : 과제 등록 시 제출한 핵심성과지표의 달성도, 과제 달성의 납기(계획일정 대비 실제 완료일정) 등을 기준으로 평가함

혁신사례의 전파

혁신사례 발표 대회

혁신 성공사례 발표대회(BP: best practice 대회)는 전체 조직에서 발굴된 우수혁신 사례를 구성원 간에 공유할 수 있도록 하는 일종의 축제의 장이다. 과제 해결팀과 부서의 우열을 가리고 이들에게 시상하는 과정을 통해 우수사례를 발굴하는 효과와 함께 조직 내에 건전한 경쟁을 유발시키는 효과를 기대할 수 있다.

발표 대회의 주기는 대개 반기 또는 년 단위로 추진하는 것이 일반적이다. 발표 대회를 준비하는 과정에서 우선 각 부서 또는 과제 해결팀이 신청한 과제에 대해서 혁신추진팀이 취합해서 심사의뢰를 하고, 이들 제출 과제에 대해서 평가팀은 실사를 거쳐 평가하여 높은 평가를 받은 팀에 대하여 발표의 기회를 주게 된다. 이런 일련의 절차는 다소 번거로워 보이기는 하지만 전반적으로 조직 혁신의 분위기를 조성하는 데 기여한다.

저항관리

혁신 프로젝트가 실패하는 원인은 대개의 경우 혁신 방안이 잘못되었다기 보다는 혁신을 조직 내 안착시키는 과정에서 사람들의 저항을 극복하지 못하는 데서 비롯된다고 여겨진다. 그만큼 혁신에 있어서 구성원의 저항감은 쉽게 극복되지 않는 부분이다.

변화에 대한 저항을 관리하기 위해서는 역시 변화의 필요성을 인식하고 공감하는 것이 중요하며, 그 과정에 직접 참여하는 것이 변화의 필요성에 대한 이해의 수준을 높이는 지름길이 된다. 저항관리의 수단으로서 다음과 같은 방안들이 자주 거론된다.

- 혁신의 필요성과 혁신안에 대한 구체적인 정보를 제공하고, 혁신실행을 위한 아이디어를 적극적으로 요청하라.
- 저항세력에 대하여 혁신에 참여할 수 있는 기회를 제공하라.
- 일관성을 통하여 신뢰를 확보하라.

- 가시적인 혁신성과를 단시간에 확보하라.
- 혁신의 전 과정에서 지겨울 정도로 의사소통을 하라.

기업문화의 창달

기업문화의 의의와 주요 내용

기업문화의 의의

일반적으로 문화(culture)란 한 사회에서 그 구성원들에 의해 역사적으로 형성되어 공유되고 학습되는 가치, 규범, 사고방식, 관습이나 행동방식 등을 지칭하며, 특히 기업문화란 조직구성원들이 함께 추구하는 가치, 태도, 관행, 공유된 가정 등으로 형성되어 있다고 본다. 기업문화의 핵심적 특성은 '독특성(uniqueness)'과 '가꾸어 나갈 수 있다(cultivation)'는 데 있다.

기업문화는 변화를 전제로 하는 비전경영이나 기업경영시스템에 비해 상대적으로 점진적이고 연속적인 변화의 원리를 제공한다. 즉 기업문화는 기업구성원들의 정신적, 행동적 방향을 가늠하는 지주로서 조직을 움직이는 인적 주체에 반영되어 조직구성원에게 안정을 부여하면서 동시에 기업경영시스템의 지속적인 변화를 추구하게 하는 동인으로 작용한다. 기업문화는 다음과 같은 면에서 그 중요성을 파악할 수 있다.

경쟁력의 원천이 될 수 있다.

- 장기적으로 경쟁력을 구축하거나 손상하는 작용을 한다.
- 조직 몰입(만족도, 동조성, 애사심)의 기반이 된다.
- 근로생활의 질의 원천, '우리'와 '나' 간의 선 순환

전략과정에 영향을 미친다.

- 이념의 형태로 전략수립의 과정과 관점에 영향을 미친다.

조직의 공식적, 비공식적 운영과정에 광범위한 영향을 미친다.

- 일을 처리하는 관행이 된다.
- 옳고 그름에 대한 조직원들의 가정과 믿음을 형성한다.
- 공식적 의사소통이나 통제의 부하를 경감시킨다.
- 공식적 규정과는 달리 구성원의 탄력적 행동을 가능케 한다.

이를 요약하면 기업문화는 일체감을 전달하며, 몰입(commitment)을 촉진시키고, 사회적 시스템의 안전성을 높이고, 행위를 유도하고 형성하는 센스를 갖게 하는 수단으로서의 기능을 한다. 즉 조직문화는 조직구조나 관리시스템과 같은 공식적 영향요인에 대비하여 내면적 영향요인으로서 작용한다.

기업문화의 구성요소와 기능

기업문화의 구성요소는 그림 10-7 과 같이 세 단계로 구분된다(신유근 2002, 481-482).

1. 가치·이념적 요소 : 가치란 조직의 모든 구성원들에게 공통적인 방향감각과 일상행위의 가이드라인을 제공하는 것으로, 기업에서는 대체로 사시, 사훈 또는 경영이념의 형태로 존재한다. 이는 주로 창업자 이래 최고경영자에 의해서 계승되고, 일반구성원에게 정신적 이해를 통해서 공유된다. 예)"정도경영", "고객을 위한 가치창조" 등
2. 행동·관행적 요소 : 행동적 요소는 조직구성원들에 의해서 확립된 행동의 표준 또는 규칙이 된 행동방식 또는 행동규범이며, 관행적 요소는 일상의 조직생활에서 형성된 관습, 습관, 전통 등을 의미한다. 예)업무수행방식, 업무지시방식, 복장규범, 인사관리 관행, 소집단활동 관행, 승진관행 등
3. 언어·상징적 요소 : 가장 가시적인 수준의 구성요소가 언어, 상징적

요소로서 기업의 내부적 통합과 구성원들간의 동질성을 파악하는데 매우 중요하다. 예)언어, 은어, 상징(물적-회사마크, 건물, 유니폼, 구두-영웅담, 닉네임, 에피소드, 사보, 활동-의례, 의식, 기념식, 명상의 시간, 체육대회, 축제 등)

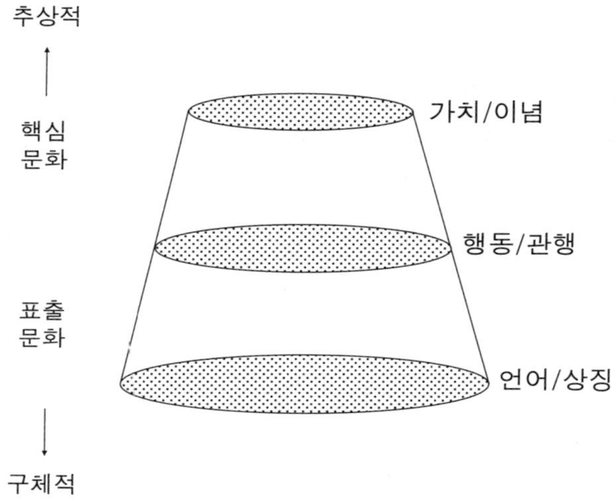

그림 10-7 기업문화의 구성요소

한편 기업실무에서 많이 이용하고 있는 기업문화의 틀로서 맥킨지사의 7S 모형이 있다. 7S는 상호 유기적 관계를 가지고 기업문화의 공유가치(shared value)를 창조하게 되는데, 이 공유가치는 다른 구성요소에 지배적인 영향을 주는 중요한 위치를 차지하므로 그림 10-8과 같이 전체의 중앙에 위치시키고 있다(이학종 1993, 15-19).

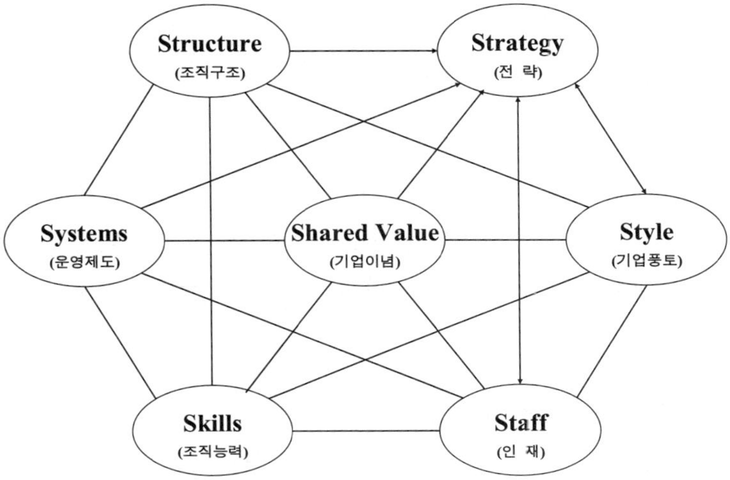

그림 10-8 **맥킨지의 7's 틀**

- 공유가치(shared value) : 구성원 모두가 공동으로 가지고 있는 가치관과 이념으로서 구성원의 사고방식과 행동양식 등에 반영되어 공통의 형태가 나타나게 한다.
- 전략(strategy) : 전략은 기업의 이념과 목적, 그리고 기본가치를 중심으로 이를 달성하기 위한 장기적인 방향을 제공함으로써 다른 구성요소들에 많은 영향을 주게 된다.
- 구조(structure) : 조직구조는 조직의 틀로서 직무설계, 권한관계, 방침과 정책, 그리고 구성원들의 역할과 그들의 상호관계를 결정하는 공식요소들을 포함한다.
- 관리시스템(system) : 기업경영에서 의사결정의 틀이 되는 관리제도와 절차, 그리고 관리과정 상에 일어나는 각종 제도를 포함한다.
- 구성원(staff) : 구성원들의 능력, 전문성, 가치관과 신념, 욕구와 동기, 지각과 태도, 그리고 그들의 행동패턴 등을 말한다.
- 기술(skill) : 각종 기계, 설비, 구성원에 공유하는 핵심역량과 기술도 기업문화를 형성하는 중요한 요소가 된다.

- 기업풍토(style) : 리더십 스타일, 구성원의 행동양식, 조직의 상호작용 및 분위기 등을 말한다.

기업문화의 유형과 창달방법

기업문화의 유형

기업문화를 창달하고자 할 때 기업의 입장에서는 지향해야 할 바람직한 문화유형이 무엇인지 알아야 한다. 기업문화의 유형에 대해서는 다음과 같은 연구가 있다.

홉스테드(G. Hofstede)의 문화유형

홉스테드는 1) 권력 격차(power distance-불평등성)의 정도와 불확실성 회피 수준에 따라, 그리고 2)개인주의-집단주의 정도와 남성형-여성형 수준에 따라 문화유형을 나누고, 국가 간 비교연구를 수행하였다. 이 연구는 기업이 해외로 진출할 때 문화적 차이를 이해하는 데 도움을 받을 수 있다.

이 연구에 의하면 한국은 불평등이 심화되어 있고 불확실성을 회피하려는 문화이며, 집단주의 성향이 강하고, 여성성이 강한 문화로 분류되었다.

딜과 케네디의 문화유형

딜과 케네디는 환경의 위험도와 종업원에 대한 피드백 속도를 양 축으로 하여 네 가지의 유형을 제시하였다.(그림 10-9 참조)

① 의지가 강한 남성적 문화 : 위험도가 높고 성과의 피드백을 빨리 요구하는 환경하에서 형성되는 문화이다. 남성형 문화, 모험형 문화, 또는 강력한 지도자형 문화라고도 불린다. 건설업, 경영컨설팅 조직, 경찰이나 외과의사 조직 등

② 열심히 일하고 잘 노는 문화 : 위험도가 낮고 그 대신 성과의 피드백을 빨리 요구하는 환경에서 형성된다. 근면형 문화 또는 적극형 문화라고 한다. 자동차 판매, 부동산업, 소매상, 대중소비용품의 판매와 같은 판매조직에 적합한 문화이다.

③ 기업의 운명을 거는 문화 : 위험도가 높고 성과의 피드백은 늦은 환

경하에서 형성되는 문화다. 고위험형, 투기형 문화라고도 하며, 올바른 의사결정이 중요하여 회의가 중요한 의식이 되고 기업 전체에서 신중한 기풍이 조성된다. 유류, 항공, 자본재, 제조업, 광산업, 시설재 산업 등

④ 과정을 중시하는 문화 : 위험도도 낮고 성과에 대한 피드백도 느린 환경 하에서 생성되는 문화유형이다. 절차형 문화라고도 한다. 이 문화는 산출물과 같은 결과보다는 그것이 어떻게 이루어지는가 하는 진행 방법과 과정에 초점을 둔다. 관료주의 문화라고도 한다.

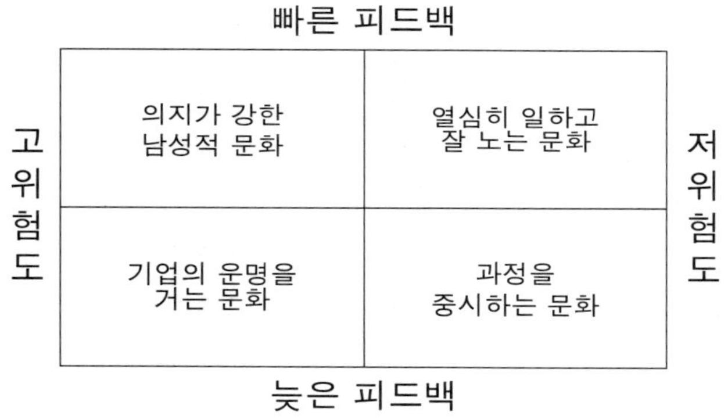

그림 10-9 딜과 케네디의 기업문화 유형

퀸과 킴벌리의 문화유형

퀸과 킴벌리(R. E. Quinn and J. R. Kimberly)는 인간의 욕구와 지각에 대한 가정을 기초로 하여 조직문화의 유형을 계층문화, 개발문화, 합리문화, 집단문화 등 4 가지 유형으로 구분하여 설명하고 있다(민경호 2005, 225-226).

① 계층문화(hierarchical culture) – 이는 인간의 안정 또는 안전의 욕구

에 기초한 문화로서 계층조직이 뚜렷하고 상사의 감독과 통제가 중요시되며, 보수적이어서 조직구조가 변하기를 원하지 않는 기계적인 조직으로 관료적인 조직이 그 대표적인 것이다. 그리고 대기업이나 대규모조직은 관료제화 되어 계층화 되기 쉽기 때문에 계층과 위계질서를 중시하게 된다.

② 개발문화(developmental culture) – 인간의 변화에 대한 욕구가 중시되는 기업문화로서 위험을 무릅쓰고 변화하고 발전하려는 욕구가 강한 문화형태이다. 개발문화는 빠른 속도로 개발하기 위한 속성 상 목적달성을 위해 수단과 방법을 가리지 않는 유형이라고 할 수 있다.

③ 합리문화(rational culture) – 이는 성과를 중시하는 문화형태로 개인목표와 조직목표를 강력하게 추구하고 그 유효성을 강조하는 기업문화의 형태이다. 따라서 여기에는 목표관리(MBO)에 의한 목표지향적 리더십이 필요하다. 합리문화는 목적달성 자체뿐 아니라 그 달성과정에서의 합리성을 중시하는 문화이다.

④ 집단문화(group culture) – 이는 인간의 친화적 욕구에 기초한 문화로서 특히 일본적 경영을 반영하는 Z이론적 조직에서 많이 나타난다. 집단문화에서는 개인목적보다는 집단 또는 조직목적을 더 중시하게 되고 조직목적을 더 상위의 개념으로 인식하게 된다.

기업문화의 창달방법

기업문화의 유형은 좋고 나쁜 것이 있다기 보다는 자기 조직의 특성에 적합한 기업문화를 창달하는 것이 중요하다. 바람직한 기업문화를 창달하는 방안에는 다음의 몇 가지를 들 수 있다.

- 최고경영자의 솔선수범과 후원
- 생활공동체 가치의식의 정립
- 커뮤니케이션 활성화와 의미 있는 상징의 개발
- 기업문화 확산을 위한 전파자의 양성
- 자율적 책임경영체제의 구축

- 노사 공감대 형성

기업문화를 창달하기 위해서는 핵심가치를 단순히 신봉하는 것을 넘어서 실제 가치로 만들어지도록 지속적으로 심화하고 공유하는 노력이 필수적이다. 결국 조직의 변화와 혁신 과정은 기업문화를 창달하고 정착시키는 중요한 수단이라 할 수 있다.

(PD, Flaherty 2002, 209-211)

체계적 포기

드러커에 의하면 체계적 포기는 기업 생산성을 향상시키기 위한 제 1 법칙이다. 그는 자유기업경제의 한 가지 커다란 이점은 시장메커니즘을 통해서 자신의 실수를 제거해 나갈 수 있는 능력이라고 생각했다.

드러커에 의하면 신규투자 이전에 포기는 변화관리의 출발점이다. 기획의 첫 단계는 모든 활동, 모든 제품, 모든 과정 또는 시장에 대해서 이렇게 물어보는 것이다. "지금 이 일로부터 손을 뗀다고 하면 앞으로도 그 일에 뛰어들 것인가?" GE의 잭 웰치는 이 질문으로부터 영감을 얻고서, 산업 내 1, 2등이 아닌 사업부는 모두 그만 둔다는 전략을 세웠다고 한다.

드러커는 체계적인 포기의 원리를 제품과 서비스에만 국한하지 않고 다음과 같은 영역에도 확대해서 설명하고 있다.

- 지식사회에서 경영자는 자기가 알고 있는 모든 것을 포기할 준비가 되어 있어야 한다.
- 불가피한 진부화의 원리는 기업의 사명에도 적용될 수 있다.
- 퇴행성 질환은 질질 끈다고 해서 낫지 않는다. 특단의 조치를 취해야만 한다.

성과를 내지 못하는 활동을 체계적으로 포기해야 한다는 논리는 그 누구도 반박할 수 없을 정도로 명백하다. 그러나 드러커는 경영의 현실에서 나타나는 유약함 때문에 체계적 포기가 그리 간단한 문제가 아님을 일깨우고 있다.

"뭔가를 포기한다는 것은 이토록 어려운 것이다. 그러나 모든 것을 포기한 후 6개월쯤 지나면 사람들은 왜 그렇게 끈질기게 현상유지에 집착해 왔는지 오히려 의아하게 생각할 것이다."¶

(PD, Flaherty 2002, 224-226)

혁신 수용의 필요성

드러커는 혁신 또는 변화경영을 대기업이 준수해야 할 정언명령(categorical imperative)이라며 강하게 주장한다. 실로 기업의 주 기능은 마케팅과 혁신, 두 가지밖에 없고, 나머지는 모두 비용일 뿐이다.

드러커는 기존의 교과서에서 변화에 대한 저항요인을 설명하는 방식이 매우 피상적인 합리화에 불과하다고 생각한다. 그런 설명은 혁신에 대한 적대적 인식을 감추려고 하는 일종의 연막이자 변명에 불과하다고 하면서, 반혁신의 분위기를 조성하는 근본원인은 변화에 대한 거부감에 있으며, 그런 거부감의 근원은 미지의 현상에 대한 무지와 두려움에 있다는 사실을 언급했다.

실제 혁신의 작동과정은 혼돈과 실망으로 가득 차 있기 때문에, 경영자들은 새로운 것은 '요지경 속'일 수밖에 없다는 현실을 인정해야 한다. 그러므로 경영자의 유일한 선택은 그런 요지경 속을 북돋우든가 아니면 억누르든가 둘 중의 하나일 수밖에 없다.

일단 혁신을 하기로 마음 먹었다면 경영자는 변화를 거부하는 온갖 구설수를 억누르고 변화에 대해 보다 많은 논의가 마치 기업문화 상 일종의 자연스러운 주문처럼 반복되도록 구성원들을 격려해야 한다. 변화를 열성적으로 찬양하고 고무하고 북돋우는 일이야말로 조직 내에서 기업가정신을 강화할 수 있는 핵심 수단이다.

세계에는 오직 불확실성이 존재한다는 사실만이 가장 확실한 사실이고 이것이 기업의 절대적 운영원리라면, 변화가 어려운 이유에 대해 이러쿵저러쿵 떠드는 것은 전혀 무의미하고 쓸데없는 행동에 불과하게 된다.

대신 경영자는 기업가정신이라는 문화를 키울 수 있도록 물을 주고 비료를 주어야 하는데, 그것은 바로 학습이다. 혁신하는 조직은 조직 전반에 걸쳐서 학습의 분위기가 정착되어 있어야 한다. 일단 그런 분위기가 정착되면, 학습의 가능성은 지속적으로 창출되고 유지될 수 있다.¶

변화와 혁신

11 기술혁신과 연구개발

1. 기술전략과 기술관리
2. 연구개발과 신제품 개발
3. 신제품 개발의 동시공학 접근

제 11 장 기술혁신과 연구개발

기술은 공격 당하고 상처 받기 쉬운 인간의 본성을 회복하고, 환경에 대해 더 나은 통제력을 얻기 위한 인간의 지속적인 노력을 대변해 주는 것이다. 인간은 도구를 만드는 능력에 의해 자신의 물질적 조건을 개선하는 기술적 진보를 끊임없이 거듭함으로써 오늘날의 문명을 이루었다.

드러커에 의하면 기술은 변화의 엔진이고, 지식은 그 연료였다. 그러므로 모든 변화는 이용 가능한 도구의 고도화나, 역사의 어느 시점에서 등장하는 지식의 질에 반영된다.

오늘날 경영환경의 특징은 디지털 혁명이라는 말로 일컬어지기도 하는데 정보통신(IT), 생명공학(BT), 나노기술(NT) 등 다양한 기술, 그리고 기술간의 융합에 의해 기술혁신의 속도가 폭발적으로 가속화하는 상황을 표현하고 있다. 이런 상황에서 기술이라는 엔진에다 지식, 그리고 기업가정신을 가진 경영자의 후원을 등에 업으면 기업은 특출한 경쟁력 성과를 갖출 수 있게 된다.

기술전략과 기술관리

기술의 의미와 역할

기술이란 제품과 서비스를 생산하기 위해 이용되는 모든 노하우, 물리적 실체, 절차를 말한다. 노하우는 대개 기술자의 정신과 경험에 녹아 있는 지식으로서 이들은 매뉴얼이나 문서로 기술되어 있지 않다. 물리적 실체는 노하우에 적용되는 장비와 도구를 말하며, 절차는 장비를 운용하고 작업을 수행하는 규정과 기법을 말한다. 이들 세가지 요소는 함께 작용하는데, 여기에 지원 네트워크(support network), 즉 물리적, 정보적, 조직적 관계 등으로 이루어진 환경 요인이 뒷받침하면서 기술이 완전해지며 의도한 기능을 수행하게 된다(Krajewski and Ritzma 2000, 141-143).

기술혁신은 흔히 기존제품의 새로운 생산방법, 새로운 특성의 신제품 개발의 형태를 취한다. 기업에서 일어나고 있는 기술혁신은 새로운 아이디어를 신제품, 신공정, 신서비스 등에 적용시켜 기업에 이익을 가져오며, 나아가 국가경제 발전에 기여하게 된다(민경호 2005, 246).

기술의 3 분야

제품기술 - 제품기술은 특정 아이디어를 고객을 대상으로 하는 신제품과 기술로 변환하는 것이다. 제품기술은 주로 엔지니어와 연구개발자에 의해 개발되는데, 새로운 일의 방식을 고안하고 이를 통합하거나 기존의 역량을 확장한 후 이들을 고객 가치가 있는 특정 제품과 서비스로 변환하는 것이다.

공정기술 - 공정기술은 어떤 조직이 과업을 수행하는 방법을 말한다. 생산관리에서 관심의 대상이 되는 공정기술은 구매, 생산, 유통, 판매로 이어지는 전체 공습사슬관리 상의 다양한 기술을 포함한다.

정보기술 - 정보를 획득, 처리하고 교환하여 효과적인 의사결정을 수행하기 위해 정보기술을 이용한다. 정보기술은 모든 기능 부문과 공정에 폭 넓게 이용되고 있다. 특히 여러 형태의 사무 작업에 다양한 정보기술이 응용되면서 사무 생산성을 극적으로 올리고 있다. 인터넷, 인트라넷, 워드 프로세싱, 다양한 통신 시스템 등은 사무 혁신에 이용되는 정보기술의 예다.

기술전략과 관리

기술전략 및 기술관리의 중요성

기술은 글로벌 경쟁력을 증대 시키는 중요한 요인이다. 많은 연구결과에서 밝혀졌듯이 새로운 기술을 부단히 개발하고 활용하는 기업들은 기업 성과가 탁월하다. 디지털 기술이 융합 되면서 기술이 변화하는 속도는 점점 가속화되고 있으며, 이용 가능한 기술의 종류도 많아지고 있다. 기업에 있어서 신기술 중 어떤 기술을 선택하고 이를 제품개발에 연계 시킬 것인가에 대한 의사결정은 기업의 경쟁력에 매우 중요한 영역이다.

기술관리는 연구개발, 설계, 생산, 마케팅 및 경영진이 모두 연계되어 새로운 기술의 역량을 계획하고 실행함으로써 기업전략을 달성하는 것이다. 여기에는 내부적으로 어떤 독자적인 기술을 개발할 것인가(make), 외부 기술 중 어떤 것을 도입하여 개량 및 기술적 흡수를 할 것인가(buy), 그리고 기술성과를 제품, 공정, 서비스에 적용하는 실행의 문제를 포함한다.

기술의 관리가 경쟁력에 미치는 영향을 고려할 때, 그 전략적 관리가 중요시 되는 것은 당연하다. 기술전략의 관점에서 중요한 개념들은 다음과 같다.

기술전략의 의의와 흐름

특허분쟁, 첨단기술 공여의 기피, 무역마찰 등 날로 심화되고 있는 글로벌 경쟁에 뒤처지지 않기 위해서 기술경쟁력 확보를 위한 전략적 기술관리가 필수적으로 요구되고 있다. 전략적 기술관리 또는 기술전략이란 기업의 경쟁력을 확보하고 강화하기 위해서 자사의 사업 영역에 맞추어 어떤 기술을 개발 또는 확보해야 하는지를 결정하고 관리하는 것이다.

기술전략 수립을 위한 흐름은 다음과 같다.

1) 기업내부능력의 평가
   - 경영관리 능력, 경쟁 능력, 재무 능력, 기술 능력

2) 환경예측
   - 정성적 방법(델파이법, 시장조사, 역사적 유추법)
   - 시계열 분석과 투영법(이동평균법, 지수평활법, 추세투영법)
   - 인과적 방법(회귀모델, 계량경제모델, 수명주기법 등)

환경예측방법은 내·외부 환경의 예측과 분석을 동시에 고려해야 하며 현

실적으로 주로 정성적 방법이 사용되고 있다.

3) 기술전략을 위한 전략적 사업영역(strategic domain)의 분석

- 성장벡타분석
- 제품포트폴리오 분석
- 시장전략의 이익효과분석
- 제품수명주기분석
- 학습곡선

기술혁신 주기

기술혁신을 과정별로 분류하면 제품혁신기인 유동기와 공정혁신기인 과도기, 그리고 혁신정체기인 경화기로 분류하여 설명할 수 있다.

제품혁신기(유동기)

제품혁신기의 혁신은 고객의 니드를 충족시키는 측면에서 이루어진다. 따라서 초기의 기술혁신은 주로 차별화된 성능, 기술수준으로 대응하게 된다.

공정혁신기(과도기)

공정혁신기는 시장에서 성숙단계에 들어 감으로써 가격경쟁이 심하게 되고, 성능의 차별화에 의한 시장확대가 점차 효과가 떨어지는 시기에 일어난다. 이 때에는 공정혁신을 통해 생산비용을 절감하는 것이 중요하게 된다.

혁신정체기(경화기)

공정혁신과 제품혁신 모두의 출현빈도가 현저히 떨어져 정체되어 있는 과정이다. 이미 제품설계는 표준화되어 있고 공정도 고도로 자동화되고 통합화되어 있는 상태이다. 그러므로 이때부터는 획기적인 것보다는 작고 점진적이며 부분적인 특성을 갖는 기술혁신 활동이 필요하게 된다.

기술개발전략의 유형

마케팅 전략에 의한 분류

마케팅 전략의 관점에서 기술개발 전략은 다음 네 가지 유형으로 분류해 볼 수 있다.

1. 시장선도형(개발, 기초기술 주도형) : 연구 집약적(높은 투자), 생산부서와 밀접한 연결, 최신기술개발에 선도 내지 밀착, 위험성 높음
2. 선두추종형(시장 주도형) : 개발집약적, 관리분야에 상당한 기술능력 보유, 제품개발과 마케팅 활동에 극히 우수한 능력, R&D·생산·영업부서간 긴밀한 협조, 경쟁업체에 대한 첩보능력 탁월
3. 응용개발형(1, 2 혼합형) : 제품설계와 엔지니어링에 능력 다소 보유(연구개발능력 부족), 고객·사용자 취향에 민감, 기술적 능력 출중한 세일즈맨 보유, 제품생산자의 원가절감능력 보유, 개발 및 생산비용 절감에 기민하게 대처
4. 모방형(복제, 생산기술형) : 강력한 제품설계 및 제조능력, 가격 및 유통능력 탁월, 기존제품에 대한 모방능력이 출중함

일반적으로 기업의 기술개발전략은 위 모방형→응용개발형→선두추종형→시장선도형의 단계로 발전해 간다.

제품포트폴리오(PPM) 분석에 의한 기술개발전략

제품포트폴리오는 시장성장의 유망성과 경쟁위치를 축으로 하여 자사의 제품군을 배치시킨 것으로 그림 11-1 과 같다. 한정된 자원으로 최대의 효과를 거두기 위해서는 제품포트폴리오에 따라 적합한 영역에 기술개발 역량을 집중 투입해야 한다.

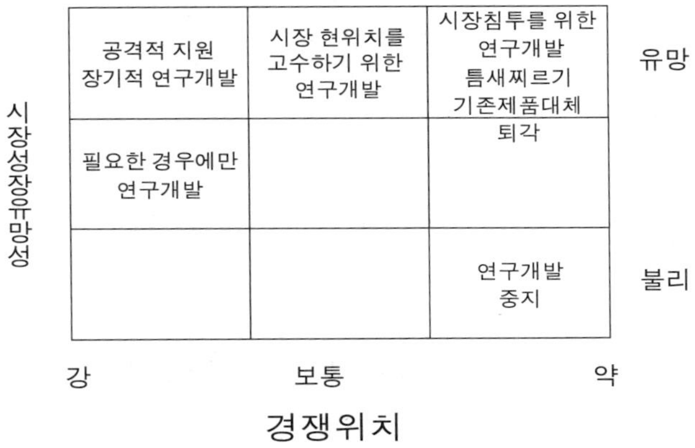

그림 11-1 제품포트폴리오 매트릭스(PPM)에 의한 분류

기술이전전략

기술은 일반적으로 선진국에서 개발도상국으로 전수 또는 이전되어 왔다. 어떤 나라나 모든 기술을 자체적으로 개발한다는 것은 너무나 많은 시간과 노력이 투입되기 때문에, 선진국의 기술을 이전 받아 빠른 시간 내에 적은 경비로 기술을 개발할 수 있는 기술이전전략을 이용하게 된다.

기술이전은 기술교역이라는 측면에서 기술제공자와 기술도입자 간에 쌍방의 욕구를 충족시키지 않으면 안 되는 고도의 전략적 의사결정이다. 일반적으로 국제간에 이루어지는 기술이전방법은 다음과 같이 분류된다(민경호 2005, 254).

① 프로젝트 형태
  - 공장 일괄건설, 건설공사, 합작사업 등

② 산업재 또는 용역의 무역
  - 기계설비의 판매, 공구, 원료 및 기술용역의 공급 등

③ 계약 및 협약
  - 특허권 사용, 상표 노하우, 설비유지보수계약 등의 실시권 및 사용권 협약 등
④ 연구개발
  - 외국 연구기관에 필요연구과제의 위탁용역계약, 연구하청계약, 공동연구 등
⑤ 개인적 교류
  - 국제 최고기술단 교류, 외국 기술자의 이용, 전문가의 이민, 개발원조 등
⑥ 발간물
  - 전문적·과학적 출판물에의 발표, 특허공보, 기술서적 등
⑦ 국제적 방문
  - 학술대회, 전문가 회의, 박람회, 기술목적의 방문 등
⑧ 교육훈련
  - 외국대학에서의 교육, 교육전문기관에서의 특허훈련 등
⑨ 기타
  - 국제입찰, 역행적 엔지니어링, 외국회사합병, 산업스파이, 정부간 조약 등

핵심역량과 핵심기술

현재의 전략을 지원하는 전략적 적합성을 확보하고 있는 것만으로는 충분하지 않다. 신기술을 이용하여 새로운 전략의 기반을 구축하고, 장기적인 개선을 이끌어 낼 수 있는 핵심역량의 구축이 가능하기 때문이다. 핵심역량이란 지속적 경쟁우위의 원천이 되는 것으로, 기업 내 여러 부서에 흩어져 있는 전문 능력들이 결합되어 나타난다. 핵심기술은 핵심역량의 바탕을 이루는 기술을 말한다. 핵심역량과 핵심기술의 관리는 기업이 장기간에 걸쳐 사업을 효과적으로 수행하기 위해 필요한 중요한 부분이다. 따라서 회사의 전략적 목표를 달성하는 데 필요한 핵심역량과 핵심기술을 파악하고,

지속적으로 유지, 보완, 발전시키는 것이 중요하다.

그림 11-2 는 핵심역량과 핵심제품의 관련성을 보이고 있다. 핵심기술들이 결합되어 핵심역량이 구축된다. 기업은 이 핵심역량을 통하여 새로운 핵심제품이나 차별화 특성을 발굴할 수 있으며, 지속적으로 차별화된 신제품을 개발해 낼 수 있다.

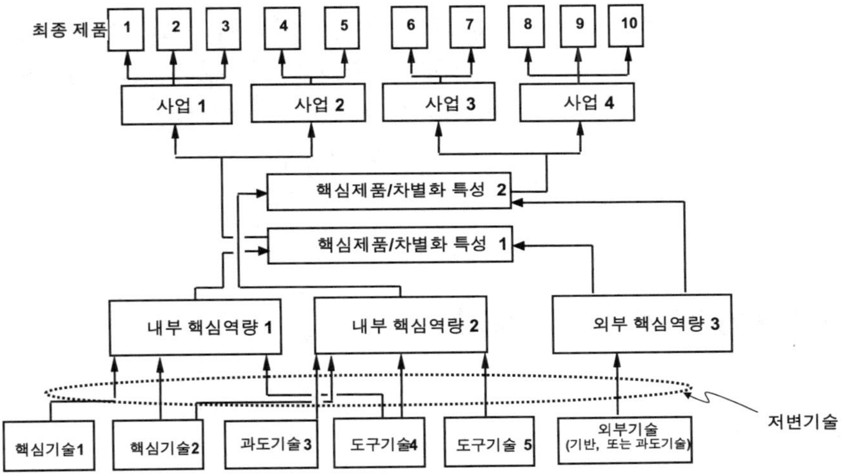

그림 11-2 핵심역량 관련 개념들의 상호연관성

핵심역량의 토대가 되는 기술은 다음과 같이 다양한 성격으로 분류할 수 있다.

- 기반기술(underlying technology). 축적된 전문적 역량에 의해 창출된 일련의 기술 및 기술적 서비스로, 연구에서 제조 및 고객지원에 이르기까지 제품 및 프로세스를 생산하는데 기본적으로 요구되는 기술
- 핵심기술(core technology). 지속적 경쟁우위의 주요 원천이거나 또는 전략적 목표 성취의 수단이 되어 세계적 선도자가 될 수 있도

록 하는 필수기술

- 과도기술(interim technology). 단기적인 경쟁우위의 주요 원천이거나 또는 전략적 목표를 충족시키는 수단이 되는 기술
- 도구기술(enabling technology). 단기 또는 장기적으로도 경쟁우위를 제공하지는 않으며, 전략적인 목적으로 내부적으로 축적할 필요는 없는 기반기술

핵심역량의 위력은 핵심제품에 있어서의 세계적 경쟁력으로 나타나게 된다. 예를 들어, 캐논(Canon)의 레이저프린터 엔진(laser printer engine)은 세계 시장의 85% 이상이라는 확고한 시장점유율을 확보하고 있다. 우리가 잘 알고 있는 레이저프린터의 세계적 제조회사인 휴렛패커드(HP)도 레이저프린터의 엔진부는 캐논의 엔진을 사용한다.

연구개발과 신제품 개발

연구개발

기술 수준이 높은 세계적 우량기업과 경쟁하기 위해서는 자체적으로 기술을 창조하고 이를 신제품, 공정기술, 서비스에 적용하는 연구개발(research and development : R&D) 활동이 절실히 요구된다. 연구개발은 과학분야 및 공학분야에 있어서 기초연구와 응용연구, 그리고 제품 및 공정의 설계와 개발을 총칭하는 말이다.

연구개발의 단계

기초연구. 전자기론이나 양자역학과 같이 협소하게 정의된 기술적 가능성과 잠재력을 추구함으로써 새로운 지식과 기술적 진보를 탐구하는 작업을 기초연구(basic research)라 한다. 기초연구는 특정한 제품이나 공정을 위한 지향성이 약하다. 그러므로 기초연구는 컴퓨터기술, 바이오 기술, 물리, 화

학과 같은 과학에 기반을 두는 경우가 많다. 그러나 기초연구라 하더라도 목적 지향적이고 체계적인 탐색이 이루어질 수도 있는데, 그 목적성 정도에 따라 순수기초연구와 목적기초연구로 나눌 수 있다. 기초연구는 정부 연구소나 세계수준의 대기업에서 주로 수행된다.

응용연구. 응용연구는 현실적인 문제를 해결하는 데 투입되는 연구로서 기초연구보다 지향점이 분명하고 그 결과가 제품, 공정, 서비스의 실제적인 개선에 직결될 가능성이 크다. 기초연구에서 이루어진 개념을 검증하고 정교하게 하기 위해 과학자와 공학자가 팀을 이루어 소규모 파이로트 공장을 짓는 일 등이 그 예이다.

개발. 구체화된 일단의 기술을 이용해서 상세한 제품 및 공정의 설계로 변환시키는 활동을 개발이라 한다. 제품과 공정은 시장의 요구와 생산 용이성의 관점에서 개발된다. 개발은 대기업뿐 아니라 소규모 기업들도 활발히 참여하는 활동이다.

(PD, Flaherty 2002, 311-313)

기술(행위기술)은 효용에 초점을 맞추고, 과학(사고기술)은 형이상학적인 추상에 초점을 맞추었기 때문에, 양자는 거의 접촉하지 않았다. 기술과 과학이 접목되었던 것은 19세기 후반에 들어서였으며, 이후 새로운 지식이 급증했다. 기술과 과학이 접목될 때 기술이 지배적인 위치를 점한다는 것은 의심할 여지가 없다고 드러커는 생각한다. 즉 과학이 기술에 시집가는 격이다.

에디슨이 체계적인 발명을 하는 과정을 보면 어떻게 기술과 과학이 결합하는지 알 수 있다.

1) 욕구의 정의. 전기를 열로 바꿀 수 있는 신뢰할 만한 시스템
2) 명확한 목표의 설정. 투명한 용기 안에서 전류의 저항이 필라멘트의 가열을 통해서 빛으로 전환되어야 한다.
3) 진행해야 할 작업의 중요한 부분 및 단계의 확인. (동력의 원천, 필라멘트, 용기)

4) 성과에 대한 지속적인 모니터링을 통한 피드백. 예를 들어, 에디슨은 필라멘트가 작동되기 위한 조건으로 불활성기체 대신에 진공상태가 필요하다는 것을 알았다. 그래서 그는 용기에 대한 연구의 방향을 바꾸었다.
5) 작업의 조직화. 여러 전문가들에게 작업을 할당한다.

에디슨의 천재성은 그가 백열전구를 발명했다는 것에 있는 것이 아니라(다른 사람들은 이미 전구를 사용하고 있었다), 새로운 시스템을 만들어 낼 줄 아는 비전에 있었던 것이다. 새로운 에너지의 형태로서 전기의 개념(과학)과 발전소(기술, 시스템)의 도입을 통해서 전기산업의 발전이 비로소 가능해졌다.¶

신제품 개발과 설계

신제품 개발의 과정

신제품 개발은 넓은 의미의 연구개발에 포함되는 활동으로, 생산기업에서의 제품개발 업무는 연구개발 단계의 개발연구에 속한다. 신제품 개발 과정은 보통 계획, 개념개발, 시스템 수준의 설계, 상세설계, 검사와 개선, 생산램프업의 단계를 거친다(Ulrich and Eppinger 2004, 24-25).

계획(planning) : 계획활동은 프로젝트의 승인과 실제적인 제품개발의 시작보다 앞에 위치하기 때문에 종종 'phase zero'라고 불려진다. 이 단계는 전사적인 전략에 의해 시작되고 기술발전과 시장의 목표를 평가하는 것을 포함한다. 계획의 결과물은 제품에 대한 목표시장과 사업목적, 주요 가정과 제약조건 등을 정의하는 프로젝트의 임무명세이다.

개념개발(concept development). 개념개발 단계에서는 시장의 요구가 확인되고, 다양한 제품개념이 만들어지고 평가되며, 향후의 개발과 시험을 위해 하나 혹은 여러 개의 개념을 선택한다. 개념이란 제품의 형태와 기능을 설명하는 것이며, 제품의 특징은 종종 제품의 사양, 경쟁제품 분석, 그리고 제품의 경제적인 정의와 함께 한다.

시스템 수준의 설계 : 이 단계에서는 제품구성을 정의하고, 제품을 하부시스템과 각각의 구성요소로 분해한다. 또한 이 단계에서는 제품의 최종 조립상태의 개요가 정의된다. 이 단계의 산출물은 보통 제품의 기하학적 설계와 각 하부시스템의 기능적 사양, 그리고 최종조립공정에 대한 임시 공정흐름도 등이 있다.

상세설계 : 상세설계 단계에서는 형상과 재료에 대한 완전한 사양과 각각의 부품에 대한 공차 및 공급업체로부터 구입될 표준부품이 정의된다. 공정계획이 수립되고 양산 시스템에서 만들어질 각 부품의 제조에 필요한 공작기계들에 대한 가공작업이 설계된다. 이 단계의 산출물은 그 제품에 대한 관리자료(control document)이다. 이 자료에는 도면, 3차원CAD 모델파일, 구매부품의 사양, 제품의 제조와 조립을 위한 공정계획 등이 포함된다.

검사와 개선(refinement) : 검사와 개선 단계는 제품의 다양한 포로토타입의 제작과 검증을 포함한다.

생산 램프업(production ramp up) : 생산 램프업 단계에서의 제품은 양산시스템에 의해 생산된다. 램프업의 목적은 양산 공정의 남아 있는 문제점등을 해결하고 작업인력을 훈련시키기 위한 것이다.

신제품 개발과 라이프사이클 원가

신제품 개발 시 계획 단계를 포함하여 가능하면 연구개발의 앞 단계에서 잘못된 문제점을 확인해 내는 것이 중요하다. 만약 문제를 선별해 내지 못했을 경우, 후에 생산에 들어 간 후 그 문제를 바로 잡으려 해도 이미 앞 단계에서 개발에 관한 사양들이 대부분 결정되어 있기 때문에 별로 개선할

여지가 남아 있지 않게 된다.

이러한 관계가 그림 11-3 에 나타나 있는데, 신제품 개발 시 전체 라이프사이클 원가는 초기에 대부분 결정되는 특성을 보이고 있다. 따라서 신제품 개발의 계획 단계에 보다 큰 개선의 기회가 있으므로 개발 수명주기의 앞 부분에서부터 창의적인 모든 개선 아이디어를 철저히 도출해 내는 것이 중요하다.

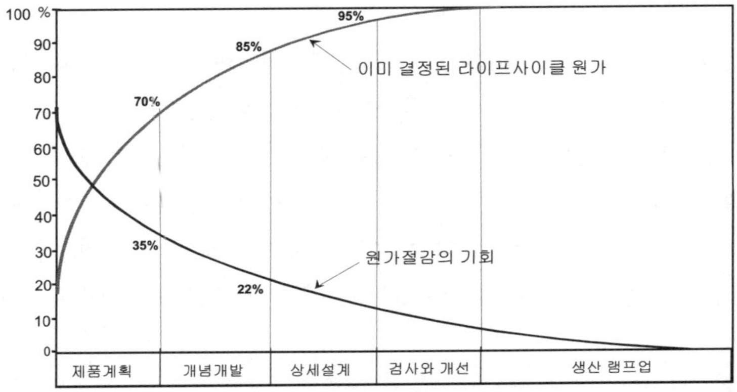

그림 11-3 제품개발단계와 라이프사이클원가의 관계

신제품 개발의 동시공학 접근[22]

동시공학의 개념은 1980년대 중반 이후 미국과 일본 기업들을 중심으로 제품개발에 적용되어, 큰 성과를 올린 바 있다. 이들 동시 공학의 적용 내용

[22] 문근찬, 현대생산관리의 이해(제 2 판), KPICS, 2005, pp.124-146

을 보면, 초기에는 다기능팀의 활동 성과에 대한 연구로부터, 그 후 동시공학의 성과를 높이기 위한 다양한 요소기술들의 적용, 예컨대 DFA(Design for Assembly), 다구치 기법, DFM(Design for Manufactur- ing), QFD(Quality Function Deployment)에 관한 내용들이 많이 보인다.

이들 연구는 어떻게 하면 설계 초기부터 다기능팀의 활동을 통하여 나중에 일어날 생산의 문제, 판매의 문제까지 고려하여 미리 설계에 반영할 것인가라는 '원류지향적 접근'을 강조한다. 이런 과정들은 후에 일어날 신뢰성의 문제, 또는 원가의 상승 문제를 설계 과정에서 미리 통제할 수 있기 때문에 동시공학의 주된 관심이 되었다.

그 결과, 동시공학은 신제품을 적시에 시장에 내어 놓음으로써 중요한 경쟁우위 요소의 하나인 '시간경쟁'을 가능하게 하는 원동력이 되었다. 그러나 동시공학을 통하여 진정한 경쟁우위를 확보하기 위해서는 일회성의 단일제품의 성공적 출시만으로는 부족하고, 복수 제품라인에 대한 신제품이 지속적으로 출시되는 체계를 갖추어야 한다. 3M이 제품혁신 면에서 경쟁우위가 있다고 하는 것은 바로 이 점을 말하는 것이다.

이론적 배경[23]

동시공학 개요

설계자가 생산 부서와의 협의 없이 설계를 확정하여 생산으로 이관하는 경우, 생산 단계에 이르러 막상 설계대로 생산이 불가능하거나 매우 어렵다는 것을 깨닫더라도 이미 이를 바로 잡기에는 너무나 많은 비용과 시간이 소요된다. 따라서 이러한 문제를 극복할 수 있는 새로운 제품개발 방법론으로서 동시공학의 개념이 제안되었다.

동시공학은 제조 및 간접부문을 포함, 제조에 관련된 모든 과정을 집적화하고, 동시화하여 설계하는 시스템적 접근이다. 그 목적은 개발자가 품질, 가격, 일정의 고객 요구사항 등을 포함한 개념설계에서 출하까지 제품수명

[23] 방인홍, 김영호, 유건희, "동시공학적 접근법 및 응용사례",산업공학회지 제 7 권, 제 3 호, 1994.

주기의 모든 요소들을 설계 초기단계에서부터 고려할 수 있도록 하기 위한 것이다. 이와 같이 동시공학은 제품의 설계단계에서 판매, 가공, 조립, 보수, 신뢰성, 가격, 품질, 폐기 및 재활용 등 제품의 수명주기에 관련된 모든 요소들을 미리 동시적으로 고려하는 제품개발 방식이다.

동시공학의 필요성

위에 언급되었듯이, 동시공학은 다음의 표 11-1의 측면에서 종래의 순차적 제품개발방식과 구별된다.

종래의 순차적 제품개발방식은 고객요구분석, 설계, 제조계획, 제조 및 생산의 순서로 진행된다. 이러한 개발 방식 하에서는 각 기능 간 커뮤니케이션이 충분히 이루어지지 않은 채 설계가 이루어지므로 생산으로의 연결이 원활하지 못하다. 따라서 생산현장에서 발견되고 지적된 문제점이 설계자에게 뒤늦게 전달되고, 이를 해결하기 위해서 재설계를 거치는 과정이 반복되는 동안 원가는 상승하고 품질 저하, 시장 진입기회의 상실 등 경쟁력을 저하시키는 많은 요인이 발생한다.

구분	동시공학적 개발방식	순차적 개발방식
설계	제품 전 수명주기의 다양한 요소들을 고려한 설계	설계자 위주의 설계 후 제조부서로 이관
소요 주기	제품개발로부터 생산까지의 소요주기가 짧다.	제품개발로부터 생산까지의 소요 주기가 길다.
품질보증	설계와 생산이 초기부터 참여하여 구상하므로 품질보증이 이루어진다.	잦은 설계변경으로 품질보증이 어렵다.
원가	부품의 종류를 가능한 한 줄이는 방안과 가공성이 설계에 고려되어 있으므로 목표원가를 맞출 수 있다.	부품의 종류가 상대적으로 많고 잦은 설계변경으로 원가가 상승한다.

표 11-1 동시공학적 개발과 순차적 개발방식의 비교

최근 소비자들은 다양한 제품을 요구하고, 이에 따라 제품의 수명주기는 점차 단축되는 양상이다. 따라서 제품을 경쟁자보다 더욱 신속하게 개발하여 적시에 출시할 수 있어야 하며, 또한 설계의 변경이 후에 일어나는 일이 없도록 설계의 질이 향상되어야 한다. 이러한 요구는 종래의 순차적 제품개발방식으로는 달성되기 어렵다. 순차적 개발방식의 한계를 극복하기 위하여 설계부문과 생산부문이 연계된 전사적 활동이 필요하다는 인식에 따라 동시공학의 개념이 도입되었다.

최근의 이슈

이상 동시공학의 필요성은 특히 컴퓨터, 전자장비, 통신기기 등과 같은 첨단 전자 기기 업체들에 있어서 더 크게 나타났다. 이들 기업은 현재의 시장 기회가 사라지기 전에 신제품을 적시에 출시해야 하기 때문에 신축성과 민첩성에 역점을 두어야 한다. 따라서 제품개발 담당자의 관심은 단순히 제품개발 사이클 타임을 줄이는 것뿐 아니라 궁극적으로 연구개발의 투자회수율을 최대화하는 것으로 옮아가고 있다. 앞서가는 기업들이 연구개발 투자 효율을 높이기 위해서 던지는 질문의 예를 들면 다음과 같다.

- 제품개발 프로젝트 중 플랫폼(product platform) 개발과 파생제품 개발 프로젝트의 수 간의 균형이 잡혀 있는가?
- 현재의 고객을 지원하는 일과 미래의 신시장을 위한 투자 사이에는 균형이 잡혀 있는가?
- 제품을 시장에 적시에 출시하기 위해서 적정한 자원을 투입하고 있는가?
- 신제품 매출이 전체 매출에서 차지하는 비중은 어느 정도인가?

이런 질문에 나타난 변화의 방향은 종래에는 신제품 개발을 해당 모델 단위의 개발 자체에 관심을 두었던 데 비해서 이제는 시장(고객)의 니드에 적시, 지속적으로 대응할 수 있는 상품개발 기반(플랫폼)을 구축하고, 결과적으로 기업의 제품개발 투자의 효과성을 높이는 데 있음을 알 수 있다.

동시공학을 위한 요소기술

동시공학적 접근을 이용하여 제품개발을 수행하는 데 있어서 필요로 하는 요소기술은 다양하다. 우선 제품개발을 위해서는 고객의 니드를 파악해야 하는데 이런 목적을 위해서 품질기능전개 (QFD) 방법이 유용하게 이용된다. 제품의 설계 단계에 들어가면 부품 수를 줄여 설계를 단순화하고, 제품의 가공과 조립이 쉽게 되도록 설계하는 문제(가공성/조립성 설계), 제품의 신뢰성을 강화하기 위한 실험계획법(다구치 방법)이 필요하다.

여기서는 품질기능전개와 다구치 신뢰성 공학에 대해서 알아본다.

설계품질과 품질기능전개(QFD)

특정 제품을 생산하기에 앞서 소비자가 요구하는 품질, 자사의 생산 역량, 경쟁사의 제품품질을 종합적으로 고려하여 설계품질을 정한다. 이 때 이용되는 유용한 방법이 품질기능전개(QFD:quality function deployment)이다.

QFD는 고객의 요구사항을 조사, 분석하여 제품의 설계특성(품질특성)을 설정하고 이것을 다시 각 기능부품의 품질 및 공정요소에 대한 계획에 이르기까지 전개해나가는 과정으로서, 고객의 요구가 반영될 수 있도록 이들의 관련성을 중심으로 전개해나가는 방법이다.

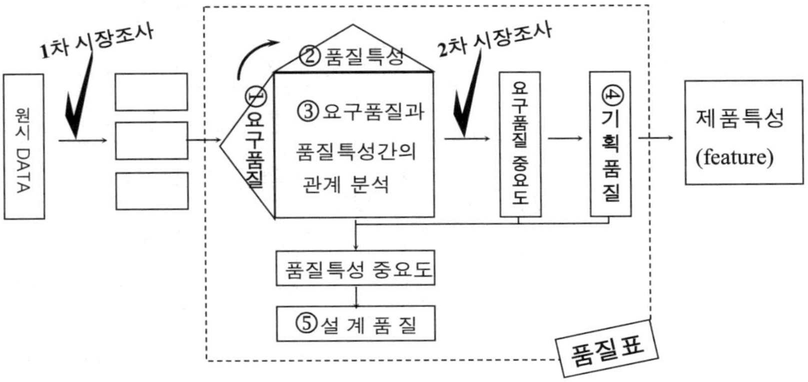

그림 11-4 품질기능전개 흐름

그림 11-4 는 품질기능전개의 흐름을 보이고 있다. 고객은 제품에 대해서 늘 자신들의 언어로 그 요구사항을 말한다. 이 고객의 요구를 설계자의 언어인 품질특성으로 바꾸고 각 특성치의 중요도를 평가하는 등의 절차를 거치면 설계품질이 설정되는데, 이러한 일련의 절차를 위해서 QFD 는 목적과 수단을 연결하는 매트릭스 구조를 제공한다. 이를 QFD 품질표라 한다. 이런 식으로 QFD 는 고객의 세계와 기술의 세계를 서로 연결한다. QFD 품질표를 이용한 품질기능전개의 순서는 다음과 같다.

1. 요구품질 정리. 고객의 니드에 대한 설문조사 자료나 고객서비스 등의 업무에서 정리된 자료를 이용하여 제품에 대한 소비자의 요구사항을 분석하는 단계다. 소비자의 요구사항을 정리한 것을 '요구품질' 이라 하는데, 이 단계에서는 소비자가 그 제품을 사용하면서 느낀 니드가 '소비자의 언어' 로 기술된다. 예를 들어 휴대용 전화기에 대해서 고객의 요구를 정리하면 표 11-2 와 같이 될 수 있다.

조작이 용이하다	휴대하기 간편하다	가지고 다니기 좋다
		작아서 편리하다
		가벼워서 편리하다
		안전하게 들 수 있다.
	조작중 피곤하지 않다	무게가 적당하다
		크기다 알맞다.
	조작법이 간단하다.	사용방법이 알기 쉽다
		초보자도 조종하기 쉽다

표 11-2 요구품질의 정리

2. 품질특성의 정리. 이는 추상적인 고객 요구(요구품질)를 기술적 언어로 변환시키는 단계이다. 앞에 정리된 요구품질을 평가하여, 설계에 반영 하기 위해 요구되는 설계항목, 즉 품질특성을 추출 하여 정리한다. 앞의 예에서 추출된 고객요구 – '조작이 용이하다'라는 고객의 요구를 평가하여 설계자의 언어인 품질특성으로 정리한 예가 표 11-3 에 기술되어 있다. 품질특성도 앞의 요구품질과 동일한 방법으로 1 내지 3 차 수준 정도로 그루핑 하여 품질표에 기입한다.

조작성			
조작편의성		휴대성	
버튼수	기능구현동작수	형상	중량

표 11-3 품질특성 정리

3. 변환을 위한 관련성 평가. 요구품질과 품질특성의 추출이 완료되면 품질특성과 요구품질 각 항목을 품질표 매트릭스 상에서 상호 관련 정도에 대한 평가를 하여 점수화한다. 관련 정도는 대개 '절대적으로 높은 관련–⊙', '관련 있음–○', '약한 관련–△', '관련 없음–무 표시'의 네 가지로 구분하여 표시한다. (그림 11-5 참조)

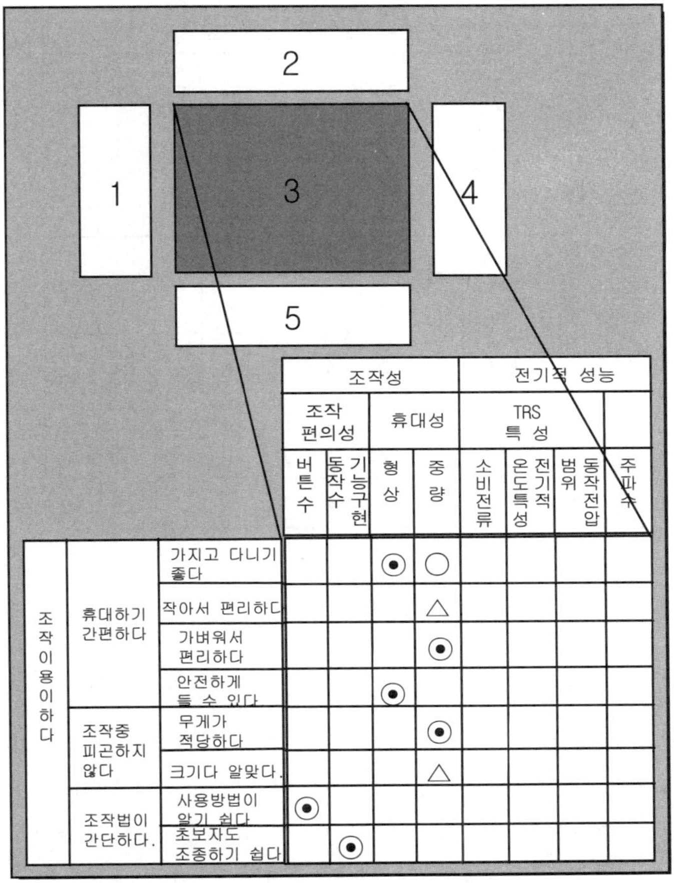

그림 11-5 요구품질과 품질특성 간의 대응관계

4. 품질기획. 요구품질 중요도와 경쟁사 수준의 비교평가결과를 참고로 하여 차기 개발제품에 요구되는 품질수준을 전략적으로 설정하는 단계로, 요구품질의 중요도, 경쟁사와 자사의 비교평가 결과, 제품의 차별화 포인트가 되어야 할 항목 등을 고려하여 각 요구품질 항목의 점수를 계산한다. (그림 11-6 참조)

품질기획									
중요도	비교분석				기 획			가중치	
	자사	타 사			기획품질	레벨업율	세일즈포인트	가중치	절대가중치
		X사	Y사	Z사					
3	3	4	4	2	5	1.67	◉	7.5	
3	4	5	4	5	5	1.25		3.8	
4	4	5	3	3	5	1.25	○	4.5	
3	3	3	3	2	3	1		4.0	
3	4	4	3	3	4	1	○	3.9	
2	3	3	2	4	3	1		4.5	

그림 11-6 품질기획

그림 11-6에서 요구품질 중요도는 정리된 요구품질 목록을 바탕으로 다시 고객에게 설문하는 2차 고객조사를 통해 평가 받은 결과이다. 고객조사가 현실적으로 어려운 경우에는 영업사원 등 내부 전문가에 의한 간접평가도 가능하다. 경쟁사 분석은 요구품질 각 항목에 대해서 자사 및 경쟁사들의 제품이 고객을 만족시키는 수준을 조사한 것이다. 이것 역시 고객으로부터 직접 평가를 받을 수 있으면 보다 객관적인 평가가 가능하다. 기획품질은 요구품질의 중요도와 경쟁사 분석 결과를 참고로 하여 차기 개발제품의 품질수준을 전략적으로 설정한 수준이다. 세일즈 포인트는 어떤 요구품질을 만족시켰을 때 경쟁에서 차별적 우위를 얻을 수 있는가, 고객이 중요하게 평가한 요구품질은 무엇인가, 그리고 자사의 수준이 타사에 비해 만족도가 높은 요구 품질은 무엇인가 등을 고려해서 3~5개정도의 요구품질 항목을 선정한 것으로 이 항목에는 높은 가중치가 부여되도록 한다. 이들 중요도, 기획품질, 세일즈 포인트 점수를 모두 곱하여 요구품질의 중요도에 대한 가중치를 구한다.

5. 품질특성의 중요도 평가 및 설계품질 설정. 4 단계에서 산출한 요구품질 중요도(가중치)와 요구품질-품질특성 간의 관련성 정도를 곱하여 품질특성의 중요도를 구한다. 이때에도 앞서 요구품질에서와 같이 경쟁사와의 비교를 통해서 중요한 품질특성이 어떤 수준인지 파악해야 한다. 경쟁사 비교는 기존에 가지고 있던 자료를 참고하거나 경쟁사 제품을 직접 분석, 시험하여 비교하고, 비교 대상이 없는 신제품에 대해서는 현재의 기술 수준을 바탕으로 추정하여 비교한다. 설계품질은 이상의 분석결과를 종합하여 각 품질특성의 수준을 어느 정도로 설계할 것인지를 정하는 항목이다. 여기서도 역시 앞서 구해진 품질특성의 중요도 및 경쟁사 비교 결과 등을 참고해서 설계의 목표수준을 설정한다. 만약 설계품질의 목표 수준이 자사의 현재 기술 수준으로 볼 때 실현이 매우 어려운 경우는 애로기술로 선정하여 특별관리가 되도록 한다. (그림 11-7 참조)

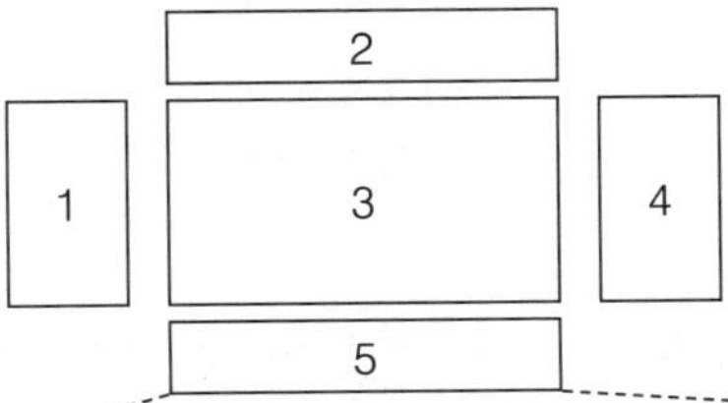

품질특성 중요도			20	38	56	18	22	67
비교분석	자 사		3	2	4	3	5	2
	타사	X 사	4	2	3	3	5	3
		Y 사	2	3	3	4	4	3
		Z 사	3	4	3	2	4	4
설계품질								

그림 11-7 품질특성의 중요도 및 설계품질

다구치 품질공학

전통적으로 생산공장에서는 설계자가 정한 규격에 맞느냐 안 맞느냐에 따라 합격, 불합격을 가렸다. 그러나 합격이라 하여도 이 제품의 품질이 얼마나 높은 수준의 신뢰성을 가지고 있는지는 알 수가 없었다. 다구치 품질공학은 사용자가 제품을 어떠한 조건에서 사용하든 제품이 제대로 성능을 발휘할 수 있도록 신뢰성이 높은 제품을 설계하는 기법이다.

사용자가 제품을 사용하는 환경은 천차만별이다. 예컨대 자동차를 설계했을 때는 보통 기후의 포장도로에서 이용하는 것으로 생각했는데, 고객 중에는 비포장 사냥터에 그 차를 타고 달리는 사람도 있다. 이런 악조건에도 불구하고 다른 제품에 비해서 고장이 거의 나지 않는 제품이 있다면 이를 '강한 설계(robust design)'가 된 제품이라고 한다.

다구치(田口)는 품질손실함수(quality loss function)라는 개념을 제시하여 품질의 신뢰성을 정량화 하였다. 품질손실함수(quality loss function : QLF)는 품질이 목표치를 벗어날 때의 경제적 손실을 나타내는 함수로서 다음 식과 같이 표현된다.

$$\text{손실함수} = \text{손실계수} \times (\text{품질특성치} - \text{목표치})^2$$

손실을 최소로 하기 위해서는 품질특성치의 분산을 줄여야 하며(1 단계), 또한 품질특성치x의 평균치를 가능한 한 목표치에 접근 시켜야 한다(2단계).

다구치 품질공학 접근의 주요 절차는 다음과 같다.

① 품질특성치의 산포를 줄인다.

제품의 성능변동이 잡음에 둔감하도록 설계변수의 최적조건을 도출한다. 잡음에 최소의 영향을 받는 생산 및 공정조건의 설계로 품질의 안정성을 높이기 위해서 산포의 특성치로 손실함수 또는 신호 대 잡음 비(SN 비)를 사용한다.

②평균치가 설계 목표치에 접근하도록 한다.

평균치에 유의하게 영향을 주는 설계변수들을 선택하여 평균치가 목표치에 근접하도록 하는 설계변수의 조건을 계산하고 최적값을 설정한다.

③ 비용을 최소화하고 재현성을 검토한다.

최적수준과 큰 영향이 없는 인자에 대해서는 실현하는 비용이 적게 드는 것을 선택하여 전체 비용을 최소화 한다. 또한 위 단계에서 구한 최적치가 재현성이 있는지 확인하는 실험을 한다.

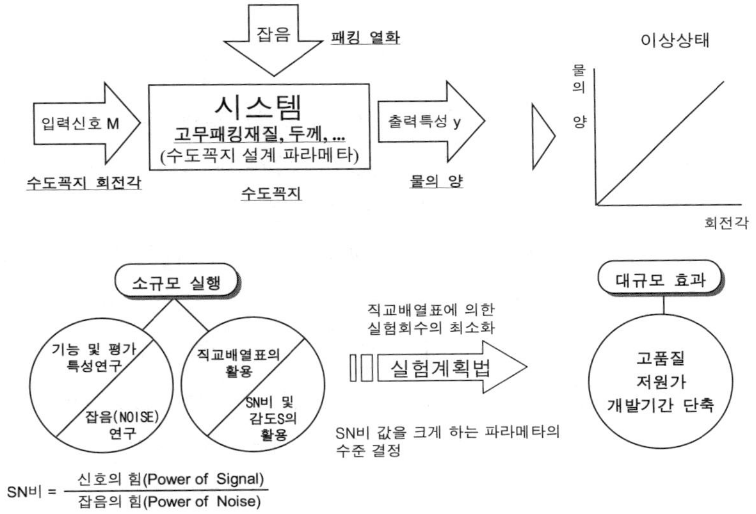

그림 11-8 다구찌 품질공학에 의한 품질설계의 개념

다구치 품질공학에서 품질의 평가는 손실함수를 근간으로 하여 전개되며, 품질의 개선은 SN비를 최대로 하는 파라미터 설계와 허용차 설계를 함으로써 전개된다. 다구치 접근방법은 품질변동의 영향요인을 제어가 가능한 설계변수인 신호(signal)와 제어가 불가능한 잡음(noise)으로 나누어 이를 SN비라는 특성치로 모델화하여 이들의 최적조건을 품질손실함수 개념에서 발견해 낸 것이다. SN비를 이용하여 출력특성을 최대화하는 파라미터 값을

구하기 위해서 직교배열법을 이용한 실험계획법이 이용된다. (그림 11-8 참조)

다구치 접근법은 기술개발, 제품 및 공정에 대하여 사용자(고객)의 어떠한 환경에서도 제품의 사용품질이 만족되도록 제품을 안정화 시킬 수 있도록 각종 설계 파라미터(parameter)의 조건을 최적화하고, 가장 경제적이 되도록 허용치를 주는 설계를 가능케 한다. 즉 '튼튼한 설계(robust design)'를 할 수 있게 하는 것이다.

사례 : L사의 동시공학 추진[24]

목적과 배경

한국 내 대기업의 하나인 L사는 10여 년간 지속적으로 동시공학을 추진해 오고 있다. L사는 1987년도 이후, 산업공학을 응용한 현장중심의 지속적 개선활동을 지속적으로 수행하여 왔으며 초기 2, 3년간 큰 성과를 거두었다. 그러나 90년대에 이르러 그림 11-9와 같이 개선활동의 효과가 점차 둔화되고 있는 것을 감지할 수 있었다.

그 원인은 대개 두 가지로 분석되었다. 첫째 원인은 생산환경의 변화에서 찾을 수 있다. 과거에 비해서 제품 수명주기가 단축되었고, 이에 따라 신제품의 개발과 시판의 주기가 빨라졌으며, 제품군내의 모델 수의 증가 등이 지적되었다.

이에 따라 모델이 조기에 단종되거나 잦은 설계변경이 일어나 생산부문의 개선 활동이 지속적으로 수행되기가 어렵게 된 것이다.

또 다른 원인으로서는 제품의 전체 수명주기 중에서 생산성 중심의 개선으로는 원가를 향상시키는 데 한계가 있다는 점이다. 예컨대 생산부문에서 노동생산성을 10% 향상 시킨다 하더라도 원가구성에서 노무비가 차지하는 비율이 점차 낮아지는 현실을 감안할 때 전체 원가에 미치는 영향은 미미할 수 밖에 없게 된다. 따라서 보다 의미 있는 원가개선을 위해서는 노무비 절

[24] 출처 : 저자의 미발표 사례

감보다는 재료비가 감소되도록 미리 설계에 반영되어야 한다.

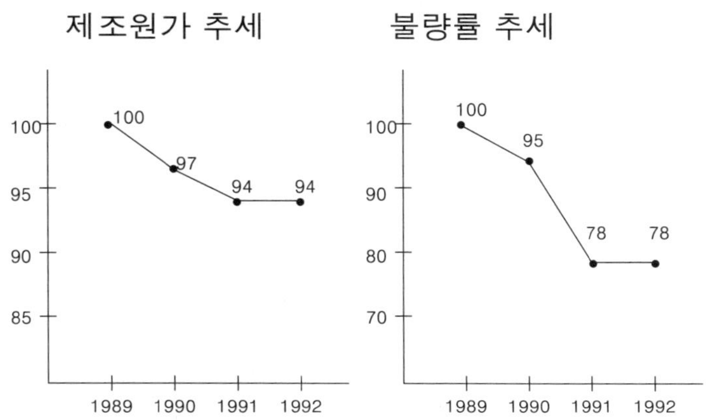

그림 11-9 제조원가 및 불량률 감소 추세

제품원가의 70%는 설계과정에서 이미 결정되는 것으로 알려져 있다. 즉 원류 단계인 설계과정에서부터 재료의 구성을 고려하고, 공정 내에서의 조립성이 개선될 수 있도록 설계되어야 원가절감의 가능성이 커진다. 이러한 인식에 따라 L사는 현장 중심의 개선활동으로부터 동시공학 중심의 활동으로 전환하게 되었다.

1 단계 동시공학 모형

이런 문제의식에 따라, L사의 동시공학 적용은 1992년부터 시작되었다. 동시공학 시스템은 제품의 설계에 관한 부분과 설계된 제품을 신뢰성 있게 생산해야 하므로 크게 상품설계의 축과 생산시스템의 축으로 나눌 수 있었다. L사의 동시공학 시스템은 생산시스템 축은 기존의 현장혁신 프로세스를 이용하면서 여기에 상품설계의 축은 일본 마쯔시다의 CE 모델을 도입하여 적절히 개조하여 1단계 모델을 완성하였고, 다수의 현장적용을 통하여 모델을 정착시킬 수 있었다. 1단계 CE모델의 흐름이 그림 11-10 과 표 11-4 에 기술되어 있다.

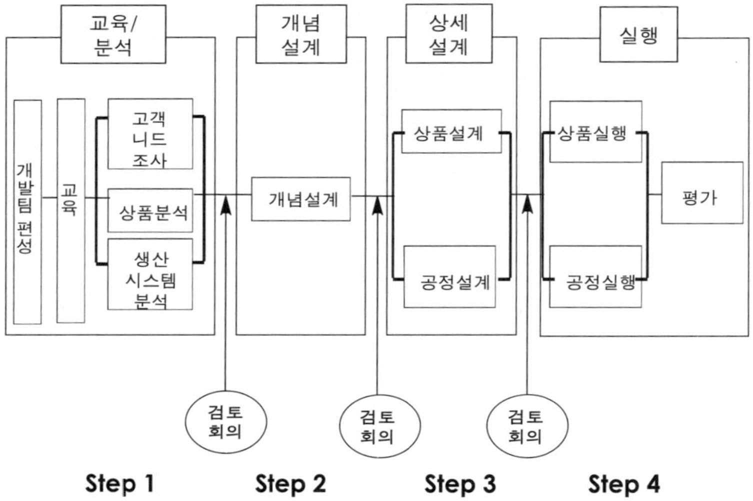

그림 11-10 L사 신제품 개발과정

모든 CE모델이 그렇듯이 L사의 모델에서도 복합기능적(cross-functional)인 팀 편성을 매우 중시한다. 특히 팀원 간의 커뮤니케이션과 공동의 목표에 대한 동기가 유발될 수 있도록 제품개발 단계에 걸쳐 같은 방(TDR – tear down room이라 함)에 모여 프로젝트를 추진하도록 조처한다. 이러한 방법은 한국 내 기업들 중에서는 L사가 처음 시도한 것으로 팀원간 지식을 공유하고 팀워크를 만드는 장(場)을 제공하는 시스템으로 알려져 있다[25].

---

[25] 노나까에 의하면 지식창조 프로세스는 암묵지와 형식지라는 두 종류의 지식 사이의 역동적 상호작용이 일어나면서 조직의 학습을 통해 지식이 창조되고 축적되는 과정인데, 이렇게 지식창조와 축적의 상호작용이 일어나도록 해주는 장소인 장(場-일본어로 '바')을 갖추어주는 것이 중요하다.

교육/분석	개념설계	상세설계	실행
팀 편성 예비조사 -고객니드조사(QFD) -생산시스템분석(작업분석, 공정분석, 물류/배치분석, 생산관리체계 분석) -상품분석(원가분석, 목표원가전개, 품질/신뢰성분석, 표준화/공용화 분석) 프로젝트 발대식	단순성설계 신뢰성설계 가공성/조립성 설계 모듈화 설계	상품설계 -신뢰성 예측 -실험계획(다구치 품질설계) -상품사양 세부설계 생산시스템 설계 -생산시스템설계	상품 -신뢰성 검증 -초기유동관리 생산시스템 -생산시스템개선 -최적공정예측 -작업편성

표 11-4 1단계 CE모델의 구성 내용

TCR(total cost reduction)은 목표원가의 개념을 이용한다. 먼저 고객이 수용 가능하고, 자사의 경쟁전략 상 요구되는 판가를 먼저 정하고 나서 이를 달성하기 위한 원가요소 별 목표원가를 역으로 산출하는 방식으로 전개된다. 이렇게 정한 목표는 간혹 한계돌파(break through)를 요구하는 수준이 될 수 밖에 없다. 이렇게 도전적인 목표를 세움으로써 프로젝트 팀원들은 개발 기간에 걸쳐 머리를 맞대고 열정을 가지고 설정된 목표를 이루어내기 위한 설계에 임하게 된다.

QFD(quality function deployment : 품질기능전개)는 고객의 요구를 설계의 용어로 변환하는 유용한 도구이다. 고객의 요구사항을 조사·분석하여 제품의 설계특성(품질특성)을 설정하고 이것을 다시 각 기능부품의 품질과 각각의 부품 품질, 나아가 공정요소에 이르기까지 전개해가는 과정으로서, 고객의 요구에 초점을 맞추어 제품개발이 이루어질 수 있도록 한다. 그 후의 설계 단계는 상품 자체의 기능과 이를 생산하기 위한 공정의 설계로 나누어 진행된다.

L사 동시공학의 기본 사상

L사의 동시공학적 활동은 다음과 같은 몇 가지 기본 사상을 강조한다.

현상부정에 의한 낭비제거 – 생산활동의 원점에 서서 중지를 모으고, 설계, 제조, 생산, 품질관리, 영업, 자재 등 각 부서에서 불필요한 낭비요소를 제거한 생산활동을 미리 구상하고자 한다.

전사적 활동 – 종래의 제품개발활동은 주로 설계자 중심의 활동으로서 개발 과정 중 타 부서의 아이디어는 거의 제품개발에 반영이 되지 않는 경우가 많았다. 동시공학의 전개를 위해서는 영업, 상품기획에서부터 출하, 서비스에 이르는 전 부서가 수평적으로 팀을 구성하여 활동함으로써, 전부서의 아이디어가 제품개발 단계에 반영되는 '복합기능적' 활동을 전개한다. 특히 아이디어 미팅이라는 프로세스 검토회의를 실시하여 중간 결과를 공유하게 되는데, 아이디어 미팅의 참가자는 전사적인 관련 부서장이 포함되도록 함으로써 제품개발에 대한 주인의식을 함께 공유하도록 하고 있다.

원류단계에서의 개선과 팀워크의 활용 – 복합기능팀은 생산시스템의 개선과 함께 개발 제품의 가치를 증진하기 위한 상품의 가치요소를 추출하고 개념설계에 반영하는 활동을 통하여 고객의 니드에 부응하는 제품을 만드는 데 주력하였다.

1 단계 동시공학 접근의 성과

이런 기본 사상에 의해서 수년간 동시공학에 의한 제품개발이 전개 되면서 얻게 된 성과는 다음과 같다.

- 고객의 니드에 부합하는 제품 개발, 시장점유율의 향상
- 제품출시주기(time to market)의 단축, 개발원가의 감소
- 제품 품질의 향상, 개발 후 설계변경의 회수 감소, 변경 요구의 감소
- 제품원가 상의 향상, 제조간접비의 절감
- 서비스가 쉬워진 제품, 제품성능의 향상, 제품 수명의 연장, 향상된 조립성 및 제조성, 부품수의 감소

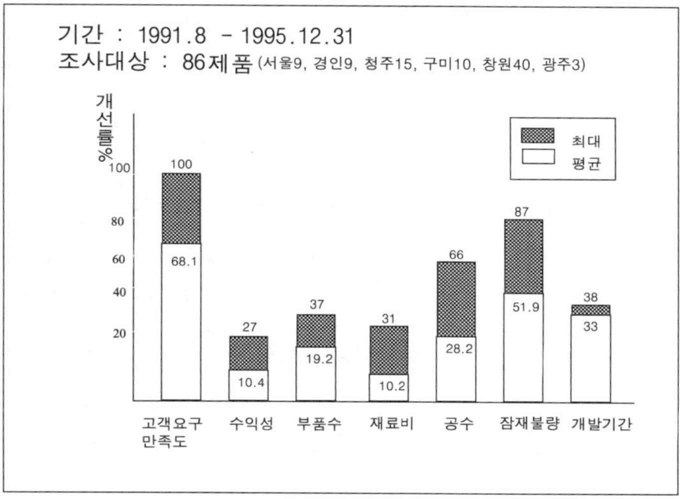

그림 11-11 L사 동시공학 실행 성과

그림 11-11은 이들 중 몇 가지 지표에 대해서 개선된 성과를 정량적으로 측정한 결과이다.

2 단계 동시공학 모형 - 마케팅과의 연계

일 단계 동시공학 프로그램은 L 사에서의 상품개발 프로세스를 혁신시키는 데 큰 역할을 해 냈다. 1997 년 말 현재 160 여 사업장에

적용하여 다수의 히트상품을 창출했고, 평균 15%의 원가 절감, 품질 향상, 개발 기간 단축 등의 효과를 거두었다고 평가되고 있다.

이러한 성과에도 불구하고 일 단계 CE 프로그램을 통해 획득한 성과가 단위 사업부 전체의 경영수익 향상에 큰 영향을 주는 데는 한계가 있었다. 다음은 일 단계 동시공학 프로그램의 한계점으로 지적된 문제들이다.

- CE 프로세스의 착수가 상품기획이 종료된 후에 이루어진다. 그 결과 제품개발의 컨셉트가 결정된 후의 프로세스만이 CE 방식으로 적용되어 고객의 니드를 충실히 반영하는 데 한계가 있었다.
- 전체 제품라인 중 단일 모델을 대상으로 CE 절차가 전개되었다.
- 원가절감 위주의 활동으로 초점이 맞추어지고, 제품의 가치를 높이는 측면은 상대적으로 간과되었다.

이러한 반성에 따라 CE 활동을 단위 사업부 전체의 경영수익 향상에 영향력이 큰 활동이 되도록 하기 위해서 보다 향상된 2 단계 CE 모델을 개발하였다. 2 단계 CE 모델은 일 단계 모델에 비해서 상품기획 영역이 추가되었고, 또한 동시공학에 요구되는 기법들이 추가되었다.

구체적으로 2 단계 CE 모델에 추가된 방향은 다음과 같다.

상품기획 기능을 강화하여, 단일모델의 개발에 그치지 않고 보다 장기적으로 목표 고객의 니드를 만족시킬 수 있도록 했다. 이에 따라 제품군에 CE 기법이 적용되어 상품전략이 수립되었고, 파생상품이 시차를 두고 시장에 지속적으로 출시될 수 있는 체계를 정립하였다.

상품기획기능이 추가되었다는 것은 제품 설계 시 고객과 시장에 더 많은 주의를 기울이는 데서부터 출발하겠다는 것을 뜻한다. 종래 일 단계 프로그램에서는 제품의 원가개선에는 성공적이었지만, 고객의 니드에 부합하지 않는 상품을 시장에 출시함으로써 원천적으로 수요가 창출되지 않는 제품을 개발하게 되는 경우가 종종 있었다. 상품기획 기능의 강화로 고객 니드에 대한 철저한 분석뿐 아니라 향후 필요로 하는 선행기술의 파악이 미리 이루어지도록 했다. 이는 이후 단계에서의 설계변경을 줄임으로써 제품개발 활동의 적시성을 높여 주고 개발비를 줄일 수 있게 하는 효과를 가져오게 한다.

3 단계 동시공학 모형 - 플랫폼 방식의 제품전략

1 단계와 2 단계 CE모델은 기본적으로 단일 모델의 제품을 개발하기 위한 절차에 초점이 주어졌었다. 가장 매력적인 세분 시장을 공략하기 위해 한 모델의 제품을 대상으로 히트상품을 개발한다. 이러한 전략은 시장이 극히 안정되어 있는 시장에서는 매우 유효하다. 그러나 시장과 경쟁상황은 급격히 변화한다. 개발기획 시점의 시장과 개발완료 시점의 시장 상황은 현저히 달라질 수 있다. 경쟁사의 신제품 출시 또는 새로운 경쟁사의 출현으로 인해 고객의 선호가 변할 수도 있다. 더 심각한 경우는 외부적인 요인으로 인해 선정한 세분시장의 규모와 성장세가 줄어들거나 세분시장의 매력도가 급격히 떨어질 수도 있으며, 때로는 애초에 시장예측이 잘못되었을 수도 있다. 이런 경우 단 모델 중심의 제품 개발전략은 위험하다. 제품개발 자체로서는 성공적이라 하더라도 그 제품이 시장에서는 신통치 않은 결과를 보일 수 있는 것이다.

앞의 1, 2 단계 CE모델은 공격적인 원가 절감 목표를 제시하고 이를 달성하는 것을 주요 목표로 한다. 그러나 1, 2 단계 모델에서의 원가절감 효과가 보다 획기적인 경영수익의 향상으로 이어지려면 제품개발이 지속적으로 연결되어야 한다. 특히 전체 상품의 원가절감은 부품의 공용화 또는 모듈화를 통해 달성되는 것이 큰 비중을 차지하는데, 단 모델 중심의 제품 개발로서는 기존의 공용부품을 활용하는 정도에 그칠 수 밖에 없다.

더구나 어떤 경우에는 신제품 개발이 전체 사업부의 제조 및 부품 다양성을 증가시켜 원가 절감액을 상회하는 다양성 비용(variety cost)을 발생시키기도 한다. 이렇듯 단일 모델의 제품 개발은 변화하는 시장에 적절히 대응하기도 힘들며 경영성과에 직결되는 전체비용의 획기적 개선에도 많은 한계를 가지고 있다.

이상과 같은 단 모델 중심의 제품개발의 한계를 극복하기 위해 3 단계

CE모델은 상품군 전체를 대상으로 하는 상품전략 단계까지 그 영역을 확장한다. 3 단계 모델에서는 그림 11-12에 나타나 있듯이 제품 플랫폼 전략으로 상품전략을 구체화시키고 있다.

제품 플랫폼 개발

제품 플랫폼이란 일련의 파생상품을 효과적으로 개발하고 생산하기 위해 개발한 기본적인 공용 제품 구조(product architecture), 이를 구성하는 하위시스템(subsystem), 그리고 인터페이스(interface)의 집합을 일컫는다. 하위시스템과 인터페이스는 제품의 특성에 따라 분류기준이 다르지만 일반적으로 기구부, 기계부, 전자부, 전기부, 소프트웨어부, 하드웨어부, 제어부 등으로 나눈다.

기본적으로 플랫폼은 미래에 출시할 제품을 전개하기 위해서 설계 된다. 따라서 진화적인 제품출시 계획이 필요하다. 미래의 기술과 시장변화에 맞추어 일련의 파생상품과 새로운 제품 구조를 세대별로 기획한다. 그리고 신상품 개발에 있어서 지속적으로 성공적인 제품을 출시하기 위해 핵심적인 제품기술과 공정기술을 개발하여 플랫폼을 확장하고, 새로운 시장에 적용할 수 있는 신상품을 지속적으로 개발한다. 또한 플랫폼의 기본구조를 근본적으로 혁신하여 시장의 게임 규칙을 새롭게 재편할 수 있는 기회를 끊임없이 모색하기도 한다. 기술의 진화적 발전과 새로운 시장기회를 동시에 추구하는 것이다.

플랫폼 전략에서 시장을 나눌 때 일반적으로 세로축은 제품의 원가와 성능을 기준으로 상·중·하로 분류하고 가로축은 시장과 고객을 기준으로 나눈다.

제품 플랫폼에 의한 시장 전략

플랫폼을 개발하는 활동은 시장 전체와 상품군 전체를 대상으로 이루어진다. 전체 시장을 효과적으로 공략하기 위해 가장 효과적인 상품군을 정의하는 것이다.

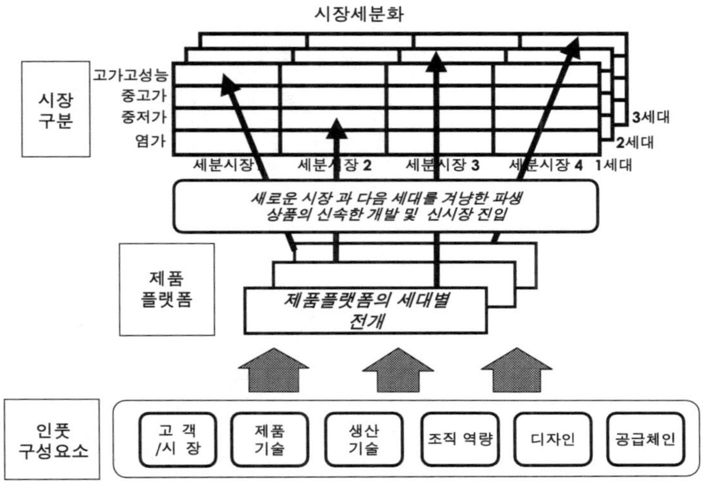

그림 11-12 제품 플랫폼에 기초한 상품개발전략

일반적으로 기업들은 보통 저가의 제품 시장 보다는 중고가 시장 쪽에 자신의 주력 제품을 위치시키는 경향이 많다. 그러면서 구색 맞추기 식으로 몇 가지 기능을 빼고 저가 제품을 판매한다. 물론 저가 시장에서 수익성은 그리 좋지 않다. 그러나 저가 시장은 쇠퇴기의 제품뿐만 아니라 성장기, 성숙기의 제품에서도 의외로 커다란 시장을 형성하고 있다. 더구나 가격에 대한 수요 민감도가 높은 제품인 경우에는 잠재 고객의 규모도 매우 크다. 또한 갈수록 제품 수명주기가 짧아지는 첨단기술 제품의 경우에는 도입기의 제품이 신속하게 성숙기 제품으로 이행된다. 원가 절감을 별도의 단계로 추진할 만한 시간적 여유가 없는 것이다. 이렇게 가격이 급격히 하락한 경우 저가격 시장의 성장세가 새롭게 펼쳐질 가능성도 높다. 여기서 누구도 흉내 낼 수 없는 가격에 제품을 출시할 수 있는 능력을 가지고 있는 기업이라면 가격경쟁력 측면에서 독점적 시장 지위를 누릴 가능성 또한 충분하다.

그런데 기술적 화려함을 추구하는 중견 기업들의 경우, 너무 쉽게 이 시장을 포기하고 있는 경우가 많다. 이러한 경향은 기술 집약적인 제품을 생산하고 설계 엔지니어의 발언권이 높은 기업에서 흔히 나타나는 현상이다. 그러나 최근의 사례를 보면 저가 시장을 효과적으로 공략하여 성공을 거둔 경우가 많이 있다. 문제는 얼마나 적은 비용으로 전체 가격대와 세분시장에 대응할 수 있는 신제품을 출시할 수 있느냐 하는 점이다. 결국 효율적이고 유연한 제품 플랫폼을 효과적으로 설계할 수 있는가가 승패를 좌우할 수 있다는 것이다.

결론

L사의 CE모델은 제품의 시장 가치와 제품원가가 원류단계에서 결정된다는 철학에서 출발하였다. 그 동안 L사의 CE모델은 제품 개발의 초기 단계인 상품 기획단계에서부터 마케팅, 설계, 생산기술, 제조 부문이 함께 개발에 공동 참여함으로써 내·외부 고객의 요구에 충실한 제품을 개발해야 한다는 개념을 사업활동에 확산시키는 성과를 거두었다. L사는 CE모델을 활용하여 아하프리, 김장독 냉장고, 통돌이 세탁기, 유무선 전화기, 공부방 에어컨, 아트비전 등의 많은 히트상품을 출시할 수 있었고 평균적으로 15%에 달하는 원가 절감을 이루는데 성공하였다. 이 15%원가 절감은 개념설계(concept design) 단계에서부터 복합기능팀(CFT : cross functional team) 활동을 함으로써 이후의 시행착오를 줄인 데서 나온 결과이다.

2 단계 동시공학 모델에서는 이러한 원리를 시장 전략의 단계에까지 확대한 것이다. 시장에서 성공적인 제품을 지속적으로 출시하기 위하여 개별 모델차원의 원가 절감이 아닌 전체 성과의 향상을 위해서 상품의 기획기능을 강조한다.

3 단계 CE모델에서는 전체 시장을 대상으로 하여 지속적인 신제품을 출시하기 위해서, 플랫폼 설계에 의한 상품전략을 추진하고 있다. 이는 기술이 급속히 발달하고 시장의 표준이 대단히 유동적인 첨단기술 경쟁시대에 있어서 지속적이고 민첩한 시장출시(time-to-market)를 실현하기 위한 접근방법이다.

(PD, Flaherty 2002, 310-313)

드러커는 기술의 오랜 역사 속에서 세 차례의 획기적인 전환기를 확인하였다. 이들 세 번의 기술혁명의 기술적 전환기에는 기술이 환경을 급진적으로 바꾸어 놓았으며, 노동의 특성을 규정했던 독특한 에너지와 관련되어 있다.

1 차 기술혁명(농업혁명) : 농업기술의 도입과 문자의 발전은 유목생활을 하던 인간을 정착생활을 하도록 하였다. 1 차 기술혁명은 대략 기원전 6000년부터 1750년까지 걸쳐 있어 그 기간이 길지만, 그에 따른 변화는 미미했다. 그 시기는 인간의 에너지를, 상대적으로 원시적인 다양한 도구에 적용했다는 점에서 다른 시기와 구별 된다.

2 차 기술혁명(산업혁명) : 1750년경 증기기관이 발명되면서 대량생산 사회를 초래하였다. 19세기를 거치면서 기계는 점점 복잡해지고, 화학이나 전기 분야에서 획기적인 연구가 수행되면서 새로운 발명의 등장을 촉진했다. 드러커에 의하면 1856년부터 1914년까지 한 산업을 새로이 태동 시킬만한 발명이 평균 14개월에서 18개월 사이에 하나 꼴로 등장했다. 예를 들면, 전기, 지하철, 엘리베이터, 전화, 전신, 축음기, 사진, 중앙난방, 배관설비, 초고층 빌딩, 가공식품, 수많은 합성물질에 사용되는 콜타르, 수많은 가전제품, 냉장고, 자동차, 에어컨, 현수교, 영화, 라디오, TV, 타자기, 디젤엔진, 시계, 의학과 보건분야의 발전, 해저케이블, 비행기, 군용 기술 등이다.

3 차 기술혁명(정보혁명) : 1950년대에 상업용 컴퓨터가 등장하면서 3 차 기술혁명이 일어났다. 하나의 도구에 불과했던 컴퓨터가 인간의 계산력을 확대시켰을 뿐 아니라 '지능의 형성'을 가능하게 했다. 결과적으로 정보혁명은 노동과 인간의 기대에서 질적인 변화가 일어나고 있다. 3 차 기술혁명은 정보와 지식을 폭증시켰다. 여기서 문화적 변형이 너무나 크게 일어났기 때문에 그 범위를 정확하게 포착하기 어렵다. 다만 사회학자와 경제학자가 인용하는 몇 가지 통계, 예를 들어 최첨단산업의 증가, 새로운 학문분야의 등장, 과학잡지의 번성, 고용의 구조적 변화, 산업의 지리상 변화, R&D 예

산의 증가, 교육혁명 등을 반영하는 방대한 통계치를 볼 때, 그 변화의 위력을 실감할 수 있다.¶

제7부

경영과 개인

제 12 장 조직행위와 리더십

제 13 장 지식근로자와 임파워먼트

12 조직행위와 리더십

1.사람을 보는 시각

2,리더십 개요

3.전통적 리더십 이론

4.리더십의 새로운 패러다임

제 12 장 조직행위와 리더십

경영혁신을 포함한 조직의 성과를 이루는 주체는 조직의 구성원인 사람이다. 따라서 사람이 어떤 태도와 행동을 갖고 어떤 가치관을 갖느냐의 문제는 조직 성과에 큰 영향을 줄 것이다. 이번 장에서는 구성원인 사람의 행동과 태도의 문제와, 그리고 경영자가 사람을 보는 관점이 어떠해야 할 것인지의 문제를 다루고자 한다.

사람을 보는 시각

사람관리의 두 관점

타율적 인간관과 자율적 인간관

사람이 자율적인 존재라는 시각을 가진 경영자와 반대로 타율적인 존재라는 시각을 가진 경영자의 사람을 다루는 방식은 큰 차이가 날 것이다. 이 문제에 대한 논의는 일찍이 맥그리거(D. McGregor)의 XY이론에서 찾아볼 수 있다.

맥그리거(McGregor, D)는 '기업의 인적 측면'이라는 책에서 X이론과 Y이론의 가설을 제시했는데, 이는 사람을 관리하는 데 기본적으로 두 가지 선택안이 있다는 것이다. X이론은 사람이란 게으르고 일하기를 싫어하며, 책임질 능력이 없다는 가정이다. 따라서 X이론에 의하면 사람을 관리하려면 '당근과 채찍'으로 몰아가야 한다. Y이론은 사람은 일하려는 심리적 필요를 가지고 있으며, 성취와 책임을 원한다고 가정한다. X이론은 미성숙한 인간을 가정하며, Y이론은 성숙한 인간을 가정한다.

X 이론(타율적 인간관)

- 대부분의 사람들에 있어서 일은 싫은 것이다. 사람들은 책임지기를 싫어하며 지시 받기를 선호한다. 사람들은 목표를 달성하기 위해 자기지시와 자기통제를 한다.
- 대개의 사람들은 창의적이지 못하다. 대부분의 사람들은 문제해결에 필요한 창조적 능력을 갖고 있다.
- 조직목표를 달성하기 위해 사람들은 엄격히 통제되거나 강제되어야 한다.

Y 이론(자율적 인간관)

- 조건만 알맞다면 사람들에게 일은 노는 것처럼 자연스러운 것이다.
- 사람들은 목표를 달성하기 위해 자기지시와 자기통제를 한다.
- 대부분의 사람들은 문제해결에 필요한 창조적 능력을 가지고 있다.
- 인간은 조직목표를 달성하도록 스스로 동기 부여할 수 있다.

(PD 1993, 231-246)

사람관리 일반

그렇다면 사람에 대한 위의 두 관점 중에서 어느 것이 맞는 것인가? 이 질문에 대해서 드러커의 결론을 먼저 말하자면, 사람의 속성을 X이론과 Y이론으로 묘사한다는 것은 논의를 위한 편의주의일 뿐이며 하나의 가설일 뿐이라는 것이다. 세상에는 당연히 게으른 사람도 있고 성취동기가 강한 사람도 있다. 그리고 한 개인만을 생각해 보아도 어떤 때는 성취를 잘하다가도 다른 때는 생산성이 형편 없이 떨어지는 때도 있음을 알 수 있다. X이론과 Y이론은 사람의 속성이라기 보다 어쩌면 사람이 외부 환경에 의해 어떻게 동기부여 되느냐의 문제다. 즉, 경영자가 질문해야 하는 것은 인간의 속성은 X이론, Y이론 중 어느 쪽이 맞는가의 문제가 아니라, 자신의 현실은 무엇이며 오늘의 상황에서 사람들이 성취할 수 있게 하려면 사람과 일을 어떻게 구조화할 것인가의 문제이다.

흔히 X이론보다는 Y이론에 따라 관리해야 한다는 인간관계론 학자들의 주장에 대해서 생각해 보자. 사람들이 Y이론에 따라 자신의 일과 성취를 추구한다는 데에는 많은 증거가 있다. 허쯔버그(Herzberg, F.)가 발견한 것도 특히 지식근로자들은 자신의 일에 성취가 내재되어 있을 때에만 진정으로 일한다는 것이었다. 그렇다면, 경영관리자들은 당연히 Y이론에 따라야 한다고 결론지을 수 있는가? 하지만 이런 생각은 사태를 너무나 단순화한 것이다. 예컨대 아직 성취할만한 능력이 없는 약한 구성원에 대해서 Y이론을 적용하는 것은 어쩌면 가혹한 것일 수 있다. 이런 사람은 아직 책임을 지기에는 너무 약하기 때문에 명령과 지시가 필요하다. 즉, Y이론을 적용하려면 X이론을 걷어치우기만 하면 되는 것이 아니라, X이론이 부여하는 안심과 확실성을 보장하는 그 무엇이 있어야 한다. 이것이 없다면 결과는 그럴듯한 이상주의 끝에 실패로 끝날 것이다. 따라서 Y이론은 언뜻 생각하는 것처럼 관대한 것이 아니다. 이것은 미숙한 업무의 질을 받아 주는 것도 아니며, 제약을 없애주는 것도 아니다. 이것은 X이론보다 더 엄격한 무엇인가를 요구하는 것이다.

그러면 X이론을 따라야 하는가? 한 가지 확실한 것은 X이론이 추구하는 '당근과 채찍'이 점차 작동되지 않는다는 점이다. 전통적으로 채찍으로 쓰였던 통제의 수단들은 쉽게 말하자면 직업 안정에 대한 공포를 이용하는 것인데, 이는 역시 분노와 저항을 일으키게 되고 동기부여를 하지 못한다. 단기적으로 굴복할지 모르지만 분노한 개인은 진정한 성취 보다는 하는 척만 하는 방법을 배운다. 당근도 마찬가지다. 급여나 스톡 옵션 등 물질적인 보상은 그 요구가 끝이 없기 때문에 동기부여 효과가 점차 체감할 뿐 아니라 자칫 다른 사람들로 하여금 공평성이 깨졌다는 불만을 사게 한다.

Y이론을 주장하는 사람들은 인간의 자아실현, 창의성, 전인성을 이야기한다. 그러나 사람들에게 이런 것을 인정한다고 하면서 부추기는 것은 '심리적인 조작'으로 빠질 수 있다. "자, 나는 당신을 인정했다. 그러니 성취해라. 만약 성취하지 못한다면 당신은 X이론으로 취급 당할 것이다."라는 식이 되는 것이다. 다시 말해서 매니지먼트라는 구조가 없는 단순한 Y이론이란 것은 심리적인 조작을 채찍으로 쓰는 또 다른 X이론일 수 있다.

결론적으로 경영자로서 중요한 일은 X이론, Y이론 중의 선택이 아니라

'매니지먼트의 구조를 확실히 세워야 한다는 것'이다. 매니지먼트의 구조를 확실히 한다는 것은 다양하면서도 창의력 있는 개인이 되도록 장려하면서도 기본적인 통제 체제가 명확하게 작동하는 상태, 즉 '경영이 있는 상태'를 말한다.

드러커의 결론

드러커는 인간의 본성을 지나치게 단순화시켜 이런 식으로 모형화하는 것을 비판하면서, 사람이 X이론이나 Y이론의 인성을 가졌다고 믿지 않았다. X이론이나 Y이론은 완전히 옳다고도 완전히 틀린다고도 할 수 없다는 것이다. 상이한 조건에서 상이하게 행동하는 상이한 인간의 본성을 볼 때, 사람을 단순한 성격유형으로 제한한다는 것은 무의미하다는 것을 알 수 있다. 예를 들어, X이론이 말하는 대로 사람들이 일하기 싫어한다는 가정은 그 출발부터 틀렸다. 사람들을 성취하는 주체로 만드는 것은 경영자의 임무이기 때문이다. 또한 Y이론과 같이 사람의 인성이 원래 자율적으로 타고 나서 오랜 기간을 자기훈련을 필요로 하지 않는다는 가정도 잘못이다. Y이론을 수행하려면 모든 사람이 '성인'이 되어야 한다(Flaherty 2002, 342-343).

젊은 사람들은 자율과 자유 같은 미사여구를 남발하지만 경영자들은 이것이 전제하는 바를 알아야 한다. "인간은, 특히 젊은이들은 자신들이 얻을 수 있는 모든 자유를 원한다고 생각하지만, 그렇게 되려면 당신이 누구이며 당신이 가장 잘 할 수 있는 것이 무엇인가를 깊이 생각해 보아야 하는데 이것은 대단한 노력을 필요로 한다."¶

그러나 드러커의 우려에도 불구하고, 지식정보화 사회로의 이행이라는 전반적인 변화를 생각할 때 조직의 구성원 각자는 Y이론에 의해 자신이 취급되기를 원할 수 밖에 없을 것이다. 그런데 이러한 기대가 가능해지려면 스스로 높은 수준의 책임감과 성취의욕, 그리고 능력을 발휘할 수 있는 준비 등 대단히 어려운 많은 노력을 필요로 한다는 점을 알아야 한다.

모티베이션

모티베이션의 의의

모티베이션 또는 동기부여는 조직에서의 사람이 무엇 때문에 또는 어떤 조건하에서 자발적으로 열심히 일을 하며, 자신이 하는 일로부터 재미를 느끼고 만족과 보람을 얻을 수 있겠는가를 연구하는 것으로 조직행동론의 핵심주제 중 하나이다.

모티베이션에는 내재적 모티베이션과 외재적 모티베이션의 두 종류가 있다. 내재적 모티베이션(intrinsic motivation)이란 개인의 일 그 자체에서 얻어지는 성취감과 도전감, 일에 대한 자신감 등과 같은 내재적 보상들에 의해 동기부여 되는 것을 말한다. 그리고 외재적 모티베이션(extrinsic motivation)이란 일 그 자체가 아닌 일의 부수적 요인인 직무환경으로부터 발생하는 것으로서, 예를 들어 급여, 승진, 감독권, 위양 등과 같은 외재적 보상들에 의해 동기부여 되는 것을 말한다.

개인의 욕구에 대한 이해

사람의 욕구에 대해 통찰력을 제공해 주는 모티베이션 이론으로서 가장 널리 알려진 이론이 매슬로우(A.H. Maslow)의 욕구단계설(need hierarchy theory)이다. 매슬로우는 인간을 동기부여 시킬 수 있는 욕구가 계층을 형성하고 있는 것으로 파악하였다.

그는 이러한 욕구들이 낮은 데서부터 높은 데로 순서가 정해질 수 있으며, 각 단계의 욕구가 만족됨에 따라 이전단계의 욕구는 더 이상 모티베이션의 역할을 수행하지 못하고 다음 단계의 욕구가 행위를 동기부여 시킬 수 있는 요인으로 작용하게 된다고 가정하였다.

매슬로우의 욕구단계설은 인간의 욕구를 강도에 따라 차례로 생리적 욕구, 안전욕구, 소속감과 애정욕구, 존경욕구, 자아실현욕구로 위계를 이루고 있다(신유근 2002, 426).

① 생리적 욕구(physiological needs) : 생리적 욕구는 삶 그 자체를

유지하기 위한 음식, 의복, 거처 등에 관한 기초적인 인간의 욕구이다. 매슬로는 이러한 기초적인 욕구들이 어느 정도로 만족될 때까지는 사람들의 행위의 대부분은 아마도 생리적 욕구수준에 머물러 있을 것이고 다른 수준의 욕구들은 거의 자극을 주지 못할 것이라고 보았다.

② 안전욕구(safety needs) : 일단 생리적인 욕구가 어느 정도 충족되면 안전의 욕구가 나타난다. 이 욕구는 근본적으로 신체적인 위험과 기초적인 생리적 욕구의 박탈로부터 자유로워지려는 욕구이다.

③ 소속감과 애정욕구(belongingness and love needs) : 이는 친교욕구(affiliation needs)라고도 불리는데, 일단 생리적 욕구와 안전욕구가 어느 정도 충족되면 소속감이나 애정의 욕구가 지배적인 것으로 나타나게 된다는 것이다. 인간은 사회적인 존재이므로 어디에 소속하거나 다른 집단에 의해서 받아들여지기 바라는 욕구를 가지고 있다.

④ 존경욕구(esteem needs) : 인간은 어디에 속하려는 그의 욕구가 어느 정도 만족되기 시작하면 어느 집단의 단순한 구성원이 되는 것 이상의 그 무엇, 즉 존경을 받고자 하는 욕구를 느끼게 된다. 여기에는 자존심과 아울러 다른 사람으로부터 인정을 받는 것이 포함된다. 이 존경의 욕구가 만족되면 자신감, 명예심, 힘, 통제력 등이 생긴다.

⑤ 자아실현욕구(self-actualization needs) : 일단 존경의 욕구가 어느 정도 충족되기 시작하면 다음에는 자아실현욕구가 나타난다. 이는 계속적인 자기발전을 위해서 자신의 잠재력을 극대화하려는 욕구이며, 보다 더 자기 본래의 모습을 찾고자 하며, 자기가 바라는 바대로 되고자 하는 욕구이다.

욕구단계설에 의하면 경영자는 조직의 구성원들이 자발적으로 일을 열심히 하도록 하는 데 있어서 그들의 욕구수준이 어느 단계에 있는가를 파악해야 하는 것이 중요하다. 그러나 지식정보화 사회의 구성원은 전문가 집단이라는 전제에서 본다면 구성원의 욕구단계는 이제 높은 수준의 단계에 가 있다고 가정하는 것이 기본적으로 적절한 접근이 될 것이다.

내재적 모티베이션의 강화

사람들은 경제적·사회적 보상만이 아니라 일을 수행하는 과정에서 성취감·도전감과 같이 업무 그 자체로부터 얻을 수 있는 내재적 보상을 중시한다. 특히 최근 사회문화적 환경변화추세는 물질적·경제적 풍요보다 개성의 존중, 자신이 하고 싶은 일을 할 수 있는 기회의 중시, 자아실현을 중시하는 사회적 분위기로 점차 확대되어 가고 있다. 이러한 내재적 동기부여를 위한 아이디어를 제시해 주는 욕구이론의 하나가 허쯔버그(F. Herzberg)의 2요인이론이다. 허쯔버그의 2요인이론(dual factor theory)은 사람들의 욕구가 불만족해소 차원과 만족증진 차원의 서로 별개의 두 차원으로 이루어져 있다고 주장한다.

2요인이론은 만족과 불만족을 동일선상의 양 극점으로 파악하여 불만족이 해소되면 만족하게 된다는 종래의 입장과는 달리 불만족의 해소 문제와 만족증대의 문제는 전혀 별개의 차원이고 각 차원에 작용하는 요인 역시 별개라는 이론이다. 2요인이론에 의하면, 사람들이 직무에 불만족을 느낄 때에는 특히 담당하고 있는 직무의 상황 요인인 회사 정책, 행정, 임금, 감독, 작업조건 등에 관련되는 반면에, 만족을 느낄 때에는 직무의 내용 요인인 성취, 인정, 도전감, 책임, 성장발전 가능성 등과 관련되어 있다.

업무의 상황 요인과 관련된 범주의 요인들을 위생요인(hygiene factors), 또는 불만족요인(dissatisfiers)이라고도 부르는데, 이는 사람들의 직무에 대한 불만족을 미리 예방할 수 있는 환경적인 조건으로서 이들 요인의 충족은 단지 불만족의 감소만을 가져올 뿐이지 만족에 작용하지는 못한다는 것이다. 그리고 직무내용과 관련된 범주의 요인들을 동기요인(motivators) 또는 만족요인(satisfiers)이라고 하는데, 이 사람들로 하여금 보다 나은 만족과 성과를 가져오게끔 동기 부여하는 데 효과적인 요인으로서 이러한 요인이 충족되지 않아도 불만은 없지만 일단 충족되게 되면 만족에 적극적인 영향을 줄 수 있고 일에 대한 적극적인 태도를 유도할 수 있다는 것이다.

허쯔버그의 이론을 바탕으로 하여 내재적 동기부여를 증진시킬 수 있도록 직무를 설계하는 방안이 연구되어 왔다. 그 중 가장 기초적인 방법의 하나가 직무충실화이다. 직무충실화(job enrichment)란 업무 그 자체가 성취감과 인정감, 책임, 발전 및 성장에 대한 기회를 제공할 수 있도록 재구성하여 직무로부터 동기부여가 되도록 만드는 것이다. 종래 직무의 분업화, 세분화에 의해 쉽게 숙련도를 향상시키고 생산성을 올리려는 시도는 직무의 단조로움과 함께 그 일을 수행하는 사람의 좌절감을 가져올 가능성이 크다. 따라서 직무충실화의 방향은 대개 자신의 성과를 계획·지시·통제할 수 있는 자주성과 책임을 갖도록 하며, 의미 있는 업무경험을 할 수 있게끔 일의 내용을 재편성하는 것이다.

(PD)

드러커에 의하면 행동과학자들은 기업을 오로지 인간을 만족시키기 위한 것이라고만 본다는 점과 그들의 인간본성에 대한 평면적 견해, 도덕성에 대한 무시, 동기부여의 환상 등 네 가지 주제를 통해서 비판했다(Flaherty 2002, 336). 드러커는 위에 예시한 매슬로우, 허쯔버그 그리고 아지리스 외에는 이 분야의 전문가에 대해서 별로 공감을 갖지 않았다.

매슬로우와 허쯔버그의 연구에 대해서는 앞에 서술했고, 아지리스(Argyris)에 대해서 간단히 살펴 보면, 그는 조직의 과업환경에서 실제적인 관리 관행이 구성원의 행위와 성장에 어떤 영향을 미치는가를 조사했다. 그 결과, 조직의 풍토측면에서 어떤 조직은 구성원의 성장을 억제하면서 계속 미성숙한 상태로 묶어 놓으려 하고, 어떤 조직은 구성원을 계속 성장하도록 격려하고 있음을 규명하였다.

드러커는 이론과 성과가 항상 차이를 보이고 있는 현상을 논의하면서 당시 대중들에게 인기 있었던 심리학적 접근이 일시적 유행이나 속임수에 불과하다고 신랄하게 비판했다. 드러커는 X이론·Y이론, 매니지먼트 그리드 이론, 자기주장 훈련, 경영자로의 고속승진을 위한 평가, 인성중심의 직무할당, 창의력 센터, 집단 감수성 훈련, 초월명상 등 만병통치약으로 알려진 온갖 기법들의 유용성을 믿지 않았다. 결과에 초점을 두지 않고는 기업 내에 그 어떤 의미 있는 인간관계의 기능도 존재할 수 없다고 강력히 주장했다.

드러커는 많은 심리요법 컨설턴트들이 사람들의 인성의 차이를 조정함으로써 만족할 만한 합의에 이를 수 있게 하는 것이 경영자의 역할이라고 하는 주장은 전혀 생산성이 없다고 본다. 특히 드러커가 우려하는 바는 인간의 성격을 완전히 고칠 수 있다고 주장하는 속물 설교가들이 등장했다는 것이다. 이러한 새로운 조류에 편승한 사람들은 '진정한 나'를 발견하기 위해 끊임없이 탐색한다. 그러나 드러커는 이런 노력을 통해서 긍정적이고 영구적이며 건실한 결과를 낳을 수 있을 것으로 믿지 않는다. "나는 근대 심리학자들이 말하는 것과 정반대로, 인간이 지식을 축적하고 기술을 습득할 수도 있지만, 결코 그의 인성을 바꿀 수는 없다고 생각한다."

드러커는 GM과 같이 일하면서 만났던 스무 명의 임원들은 어느 누구도 서로 비슷하지 않았다. 그럼에도 각기 뛰어난 성과를 이루었다. 결론적으로, '목표달성에 효과적인 인성'과 같은 것은 존재하지 않는다. 목표달성능력이 뛰어난 사람들이 지닌 한 가지 공통분모는 단지 그들이 그 일을 해냈다는 사실 하나뿐이다.

드러커가 행동과학자들에 대해서 가졌던 주된 비판은 그들이 경영자의 임무를 과업중심적이 아니라 이론지향적인 것으로 가정했고, 그 때문에 경영자의 임무가 어려운 것이 아니라 단순하다는 잘못된 가정을 암묵적으로 받아들이고 있다는 점이다. 드러커는 경영자의 임무에 대한 초점은 테크닉이나 어떤 통계자료가 아닌 최종 결과에 맞춰져야 하므로 목표달성능력(effectiveness)이야 말로 경영자의 임무를 이해하는 데 가장 중요한 개념이라고 했다. ¶

리더십 개요

리더십의 주요 이론

리더십은 기업이나 공공기관을 막론하고 모든 조직에 있어서 그 성과에 영향을 주는 중요한 요인의 하나로 인식되고 있다. 조직의 성과에 영향을 주는 요인은 많을 것이다. 그럼에도 불구하고 사람들은 어느 조직이 탁월한 성과를 보였거나 또는 반대로 잘 나가던 조직이 악화된 경우, 그 탓을 리더십에 돌리는 경향이 있다. 우리 주위에는 어려움에 처해 있던 기업을 구해내고 탄탄한 성장의 길을 닦은 최고경영자의 이야기가 자주 입에 오르내린다. 더구나 현대 조직이 처해 있는 환경은 과거와는 비교할 바 없이 빠르게 변하고 있으며 불확실성도 크다. 이런 환경에서 조직은 자칫 올바른 방향에서 벗어날 가능성이 크다. 그만큼 오늘날은 리더의 역량이 더 크게 요구되는 시대이다. 이런 저런 이유로 리더십에 대한 관심은 늘 높게 유지되고 있으며, 따라서 리더십은 여러 각도에서 꾸준히 연구가 이어지고 있다.

흔히 리더십에 대한 정의는 그 연구자의 수만큼 많다고 할 정도로 매우 다양하다. 리더십은 카리스마가 있어야 하는 것인가? 강압적인 권력과 리더십은 어떻게 차이가 나는 것인가? 리더십은 타고 나는 것인가 또는 배울 수 있는 것인가? 리더십은 과연 리더로부터 나오는 것인가, 또는 구성원의 자발적인 추종에서 나오는 것인가? 이런 질문들은 리더십에 대해서 우리가 갖는 질문들의 일부일 뿐이다.

리더십의 정의

키워드를 통해 본 리더십

리더십은 여러 가지 측면에서 정의되고 있다. 이는 리더십 연구의 발전단계에 따라 관심의 초점이 변했고, 또한 연구자에 따라서 리더십을 보는 접근에서 차이가 나기 때문이다. 다음은 리더십에 대하여 몇 가지 대표적으로 제시되고 있는 정의들이다.

"리더십이란 공동목표를 위해 스스로 노력하도록 사람들에게 영향력을 행사하는 과정이다."

"리더십이란 주어진 상황 속에서 목표를 달성하기 위하여 개인 또는 집단의 활동에 영향을 미치는 과정이다."

"리더십이란 기계적으로 조직의 일상적 명령을 수행하는 것 이상의 결과를 가져올 수 있게 하는 영향력이다."

"리더십은 비전(vision)이요, 우렁찬 응원가요, 열정(passion)이다."

"리더십이란 추종자들이 성공적으로 목표를 달성할 수 있도록 여건을 변화시키고 지원해주는 것이다."

어떤 정의들은 리더가 갖추어야 할 능력과 특성에 주목한다. 반면에 다른 정의에서 보면, 리더가 구성원들에게 리더십을 발휘하는 과정에 주목하고 있다. 결국 리더십은 과정(process)의 측면과 개인이 갖는 특성(property)의 측면을 모두 포함하는 것이다.

과정으로서의 리더십은, "강제성을 띠지 않는 영향력 행사의 과정으로서, 집단목표의 달성을 위해, 조직화된 집단의 구성원들에게 방향을 제시하고 그들의 활동을 조정하는 것"을 뜻한다.

리더 개인이 갖고 있는 특성으로서의 리더십은, "리더로서의 영향력을 성공적으로 구사하리라고 믿어지는 사람들이 갖는 일단(一團)의 자질 또는 성품"을 찾고자 하는 접근이라 할 수 있다.

그래서 우리의 관심은 두 가지로 갈래로 나눌 수 있다. 첫째로는 훌륭한 리더가 갖고 있는 자질을 이해하고, 어떻게 하면 리더로서의 자질을 함양할 것인가에 관한 것이다. 즉 리더십은 구성원으로 하여금 자발적으로 추종하도록 하는 리더의 어떤 능력(자질, 특성)이다. 예컨대 리더가 갖는 카리스마와 같이 리더의 특별한 속성들을 말한다.

둘째로는 조직 내에서 리더십을 발휘한다는 일이 과연 어떤 것인지 그 과정을 살펴 보고, 그 행동 패턴을 배워 익히는 일이다. 리더십은 리더와 부하의 관계를 리더의 자산으로 사용하면서 다른 사람에게 영향을 미치는 과정이다. 구성원을 동기부여하고, 조직과 일에 몰입하게 하는 등 구성원의 변화를 추구하는 과정이 리더십이라는 것이다.

리더십의 전제들

앞에서 우리는 리더십에 대한 정의를 살펴 보았다. 그러나 우리는 이 정의들만으로는 리더십이 무엇인지에 대해서 온전히 파악하는 데 어려움을 느낀다. 그래서 앞 서 살펴 본 리더십의 정의와 함께, 이들 정의가 나오게 된 가정 또는 전제들을 아울러 살펴 볼 필요가 있다(백기복 2000, 37-56).

전제 1. 자발적 추종

리더십은 구성원들의 자발적 추종을 전제로 한다. 즉 추종자가 없으면 리더십은 성립되지 않는다. 그것도 강압적인 추종이 아닌 자발적인 추종이라야 한다. 이는 추종자들의 심리적 몰입을 확보해야 한다는 것이며, 추종자들이 리더에 대해서 존경과 기대를 가지고 있어야 한다는 뜻이다. 그 사람을 도저히 존경할 수 없다면 자발적인 추종은 일어나지 않는다. 추종자들이 마음에도 없으면서 겉으로만 형식적으로 순종한다면 리더십이 발휘되었다고 볼 수 없다. 다른 사람들이 그를 존경과 기대를 가지고 자발적으로 따라갈 때 그는 비로소 리더가 된다.

전제 2. 기대되는 역할

일상적으로 조직에서 사용되는 리더십에 대한 어의는 "리더십은 크고 작은 조직을 공식적으로 책임지고 있는 사람들에게 기대되는 역할"을 뜻한다. 즉 조직의 장으로서의 역할이 바로 리더십이라는 입장이다.

장의 역할에 대한 기대가 없으면 장으로서의 역할을 수행하기 어려운 것은 당연하다. 그러므로 조직의 장이 되었다는 것은 리더십의 충분조건은 아니지만, 중요한 필요조건을 확보한 셈이 되는 것이다.

오늘날 조직구조는 점차 수평적, 자율적 특성이 강화되는 추세다. 과거에는 관리자만이 의사결정을 하고 구성원은 그대로 일을 수행하는 역할분담이 이루어져 있었다. 그러나 현재의 수평적 조직에서는 조직의 구성원들 자신이 각기 전문가가 되어 자율적으로 생각하고 행동하는 개인이 되어야 한다. 이런 조직 구조 속에서의 리더는 더욱 어려운 과제를 맡을 수 밖에 없다. 예컨대, 이제 리더는 과거의 전통적인 리더의 역할 뿐 아니라 자율적인 팀을 이끄는 '코치로서의 역할'을 더욱 중요하게 수행해 내야 한다. 협력자,

구성원에 대한 지원, 코치로서의 역할 등이 강조되는 시대가 된 것이다.

전제 3. 전 방향(360 °) 영향력

전통적인 리더십 이론들은 주로 상급자와 하급자 간의 계층구조를 전제로 개발되었다. 이 경우, 리더십은 상급자로서 하급자를 어떻게 이끌고 가느냐라는 하향적(top-down) 영향력의 발휘가 관심의 초점이 된다. 그러나 이런 분위기도 빠르게 변하고 있다. 이제 점차 수평화 되는 조직에서는 누구라도 그 분야에서 최고의 전문가가 리더 역할을 하는 것이라는 인식이 보편화 되고 있다.

오늘날 유행하고 있는 팀제 조직은 전 방향(全方向)의 리더십 행사를 필요로 하는 조직형태다. 팀장뿐 아니라 팀원도 과거와 달라져야 한다. 과거에는 주어지는 일을 잘 수행하는 역할이 강조되었다면 이제는 새로운 이슈를 개발하여 이를 조직 장에게 설득하고 실행하는, 보다 적극적인 자세가 요구된다. 이와 같이 리더십이 발휘되는 방향은 이제 전방향적이다.

전제 4. 이슈 창조자

리더는 이슈(issue)도 없는 진공상태에서는 자라지 못한다. 무엇인가 전체 구성원들을 함께 묶어 줄 중요한 이슈 거리가 필요하다. 그러므로 이슈는 리더가 존재하기 위한 필수조건이요 리더가 먹고 살 수 있는 양식이다.

이슈란 개인이나 팀, 또는 조직에 중요한 영향을 미칠 수 있다고 공감되고 인식된 사안을 말한다. 팀의 경우 새로운 평가제도를 도입한다거나, 조직의 경우 전체 조직이 공감할 수 있는 비전을 수립하는 일 등이 그 예가 될 수 있다. 리더는 이러한 이슈를 창안하고 공론화하며, 이를 성과로 연결짓는 역할을 수행해야 한다.

전제 5. 성과

리더십은 과정(process)이기는 하지만 그 성과가 없다면 리더십을 논하기 어렵다. 우리가 리더로 내세우며 존경하는 사람들은 모두 남다른 성과를 내면서 성공적으로 목적을 달성했던 인물들이다. 따라서 장기적으로 조직의 목적에 비추어 중요한 성과가 없는 리더, 즉 실패한 리더의 리더십은 논의 대상이 되기 어렵다.

전제 6. 추종자들의 몰입

누구나 강압에 대해서는 약해지게 되어 있고, 또한 강압에 의한 영향력은 그 효과가 빠르다. 그러나 이런 방법으로 추종자들을 일시적으로 움직일 수는 있지만 자발적인 몰입과는 거리가 멀다. 따라서 강압적 권력을 바탕으로 영향력을 발휘하는 것은 리더십이 아니다. 진정한 리더는 기본적으로 준거적 권력에 바탕을 두어야 한다.

리더는 추종자들에 의해서 인격적으로 존경을 받아야 할 뿐 아니라 추종자들에게 비전을 제시할 수 있어야 한다. 추종자들이 리더를 통해서 자신과 조직의 밝은 미래를 볼 수 없으면 선불리 몰입하려고 하지 않는다. 따라서 몰입은 추종자의 '리더에 대한 심리적 투자'로 볼 수 있다. 투자란 장래의 보상을 위해서 현재를 희생하는 것이다. 심리적인 투자를 하여, 오늘 자신을 희생하더라도 내일 커다란 보상을 기대할 수 있다는 만족감을 사는 것이다.

전제 7. 장기적 경주

리더십 발휘는 시간 축 상에서 장기적인 성과에 의해 평가되어야 한다. 한약과 양약의 예로 보자면 리더십은 한약과 같이 장기적인 효과를 추구한다. 즉 리더십은 지속적인 노력과 열정이 요구되는 과정이다.

한국의 기업들은, 전후 단기간에 국가의 경제발전을 이끌었다는 점에서 세계의 주목을 받은 바 있다. 많은 경영자들이 성공사례로서 우리에게 부각되었다. 그러나 그 중 많은 경영자들이 환경의 변화에 적절히 대응하지 못하여, 수 십 년 공들여온 기업을 쇠퇴하게 하는 예도 많이 볼 수 있었다. 이런 경우와 같이, 리더십 성과의 시간 축은 수 십 년 이상으로 길어질 수 있다. 한국 경제의 발전기에 큰 영향력을 행사하며 리더십의 성공사례라고 평가 받던 기업가가 변화된 경영환경에 적응하지 못하고 자신이 일구었던 조직, 나아가서 국가경제를 위기에 몰아 넣는 사례를 보면, 리더십 성과를 평가하는 시간 축은 길게 설정되어야 함을 알 수 있다.

리더와 관리자

리더와 관리자는 다른 것인가? 여기에 두 가지 관점이 있다. 먼저 전통적 관리자와 리더를 대비해서 다르게 보는 관점을 보고, 이어서 별반 다를 것이 없다는 드러커의 관점을 살펴 본다.

전통적 관리자와 리더의 차이

흔히 기업체의 리더십 교육에서 많이 다루어지는 주제로서 관리자와 리더의 차이를 비교하는 일이 많다. 이는 전통적인 관리자의 모습을 설명하면서, 새로운 환경에 부합하는 리더 상을 정립하기 위해서다.

이런 경우의 리더는 개혁을 주도하는 인물인 반면 관리자는 변화를 거역하고 현실에 안주하려는 부정적 성향을 갖는 인물이라는 관점으로 상호 대비된다. 워런 베니스(Warren Bennis), 톰 피터스(Tom Peters) 등은 표 12-1 과 같이 관리자와 리더를 양극의 성격을 갖는 존재로 기술하고 있다.

구분	관리자	리더
초점	어떻게(how)	무엇을(what)
의미	전통적인 충복의 개념	독자적인 인간의 모습
특성	주어진 책임의 수행	혁신을 주도
	모방에 치중	창조해 나감
	단기적, 현상유지	장기적, 현상에 도전
관점	수직적 조직관	수평적 조직관
	시스템과 구조에 초점	인간에 초점
	통제 위주	신뢰에 기초

표 12-1 관리자와 리더

표 12-1 를 종합적으로 보면, 관리자와 리더는 우선 목표에 대해 서로 다른 태도를 보이는 것을 알 수 있다.

관리자는 자신의 욕구보다는 조직의 필요성에 의해 발생한다. 즉 관리자는 위에서 정해진 일을 누락됨이 없이 수행하는 전통적인 충복의 모습이다. 이에 비해서 리더는 창의력을 가지고 스스로 목표를 설정하는 독자적인 인간의 모습이다. 관리자는 주어진 것을 어떻게 할 것인가에 초점을 두는데 반해, 리더는 무엇을 할 것인가에 초점을 둔다. 과거에는 주어진 것만 하는 사람이 상대적으로 너무 많았다는 반성에서 '무엇을 해야 하는가'를 강조하게 된 것이다. 이는 크게 보면 관리자의 역할은 "(규정된) 일을 옳게 하기(doing things right)", 즉 일을 어떻게 할 것인지에 관한 것이고, 리더의 역할은 "옳은 일을 하기(doing the right thing)", 즉 무슨 일을 할 것인지에 관심이 주어진다. 관리자는 효율성(efficiency - 투입 대비 산출) 쪽에 더 큰 관심이 있고, 리더는 효과성(effectiveness - 목적에의 부합 정도)을 보다 중요하게 여긴다. 따라서 관리자는 규정에 관심이 많고, 리더는 아이디어에 관심이 많다.

실상 리더의 지위가 올라갈수록 효과성 차원이 더 중요해져야만 한다는 것은 상식적으로 이해가 간다. 대통령이 나라가 힘을 모아야 할 중요한 이슈를 모른다거나, 또는 온갖 사소한 일들에 두루 신경을 쓴다면 어떻게 될 것인가? 리더는 조직의 가장 중요한 자원의 하나다. 따라서 리더가 무엇에 관심을 두고, 어디에 주의를 집중하는가 하는 것은 가장 중요한 자원의 배분 문제로 볼 수 있다. 중요한 자원인 만큼 중요한 일에 배분되어야 하는 것은 당연하다.

관리자는 통제 위주지만 리더는 신뢰에 기초하여 통솔한다. 조직에 중요한 문제가 발생했을 때, 리더는 성급하게 그 상황을 해결하기 보다는 혼란과 갈등이 있더라도 조직이 자연스럽게 문제해결의 대안을 찾아 낼 수 있도록 노력한다. 반면, 관리자들은 혼란이 야기될 것으로 생각될 경우 질서와 통제를 통해 무리하게 문제를 해결하려고 한다. 그래서 관리자는 부하를 꾸짖는 일이 많다. 하지만 리더는 부하에게 코치와 상담자(counselor)의 역할을 한다.

이상과 같이, 리더십의 중요성을 부각하기 위해서 관리자와 리더를 스펙

트럼의 양 극단에 두고 비교하는 것은 나름대로 의미는 있다. 그러나 조직 내에는 관리자 성향의 인재와 리더 성향의 인재가 모두 필요하며, 또한 한 사람의 리더에 있어서도 위에 제시한 리더적 성향과 관리자적 성향을 함께 가지고 있다고 보아야 한다. 다만, 후술하는 바와 같이 조직이 처한 상황(규모, 구성원의 성숙도와 문화, 라이프사이클 등)에 따라 어떤 특성이 더 필요한지의 차이가 있을 수 있다. 따라서 조직체는 현재의 상황에 맞추어 유능한 관리자를 양성하는 방법과 함께 훌륭한 리더를 양성하는 방법도 찾아야 한다. 특히 리더에 있어서 관리자적 성향의 구성원은 잘 정비된 지원 시스템으로서의 역할을 한다. 아무리 훌륭한 아이디어를 지닌 리더일지라도 제도적 지원 없이는 좋은 성과를 거둘 수 없기 때문에, 리더가 조직의 핵심으로 자리를 잡을 수 있으려면 유능한 관리자의 지원이 반드시 필요하다. 그러나 이런 조화가 깨어져서 리더가 자라나지 못하는 풍토가 된다면, 그 조직은 곧 정체되기 마련이고 경쟁력은 상실된다(Zalenznik 1992).

(PD 2001, 268-271)

리더십에 대한 드러커의 생각

리더십에 대해서 드러커의 생각을 알 수 있는 에피소드가 있다. 어느 날 대 은행의 부 행장으로부터 드러커에게 전화가 걸려 왔다. 그는 드러커에게 "어떻게 하면 카리스마적인 리더십을 습득할 수 있는지 세미나를 해 주시기 바랍니다."라며 진지하게 청했다. 이에 대해 드러커는 전화로 자신의 리더십에 대한 관점을 아래와 같이 이야기해 주었는데, 전화를 건 이로서는 좀 실망스러운 내용이었다.

리더십은 물론 중요하다. 그렇지만 리더십은 요즈음 지나치게 과대 선전되고 있는 것과는 거리가 멀다. 리더십은 자질(traits)과도 거의 관계가 없고, 카리스마(charisma)와는 더욱 관계가 없다. 리더십은 평범한 것이며, 낭만적이지도 않고, 매우 지루한 것이다. 리더십의 본질은 그 성과에 달려 있다. 리더십은 그 자체로서 좋은 것 또는 바람직스러운 것도 아니다. 그것은 하나의 수단이다. 그러므로 어떤 목적을 위한 리더십인가 하는 것이 핵심 문제다.

효과적인 리더십은 카리스마에 의존하지 않으며, 오히려 카리스마는 지도자들로 하여금 잘못된 행동을 하도록 하는 원인이 된다. 예를 들면 지난 세기의 악당 3 인방으로 일컬어지는 스탈린, 히틀러, 마오쩌둥 같은 사람보다 더 카리스마적인 지도자는 없었다는 것을 역사는 알고 있다. 리더십은 카리스마도 아니고 성격 상의 특성 집합과도 관련이 없다. 그렇다면 리더십은 무엇인가?

리더십에 관해서 첫째로 언급할 점은, 그것은 일(work)이라는 점이다. 효과적인 리더십의 기초는 조직의 사명을 깊이 생각하고, 그것을 규정하고, 또 그것을 명확하고도 뚜렷하게 설정하는 것이다. 이어서 그는 목표를 설정하고, 우선순위를 결정하며, 기준을 설정하고 유지한다. 물론 그는 타협도 한다. 진정, 효과적인 지도자들은 자신들이 우주를 통제하고 있지 않다는 사실을 뼈저리게 인식하고 타협할 줄 안다. 오직 잘못된 지도자만이 자신이 언제나 옳다는 망상에 사로잡혀 있다.

둘째, 효과적인 리더십 발휘에 필요한 사항은, 리더십을 계급과 특권으로 보는 것이 아니라 책임으로 본다는 것이다. 효과적인 리더들이 무분별하게 관대한 경우는 거의 없다. 그러나 일단 일이 잘못되었을 때에는 – 그리고 일이란 항상 잘못되게 마련이다. – 리더는 다른 사람을 책망하지 않는다. 처칠은 사명과 목표를 명쾌하게 규정함으로써 리더십을 발휘한 모범이었다. 그리고 2차 세계대전 때 미국의 총사령관이었던 트루먼은 책임을 통해 리더십을 발휘한 모델이었다. 트루먼의 유명한 말인 "모든 책임은 여기서 끝난다."라는 선언은 아직도 리더십에 관한 어떤 정의 못지않게 훌륭하다. 그릇된 지도자들은 동료와 부하들의 힘을 두려워하기 때문에, 항상 유능한 동료와 부하들을 숙청한다. 그러나 효과적인 리더는 유능한 동료들을 바라며, 동료들을 격려하고 밀어주며, 동료와 부하의 실수에 대해 최종적으로 책임을 지기 때문에, 그들의 성공을 위협으로 느끼는 것이 아니라 자신의 성공으로 생각한다.

셋째, 리더의 요건으로서 후계자 양성이 매우 중요하다는 점은 너무나 분명하다. 그의 재직 시 아무리 성과가 훌륭하다 해도 리더가 그 자리를 떠나

거나 사후에 조직이 붕괴되었다면, 그는 성과를 기만한 것이거나 또는 무책임한 사람이다.

넷째, 효과적으로 리더십을 발휘하려면 신뢰를 확보해야 한다. 그렇지 못하면 뒤따르는 사람이 없을 것이다. 사실 리더에 대한 유일한 정의는, 리더는 추종자를 거느린 사람이다."라는 것이다. 어떤 리더를 신뢰하기 위해서는, 그를 인간적으로 꼭 좋아해야 할 필요는 없다. 또한 그와 의견을 같이 할 필요도 없다. 신뢰라는 것은 충직성(성실과 정직 – integrity)에 대한 믿음이다. 리더의 행동과 공언한 신념은 일치해야만 한다.

드러커의 이야기를 모두 듣고 난 그 부 행장은 한참 동안 망설이다가 "그거야 우리가 다 아는 것 아닌가요?"라고 약간 볼멘 소리를 했다. 그러자 드러커는 "그렇고 말고요."라고 짤막하게 대답했다. ¶

드러커의 생각 속에는 효과적인 리더십이 성립되는 데 필요한 전제들이 녹아 있다. 그것은 경영자가 조직을 경영하는 과정에서 늘 가지고 있어야 할 원칙이다. 그러나 드러커는 리더십을 좀 더 특별한 것처럼 드러내어 설명하려고 전통적인 관리자와 리더의 차이를 강조하는 입장을 취하지는 않는다.

전통적 리더십 이론

리더십에 관한 이론은 리더십에 대한 관심만큼이나 다양하다. "어떻게 하면 유능한 리더가 될 수 있을까?"에 관한 수많은 주장들이 난무하여 사람들은 혼란을 느낄 정도다. 실제로 리더십이란 매우 복잡하고 다양한 차원이 혼합된 과정이다. 리더십 이론이 각기 다른 여러 가지 접근으로 전개되고 있는 것은 바로 리더십의 복합적 성격 때문이다.

전통적인 리더십 연구들을 보면, 어떤 연구는 리더십을 리더가 갖고 있는 특질(trait)이나 행동(behavior)으로 개념화 하는가 하면, 어떤 연구들은 리더십을 정치적 시각에서 보기도 한다. 그리고 리더십은 여러 가지 상황(집단의 성숙도, 크기 등)에서, 그 상황에 맞는 스타일을 찾는 방법으로 연구되기도 한다. 본 2 장에서는 우선 전통적인 리더십 이론들이 어떤 관점에 초점을 두고 있는지 살펴보고자 한다.

특성론

초기 리더십 연구는 "훌륭한 리더는 타고 나는 것이며, 따라서 훌륭한 리더의 특성은 무엇인가 다르다."는 관점에서 연구되었다. 이런 리더십 연구의 접근은 리더가 분명 타고 난 남다른 특질을 가지고 있다고 보는 것으로, 원래 위인론이라고도 불리었다. 초기 리더십 연구는 타고난 리더의 전기 또는 일화와 같이 전설적인 이야기로 꾸며져 전해졌으며, 영화나 드라마의 소재가 되기도 한다. 위인론의 뿌리로부터 리더십 특성론이 나왔는데, 특성론은 리더가 비록 유전적으로 타고 나지는 않았다 하더라도, 리더는 오랜 기간에 걸쳐 습득된 남다른 특성을 가지고 있을 것이라는 가정에서 출발한다.

그 후 리더십 연구는 자연스럽게 효과적인 리더와 비효과적인 리더를 구별하는 일련의 특성 또는 자질(traits)을 규명하려 했는데, 그 결과 지성(intelligence), 지배력(dominance), 자신감(self-confidence), 추진력(level of energy and activity), 실력(task-relevant knowledge) 같은 자질 또는 특성을 분석해 내기도 했다. 이들 자질 또는 특성에 대한 목록은 리더십 직위로의 승진을 위한 평가항목으로 이용되기도 하였다. 그러나 어느 누구도 성공한 리더가 갖고 있는 보편적인 자질 목록을 규명하는 데는 실패하였다.

그런데 이러한 특성론은 몇 가지 문제점을 가지고 있다. 첫째, 특성론의 접근은 우선 이러한 접근은 리더와 리더가 아닌 사람을 태생적으로 다른 사람으로 나누어 생각하다 보니, 아무나 리더가 될 수는 없다고 본다는 점이다. 이미 타고난 사람만이 효과적인 리더가 된다면 절대 다수의 보통 사람으로서는 참으로 맥 빠지는 일이다. 물론 타고난 리더가 있기는 하겠지만 그런 타고난 리더들만으로 이 거대한 사회가 영위되고 있는 것 같지는 않다. 현대 사회를 지탱하는 수많은 크고 작은 조직을 성공적으로 이끄는 리더들은 관찰해 보면 타고난 카리스마 같은 것을 갖고 있는 사람도 있기는 하지만, 거의가 후천적인 배움을 통해서 성과를 내고 있다고 보여진다.

둘째, 특성론에서 제시하는 몇 가지 특성만이 보편적으로 효과적인 리더의 특성인가의 문제이다. 리더 중에는 똑똑하고 유능한 사람도 있지만 그렇지 않으면서 효과적인 리더도 있을 수 있다. 예를 들어, 사람의 성격 중에는 A형과 B형이 있는데, 이 두 가지 성격 중에서 어떤 쪽이 더 유능한 리더의 특질로 볼 수 있는가? A형은 도전적 성격이며, 경쟁 지향적이다. 그들은 일을 찾아서 하는 편이며, 납기를 반드시 지키는 부지런한 스타일이다. 반면에 B형은 급한 것이 없고 느긋하다. 모임에도 늦게 도착하기 일쑤고, 일찍 자고 늦게 일어난다. 연구에 따르면, 조직 내 경력 단계의 초기에는 A형이 높은 성과를 내지만, 고위직으로 갈수록 B형이 더 나은 성과를 낸다는 결과를 보고하고 있다. 즉, '효과적인 리더의 특질은 바로 이것이다'라는 그 무엇이 명확하게 입증되기 어렵다는 것이다.

행동론

행동론은 리더가 조직이라는 협동체 속에서 어떤 행동을 보이는 것이 좋으냐의 문제를 다룬다. 즉 겉으로 드러나는 행동이 중요한 것이지, 개인의 성격 등 사람의 내재적인 특성과 같이 실증적으로 측정 또는 관찰할 수 없는 측면은 논외로 하겠다는 관점이다. 그리고 행동론에서는 리더의 행동 스타일은 특성에 비해서 후천적으로 교육과 개발이 가능하기 때문에, 효과적인 리더의 행동을 연구하고 적절한 훈련을 통해서 연마하면 누구나 훌륭한 리더가 될 수 있다고 본다.

맥그리거(D. McGregor)의 X이론과 Y이론의 가설은 행동론자들에게 많은 영향을 주었다. X이론은 사람이란 원래 게으르고 일하기를 싫어하며, 책임질 능력이 없다는 가정이다. 따라서 X이론에 의하면 사람을 관리하려면 '당근과 채찍'으로 몰아 가야 한다. 반면에 Y이론은 사람은 일하려는 심리적 동기를 가지고 있으며, 성취와 책임을 원한다고 가정한다. 즉, 사람은 스스로 자아성장을 위해 열심히 노력할 줄 안다는 것이다. 맥그리거는 리더들이 X이론 지향적 스타일에서 향후에는 Y이론 지향적으로 관리의 방식을 바꾸어야 한다고 주장하였다.

맥그리거의 이론을 토대로, 리더십 행동유형 연구에 참여한 연구자들은 리더십 스타일은 기본적으로 두 가지 종류의 행동으로 이루어져 있다고 단정하였다. 두 가지 종류의 리더십 행동이란 과업행동(task behavior)과 관계행동(relationship behavior)을 말한다. 이 두 가지 차원을 중심으로 효과적인 리더십 행동 유형을 결정하기 위한 연구들이 이어졌는데, 여기에는 대표적으로 오하이오 주립대의 연구, 미시간 대의 연구, 블레이크-무톤(Blake & Mouton)의 관리격자 이론 등이 이런 연구에 포함된다. 이들 연구는 대부분 리더가 하급자인 부하와의 관계를 중시하는가 또는 과업을 중시하는가의 차원을 중심으로 리더십 스타일을 설명하고 있다.

리더십 행동유형에 대한 연구들

오하이오 주립대학의 경영연구소는 효과적인 리더십 유형을 결정하기 위한 연구의 결과, 구조주도(initiating structure)와 배려(consideration)라는 두 가지 차원에 따라 리더의 행동을 구분하였다. 구조주도의 축은 리더가 종업원의 업무수행에 기획, 조직, 지시, 그리고 통제하기 위해 행동하는 정도를 말하며, 배려의 축은 리더와 종업원과의 관계에 있어서 상호신뢰, 우정, 지원, 그리고 관심을 드러내기 위해 의사 전달하는 정도를 말한다. 이 연구에서 제기된 구조주도와 배려는 리더의 스타일을 대표하는 행동으로 인식되어 그 후의 많은 연구에 사용되었다.

오하이오 주립대의 연구와 유사하게 미시간대의 연구에서도 리더의 행동에 대한 두 가지 차원을 밝혀 냈다. 직무중심(job-centered) 스타일은 과업의 기술적, 생산적 측면을 강조하며, 종업원을 생산을 위한 수단으로 인식한다. 종업원중심(employee-centered) 스타일은 인간적 관심, 개성존중, 개인적 욕구를 수렴하는 차원을 말한다. 이들 두 가지 변수가 종업원의 만족과 성과에 미치는 영향에 대한 연구가 이루어졌다. 그러나 종업원중심 행동이 보다 높은 성과를 낼 것이라는 결과를 일반화할 수는 없었다.

관리망(managerial grid)은 생산에 대한 관심(X축)과 사람에 대한 관심(Y

축)의 두 차원에 따라 리더십 유형을 구분한 것이다. 블레이크와 무톤(Blake & Mouton)은 관리망을 이용하여 다섯 가지의 주요 리더십 스타일을 제시했다. 무기력형 관리자는 사람과 생산에 대한 관심이 모두 매우 적어서, 주어진 일을 달성하는 데 최소한의 노력만 기울인다. 직무형 관리자는 작업과정에 인적 요소가 최소한으로 개입되도록 함으로써 운영의 효율을 이루는 스타일이다. 컨트리클럽형 관리자는 종업원과의 만족스러운 관계 유지를 목표로 하급자들의 욕구를 수용하여 친화적이고 편안한 조직분위기를 창출하기 위해서 노력하는 스타일이지만 직무성과에는 별 관심이 없다. 중도형 관리자는 종업원의 사기와 직무수행 간의 균형을 유지하기 위해 노력하지만, 양쪽 모두 최선을 다 하는 수준은 아니다. 마지막으로 팀형 관리자는 조직목표를 공유하며 신뢰와 존경 속에서 상호의존적으로 과업을 성취하도록 하는 스타일이다. 연구자들은 관리망의 리더 유형 중에서 가장 바람직한 리더 상은 팀형 관리자라고 권고하였다.

이 격자를 이용하면 이론 상으로는 자신의 리더십 스타일이 어느 위치에 속하는가를 알 수 있게 되며, 나아가 바람직한 스타일이 되기 위해서 어떤 행동 스타일을 강화해야 할지 알 수 있게 된다. 따라서 관리망은 산업훈련에 많이 이용되어 리더십 개발의 도구로 활용되었다.

이상에서 살펴본 바와 같이, 특성론과 마찬가지로 행동론에 기반한 리더십 연구에서도 효과적인 리더는 어떤 유형이라야 하는지에 대한 해답을 찾고 있다. 즉, 리더십 행동론은 어느 상황에서나 효과적으로 적용될 수 있는 효과적인 리더의 스타일이 존재한다는 가정을 두고 있다. 그러나 많은 연구들이 이에 반하는 결과를 보였으며, 그 결과 1960년대 후반에 리더십 상황론의 시대가 열리게 되었다. 실제로 성공적인 리더의 스타일은 조직의 수명주기 상의 위치, 조직 규모, 구성원의 능력과 모티베이션 수준 등 여러 가지 상황에 따라 달라질 것으로 보인다.

상황론

리더십 특성론과 행동론은 모든 상황에서 적용될 수 있는 최상의 리더십

이론을 발견하고자 하였다. 모든 상황에서 적용되는 리더가 존재한다면 그런 특성을 갖는 사람을 선발하거나, 또는 그런 스타일의 행동을 하도록 육성하면 될 것이다. 그러나 조직의 상황은 그렇게 단순하지 않다. 때로는 똑똑한 사람을 필요로 하고, 또 다른 경우에는 인간미 넘치는 사람을 필요로 할 수도 있다. 또한 일에 대한 전문성과 인간미만으로 요구되는 리더의 스타일을 모두 설명할 수 있는 것도 아니다. 카리스마가 요구되는 경우도 있을 것이며, 그 일에 대한 경험이 크게 작용하는 업무도 있을 수 있다. 또 어떤 사람은 마냥 좋기만 한 '천사표' 스타일의 리더도 있지만, 엄격하고 따분한 관리자 스타일의 리더도 있다. 하지만 이런 사람들도 나름대로 성공 사례로 제시될 만한 성과를 올리고 있는 것이다.

리더십 상황론은 성공적인 리더가 되기 위해서는 유일한 리더십 스타일이 요구되는 것이 아니라 상황에 따라 적합한 스타일이 달라진다는 것이다. 리더십 상황론은 추종자들의 특성, 리더와 추종자와의 관계, 주어진 과업의 특성, 조직구조의 특성 등에 초점을 두고 상황을 구체화한 이론들이다. 상황론은 적절한 리더십 스타일은 상황에 따라 달라져야 한다는 가정에 근거한다.

허시와 블랜차드의 성숙도 이론

허시와 블랜차드(Hersey & Blanchard)는 리더가 특정한 상황에서 어떤 리더십을 이용하는 것이 가장 효과적인가를 나타내는 모델을 개발하였다(그림 12-1 참조).

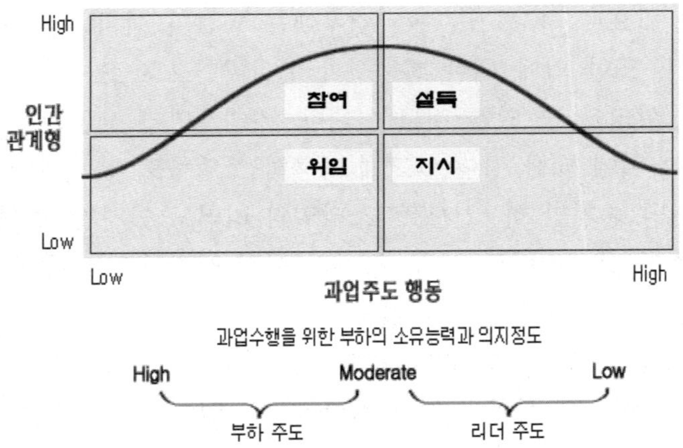

그림 12-1 허시와 블랜차드의 성숙도 이론

여기서 상황 변수는 종업원의 성숙도다. 종업원의 성숙도가 낮은 수준이라면 리더는 지시적 스타일을 이용하고, 중간수준인 경우에는 설득 내지 참여적 스타일, 종업원의 성숙도가 상위수준인 경우는 위임적 스타일을 이용하는 것이 가장 적합하다.

지시적(telling) 스타일은 리더가 어떤 과업을 어떻게 완수해야 하는지 구체적으로 하급자에게 말해주고 그것이 준수되는지를 감시·감독한다. 설득적(selling) 스타일은 리더가 지시는 하되 지시내용에 대해서 하급자에게 설명하고 설득하며 명확하지 않은 사항에 대한 하급자들의 질문에 적절히 응답해 주는 스타일이다. 참여적(participating) 스타일은 리더가 의사결정과정에서 하급자들과 정보와 아이디어를 공유한다. 참여를 통해서 하급자들은 성장과 개발을 도모할 수 있다. 위임형(delegating) 스타일은 지시나 지원을 해 주는 것이 아니라 하급자들에게 의사결정을 전적으로 맡기는 스타일이다.

상황변수인 하급자의 성숙도는 하급자의 의지와 능력을 가지고 측정된다. 제일 미성숙한 상태는 작업수행에 대한 능력도 없고, 의지도 없는 상태다.

이 단계를 벗어나면 하급자는 능력은 모자라지만 그래도 한번 해 보겠다는 의지나 자신감이 생기는 단계로 넘어간다. 그러다가 능력이 갖추어지기 시작하면 사람들은 자신의 일에 대한 자신감이 서서히 생기게 된다. 마지막 단계는 의지와 능력이 다 갖춰진 단계다.

성숙도 이론에 대한 실증적 결론은 그리 긍정적이지 않다. 무엇보다도 상황변수로서 하급자의 성숙도 하나만을 고려했다는 점과, 그리고 리더의 성과로서 조직의 목표를 제대로 달성하고 있는가, 즉 효과성을 측정하는 방법이 구체적이지 않다는 점이 지적되고 있다.

하우스의 경로-목표 이론

하우스(R. J. House)는 부하들이 목표를 달성하는 데 있어 찾아 가는 경로가 있는데 이 경로를 열어 주고 보다 용이하게 해서 잘 따라가도록 돕는 것이 리더십이라고 보고, 그림 12-2와 같이 경로-목표 이론(path-goal theory)을 제시하였다. 관리자의 리더십 유형은 앞의 성숙도 이론과 유사하게 지시적(directive), 지원적(supportive), 참여적(participative), 성취지향적(achievement oriented) 스타일로 구분된다. 이 때 적합한 리더십 유형은 여러 가지 상황요인에 따라 달라진다. 예를 들어, 부하의 성향이 대부분의 일을 스스로 결정하고 싶어하는 내재론자라면 지시적 스타일보다는 후원적 또는 참여적 스타일의 리더십이 좋을 것이다. 반대로 외재론자라면 하나 지시 받은 대로 일할 수 있을 때 더 나은 성과를 낼 수 있다. 이와 유사한 논리로, 성취욕구가 큰 구성원인 경우는 지시적인 리더십은 적합하지 못할 것이다. 이런 식으로 부하들이 필요한 부분을 채워주는 리더십이 요구된다.

부하의 능력이나 성향뿐 아니라 환경 측면에서도 비슷한 분석을 할 수 있다. 만약 환경적 요소의 하나인 과업이 매우 정형화 되어 있다면 단지 납기와 목표만 지시해도 문제 없을 것이다.

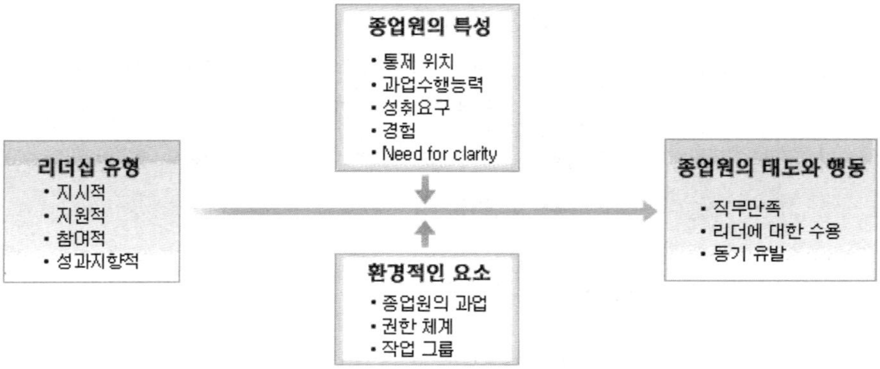

그림 12-2 House의 경로-목표 이론(Path-Goal Theory)

이상 살펴본 바와 같이 특성론, 행동론, 상황론에 기반한 리더십 이론은 리더십의 서로 다른 측면을 강조하고 있다. 그렇다고 해서 어떤 이론이 맞고, 다른 이론은 틀린다고 볼 수는 없다. 오히려 이들 리더십 이론은 서로 보완적으로 리더십의 다른 측면을 설명하고 있는 것으로 이해하면 될 것이다.

교환론과 추종자 중심론

추종자중심론은 지금까지 리더의 입장에서 다루었던 리더십 문제를 추종자들의 입장에서 해석한다는 점에서 색다른 관점을 제시한다. 여기서는 그랜(Grean)의 교환론과 켈리(Kelly)의 추종자 중심론을 살펴 보고자 한다.

리더-멤버 교환론

기존의 리더십 이론은 리더와 추종자 간의 관계에 있어서 한 사람의 리더와 전체 추종자와의 관계를 논한다는 점에서 1 : n 의 리더십이라 할 수 있다. 리더가 n 명으로 구성된 전체 추종자들에게 '평균적'으로 어떤 리더십을 발휘하느냐의 문제다. 이에 비하여 추종자 중심론은 리더와 추종자 간의 관계를 1 : 1의 각기 다른 관계들의 집합으로 보는 관점을 반영하고 있다.

팀 또는 집단에서 상사와 부하의 관계는 빈번한 공식적 및 비공식적 상호교류 속에서 서로 신뢰하고 존경하는 공동운명체 의식을 갖게 된다.

그랜(Graen)의 리더-멤버 교환론(leader - member exchange : LMX이론)은 이런 상호교류 속에서 리더의 특성이나 행동 자체에 초점을 두는 것이 아니라 리더와 구성원과의 관계의 속성을 분석하는 이론이다. 이 이론은 분석의 수준을 리더와 하급자 한 사람으로 구성되는 '짝'에 둠으로써 독특한 특징을 보인다.

그림 12-3에 묘사된 교환이론은, 리더는 하급자들을 하나의 집단으로 묶어서 대하는 것이 아니라 하급자 한 사람, 한 사람과 각기 다른 성질의 관계를 발전시킨다는 특징이 있다. 이 때, 보다 친밀한 관계를 갖는 짝을 내집단(in-group), 소원한 관계를 갖는 짝을 외집단(out-group)이라 칭한다.

전체 멤버 중에서 일부는 리더와 긴밀하고 쌍방향적인 커뮤니케이션이 이루어지면서 중요한 역할이 부여되고, 시간이 가면서 그 관계가 더욱 강화되는 등 내집단이 된다. 대개 상사와 유사성 큰 사람, 상사에 대해서 평소 좋은 인상을 주었거나 또는 그렇게 보이는 스킬(skills)이 높은 사람, 상사로부터 긍정적 기대를 받은 사람이 내집단 멤버의 후보가 된다.

리더와 구성원 간의 관계발전은 세 단계의 과정을 거치는 것으로 제시되었다(Graen & Uhl_Bien 1995).

첫 단계는 이방인 단계로 리더와 구성원 간의 교류가 정해진 규정이나 공식적 필요의 한계를 넘지 않는 수준이다. 하급자는 계약관계나 규칙으로 정해진 일만을 수행하면 되고, 직계상의 리더에 대해서 조직에서의 일반 상급자 정도의 대우만 해주면 된다. 이 단계에서의 하급자는 집단보다는 개인을 먼저 생각하고 자신의 이익을 앞세운다.

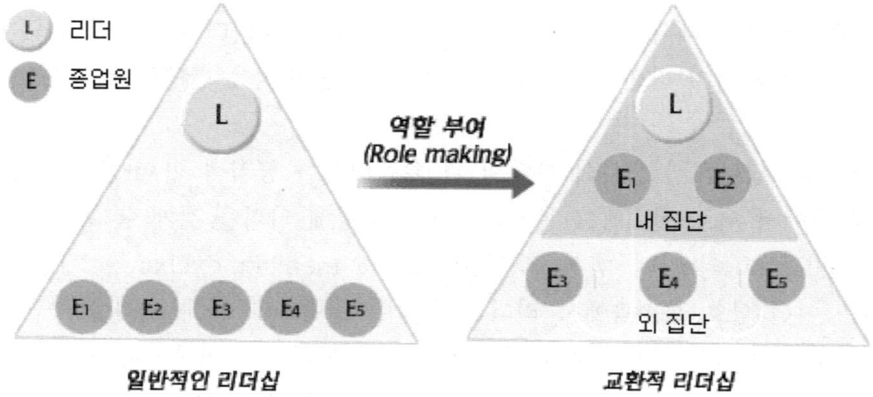

그림 12-3 Graen의 Leader-Member Exchange 이론

둘째 단계인 면식단계는 리더나 하급자가 보다 밀접한 사회적 관계형성을 모색하면서 시작된다. 이 단계에서는 리더와 하급자 간에 더 많은 자원과 직무와 정보가 교환되어 양자가 보다 친숙한 관계를 형성하게 된다. 이 단계는 서로가 서로를 실험하는 단계이다. 상호간의 테스트 결과, 상대방에 대해서 긍정적인 평가를 하게 되면 신뢰와 상호존중의 관계가 정착되고, 나만의 문제뿐 아니라 팀과 집단의 문제에 대해서도 주의를 기울이게 된다.

세 번째 단계는 성숙한 파트너십의 단계다. 이제 리더와 하급자 간에는 남다른 신뢰와 존경, 그리고 의무감을 갖게 되며, 서로 광범위한 측면에서 영향을 주고 받는 관계가 된다. 이들은 조직과 자기 자신 모두에게 긍정적인 결과를 산출해 낼 수 있는 매우 효과적인 관계를 갖고, 자신에 앞서 조직과 집단의 이해를 먼저 생각하는 수준에 이르게 된다.

이런 단계를 거쳐 하급자 중 일부는 내집단이 되는데, 내집단은 신뢰, 존경과 좋아함, 공동운명의식, 공식 및 비공식적 상호교류와 상호영향 관계를 주고 받는 집단 내의 진짜 집단이다. 내집단에 속하는 구성원에게는 보다 많은 혜택이 돌아가고, 그들도 더 많은 충성과 기여로 리더에게 보답하려 할 것이다. 이에 비하여, 외집단은 일방적, 하향적 지시-복종 관계만이 있을 뿐이며, 공식적 역할 범위 내의 관계만 유지되고, 리더와 멤버 간에 공동운명 의식이 희박하다. 짐작되는 대로 외집단 구성원에게는 최소한의 혜택만이 부여된다.

결과적으로, 내집단 구성원들은 보다 높은 직무만족과 성과를 보이며, 보다 높은 수준으로 동기부여가 되고, 또한 일에 대한 몰입과 관계 자체에 대한 몰입이 높아지면서 이직도 줄고 높은 성과를 내게 된다.

LMX 이론가들은 이러한 파트너십 단계가 조직 전체의 시스템으로 확대될 수 있다고 제안한다. 이런 의미에서 일반적으로는 1 : n의 평균적 리더십보다는 1 : 1 리더십이 보다 효과적일 것으로 보인다. 동료나 팀원들 또는 직무와 관련된 어떤 이해관계자와도 유사한 관계를 발전시켜 결국 관계 중심의 네트워크 시스템을 형성하게 되며, 이것이 집단성과에 긍정적인 기여를 하게 된다는 것이다.

그러나 흔히 내집단은 한국과 같이 지연, 학연 등의 연고가 많이 작용할 수 있어, 형평성, 수용성, 차별 등의 문제를 일으킬 가능성이 있다. 그리고 현재와 같이 다양한 구성원과 협업하면서 글로벌하게 성과를 내야 하는 시대에, 연고 중심으로 뭉치는 모습은 분명 문제가 있다.

추종자 중심론

켈리는 오늘날의 사회가 필요 이상으로 리더를 숭배하는 잘못된 문화에 젖어 있다고 비판하면서 추종자중심론을 제시했다. 리더와 추종자는 별도의 역할을 가지고 있으며 양쪽 다 최고의 기량을 발휘하도록 해야 한다는 것이 그의 논지이다.

실로 추종자는 그 수도 많을 뿐 아니라 조직의 성과에 기여하는 비중도 소수의 리더에 비해 훨씬 더 클 수 있다. 그러므로 추종자들이 어떻게 제 역할을 잘 해주느냐의 문제는 그 자체로서도 매우 중요하며, 또한 리더가 리더십을 잘 발휘할 수 있도록 하는 데에도 큰 영향을 미칠 것으로 짐작된다. 그러므로 추종자 중심론은 리더와 독립적으로 폴로어십(followership)

을 연구할 필요가 있음을 강조한다.

켈리는 리더와 추종자들을 대상으로 집중적인 면담을 실시한 뒤, 그림 12-4와 같은 추종자모델을 개발하였다(Kelly, R. E. 1994).

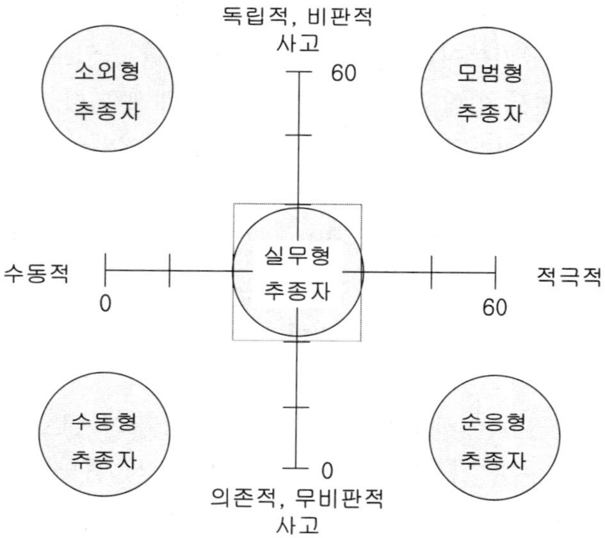

그림 12-4 켈리(Kelly)의 추종자 중심론

모델에서, X축은 추종자의 자세가 수동적인가 적극적인가를 가지고 척도화 하고 있으며, Y축은 사고방식이 의존적·무비판적인가 독립적·비판적인가를 가지고 나누었다. 이렇게 하여 교차시킨 결과 다섯 가지 유형의 추종자 스타일이 얻어졌는데, 수동형, 순응형, 소외형, 실무형, 그리고 모범형이 그것이다.

소외형 추종자는 독립적이고 비판적인 사고를 견지하지만 역할수행에 있어서는 그다지 적극적이지 않은 유형으로, 리더를 비판은 하면서도 스스로 노력을 하지 않거나 불만스러운 침묵으로 일관하는 모습을 보인다. 이들은 대부분 초기에는 모범형 추종자였으나 어떤 계기로 관계가 악화된 경우로서 자신을 부당한 대우를 받는 희생자라고 규정하는 경향이 있다. 소외형이 모범형으로 되기 위해서는 불공정한 대우를 받는다는 인식과 싸워 이겨야 한다.

순응형은 생각은 모자라지만 착하고 열심히 참여하는 스타일이다. 이들은 독립적인 사고가 부족하여 리더의 판단에 지나치게 의존하려는 성향을 보인다. 이들이 모범형이 되기 위해서는 독립적이고 비판적인 사고를 기르고 그것을 사용할 수 있는 담력을 키울 필요가 있다.

실무형 추종자는 별로 비판적이지 않으며 리더의 결정에 의문을 품기는 하지만 자주 그렇지는 않다. 시키는 일은 잘 수행하지만 그 이상의 모험을 하지는 않는다. 대립은 될 수 있으면 억제하고 실패했을 때를 대비해 항상 해명자료를 준비한다. 이들이 모범형이 되기 위해서는 다른 사람들의 신뢰를 회복할 수 있도록 해야 하며, 다른 사람들의 목표달성을 돕는 데서부터 시작하는 것이 좋다.

수동형 추종자는 생각도 하지 않고 열심히 참여하지도 않는 스타일로서 모범형과 정반대의 위치에 존재한다. 책임감이 결여되고 솔선하지 않으며, 지시 없이는 움직이려 하지 않는다. 이런 사람은 마치 스포츠게임의 관중과 같은 자세를 가지고 있다.

끝으로 모범형 추종자는 스스로 생각하고, 알아서 행동할 줄 아는 스타일이다. 혁신적이고 독창적이며 건설적인 비판을 내놓을 줄 아는 유형으로서, 잘못 되었을 경우 리더와도 용감히 맞설 줄 아는 면모를 갖는다. 이들은 자신이 맡은 일뿐 아니라 모든 면에서 적극적인 자세를 가짐으로써 조직 내에서 자신의 가치를 높일 줄 아는 사람이다.

리더와 균형 있는 관계를 발전시키기 위한 추종자의 전략으로서 다프트(Daft)는 다음 네 가지를 제시하고 있다.

1) 추종자는 리더에게 자원이 되어야 한다. 리더가 필요로 하는 것이 무엇인지 간파하여 그것을 해결해 줄 수 있는 사람이 되어야 한다.
2) 추종자는 리더가 훌륭한 리더가 될 수 있도록 도와야 한다. 리더가 잘하는 일에 대해서는 찬사를 보내고 용기를 북돋아 줄 필요가 있다. 또한 리더가 훌륭한 리더가 되기 위해서 무엇을 해야 하는지를 효과적으로 알릴 필요가 있다.
3) 추종자는 리더와 좋은 관계를 유지해야 한다. 중요한 것은 신뢰다. 신뢰를 바탕으로 한 균형 있는 관계가 유지되면 리더와의 교류가 보다

의미가 깊어지고 조직 목표 달성에도 그만큼 도움이 된다.

4) 추종자는 리더를 현실적으로 바라보아야 한다. 리더를 완벽한 이상형으로 보아서는 균형 있는 관계정립이 어려워진다.

리더십의 새로운 패러다임

21세기는 빠르게 변하고 있다. 조직의 모습과 환경이 변함에 따라 리더십에 대한 요구도 점점 커지고 다양해지고 있다. 조직의 끊임 없는 혁신만이 경쟁에서 살아 남는 필요 조건이고, 이에 따라 사람들의 마음 속에 강한 커미트먼트를 분출시키는 변혁적 리더가 요구된다. 동시에 오늘날의 수평화된 조직에서는 구성원의 창조성과 감성이 살아나도록 하고, 그들 스스로 문제를 해결할 수 있도록 능력을 배양하는 슈퍼 리더십과 셀프 리더십이 새로운 패러다임으로 받아들여지고 있다. 그리고 무엇보다도 리더의 영향력이 커짐에 따라 리더십에 있어서 윤리성의 중요성이 강조되고 있다. 이런 내용을 중심으로, 본 3 장에서는 새로운 환경에 따라 강조되고 있는 새로운 리더십 패러다임들을 살펴 볼 것이다.

변화 주도자로서의 리더십

변혁적 리더십과 카리스마

현대 기업이 처한 가파른 환경변화는 리더로 하여금 수시로 조직을 환골탈태시켜, 새로운 환경에 적응하고 나아가 주도적으로 대처하도록 하는 '변화 주도자'로서의 리더십(변혁적 리더십)이 요구된다. 대부분의 조직은 점진적인 개선을 뛰어 넘어 대규모적인 변화를 감행해야만 생존이 가능한 시대이기에 변화 주도자로서의 리더십이 각광을 받게 된 것이다. 변혁적 리더십은 그 이름에 나타나 있는 것처럼 부하의 가치관, 윤리, 행동규범 그리고 장기적 목표 등을 변화시키는 과정이다.

변혁적 리더십은 목표를 초과하는 부하에게 인센티브를 부여하는 식의 거래적 리더십과는 달리, 리더와 부하 양자의 도덕 수준을 높이고 동기유발 수준을 높이는 관계를 지향한다.

변혁적 리더십은 부하들로 하여금 통상적으로 기대되는 이상의 높은 성과를 창출토록 하며, 리더와 부하와의 이해의 폭을 높이는 것으로 보고 되고 있다. 이를 이상화된 영향력(idealized influence) 또는 카리스마라고도 한다. 이는 리더가 부하들에게 강력한 역할모델이 되고 있음을 뜻한다. 이러한 리더들은 보통 매우 높은 도덕적·윤리적 행동기준을 가지고 있으며, 항상 올바른 일을 하는 것으로 간주된다. 따라서 부하들은 이러한 리더의 행동을 본받으려고 하고 리더와 동일시하려 한다. 이런 이유에서 흔히 변혁적 리더십은 카리스마적 리더십과 매우 유사한 개념으로 쓰이고 있다.

리더는 비전을 설정하고 전파하며 실천하는 과정에서 카리스마를 쌓아 가며, 또한 리더의 카리스마는 비전을 전파하는 데 중요한 촉진 작용을 한다. 리더는 연설이나 잦은 비공식적 대화를 통해서 비전의 핵심을 전달하게 되는데, 이 때 리더의 카리스마가 작용하는 것이다.

하우스(House)는 카리스마를 리더와 추종자들의 특수한 관계에서 발생하는 것으로 믿었다. 즉 추종자들이 리더의 사상을 옳다고 생각하고 그에 대해서 애정을 갖게 되어 그가 내세우는 사명에 감성적으로 몰입하게 되면 리더는 카리스마를 가지게 된다.

변혁적 리더들은 부하를 감화시키거나 영감적으로 동기부여 한다. 리더는 부하들에게 높은 기대를 표시하며, 조직 구성원들간에 공유된 비전을 실현하는 데 최선을 다하도록 동기를 부여하여 끊임 없이 의욕을 고무시킨다. 변혁적 리더십을 조직경영의 차원에서 논할 때 빼놓을 수 없는 요소가 비전이다. 비전이란 '미래의 이상적이고 독특한 이미지', '리더가 달성하려는 상품이나 서비스, 그리고 조직을 머리 속에다 그려 놓은 이미지', '조직이 추구하려는 공유된 가치를 대변하거나 반영하는 이상'이다. 그리고 목표(goal)는 보다 구체적이고 실제 달성 가능한 형식으로 표현된다. 변혁적 리더들은 부하에게 항상 비전과 사명감을 심어준다. 조직에 대한 비전을 통하여 개인의 이익추구를 뛰어 넘어 집단의 성원으로서 집단의 목표달성에 초점을 맞추도록 하기 위해 때로는 정서적으로 호소를 하거나 상징적 행동을 하기도 한다.

변혁적 리더들은 부하들의 창의성과 혁신성을 자극하고, 그들 자신의 신념과 가치체계, 나아가서 리더와 조직의 신념과 가치까지도 새롭게 바꿔 나가려는 노력을 기울인다. 선진 기업의 예를 보면, 워크아웃(work-out)이라는 다기능 간의 문제해결 프로젝트 활동이 전개되는데, 이는 구성원 스스로가 조직의 문제점을 해결하고 개선하는 활동이다. 워크아웃 활동을 광범위하게 전개했던 GE의 전 회장 잭 웰치는 바로 워크아웃이라는 수단을 통하여 변혁적 리더십을 발휘했다. 변혁적 리더십은 부하들로 하여금 스스로 판단을 내리고, 보다 자율적으로 문제해결에 임하도록 만든다.

변혁적 리더들은 부하들의 개인적인 욕구에도 세심한 관심을 기울이고 지원적 분위기를 조성하려는 특성을 보인다. 이들은 부하의 과업 수행에 무조건적인 지시와 명령으로 임하는 것이 아니라, 부하들이 맡은 일을 스스로 익숙하게 수행할 수 있도록 코치와 조언자로서의 역할을 수행한다. 더 나아가 부하들의 성장과 발전을 돕기 위해, 권한이양에 의한 임파워먼트를 활용하기도 한다.

변혁적 리더에 대한 연구의 다른 줄기는 카리스마에 주목하는 것이 아니라, 성공적인 리더의 특성과 행동에 연구의 초점을 두고 있다. 특히 대규모 조직에서 리더가 어떻게 전체적인 변화와 혁신을 일구어 내고, 구성원들로 하여금 관료적인 안주에서 벗어나 기업가 정신을 가지도록 할 것인가 등이 중요한 연구의 주제가 되고 있다. 대개 변혁적 리더는 새로운 활력을 위한 욕구를 인지하고, 그 필요에 따라 새로운 비전을 창출하며, 구성원을 동기부여하고, 나아가 변혁을 지속되도록 하기 위해서 제도화 한다. 일반적으로 변혁적 리더가 갖는 특성과 행동은 다음과 같다.

- 부하들로부터 감정적 동일화를 이끌어 내는 특이한 능력(카리스마)이 있음
- 비전을 공유하게 하는 능력을 통하여 부하의 참여욕구, 성취감을

고취하고 미래지향적이고 능동적 역할을 수행하게 함
- 자신을 변화 촉진자(change agent)로 인식함
- 항상 배우는 자세를 가지며, 지적 자극을 통하여 부하들의 학습동기, 내적 자신감, 자기역량 개발을 하게 북돋음
- 개인들이 부닥치고 있는 문제를 해결해 주는 등 높은 배려의 리더십을 발휘하여 상사와 부하와의 이해의 폭을 높이며, 사람들을 신뢰하고 동기 부여함
- 복잡성, 모호성, 불확실성에 대처하는 능력이 크며, 모험을 무릅쓰는 용기를 가짐

슈퍼 리더십과 셀프 리더십

슈퍼 리더십(super-leadership) 이란 다른 사람을 리더로 만드는 리더십이다. '슈퍼'라는 단어의 어감에서 나오는 '슈퍼 맨' 이미지와는 전혀 다른 것이다. 즉, 슈퍼 리더는 리더가 모든 권력을 장악하고 하급자들을 보호해주고 구원해주는 영웅적 스타일과는 거리가 멀고, 오히려 하급자들이 더 이상 자신을 필요로 하지 않는 상태로 인도하는 능력이 탁월한 사람이다.

그리고 셀프 리더(self-leader)는 스스로를 리드해 나아가는 사람이다. 결국 슈퍼 리더는 하급자들을 셀프 리더로 육성하는 인물을 말한다. 다시 말해서 구성원 각자가 내부에 갖고 있는 셀프 리더십의 에너지(스스로 리더가 되고자 하는 욕구)에 활력을 불어넣을 줄 아는 사람이다.

슈퍼 리더가 자신의 역할을 대체시켜 구성원들을 셀프 리더로 만드는 방법에는 여러 가지가 있을 수 있다. 외적으로는 직무디자인을 통해서 리더의 역할을 구조 속에 흡수시키는 방법이라든가, 아니면 팀 문화를 정착시켜 리더의 힘을 분산시키는 방법 등이다. 그리고 하급자들의 기술을 향상시키든가 동기를 유발하여 리더의 지시나 안내를 필요로 하지 않도록 하는 방법도 있을 것이다.

슈퍼 리더에 이르는 일곱 단계를 만즈와 심스(Manz & Sims, 1991)는 다음과 같이 밝히고 있다.

(1) 우선 셀프 리더가 된다.

(2) 셀프 리더십의 모범을 보인다.
(3) 스스로 목표를 설정하도록 독려한다.
(4) 긍정적인 사고패턴을 창안한다.
(5) 보상과 건설적 비판을 통하여 셀프 리더를 육성한다.
(6) 팀워크를 통하여 셀프 리더십을 권장한다.
(7) 셀프 리더십 문화를 배양한다.

리더가 자기 자신은 셀프 리더로서 행동하지 않으면서 - 예컨대, 위에서 시키는 일만을 기계적으로 수용하면서 - 하급자에게 셀프 리더가 되라고 한다면 설득력이 없을 것이다. 따라서 슈퍼 리더는 우선 자신이 셀프 리더가 되어 모범을 보여야 한다.

최근 들어 슈퍼 리더십과 독립적으로 셀프 리더십 자체에 대한 관심이 커지고 있다. 만즈(Manz)는 셀프 리더십을 개인이 자신에게 영향을 미치는 과정으로 정의하고, 개인의 행동과 사고에 영향을 미치는 네 가지 영역으로서, 1)환경변환 전략과 자기변화 전략, 2)자연적 보상전략, 3)정신세계 개조, 그리고 4)팀 사고에 기초한 팀 셀프 리더십을 구축해야 한다는 것을 제안하였다. 또한 만즈는 이를 종합하여 그림 12-5와 같은 종합적 셀프 리더십 모델로 묘사하였다(Manz and Sims 1995).

이 모델의 골자는, 리더가 모형에 제시된 셀프 리더십 전략들을 효과적으로 활용하면 지적이고 합목적적이며 높은 동기수준을 갖는 행동과 사고가 발생하며, 그로 말미암아 성공적인 직무수행과 개인적 성과가 도출되고, 성공적 직무수행은 다시 자신의 셀프 리더십 효과를 높이는 선 순환적 결과를 가져오게 된다는 것이다.

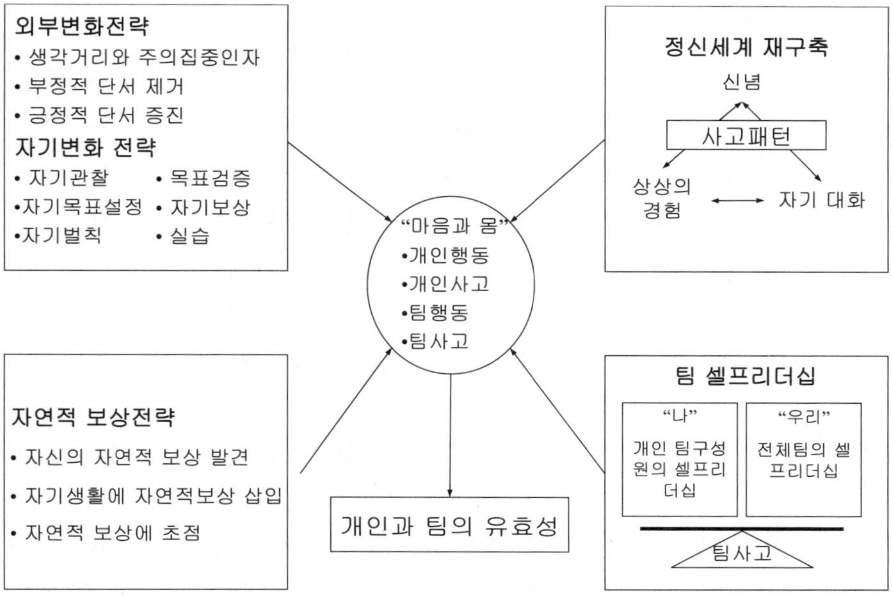

출처 : Manz & Sims, 1995

그림 12-5 종합적 셀프리더십 모델

요컨대 슈퍼 리더는 부하에게 모범을 보여 리더 자신이 먼저 셀프 리더가 되어야 하며, 나아가 부하들이 셀프 리더가 되도록 부하의 목표설정을 돕고, 부하의 자기개발을 지원함으로써 부하들 스스로가 각자의 비전을 달성하도록 한다. 이런 과정을 통하여 부하들은 자신의 과업에 대해서 '할 수 있다'라는 신념과 자신감을 갖게 되어 점차 보다 탁월한 성과를 낼 수 있는 인재, 즉 셀프 리더로 육성된다.

장래의 바람직한 조직구조의 모습으로 일컬어지는 자율경영팀은 스스로 자기들이 추구할 목표를 설정하며, 일을 수행해 나가는 과정에서 외부로부터 끊임 없이 배우는 조직이다. 결국 슈퍼 리더는 부하들로 하여금 자율경영팀의 일원으로 행동하게 북돋우는 셈이다.

이상 살펴 본 바와 같이, 오늘날 조직에 요구되는 변혁에의 압력은 조직 내 구성원에게는 창의성과 자율성을 요구하고 있으며, 이런 배경에 따라 변혁적 리더십과 셀프 리더십의 중요성이 더욱 강조되고 있다.

윤리적 리더십

'윤리적 리더십'이라는 별도의 이론이 있는 것은 아니지만 리더가 갖는 영향력으로 말미암아 리더십 상황에서 일어나는 윤리적 문제는 늘 중요한 이슈일 수 밖에 없다. 리더십에 있어서 윤리는 리더가 무엇을 해야 하며, 어떤 사람이 리더가 되어야 하는가와 관련이 있는 개념이다. 사실 인간은 역사 이래 리더의 윤리성에 대해서 끊임 없이 관심을 가져 왔다. 예컨대, 역사의 기록에는 좋은 왕과 악한 왕에 관한 기록으로 가득 차 있다.

서구에 있어서 윤리(ethics)에 대한 논의는 그리스의 플라톤이나 아리스토텔레스의 시대까지 거슬러 올라갈 수 있으며, 동양의 유교사상은 윤리 그 자체에 관한 논의라 해도 과언이 아니다. 윤리란 개인이나 사회가 바람직하고 적절하다고 보는 가치나 도덕성과 관계가 있다. 결국 윤리란 특정한 상황에서 무엇이 옳고 그른지, 또 무엇이 좋고 나쁜지를 판단하는 데 지침이 되는 법칙과 원칙의 체계를 제공해 준다. 또 도덕적으로 고결한 인간이란 무엇인가에 대한 이해의 토대를 제공해 준다.

'윤리와 리더십'의 연구는 행위적 측면과 자질적 측면으로 구분하여 볼 수 있다. 즉 윤리적인 리더의 행위에 대한 연구와, 다른 한편으로는 인간으로서 윤리적인 리더는 누구인가에 대한 연구이다.

행동론적 연구는 '무엇이 옳으냐'라는 질문에 대해서, 그 결과를 보고 옳고 그름이 결정된다고 보는 관점과 함께, 리더의 행위를 지배하는 의무와 규칙에 초점을 맞추는 관점이다.

행동론적 관점은 리더의 행위가 바람직한 결과를 낳느냐 아니냐에 대해서 관심이 있다. 예컨대 최대 다수에게 최선이 되는 결과를 창출하는 공리주의나, 어떤 행위를 함에 있어서 타인의 이익을 최대한 고려하는 이타주의 관점을 들 수 있다. 평생을 가난한 사람들을 돕는 데 바친 테레사 수녀의 삶은 이타주의적 윤리의 표본이라 할 만 하다. 행동론적 관점에서는 행위의 결과뿐 아니라 그 행위의 과정 자체가 윤리적이냐 아니냐에 따라 윤리적인지가 결정된다고 본다. 이 경우, 결과뿐 아니라 리더가 사실을 말하고 약속을 지키며 공정하고 타인을 공경하는 행동이 중요할 것이다.

행동론적 접근에 반해 자질론적 관점은 덕성론(virtue-based theories)이라 불리며, 리더가 어떤 사람인가에 초점을 맞춘다. 여기서 윤리적 덕성은 타고 난 본성이라기 보다는 그 사람의 자기수양과 학습에 의해서 획득되고 교육되는 것이다. 즉 인간은 가족 공동체나 사회생활 속에서 전인적인 인간으로 교육되는데, 이런 속에서 윤리적인 리더가 자라난다는 것이다. 따라서 덕성이론의 추종자들은 도덕적 가치의 개발과 훈련에 더 많은 노력을 기울여야 한다고 주장한다. 즉 사람이란 '어떤 일을 해야 하는가' 보다도, '무엇이어야 하는가' 에 대한 깨달음을 강조한다.

윤리적 인간의 덕성이란 우리가 늘 들어 왔던 것들로 하나 하나가 매우 중요한 것들이다. 예를 들어, 아리스토텔레스는 용기, 절제, 관용, 자제력, 정직, 사교성, 겸양, 공정, 그리고 정의를 도덕적 인간의 덕성으로 꼽고 있다. 사람들이 덕성을 학습하고 발전시키는 가운데, 그러한 덕성이 사람의 성향(기질) 속에 내재하게 된다고 본다. 말하자면 사람은 진실만을 말하게 되면 진실해지고, 가난한 사람에게 선의를 베풀다 보면 자비로워질 것으로 짐작된다.

그런데 리더에 있어서 윤리가 중요한 이유는 리더가 갖는 영향력 때문이다. 다른 사람의 삶에 영향을 주는 리더가 추종자들의 삶에 올바른 영향을 끼쳐야 할 책임을 느끼는 것은 당연하다. 따라서 윤리는 리더십의 중심에 자리잡아야 하며, 리더는 조직의 윤리적 가치를 확립하는 데 중심적인 역할을 해야 한다. 다시 말해 리더에 의해 촉진되는 신념과 가치는 조직 전체의 문화를 형성하는 데 큰 영향을 미칠 수 있다. 요컨대 리더십의 중심에 윤리가 자리잡아야 하는 이유는 영향력 과정의 본질로 인하여 추종자들을 통하여 공동목표를 달성하고 조직 가치를 확립하는 데 리더가 미치는 영향이 크기 때문이다.

앞서 변혁적 리더십에서도 리더는 추종자들이 더 높은 수준의 도덕적 책임감을 갖도록 하는 노력을 강조하고 있다. 리더의 역할이란 부하들의 개인적 동기유발과 도덕성 개발에 유의하는 것이라고 강조하고 있다.

1970년대 초에 소위 '섬기는 리더십(servant leadership)'이라는 접근은 강력한 이타주의적 윤리의식에 기반을 두고, 추종자들의 관심에 유의하여 부하의 입장에서 느끼고 생각하며 그들을 보살피는 리더십을 강조한다. 그린리프(R. Greenleaf)는 리더십이란 본성적으로 남을 섬기려는 사람에게 부여되는 것이라고 주장하며, 실제로 한 사람이 리더로 부상하는 길은 우선 남을 섬기는 자가 되어 부하의 욕구에 관심을 기울이고, 그들이 보다 지적이 되고 자유로워지며 독립적이며 또한 남을 섬기는 사람이 되도록 도와주어야 한다고 강조한다. 섬기는 리더십은 소외된 사람에게도 관심을 기울이며, 공동체적 삶에 모든 사람이 참여할 수 있도록 하는 것을 가치 있게 여긴다. 인간이 서로 존경과 신뢰를 갖고 개인적 강점을 충분히 경험할 수 있는 곳이 바로 공동체이기 때문이다.

윤리적 리더십의 원칙들은 다음과 같다.

첫째, 윤리적 리더는 타인을 존중한다. 사람을 대할 때 그를 자율적인 목적을 지닌 하나의 존재로서 존경심을 가지고 대하여야 하며, 절대로 다른 사람을 개인적 목적을 위한 수단으로 취급해서는 안 된다는 것이다. 더 나아가 다른 사람이 내린 결정이나 가치는 존중되어야 한다. 그렇지 않다면 다른 사람을 자신을 위한 목적으로 취급하는 결과가 되기 때문이다. 이런 태도는 사람 사이에 개인차가 있다는 것을 인정하면서도 다른 사람을 존중하고 다른 사람의 생각을 신뢰하며 그를 한 인간으로서 인정하는 것을 의미한다.

둘째, 윤리적 리더는 타인을 섬긴다. 섬김의 리더십은 이타주의적 윤리에 기초한다. 그래서 윤리적 리더는 의사결정에 있어서 부하들의 복지에 최우선 순위를 둔다. 다른 사람을 섬기는 윤리적 책임은 자원봉사 활동에서 볼 수 있는 윤리관과 비슷하다. 히포크라테스적 전통을 추구하는 의료 전문가들과 같이 윤리적 리더는 다른 사람들의 필요에 유의하고 그들을 보호하며 그들의 복지에 유익이 되도록 하는 것을 의무로 여긴다. 결론적으로, 섬김의 리더십은 다른 사람들에게 관심을 가져야 한다는 것을 강조한다.

셋째, 윤리적 리더는 공정하다. 윤리적 리더는 공정성과 정의에 관심을 기울여 부하들을 평등하게 대한다. 조직 내의 구성원들이 지연이나 학연으로 인하여 특별 대우를 받는다면 이는 정의에 어긋나는 일이다. 공정성은 "남에게 대접을 받고자 하는 대로 너희도 남을 대접하라."는 성경의 말씀과도 통한다.

넷째, 윤리적 리더는 정직하다. 정직의 중요성은 우리가 어려서부터 끊임없이 들어 오고 있는데, 리더에게도 똑같이 적용되는 것이다. 만약 리더가 부정직하다면 당장 조직 내에 불신이라는 불쾌한 문제가 생길 것이다. 사람들은 리더를 의지할 수 없고 믿을 수 없는 사람으로 생각하게 된다. 리더를 믿을 수 없다고 여길 때 그에 대한 존경은 사라지고 결과적으로 그 리더의 영향력은 손상될 수 밖에 없다. 부정직은 사람들 간의 관계에 긴장을 불러일으킨다. 부정직한 사람에 대해서는 누구나 그 사람의 무엇인가 자신의 목적을 위해서 남을 조종하려 하는 의도를 경계하면서, 그 사람과는 자신의 속마음이나 정보를 교환하지 않으려 한다. 이러한 행동은 장기적으로 사람 간의 관계를 편견 속에 몰아 가기도 하며 인간관계를 악화시킨다. 정직은 단지 진실을 말하는 것 이상이다. 다른 사람에게 자신의 마음을 열고 진실을 있는 그대로 완전히 표현하는 것을 말한다. 그러나 완전한 진실을 말한다는 것이 쉬운 일은 아니며, 간혹 역작용이 날 때도 있다. 하여튼 윤리적 리더는 그들이 이행할 수 없는 일을 약속하지 않으며, 잘못 대변하지 않고, 발뺌하고 둘러대면서 숨기지 않으며, 책임을 은폐하거나 의무를 회피하지 않는 모든 것을 포함한다.

다섯째, 윤리적 리더는 공동체를 구축한다. 리더란 공동목표를 달성하기 위해 다른 사람에게 영향력을 행사하는 사람이다. 리더십의 정의에서 공동목표를 강조한다는 것은 명백히 윤리성을 내포하는 것이다. 공동목표는 리더와 부하들 간에 그 집단이 나아가야 할 방향에 대해 동의가 이루어져야 한다는 것을 의미한다. 즉 리더는 자신의 의지만을 위해서 다른 사람에게 강요해서는 안 되며 모든 사람의 목표와 양립될 수 있는 목표를 추구할 필요가 있다는 것이다.

변혁적 리더십 이론의 중심이 되는 비전이나 공동 목표는 리더와 구성원 모두의 상호이익이 되면서 모두를 변화시키는 원동력이 된다. 변혁적 리더십을 추구하는 조직은 높고 광범위한 도덕적 목표를 추구하는데, 그 범위는 조직의 테두리를 넘어 그 조직이 속한 지역사회에의 기여까지 포함하고 있다. 이와 같이 윤리적 리더십의 원칙들은 모든 리더십 관점의 기초를 형성한다.

윤리적 리더십에 대한 연구는 리더십이 본질적으로 도덕적 차원을 내포하는 것임을 일깨워 주고 있다. 이런 논의를 통해서 미래의 리더들로 하여금 훌륭한 리더가 되기 위해서 무엇이 옳고 정의로운 것인가에 대한 자문과 반성을 할 수 있도록 하며, 보다 수준 높은 리더가 되기 위한 자기수양을 하도록 독려하게 될 것이다.

(PD Flaherty 2002, 364-376)

리더십에 대한 드러커의 분석

드러커는 리더십에 대한 다양한 정의들이 마치 기도를 하지 않거나 선행을 베풀지 않아도 구원 받을 수 있다고 가르치는 것과 같다고 비유했다. 즉 카리스마 리더, 관계지향적 리더, 영웅적 리더, 참여적 리더, 심지어는 역사적 인물들을 적절히 조합시킨 이상적 리더에 이르기까지 리더십에 대한 다양한 관점의 정의들이 청중의 요구에 맞추어 제공되고 있다고 비판한다.

드러커는 리더십의 중요성을 과소평가하지는 않는다. 그 역시 리더십을 경영의 핵심적인 구성요소로 보았다. 드러커는 리더십이 없다면 조직은 모호한 무정부 상태나 기계적인 관료체제로 몰락할 것이라고 했다.

"경영자는 모든 기업활동에 생명을 불어 넣는 역동적인 요소이다. 경영자의 리더십이 없다면 '생산자원'들은 단지 자원으로만 남아 있을 뿐 결코 제품이 될 수 없다."

다만 드러커는 최근 유행처럼 번지고 있는 리더십 연구가 리더십이라는 복잡하고도 오랜 역사를 지닌 문제를 피상적인 가정을 가지고 단순하게 접근하는 점을 비판하고 있는 것이다.

드러커가 보는 리더십은 개인적 특성보다는 조직의 운영이 리더십에서 더 핵심적인 요소라는 것이다. 카리스마와 같은 개인적인 특성은 하나의 조직체를 이끌어 나가기에 불안정하며, 신뢰하기 어려운 기준이다. 어떠한 조직도 한 사람의 비범한 천재에 의해 좌우될 수는 없으며, 그러한 천재는 흔치 않을 뿐 아니라, 신뢰하기도 어렵다는 것이다.

더욱이 지식사회의 현실을 볼 때, 지식을 소유하고 있는 지식근로자들이 카리스마를 가지고 있는 한 사람의 지도자에게 '충성'한다는 것은 바라기 어렵다. 오히려 서로 간에는 일종의 파트너십 관계가 요구되는 것이며, 최고경영자도 관리하고 관리 당하는 네트워크의 한 자리를 차지하고 있는 또 다른 하나의 직원인 셈이다.

드러커가 카리스마적 리더를 극도로 신뢰하지 않은 또 다른 이유는 카리스마적 리더는 대체로 자기중심적 자아상에 도취되어 조직을 마치 자신의 분신인 양 대하고, 경영권의 계승문제에 대해서도 안목이 없는 경우가 허다하여 대체로 자신을 추종하는 2인자를 후계자로 지목하는 경향이 있음을 알았기 때문이다.

그러면서 드러커는 리더의 유일한 정의는 바로 '추종자를 지닌 사람'이라는 것이라며, 이를 돌려서 생각해 보면 이와 같은 '추종의 근거'야 말로 리더십의 본질이 될 수 있다고 보았다.

드러커가 본 바로는 유능한 리더들은 모두 '나'를 생각하기 이전에, 그들 자신을 단지 팀의 일원으로 볼 수 있도록 스스로를 훈련할 줄 아는 사람들이었다. 예를 들어, 로마 카톨릭 교회가 오랜 기간 지속해 올 수 있었던 데는 위대한 지도자들이 배출되었기 때문이라기보다는 보통의 사람들도 뛰어난 일을 할 수 있게끔 만든 데에서 기인한다고 보았다. 드러커에 의하면 카톨릭 교회는 모든 평 사제단을 향해서도 깊은 존경을 표함으로써 추종의 본질을 잘 알고 있었으며, 평범한 일반 사제들로부터 최고의 지도자를 양산해 냈다는 것이다.

드러커가 50년 넘게 다양한 조직의 지도자들을 만나면서 내린 결론은 불변의 리더십 특성이라는 것은 없다는 것이다. 오히려 각양각색의 경영자를 만나면서 허영과 겸손, 총명과 우둔, 충동적임과 신중함, 사교적임과 고립, 허풍과 자숙 등과 같은 양 극단으로 대비되는 특성들을 폭넓게 접할 수 있었다. 그러나 충직성만큼은 리더가 갖추어야 할 절대적인 특성임을 강하게 주장했다. 충직성은 자신이 한 말을 지킬 것이라는 확신과 성실성 같은 것으로 이것을 통해서 사람들은 리더를 신뢰하게 된다. 이것이 있을 때 리더는 1)위기에서 구성원의 신뢰를 이끌어 내면서 의사결정을 할 수 있고, 2)리더에 대한 신뢰를 공고히 하는 정당성의 기반으로 작용하고, 3)사람들로 하여금 윤리적으로 올바른 일을 한다는 비전을 심어줄 수 있게 된다는 것이다.

사람들은 리더와 얼마간의 시간을 같이 하게 되면 그 사람이 과연 충직성을 갖추고 있는지 아닌지를 저절로 알게 된다. 그리고 리더의 여러 특성 중 상당 부분, 즉 역량부족, 무지함, 자신감 결여, 예절 부족 같은 것은 그런 대로 용인할 수 있다. 그러나 그 사람이 성실하지 않다는 것은 도저히 용서하지 못한다.¶

경영과 개인

13 지식근로자와 임파워먼트

1. 임파워먼트의 의의
2. 자기 임파워먼트
3. 지식근로자의 생산성

제 13 장 지식근로자와 임파워먼트

테일러와 메이요는 그 위대한 식견에도 불구하고 생산성을 증진시키기 위해 '일을 하고 있는 당사자에게 물어 보는 것'이 중요하다는 사실을 깨닫지 못했다. 테일러는 근로자는 '말 못하는 소'라고 생각했으며, 메이요는 '미숙하고, 적응하지 못하는 존재'라고 생각했다(PD 1991).

그 당시까지만 해도 지식노동자의 역할이 매우 미미했었기 때문에 두 학자 모두 노동자 스스로 능동적으로 생각해서 생산성에 영향을 끼친다는 점에 대해서 평가하지 않은 것이었다. 그러나 만약 테일러나 메이요가 지식노동에 대해 오늘날과 같이 심도 있게 연구할 기회가 있었다면, 아마도 지식노동자의 전문적 지식이 엮여서 사업성과를 내는 필수 불가결한 요건이 된다는 사실을 깨달았을 것이다.

산업현장에서 노동자가 스스로 생각하고, 자신의 일에 대해서 더 생산성 있는 형태로 계획·조직화하는 것, 즉 임파워먼트 측면의 중요성을 처음 실현시킨 예는 일본의 QC분임조 활동에서 찾아 볼 수 있다. 일본의 기업들은 2차 대전 후, 폐허가 된 경제를 재건하기 위해 생산성과 품질 향상에 매진했다. 이런 노력의 일환으로 데밍 박사 등으로부터 배운 통계적 품질관리 기법은 작업자들이 스스로 생각하며 일하게 하는 도구가 되었던 것이다.

오늘날 임파워먼트는 생산현장뿐 아니라 지식노동자로 이루어진 사무직 전문가들의 지식 노동 활동에서도 그 생산성을 향상시키기 위한 토대가 되고 있다. 과거의 노동자들은 더 열심히 일해야 하는 '일꾼'들이었지만, 지식사회에서는 직원을 육체적으로 열심히 일하게 하는 것이 중요한 것이 아니라 현명하게 일하고, 최고 수준의 성과를 내도록 공헌하도록 하며, 그러기 위해 끊임 없이 학습하도록 하는 것이 중요하다. 이런 모든 것이 구성원 스스로가 임파워먼트 되어 있지 않으면 이루어지지 않을 과제인 것이다.

임파워먼트의 의의[26]

임파워먼트 개요

임파워먼트란?

임파워먼트란 변화하는 환경에 능동적으로 대처하고 고객만족을 신속히 추구하고자 상대적으로 조직의 하위계층 사람들에게 의사결정 권한을 많이 위양·위임하는 것으로 정의된다. 즉 조직의 상층부에서 권한을 쥐고 통제중심의 관점에서 조직을 운영하기 보다는, 권한이양을 통해 구성원의 자율적이고 적극적이며 능동적인 활동을 유도하는 개념이다.

임파워먼트는 오늘날과 같은 지식정보화 사회에서 경쟁력 있는 조직을 만들기 위한 기반으로 간주되고 있다. 지식정보화 사회에서의 각 구성원은 스스로 도전정신과 창의력을 가지고 자신의 분야에서 성과를 내야 하는 전문가이다. 전문가로서 조직구성원은 상사의 지시에 일방적으로 순응하던 관료적 조직의 구성원과는 달라야 하는데 그 가장 큰 차이가 바로 임파워먼트라 할 수 있다.

임파워먼트란 대개 다음과 같은 개념을 포함한다.

- 최대한 아래로 조직 내의 의사결정권을 내려 보내는 것
- 문제에 가장 가까이 있는 사람에게 문제해결력을 부여하는 것
- 구성원에게 일을 부여한 후, 그 일을 할 수 있게끔 그 앞길을 비켜주는 것
- 구성원으로 하여금 일과 조직에 대한 주인의식을 부여하는 것
- 팀의 자율관리가 가능케 하는 것
- 구성원이 올바른 일을 하도록 신뢰하는 것

임파워먼트는 자신과 구성원이 가지고 있는 잠재력을 발휘하여 최선의 능

---

[26] 박원우, 파워먼트 실천매뉴얼, 시그마그룹, 1999

력을 발휘할 수 있도록 개인 속에 내재된 파워(power)를 키워주고 풀어주는 것이다. 따라서 조직은 구성원이 능동적, 자율적, 창조적 삶을 살 수 있도록 해야 하는데, 그 방법으로서 조직은 가장 효과적으로 파워가 쓰일 수 있는 곳, 즉 개인에게 실질적 파워를 부여하는 관행과 조직구조를 만들고자 한다.

흔히 임파워먼트라 하면 상사가 가지고 있던 권한을 위양함으로써 권한을 잃어 버리는 측면을 부각하는 경우가 많다. 그러나 임파워먼트의 본질은 원래 파워를 행사해야 할 사람에게 되돌려 줌으로써 조직 전체의 권한을 극대화하는 데 있다.

임파워먼트와 동기부여

동기부여의 관심사는 "조직의 구성원이 만족하여 열심히 일하게 하기 위해서 우리가 그들에게 해줄 수 있는 것이 무엇인가?"에 있었던 반면, 임파워먼트는 "사람들로 하여금 그들 자신의 성장과 함께, 조직에 공헌하도록 하는 여건을 조성하기 위해 해야 할 일은 무엇인가?"에 초점을 두는 것이다. 즉, 전자는 조직이 구성원의 만족을 위해 무엇인가를 베푼다는 입장인 반면, 후자는 개인의 성장과 조직의 발전이라는 공동의 목적을 추구한다는 점에서 차이가 있다.

따라서 임파워먼트는 전통적인 동기부여의 의미에다가 구성원의 능력개발 측면이 특히 강조되는 개념이다. 실제 지식사회에서의 조직 성과란 구성원의 강점을 바탕으로 지식들이 결합해서 생기는 것을 생각한다면 임파워먼트가 강조되는 것이 당연하다 할 것이다.

임파워먼트의 현실적 필요성

임파워먼트가 필요해진 현실적 이유는 두 가지 측면에서 살펴 볼 수 있다.

환경변화에 따라 고객지향적, 탄력적 조직형태로의 전환이 이루어지면서 조직의 수평화(flat화)와 팀제로의 이행이 큰 흐름으로 자리 잡게 되었다. 이에 따라 이제 팀장으로서 관리자의 역할 변화가 요구되었고, 또한 구성원은 지휘·통제의 대상이 아니라 지식근로자인 전문가로서 새로운 역할을 해야 할 필요가 증대되었다.

여기에 더하여 고객지향적인 경영을 위해 보다 탄력적이고 동적인 조직구조의 필요에 따라, 각 부서나 팀은 스스로 의사결정 권한을 갖는 분권적 조직으로 운영될 필요가 커졌다. 요컨대, 자율경영의 필요성이 커진 경영환경과 함께 가치창출의 원천인 고객과 가장 가까이 있는 구성원 개개인 쪽으로의 임파워먼트의 필요성이 커졌다는 것이다.

임파워먼트의 내용과 방법

임파워먼트의 수준 별 구성요소

임파워먼트의 출발은 기본적으로 개인 수준에서부터다. 그래서 개인수준의 임파워먼트는 집단이나 조직 수준의 임파워먼트를 위해서도 필수 요건이 된다. 개인 차원에서의 임파워먼트는 구성원 개인이 스스로 임파워먼트 되기 위한 방안들이 그 초점이 된다. 즉 개인이 자기 스스로에 대해서 자긍심을 갖고, 자신의 역량을 키워 가는 과정이 그것이다. 집단 차원의 임파워먼트에서는 임파워먼트 되어 있는 팀을 만드는 것이 초점이다. 그러기 위한 출발점으로 그룹 내 다른 동료인 남을 임파워먼트하는 것이 요구되는데, 이런 목적을 위해서 가장 영향력 있는 사람은 팀장이므로 팀장이 어떻게 구성원의 역량을 증진시킬 것인가의 문제가 집단 수준의 임파워먼트에 있어서 실질적으로 중요한 주제가 될 것이다. 마지막으로 조직 차원의 임파워먼트는 조직의 구조변화나 제도를 통해서 임파워먼트의 문화가 정착된 조직을 만드는 것이 주된 목적이다. 따라서 제도와 조직구조가 임파워먼트라는 조직문화의 창달을 가로막고 있는 것은 아닌지 그 정합성을 검토하는 문제가 조직 차원의 임파워먼트에서 중요한 주제가 된다(박원우 1999, 56). (그림 13-1 참조)

개인 수준	Self/Individual Empowerment • 개인의 자기 신뢰감(자긍심) 증진 • 개인 자신의 사고변화와 역량증대	micro 임파워먼트 (기본)
집단 수준	Group E = Empowering Others • 역량확산(타인/구성원의 역량증대) • 상호권한이전과 관계증진 • Power흐름은 top-down식의 one-way만이 아님	meso 임파워먼트 (핵심)
조직 수준	Organization Empowerment • 집단 E의 조직확산 • 제도/구조 변화를 통한 E 의향과 행동 정착	macro 임파워먼트

그림 13-1 임파워먼트의 수준 별 구성요소

임파워된 사람과 조직의 모습

임파워된 조직은 어떤 모습일까? 한마디로 '기가 살아 있는 조직'이 임파워된 조직의 모습이다. 구성원들은 자기 분야의 전문가로서 지속적인 학습으로 역량을 키우면서 자기 분야에서 성과를 내기 위해 창의와 도전의 자세로 일하며, 이런 과정을 통해 삶의 의미를 발견하고 자기실현의 선 순환을 타게 된다. 이런 구성원이 일하는 조직은 내적으로는 조직의 목표를 달성하기 위해 구성원 간 긴밀한 커뮤니케이션이 이루어지는 '신나는 일터'가 될 것이며, 나아가 외적으로는 고객만족을 통해 성과를 내고 지속적으로 성장하는 조직이 될 것이다. 임파워먼트된 사람과 조직의 모습을 나타내는 키워드들이 그림 13-2에 표시되어 있다(박원우 1999, 249).

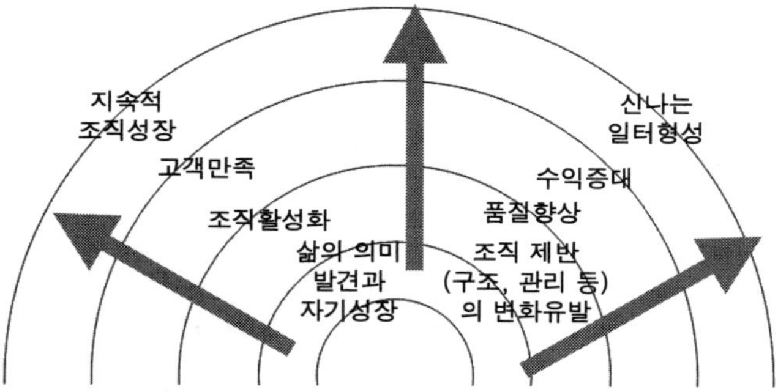

그림 13-2 임파워먼트된 사람과 조직의 모습

임파워링 리더

현재 우리가 논의의 대상으로 하고 있는 사회상은 지식정보화 사회이다. 이 시대에 요구되는 리더의 전형은 슈퍼 리더(super leader), 즉 자기의 부하 직원을 셀프 리더(self-leader)로 키우는 리더가 되어야 한다. 이는 평범한 사람을 스스로 문제를 파악하고 해결할 수 있는 능력을 가진 인재로 배양해주는 리더를 말한다. 슈퍼리더는 부하직원의 잠재능력이 최대한 발휘될 수 있도록 자극을 주고 스스로 모범을 보이며, 궁극에는 관리가 필요 없는 그러한 수준으로까지 조직의 힘을 키우는 것을 보람으로 여긴다.

그런데 슈퍼 리더가 되기 위해서는 리더 스스로가 우선 셀프 리더가 되어야 한다고 가정할 수 있으므로, 임파워링 리더란 실제 내용상으로는 셀프리더와 공통점이 많다[27].

---

[27] 슈퍼리더십, 셀프리더십에 대해서는 제 12 장을 참조할 것

임파워먼트의 핵심요소로서 신뢰

임파워먼트의 성공을 위하여 조직 내에 존재해야 할 요소로서 다음과 같은 내용이 제시된다(Kinlaw 1995).

- 임원과 관리자의 절대적 몰입
- 사원의 절대적 몰입
- 고객과 협력업체(공급자)의 참여
- 완전하고 개방된 의사소통

갈등과 경쟁이 지배적인 조직상황에서 구성원간 상호신뢰감 없이는 임파워먼트는 현실적으로 실현이 불가능할 것이다. 임파워먼트의 핵심요소로서의 신뢰란, 나와 남과의 신뢰, 나와 조직간의 신뢰를 주로 일컫는 것이지만, 이것이 가능 하려면 그 이전에 나 자신에 대한 신뢰 즉, 자기신뢰감이 그 토대가 되어야 한다는 점이 강조되고 있다. 이것이 바로 개인 차원의 임파워먼트가 강조되는 이유이다.

실상 신뢰라는 것은 사회 번영의 원동력이라 할 수 있다(Fukuyama 1995). 사회가 지니고 있는 신뢰의 정도가 그 사회의 경제적 특징을 결정짓고 경제발전의 관건으로 작용하기 때문이다. 신뢰가 부족한 사회는 일반적인 거래에도 이를 감시하기 위한 사회적 비용을 크게 부담할 수 밖에 없다. 그만큼 거래 비용이 증대되는 것이다. 인간의 경제행위는 기본적으로 합리적인 이기심에 의해 결정되지만 문화적 차이에 의해서도 지배를 받는다. 한 나라의 경제발전은 물적 자본과 인적 자본 외에 그 사회가 공유하고 있는 공통의 규범과 가치 즉, 사회적 자본에 의해서도 크게 영향을 받는다. 그 중에서도 특히 공동체 구성원들간의 신뢰에 있어서 리더의 충직성의 중요성은 아무리 강조해도 지나치지 않을 것이다.

임파워먼트 성공을 위한 절차[28]

임파워먼트에 관해 다양한 정의에도 불구하고 중요한 것은 해당 조직의 실무에서 어떻게 임파워먼트를 잘 실현하여 성과로 연결시키느냐는 것이다. 임파워먼트의 실행에 있어서 객관적 규칙이나 원칙은 없다. 하지만 기업의 현실사례를 바탕으로 한 성공적 임파워먼트 실행을 하는 일반론으로서 카터백 등은 다음과 같이 제안하고 있다.

- 임파워먼트를 통해 이룩하려는 조직의 목적을 명확히 정의하라.
- 귀 조직의 입장에서 임파워먼트란 무엇인지 정의 내리고, 구성원에게 전달하라.
- 공동의 언어를 개발하라.
- 3차원(조직, 팀, 개인)에서 행동과 시스템의 변화를 유발하라.
- 자유재량의 범위를 정하라.
- 실수를 허용하라.
- 급히 해결하려 하지 말라 – 여유를 가져라.

한편 Byham은 임파워먼트의 성공을 위한 14 단계 절차를 다음과 같이 제안했다.

1. 임파워먼트의 의미와 성취방법 이해
2. 의사결정의 기준이 되는 비전과 가치의 이해와 수용
3. 직무책임의 명확한 이해를 제공하는 성과관리체계와 성과측정기법(의 존재)
4. 주인의식(ownership)과 책임감을 부여하는 직무설계
5. 계획, 성공, 실패에 대한 효과적 의사소통
6. 자신감과 긍지(자긍심)를 형성하는 보상과 인정(recognition) 체계
7. 질적으로 우수한 구성원의 선발과 승진체계
   - 그렇게 함으로써(행동으로 보임으로써) 진짜 임파워먼트를 실

[28] 박원우, 임파워먼트 실천매뉴얼, 시그마그룹, 1999, pp106

천하고자 하는 의지가 강함을 보여야 함

8. 체계적(제도적) 뒷받침
   - 여행경비 처리규정, 경력계획절차, 승계제도, 학비보조, 제안제도, QC 등 기존의 제도를 적절히 수정해야 함
9. 임파워링 리더십으로의 리더 역할변화
   - 구성원에 대한 격려와 자극
   - 구성원의 자신감 강화
   - 주인의식 부여하는 리더가 필요
10. 직무수행능력 증진
   - 임파워된 조직에서는 구성원의 과업범위가 넓어지는 경향이 있는데, 직무수행을 잘하도록 훈련시키는 것 이상으로 임파워시키는 것은 없다.
11. 대인관계능력과 문제해결력 증진
   - 임파워된 구성원은 동료, 공급자, 고객, 관리자(상사)와 접촉이 많다. 따라서 문제해결력과 대안관계능력이 더욱 필요하다.
12. 일선고객서비스 기능의 증진
13. 임파워시키는 지원그룹의 존재
   - 리더 뿐만 아니라 지원부서(예, 교육부서)에서도 계속적으로 임파워먼트의 실현을 지원해야 함
14. (자율적) 팀제의 활성화

자기 임파워먼트

자기 임파워먼트의 대상

임파워먼트의 기본으로서의 자기 임파워먼트

앞 서 임파워먼트에는 개인, 집단, 조직의 세 수준이 있다 했지만 그 중

'기본'은 역시 개인 임파워먼트다. 이것이 이루어져야 상호 간의 긍정적인 시너지 효과가 일어나면서 집단 수준과 조직 수준으로 임파워먼트가 확산될 수 있다.

자기 임파워먼트에 있어서 다음 두 가지 진실은 음미할 만하다.

① 아무도 남에 의해 임파워될 수 없다(물가에 말을 데리고 갈 수는 있어도 물을 먹는 것은 말 스스로 해야 한다).

② 자신을 임파워한다는 것은 한 개인의 태도와 행동, 의사소통 스타일, 나아가 자아상의 변화 등이 수반되는 어려운 과정이다.

자기 임파워먼트는 표 13-1과 같은 요소들로 이루어진다.

능력의 구성요소

사람의 능력은 다음과 같이 세 가지 유형으로 구분할 수 있다.

① 도구적 능력(예 – 어학력, 타이핑 능력 등)

② 전문적 능력(직무의 특성에서 유래하는 전문성의 보유 여부)

③ 사회적 능력(조직, 사회인으로서 남과 같이 잘 어울리고 화합하여 성과를 내는 데 필요한 인간관계 능력)

한편 이들 능력이 우러나오는 곳(능력이 어디에 존재하는지)을 바탕으로 구분하면 기능, 지식, 태도의 세 가지로 대별할 수 있다.

① 기능(skill) : 신체에서 나오는 능력

② 지식(knowledge) : 머리에서 나오는 능력

③ 태도(attitude) : 마음에서 나오는 능력

우리가 흔히 능력이라 하면 앞의 두 가지, 기능과 지식만을 칭하는 경우가 대부분이지만, 기능과 지식이 있어도 태도, 즉 마음속에서 우러나오는 정성 또는 열의 즉, 열정이 없으면 그 기능과 지식이 성과로 이어질 수가 없다.

능력의 구성요소를 볼 때, 개인의 능력을 증진하기 위한 요소는 전체적으로 (3 × 3) = 9 가지로 구분된다.

한 인간으로서의 자기육성	능력 증진	• 도구적 ·전문적 ·사회적 능력 X 기능 ·지식 ·태도
	자긍심 증진 (비공식적, 내면적 측면)	• 자아효능감(self efficacy)의 증진 • 자기믿음(self respect)의 증진 • 수용성(acceptance)의 증진
조직인로서의 자기육성	일/책임 영역의 증대 (공식적, 외부적 측면)	• 능동 ·적극 ·공격적 '일의 개념' 형성 • 실질적 일/책임 영역의 증진

표 13-1 자기 임파워먼트의 구성요소

자긍심의 구성요소

능력이 있음에도 불구하고 개인으로서 자신의 능력을 스스로 신뢰하지 못하고 자신감이 없다면, 즉 자긍심이 없다면 자기실현인으로서 능력발휘를 하는 데 장애가 될 것이다. 자긍심은 다음 세 가지 요소의 합으로 정의된다.

자긍심 = 자아효능감 + 자기믿음 + 수용성

① 자아효능감(self-efficacy) : 사고, 학습, 선택, 적절한 의사결정을 할 수 있고, 생의 도전에 대처해 나갈 수 있는 본인의 능력에 대한 자신감

② 자기믿음(self-respect) : 자기를 믿고 사랑하는 마음
③ 수용성(acceptance) : 주로 가족, 동료, 사회구성원 등 남에 의해서 인정·존중 받는 것, 나아가 무의식 속에 잠재한 나 자신으로부터의 인정·존중도 포함됨

개인 임파워먼트의 내용은 개인의 특성과 그가 수행하는 직무의 성격에 따라 달라질 수 있다. 그러나 직무내용에 관계 없이 모두에게 꼭 필요한 공통적 역량이 있을 수 있다.

이런 예로서 대인관계능력의 증진은 팀워크 증진을 위한 요건이 되고, 집단의사결정 능력은 질 높은 집단의사결정을 위한 요건으로서 중요한 능력이 될 수 있다. 그리고 자긍심 증진은 자기신뢰감으로 이어지고 나아가 타인신뢰감의 증진으로 이어지며, 이는 결국 타인 임파워먼트의 가능성을 높이는 데 핵심요소가 된다. 이들 능력은 결국 나와 남 간의 관계에서 양자를 모두 임파워링하는 요인이므로 집단임파워먼트의 필요조건이 된다.

자긍심의 효과

자긍심이 낮으면 불신, 방어적 태도, 앙심이 많아지고, 몰입력 부족, 성과저하, 그리고 이직률 상승이 초래되는 등 성격, 행동, 인간관계상의 문제가 야기된다. 자긍심이 낮은 사람은 흔히 거칠고 공격적인 행동이나 허풍을 통해 표면상의 자신감을 보이려고 하며, 혼자 있는 것(외로움)을 매우 어려워한다.

자긍심이 높다고 스트레스, 노여움, 우울증, 혹은 두려움에서 완전히 벗어날 수 있는 것은 아니지만 이런 것으로부터 덜 영향을 받으며, 설사 영향을 받더라도 쉽게 벗어난다. 그리고 자긍심이 높으면 새로운 시도를 좋아하고, 도전성과 현상타파의 용기가 있게 되고, 작업장에서 뛰어나려고 노력하게 된다.

남과 잘 어울리는 능력은 우리 자신의 자긍심 정도와 직결된다. 따라서 우리 자신의 자긍심을 높이지 않고서는 남의 자긍심을 높일 수가 없는 것이다.

일·책임영역의 증대

능력과 자긍심을 함양한 개인으로 구성된 조직 내에서 개인은 자신의 업무 영역에 대해서 스스로 최고경영자처럼 임함으로써 자기 임파워먼트를 다시 한 번 증진할 수 있다.

이렇게 자신의 업무 영역 내에서 최고경영자로서 일하는 모습의 예로서 '사내기업가(intrapreneur)' 개념을 들 수 있다. 사내기업가는 비록 기업가(entrepreneur)는 아니지만 기업 내에서 자신이 맡은 부서나 일에 있어서는 구성원 자신이 기업가라고 믿고 행동하고 나아가 기업에서도 그러한 사고와 행동을 제도적이고 구조적으로 뒷받침해 주는 것이다. 이렇게 구성원의 기업가정신을 키우기 위해서는 매우 의도적인 노력이 필요하다. 기업가적 기업은 기업가정신에 대해서 원칙을 세우고, 애써 단련하고 그리고 그것을 실천한다.

물론 임파워먼트라는 풍토를 조성하기 위해 사내기업가 개념을 이용하는 것과 실제로 사내기업가를 키워 신사업을 육성하는 것은 다른 차원이다. 드러커에 의하면, 신사업 육성은 기존 사업부와의 긴밀한 상호작용의 필요성 등으로 조직 내 상당한 지위에 있는 사람이 주축이 되어 추진해야 성공적일 수 있다고 한다. 그리고 조직문화의 차이를 고려할 때 기존사업과는 독립적으로, 즉 별도의 사업부로서 운영되어야 한다고 하였다(PD 2001, 313).

능력증진 방안

인재상의 실현

조직 구성원의 능력을 증진하기 위해서는 조직의 목적 상 어떤 능력이 요구되는지 결정해야 한다. 앞에서 언급한대로 필요한 능력의 유형은 (도구·전문·사회적 능력 × 기능·지식·태도) = 9 가지 차원으로 대별된다. 이들 능력 중 어떤 부분을 중점적으로 강화해야 하는가는 회사 전체차원, 부서 차원, 그리고 계층별로 달라질 것이다. 구체적으로 조직마다 어떤 교육이 필요한지는 조직의 인재상 혹은 인재요건을 기반으로 하면서 현업의 교육 니드를 조사하여 교육체계를 수립함으로써 결정된다.

흔히 조직의 '바람직한 구성원의 모습'을 인재상, 그리고 그 인재상을 실현하는 데 꼭 필요한 능력 요소들을 인재요건이라고 한다. 인재상과 인재요건은 그 조직 구성원의 문화를 창달하기 위한 주요 틀이 된다. 그러나 더욱 중요한 것은 한 조직의 인재상과 인재요건을 그 조직의 인재육성체계와 연계시켜서 내적으로 일관성 있는 능력개발 체계를 실현해야 한다는 점이다. 이는 인재상으로 출발하여 기업의 인사와 연수 부서가 서로 연계됨을 의미한다.

대인관계능력

직무에 관계 없이 누구에게나 공통으로 필요한 능력 차원으로서 대인관계능력과 집단의사결정 능력을 들 수 있다. 이들 역량은 팀 내에서 구성원 상호 간에 협조적인 분위기 속에서 성과를 내야 하는 전문가 집단에게 꼭 필요한 능력이다.

적극적 경청

적극적 경청의 구성 요소는 다음과 같다.

- 집중(intensity) : 생각하는 속도는 말하는 속도보다 4배 정도 되지만, 상대방이 말할 때 남는 시간 동안 상대방의 말, 기분, 의도 등을 이해하는 데 쓴다는 것을 말함
- 입장전환(empathy) : 상대방의 입장에서 상대방이 말하고자 하는 것을 이해하려는 노력을 말함
- 수용(acceptance) : 상대방이 말하는 동안은 그 내용을 판단하려 하지 않고 수용하려는 노력을 함
- 완전성(completeness) : 완전히 상대방의 뜻과 감정을 이해하고자 노력하고 질문까지 해서 이해하는 것이 적극적 태도를 말함

흔히 적극적 경청의 증진방법에는 다음과 같은 내용이 자주 제시된다.

- 눈을 마주보라
- 적절히 끄덕이고 안면 표정을 지어라

- 질문하라
- 상대방의 말을 인용하라
- 관심을 분산시키는 행동이나 제스처를 피하라
- 상대방의 말을 방해 말라
- 말을 많이 하지 말라/말하기 보다는 들어라

피드백

효과적인 대인관계를 위해서는 서로 간에 공감할 수 있는 커뮤니케이션이 이루어져야 하는데, 그러려면 서로 속에 있는 마음을 노출도 해야 하고 어느 때는 상대방의 행동에 대해서 내가 느낀 점을 피드백도 해야 한다.

이런 관계를 잘 설명하는 틀로서 조하리의 창은 노출과 피드백을 적절히 함으로써 나와 상대방이 함께 공유하는 '장'이 형성된다는 것을 나타내고 있다. (그림 13-3 참조).

효과적인 피드백 방법

- 일반적이기 보다는 특정행동에 초점을 두어라
- 판단·평가하기 보다는 설명하라/ 사람을 비판 말라
- 상대방의 목표·목적 달성에 도움되는 것만 하라
- 곧바로 하라/ 받아들일 수 있는 상태일 때 하라
- 이해를 확인하라
- 부정적 feedback은 상대방이 통제할 수 있을 때만 해라

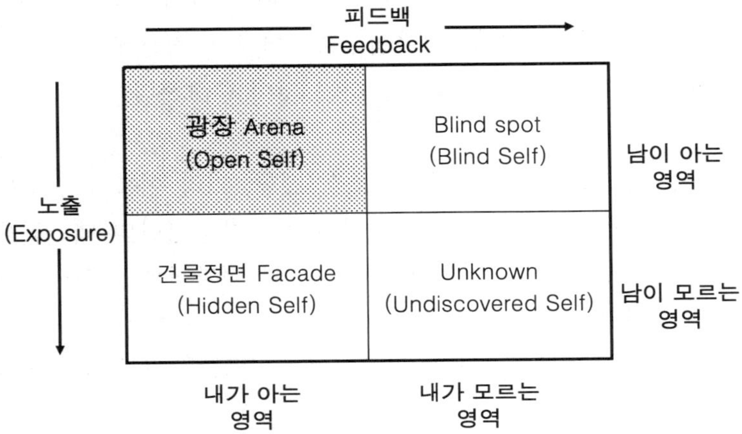

그림 13-3 조하리의 창(Johari Window)

(PD 2000, 145)

피터 드러커는 올바른 대인관계의 비결을 설명하면서 위와 같은 대인관계 기법을 거론하지 않는다. 그보다는 지식근로자의 대인관계는 자신의 일과 다른 사람과의 관계에서 '공헌'에 초점을 맞추라고 강조한다. 그 결과 그들의 인간관계는 생산적이 될 것이며, '생산적'이라는 것이야말로 '올바른 인간관계'에 대한 단 하나의 타당한 정의라고 그는 강조한다. 즉 나는 상대방의 일에 어떤 공헌을 해야 하고, 또한 상대방으로부터 어떤 공헌을 요구하는가에 초점을 맞추어 관련된 모든 사람이 결과를 얻고 성취감을 맛볼 수 있다면 때때로 주고 받는 거친 말투도 인간관계를 해치지는 않는다는 것이다. 반대로 따뜻한 감정이나 유쾌한 농담이 교환되는 분위기가 유지되지만 아무런 결과가 나오지 않는 조직이라면 이것은 서로를 기만하는 가면극일 뿐이다. ¶

집단의사결정 능력

팀 내에서의 의사결정 중에는 문제의 사안에 따라 집단의사결정이 필요한 경우가 있다. 늘 발생하는 운영적 차원의 문제가 아니라 개별적이고 예외적인 문제를 해결해야 할 경우 집단의사결정이 바람직한데, 이 때 집단사고(group thinking)가 일어나지 않도록 하는 것이 중요하다.

집단사고는 집단응집성, 조직의 구조적 결함, 기타 이를 촉진하는 상황요인이 결합하여 발생한다. 집단사고의 문제점은 행동방안의 대안들을 충분히 검토하지 못하고 단숨에 합의에 도달함으로써 결과적으로 의사결정의 질이 낮아진다는 점이다.

집단사고(group thinking)로부터 나타나는 역기능 내지 부작용은 다음과 같다.

- 대안들의 불완전한 탐색
  - 모든 가능한 대안을 탐색하지 않고 단지 몇 가지의 대안만을 고려하는 현상
- 목표들의 불완전한 탐색
  - 모든 가능한 목표가 아닌 소수의 목표만을 고려하는 현상
- 선호하는 대안의 위험성을 간과
  - 대안을 한번 결정한 후에는 그 대안의 잠재적 결함이나 위험성에 대한 재평가를 하지 않는 현상
- 초기에 기각된 대안의 재평가에 실패
  - 일단 기각된 대안에 대해서는 최초의 평가에서는 간과되었던 그 대안의 장점에 대한 재평가를 하지 않는다는 현상
- 빈약한 정보탐색
  - 특정 분야의 전문가로부터의 조언과 같은 의사결정에 필요한 정보를 충분히 수집하지 않는 현상

(PD 2000, 250)

어떤 사람이 가능한 모든 대안을 검토하지 않았다면 그 사람은 편협한 마음을 갖게 된다. 효과적인 의사결정을 위해서 합의 그 자체도 중요하지만 너무 쉽게 합의가 되려고 할 경우에는 의도적으로 불일치와 의견차이를 조장해야 한다. 의사결정은 상반되는 견해의 충돌, 견해가 다른 사람들 사이의 대화, 여러 다른 판단들 가운데에서의 선택일 경우에만 오직 올바르게 될 수 있다. 따라서 의사결정의 한 가지 규칙은 의견의 불일치가 없는 상황에서는 결정을 하지 않는다는 것이다.¶

자긍심 증진방안

'참 나'와 '껍데기 나' 사이의 괴리감 줄이기

전인적인 성품('참 나')은 남들이 그 깊이를 쉽게 볼 수 없다. 마치 빙산에서 물위로 드러나는 부분은 전체의 아주 작은 부분이고 대부분은 물 밑에 잠겨 있듯이, 그 사람의 자기수양의 깊이는 성품이라는 모습으로 수면 밑에 잠겨 있는 것이다. 흔히 사람들은 그 사람의 겉모습, 즉 빙산에서 겉으로 드러난 부분을 보고 이것이 그 사람의 전체인 양 평가하는 수가 많다. 그러나 겉으로 드러난 부분('껍데기 나')은 그의 본성이라기 보다는 훈련된 겉모습의 측면이다. 예를 들면 화려한 언변이라든가, 제스처, 협상에서의 능숙함 같은 것이 여기에 속한다. 이런 것은 필요는 하겠지만 그 사람의 본성인 성품에 비하면 효과가 단기적이고, 또한 잘못 사용되었을 경우는 사람들에게 부정적인 이미지로 비춰질 가능성이 크다.

그러나 사람들은 본성, 즉 성품의 연마가 중요함에도 불구하고 흔히 이것을 개발하는 데 소홀하면서, 대신 겉모습을 개발하는 데 아주 적극적인 경우를 많이 볼 수 있다. 실상 성품이라는 본성의 개발은 너무나 장기간이 소요되고, 또한 물밑에 있는 빙산처럼 금방 드러나지 않으려니 하는 생각이 들기도 한다. 그래서 대인적인 기교에 큰 관심을 쏟게 되는데, 그것은 대인관계에서 발생하는 문제는 통렬하고 급성적인 고통을 주는 데 비해서, 개인적인 삶에서의 비전이나 목표의 부재 같은 문제는 만성적인 고통을 주기 때문일 것이다. 대인관계에서 일어난 문제, 예컨대 본의 아니게 가까운 사람과 오해가 생겼다든지, 내가 부당하게 대우 받는 일이 발생했을 때 사람들은 매우 분개하며 단기적이면서 통렬한 고통을 느낀다.

그렇지만 나의 삶이 별로 비전이 없어 보인다든지, 내가 좀 더 리더십을 발휘하며 사회에 기여하지 못한다는 느낌은 급성적이라기 보다는 만성적인 고통을 준다. 다시 말하자면, '내가 왜 이렇게 살고 있지?'하면서도 서서히 그렇게 사는 데 익숙해지는 것이다. 마치 우리가 어떤 만성적인 질병이 있을 때, 처음에는 걱정을 좀 하다가도 점차 잊어버리고 그것에 적응하며 사는 것과 유사하다.

• 자긍심 증진 = '껍데기 나'와 '참 나' 사이의 괴리감을 줄이는 것

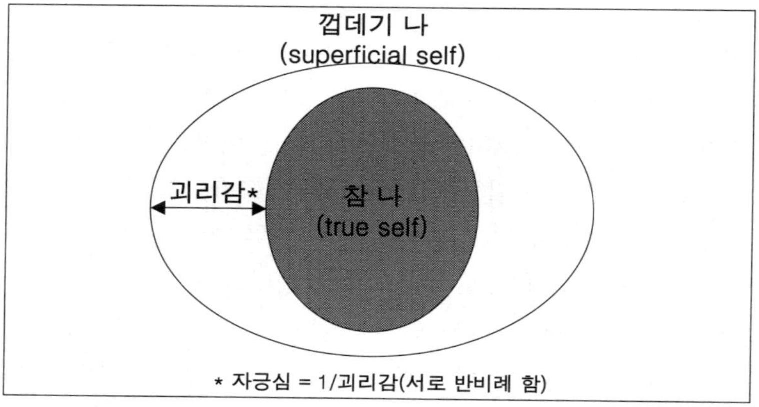

그림 13-4 자아와 자긍심 증진

그러나 이것은 마치 작물을 키우면서 뿌리를 튼튼히 하는 것에는 관심이 없고, 단지 잎새만 무성하게 하는 것 같이 원칙에 어긋나는 일이다. 여기서 마음에 새겨야 할 중요한 점은 이 급성적인 문제의 치유, 예를 들면 대인관계에 있어서의 문제를 치유하기 위해서 겉 모습의 기교나 언어 스타일 같은 즉효적인 치료법에 의존하는 것은 근본적인 치료 방법이 아니라는 것이다. 근본적인 치유는 반드시 개인의 효과성, 즉 목적에의 부합성이 판단 기준이 되어야 하며, 이는 원칙 중심의 성품으로부터 출발함을 암시한다. 이것은

마치 우리 몸에 급성적인 질병이 생겼을 때 겉으로 드러나는 증상만을 치료해서는 안 되고, 병의 근본 원인을 발견하여 치유해야 하는 것과 같은 이치다(Covey 1994, 22).

자긍심을 증진하는 방법의 핵심은 '껍데기인 나'와 '참 나' 사이의 괴리감을 없애는 것이다. (그림 13-4 참조)

높은 성취목표

(PD)

피터 드러커는 자신이 인생을 살아 오면서 평생의 교훈으로 삼은 몇 가지의 지적 경험을 즐겨 이야기했었다. 물론 누구나 살아 오면서 인생의 길잡이가 될 만한 교훈이 있을 것이다. 그러나 드러커와 같이 이것을 평생 간직하고 그 정신에 따라 정진한 사람은 그리 흔하지 않을 것 같다.

드러커가 대학생이었던 당시, 그는 고향인 오스트리아의 수도 빈을 떠나 독일의 함부르크에 있는 면제품 수출 회사에 견습생으로 입사했었다. 견습생으로서의 일은 별로 재미 없었고, 당시에는 학교 수업시간도 좀 느슨했기 때문에 그에게는 시간이 남아 돌았다. 그 당시 그는 도서관에서 닥치는 대로 책을 읽는 일과, 일주일에 한번씩 무료 표를 얻어 오페라를 관람하는 재미로 살았다. 그러던 어느 날, 그는 이탈리아의 위대한 작곡가 베르디(Giuseppe Verdi, 1813 – 1901)가 1893년에 최후로 작곡한 오페라 폴스타프(Falstaff)를 보고 완전히 매료되었다. 폴스타프는 베르디 오페라 중 가장 인기 있는 작품 중 하나이지만 당시에는 그 곡이 너무 어렵다고 잘 연주되지 않던 곡이었다. 드러커는 집에 돌아와 자료를 찾아보고는 깜짝 놀라게 되었는데, 그토록 유쾌하면서 인생의 열정으로 가득 찬 곡이 베르디가 여든 살이라는 나이에 작곡한 것이라는 사실을 알게 되었던 것이다. 자료에는 베르디가 직접 쓴 글도 있었다.

"음악가로서 나는 일생 동안 완벽을 추구해 왔다. 완벽하게 작곡하려고 애썼지만 하나의 작품이 완성될 때마다 언제나 아쉬움이 남았다. 때문에 나는 분명 한번 더 도전해 볼 의무가 있다고 생각한다."

드러커는 베르디의 이 말을 평생 잊은 적이 없다고 한다.

그 당시 그는 완벽의 의미를 되새기게 하는 또 다른 이야기를 읽게 되었다. 그것은 고대 그리스의 조각가 페이디아스(Phidias)에 관한 이야기였다. 그는 기원 전 440년경 여러 조각 작품의 제작을 의뢰 받았는데, 그때 조각한 작품들이 2,400여 년이 지난 지금까지도 아테네 파르테논 신전의 지붕 위에 여전히 서 있다. 그의 작품은 오늘날까지도 서양 미술사 최고의 걸작으로 꼽히고 있으며, 당시에도 보는 사람마다 그의 작품을 칭송했다. 그런데 아테네의 재무관은 페이디아스의 작품료 지불을 거절했다. 그 사유는 이런 것이었다.

"조각들은 신전의 지붕 위에 세워져 있고, 신전은 아테네에서 가장 높은 언덕 위에 위치해 있다. 따라서 사람들은 조각의 전면 밖에는 볼 수가 없다. 그런데도 당신은 우리에게 조각 값 전부를, 다시 말해 아무도 볼 수 없는 조각의 뒷면 작업에 들어간 비용까지 청구했다. 어떻게 생각하는가?"

이에 대해 페이다스는 "아무도 볼 수 없다고? 당신은 틀렸어. 하늘의 신들이 보고 있지."라고 대답했다.

이 이야기는 드러커에게 또 다른 충격을 주었는데, 자기 자신도 제발 신들이 눈치채지 않기를 바라는 그런 식으로 일을 한 적이 많았다는 가책 때문이었다. 오직 '신'들만이 보고 있다 해도 완벽을 추구하지 않으면 안 된다는 생각은 이렇게 그에게 각인되었다.¶

위의 이야기에 바탕을 두고 볼 때, 드러커의 업적과 성과는 높은 목표와 비전을 가지고 있으며, 또한 일의 품질은 최고를 지향하는 데서 이루어진 것이라는 사실을 짐작할 수 있다. 존경할만한 드러커의 업적과 삶은 단기적인 술수나 멋부림으로는 이루어질 수 없는 것이었다. 이처럼 드러커의 삶은 완벽을 추구하는 높은 이상과 목표를 향하고 있다. 이는 물질적인 보상을 바라는 것과는 다르다. 그보다 한 차원 높은 양심과 상상력의 산물인 것이다.

집단 임파워먼트

집단 임파워먼트 강화 요인

자기 임파워먼트를 기초로 하여 이제 나와 상대방 간의 관계에 있어서 나뿐만 아니라 상대방의 역량도 최대한 발휘할 수 있도록 임파워링 할 수 있는 팀을 만들어야 한다. 이런 역할에 있어서 특히 팀 리더의 역할이 중요한데, 팀 리더가 구성원의 임파워먼트를 위해서 고려해야 할 사항은 다음과 같다.

- 보상시스템 : 성공적 임파워먼트 수행을 위해서는 공식적, 비공식적 보상체계 모두를 점검해 보아야 한다. 만약 기존 해오던 대로의 행동이 높은 보상을 유발한다면 구성원들은 다르게 행동하려 하지 않을 것이다.
- 조직적 지원 : 조직 상층부의 사고·행동이 진정 임파워먼트를 뒷받침한다고 구성원이 실제로 보고 들어서 느낄 수 있어야만 임파워먼트가 성공할 수 있다. 경영층의 언행이 불일치 한다고 느끼는 계기가 조금이라도 있으면 성공을 기대할 수 없다.
- 조직구조 : 임파워먼트는 흔히 조직의 상층부(경영층)와 하급관리자 선에서 잘 이루어 진다. 하지만 중간관리층에서는 저항과 더불어 기존방식을 고수하려는 경향이 흔히 나타난다. 이것은 바로 임파워먼트 과정에서 계층축소가 수반될 것이라는 우려에서 비롯되는 저항으로서 극복되어야 할 부분이다. 예를 들어 현장 작업자에게 품질검사 및 통제(QC)의 권한이 부여되고도 종래와 같이 품질검사관이나 중간관리자에 의해 제품의 품질검사가 이중으로 이루어진다면, 현장 작업자의 임파워먼트 수준은 급격히 떨어질 테고, 품질에 대한 관심이 약화되면서 결과적으로 품질 그 자체가 떨어질 것이다.

- 실수관리 : 구성원의 실수에 대응·반응하는 관리자의 행동이 임파워먼트의 성공여부에 큰 영향을 미친다. 비록 비공식적으로 하더라도 처벌을 최소의 선에서 그쳐야 한다. 약간의 실수는 과정상 불가피하다고 이해하고, 이해시키며, '개방성'을 바탕으로 실수를 학습의 계기로 삼아야 한다.

관료제 조직	팀 조직
고도로 전문화된 기능 명확한 경계 좁은 범위의 직무기술 감독자에 의한 tight control 상급자가 계획·사고하고 하급자가 일 수행하는 조직	협력하는 팀/집단의 집합으로서 정점(apex)보다는 가운데(center)에 의해 연결된 조직
• 의사결정이 top에서 이루어짐 • 각자는 자기직무만 책임짐 • 변화는 드물고 느리며 위에서 부터만 시작됨 • 피드백과 의사소통은 top down식 • 부서간 이동과 의사소통은 매우 드뭄 • 조직이 팽창하면 직업안전성과 승진이 가능 • 사람은 위를 바라보고 살며, 상급자가 하급자의 성과에 책임을 짐 • 관리자는 목표와 업무방식을 지시함 • 종업원의 동기부여가 강하지 않으므로 그들 행동의 통제가 필요함	• 고객이(=고객을 위한 가치가) 중앙에 있음 • 사람은 필요한 일을 협력적으로 수행함 • 책임, 기능,권한, 통제가 공유됨 • 계속적 의사소통과 의사결정을 거쳐 통제와 협력이 이루어짐 • 새로운 도전에 직면함에 따라 변화가 굉장히 신속히 이루어짐 • 구성원의 핵심기능은 남과 함께 일하는 능력임 • 조직의 계층수가 적음 • 파워의 원천은 자리보다는 설득력과 고취력에 있음 • 구성원의 자기관리력과 전체적 책임감이 요구됨 • 관리자는 팀의 에너지를 불어 넣는 사람, 연결자 역할, 임파워먼트하는 사람

표 13-2 관료제와 팀제 조직의 차이

이상의 집단 임파워먼트는 단적으로 말하자면 팀제 조직의 운영원리라 할 것이다. 참고로 표 13-2 는 종래의 관료제 조직과 팀제 조직의 특징을 대비하여 비교한 것이다.

(PD)

지식근로자의 생산성[29]

지식사회에서 생산성을 올리는 일은 과거의 산업 경제에서와는 다르다. 이 시대의 주된 구성원은 지식근로자, 즉 각자 자신의 전문 지식을 가지고 있는 전문가들이다. 그들은 자율적으로 의사 결정을 하고 또 성과를 내야 하며, 또한 지식근로자의 일은 본질적으로 '감독'할 수 없다. 그래서 지식근로자는 경영자의 동업자로 인식되어야 하고, 자율적인 팀으로 조직되어야 한다.

경영자는 새로운 조직 환경에서 지식근로자의 생산성을 올리는 데에 리더십을 발휘할 수 있어야 한다. 언제나 생산성이란 그저 열심히 일하는 데서 나오는 것이라기 보다는 보다 현명하게 일하는 데서 나온다. 이러한 명제는 테일러 시대의 과학적 관리법에서 잘 들어 맞았으며, 오늘날의 지식노동에 있어서 이 점은 생산성 향상을 위한 유일한 열쇠이다.

그런데 오늘날의 지식근로자에게는 한 가지 더 중요한 질문이 있다. 과학적 관리법에서 테일러는 광석을 옮기기 위한 삽질을 연구하면서, 그것을 '어떻게' 수행하는가를 과학적으로 분석했다. 하지만 "해야 할 과업이 무엇인가?", 그리고 "왜 그것을 하는가?"와 같은 질문은 하지 않았다. 그러나 지식 노동의 생산성 향상을 위해서는, "해야 할 과업은 무엇인가(우리는 무엇을 수행하려고 하는가), 그리고 왜 그것을 해야 하는가?"라는 질문을 가장 먼저 해야 한다. 다시 말해 과업을 다시 정의해 보아야 하며, 특히 이 질문의 결과 꼭 하지 않아도 될 일은 제거되어야 한다.

어느 회사에서 마케팅 부서장이 회사의 전략 계획을 수립하기 위해, 최신의 '전략적 시나리오' 방법을 써서 정교한 미래 예측을 하자는 제안을 했다. 그런데 그 일을 수행하기 위해서는 여러 부서에서 전문가가 동원되어 수개월이 걸리는 프로젝트를 수행해야 한다. 이런 계획안에 대해서 경영자가 먼

---

[29] Drucker, P. F., Management: Tasks, Responsibilities, Practices,, HarperBusiness, 1993

저 제기해야 할 질문은 "우리 회사가 전략 계획을 수립하는 목적은 무엇인가? 즉 과업이 무엇인가?"이다. 일반적으로 전략계획의 목적은 사업의 방향을 설정하고, 목표를 달성하기 위해 전략을 수립하는 것이지, 미래를 정교하게 예측하기 위한 것은 아니다. 그렇다면 이 회사에 있어서 전략적 시나리오 방법은 당장의 과업인 전략계획의 수립을 위해서는 불필요한 일인지도 모른다.

일단 필요한 과업이라고 결정되고 나면, 이 과업을 생산성 있게 조직해야 한다. 지식노동의 생산성 향상을 위해서는 전통적인 육체노동의 생산성을 올리는 과정에서 배운 것을 똑같이 적용할 수 있는 것들이 많이 있다.

첫째, 육체 노동의 경우와 마찬가지로, 지식노동의 생산성을 높이기 위해서는 가능하면 한 가지 과업에 집중할 수 있도록 해야 한다. 이것 저것 잡무가 많아서 과업에 초점이 없어서는 생산성이 나올 수가 없다. 따라서 경영자는 지식근로자가 자신의 과업에 집중할 수 있도록 여건을 조성해 주어야 한다.

둘째, 지식 노동의 생산성을 올리려면 그 일을 실제로 담당하는 사람들과 파트너가 되어 일하는 방법을 찾아야 한다. 이 점은 특히 일의 성과가 양이 아닌 질에 의해서 결정되는 업무인 경우 더욱 필수적이다. 테일러의 시대에는 노동자에게 의견을 묻지 않고 관리자와 엔지니어가 작업을 분석하여 최선의 방법을 제시했고, 그런 방법으로 생산성 혁명을 일으킬 수 있었다. 그러나 지식노동에 있어서는 책임 있는 근로자와의 파트너십은 생산성을 올리는 유일한 방법이다. 자신의 분야에 대해서 전문성을 가지고 있는 사람을 인정하지 않고, 상사로서의 권위를 내세워 자존심을 상하게 하면서 지식근로자의 생산성을 높일 수 있는 방법은 없다. 지식근로자는 대부분 질로써 성과를 내야 하는 일에 종사한다. 권위적인 상사로 인하여 강압적인 상황에 처한 지식근로자는 어쩌면 몇 가지 사소한 일을 그럴싸하게 포장하여 양적인 성과를 내게 될지도 모른다. 하지만 질적인 성과가 요구되는 과업에 여러 개의 사소한 성과란 대개 낭비에 가까운 것이다.

셋째, 지식근로자의 생산성을 향상하기 위해서는 학습조직을 만들어야 한다. 일본 사람들은 전사적 품질관리(TQC)에 있어서 전 세계적으로 모범사례가 되어 왔는데, 예컨대 전사적 품질관리 활동의 하나인 품질관리분임조 활동의 요체는 작업자들이 현재 담당하고 있는 일을 더욱 잘하기 위해서 서로 가르치고 배우는 학습의 장을 마련한 것이었다. 특히 지식근로자는 자기 자신이 스스로를 가르칠 때 가장 잘 배운다. 예컨대, 어떤 영업 현장에서 뛰어난 실적을 내는 영업사원이 있다면, 그 사람으로 하여금 영업 능력이 더욱 더 향상되도록 하기 위해서는 자신의 영업 방법을 정리해서 동료들에게 발표할 수 있도록 하는 것이 효과적이다.

지식근로자의 성과

경영자가 리더로서 지식근로자가 공헌할 수 있도록 하려면 어떤 점을 고려해야 하는가? 경영자는 우선 지식근로자가 성과를 내는 방식이 어떤 특징을 가지고 있는지 살펴 볼 필요가 있다.

조직의 목표를 달성하는 능력을 효과성(effectiveness)이라 한다. 지식근로자 중에는 자신의 전문성이나 지적 통찰력을 은근히 자랑하는 사람이 있다. 그러나 이런 능력 자체가 곧바로 성과로 이어지는 것은 아니다. 지적 통찰력과 전문성은 하나의 중요한 조건일 뿐이고, 여기에 매우 체계적이며 끈질긴 작업을 부가해야만 성과와 연결될 수 있다. 아무리 전문성이 뛰어난 사람이라 해도, 효과성 없는 일을 열심히 한다면 목표 달성에 별 도움이 안 되거나 혹은 오히려 부작용을 일으킬 것이다.

결국 지식근로자 자신의 전문성 내지 상상력과 창조성이 강조되어야 하는 것보다 더 중요한 것은, 과업을 통해서 높은 성과를 올려야 한다는 점이다. 그런데 지식근로자 중에서 높은 성과를 올리는 사람은 그리 많지 않다.

과거 육체근로자에게는 효과성보다는 주로 효율성(efficiency)이 필요했다. 정해진 시간 내에 생산량을 더 많이 내면 효율성은 올라간다. 그러나 지식근로자의 경우는 효율성으로 평가할만한 객관적인 산출물이 정의되기 어렵다. 그래서 지식근로자의 경우, 스스로 올바른 일을 하는 것만이 지식 노동을 효과적인 것으로 만든다.

경영자로서의 지식근로자

지식근로자는 스스로 의사결정을 하고 조직에 공헌을 하는 존재다. 특히 자신의 전문 분야에 대해서는 조직 내 누구보다도 올바른 의사결정을 할 수 있어야 하고, 그 의사결정이 조직 내에서 무시 당하지 않고 성과로 연결될 수 있도록 할 책임이 있다. 그런 면에서 지식근로자는 한 사람 한 사람이 모두 '경영자'라고 볼 수 있는 것이다. 과거에는 최고위층에 있는 사람만이 리더이고 나머지는 모두 부하 또는 추종자의 위치로 나누어 생각할 수 있었지만, 지식근로자의 경우는 각자가 추종자이자 리더인 셈이다. 분명 자신의 권한 범위 내에서는 틀림 없는 경영자이다. 다만 경영자의 의사결정은 지위에서 나오는 데 비하여 지식근로자의 권한은 지식에서 나오는 차이만이 있을 뿐이다.

지식근로자의 현실

경영자는 지식근로자가 성과를 내도록, 다시 말해 효과성을 갖도록 리더십을 발휘해야 한다. 그런데 조직 내 일이 돌아 가는 현실을 살펴 보면, 지식근로자가 성과를 내는 데 장애를 주는 현실적인 요인들이 많음을 알 수 있다.

첫째, 지식근로자는 다른 사람들에게 시간 할애를 해야 하는 경우가 많다. 여기 저기에서 그의 시간을 빼앗아 갈 일들이 생긴다. 그렇다고 다른 사람이 열심히 이야기 하고 있는데 건성으로 들으며 계속 시계를 들여다 볼 수는 없다.

둘째, 지식근로자는 잡다한 일상업무에 시간이 쪼개어질 가능성이 너무나 많다. 지식근로자는 연속되는 일상업무 중에 어떤 일을 해야 하고 어디에 집중해야 할지 망설이며, 이것 저것 조금씩 건드리다 보면 어느덧 자신의 시간을 거의 소모해 버리고 만다.

셋째, 지식근로자의 성과는 자신이 공헌한 바를 다른 사람이 사용할 때 나온다는 점이다. 따라서 지식근로자는 자신의 목표를 달성하는 데 있어서 중요한 사람을 정의하고 이들에게 접근할 수 있어야 하며, 그들의 과업에 공헌해야 한다.

넷째, 지식근로자는 조직의 '내부' 세계라는 우물에 갇혀 시야가 한정될 가능성이 많다. 그래서 지식근로자들은 조직 외부의 추세 변화를 지각하는 일에 소홀해지기 쉬운데, 이러한 추세 변화야말로 궁극적으로 조직 구성원들이 기울인 노력의 성패를 결정한다. 조직 내부의 정보 처리와 같은 것은 기껏해야 노력 대비 산출의 크기를 말하는 효율성과 관련 있는 것들이다. 따라서 지식근로자가 진정으로 효과성을 발휘하려면 외부 세계를 지각하기 위해 의식적으로 노력하지 않으면 안 된다.

지식근로자의 목표달성 능력

지식근로자가 더욱 뛰어난 능력과 광범위한 지식을 가지려는 노력은 기본적으로 필요하지만, 이것 자체가 효과성을 보장하지는 않는다. 또한 모든 방면에서 지식과 능력을 발휘하는 특출한 사람은 극소수에 불과하다. 그러므로 경영자는 탁월하지는 않지만 각자의 분야에서 전문가라 할만한 사람들을 데리고, 그들이 각자 자신의 강점을 잘 활용하도록 하여 성과를 내도록 해야 한다.

성과를 올리는 사람들은 공통적으로 공헌에 초점을 맞춘다(PD 2000, 135). 반대로 성과를 올리지 못하는 사람들은 공헌보다는 자신이 얼마나 노력했는가를 내세운다. 지식근로자는 자신이 속해 있는 조직의 성과에 큰 영향을 미치도록 하는 일 중에서 자신이 공헌할 것은 무엇인가에 초점을 맞추어야 한다.

지식근로자가 공헌에 초점을 맞추려면, 무엇보다도 자신의 능력에 비해 높은 수준을 목표로 설정해야 한다. 공헌할 목표를 높은 수준에 잡게 되면 자연히 자신의 전문분야와 기술 그리고 자신이 속해 있는 부서에 국한되어 있던 관심이 조직 전체의 성과에 대한 관심으로 폭이 넓어진다. 모든 조직에 있어서 성과란 그 조직의 존재 목적을 규정하는 외부의 세계로부터 나온다. 이는 곧 그 조직이 고객의 입장에서 생각하는 것을 말한다.

목표달성 능력은 타고 난 특별한 재능이라기 보다는, 자신의 능력과 존재를 성과로 연결시키기 위해서 끊임 없이 노력하는 실행능력이다. 그리고 실행능력은 안다고 되는 것이 아니라 몸에 익혀져야 하는 하나의 습관이다.

공헌을 위한 책임

자신의 목표달성에 책임을 다하기 위해서 지식근로자는 자신의 전문 지식이 다른 사람의 생산물과 통합되어 전체적인 성과가 되도록 해야 한다. 따라서 진정한 전문가는 자신의 전공분야를 현학적으로 싸고도는 사람이 아니라, 자신의 전문성을 다른 사람이 이용하도록 하여 고객 가치에 기여할 만한 성과를 내게 하는 사람이다.

그러기 위해서 진정한 전문가는 다른 사람의 전문 분야에 관해서도 충분히 알고 있지 않으면 안 된다. 우리는 흔히 지식근로자들이 겸손하게도 "이 부분은 제 전문분야가 아니어서 잘 모르겠습니다."라는 식의 말을 하는 것을 볼 수 있다. 그러나 전문가가 성과를 내려면 최소한 다른 사람들의 전문분야가 나의 분야와 어떻게 연결되는 것인지, 그들의 필요와 방향, 한계, 지각방식은 무엇인지 등에 대해서 알고 있어야 한다. 지식근로자의 가장 큰 오만은 "그것은 내 분야가 아니다."라든가, "같은 전문분야 동료끼리만 통하면 된다."라는 태도인데, 이런 태도야말로 지식을 진정한 학식이 아니라 장식적인 현학으로 변질시킨다.

목표를 달성하는 지식근로자들은 자신이 가진 지식의 유용성에 대해서 알기 위해서 노력한다. 그들은 상사와 부하, 그리고 다른 분야에 있는 동료들에게 "당신이 우리 조직에 공헌하는 데 있어서, 내가 당신에게 해야 할 공헌은 무엇인가?, 당신은 언제, 어떻게 그리고 어떤 형태로 그것을 필요로 하는가?"를 질문한다(PD 2000, 144).

경영자는 지식근로자들간에 커뮤니케이션이 늘 열려 있도록 신경을 써야 한다. 구체적으로 워크아웃에 의한 부서 간 프로젝트를 할 수도 있고, 학습조직을 구상해 보는 것도 이런 노력에 해당한다. 결론적으로 지식근로자가 성과를 내고 조직에 공헌하려면 지식과 정보가 종·횡으로 원활하게 흘러야 한다.

지식근로자의 인간관계

앞서 리더십 이론에서는 구조주도(일 측면)와 배려(관계 측면)라는 두 가지 차원에 따라 리더 행동을 분류한다는 것을 언급한 바 있다. 지식근로자에 있어서 좋은 인간관계는 '일'이냐 '관계'냐 이기 보다는 공헌에 초점을 맞추는 데서 발전적으로 형성된다. 또한 지식근로자에 있어서 '올바른 인간관계'란 조직 목표에 공헌하기 위해서 팀 구성원 각자가 생산적이어야 한다는 것을 의미한다. 어떤 작업이나 과업에서 아무런 성과도 달성하지 못한 채로 따뜻한 인간관계를 유지했다고 해서 그것이 무슨 의미가 있겠는가?

공헌에 초점을 두면, 인간관계의 네 가지 기본 조건인 커뮤니케이션, 팀워크, 자기계발, 인재 육성 측면이 모두 좋아진다(PD 2000, 145-146).

"나와 당신이 조직과 고객에 공헌하기 위해서, 내가 해야 할 공헌은 무엇이 되어야 하는가?"라는 질문은 상대방과 나와의 쌍방향적인 커뮤니케이션을 증진할 것이다. 또한 이런 방식의 태도는 횡적인 커뮤니케이션을 증진시키면서 팀워크를 강화시킬 것이다. 같은 맥락에서 이런 질문은 내가 공헌하기 위해서 어떤 분야에서 자기 계발이 필요한지를 스스로 질문하게 할 것이다. 또한 공헌에 초점을 맞춘 지식근로자는 주위의 동료, 상사, 부하의 성과 표준을 높이도록 자극하여 그들이 발전할 수 있도록 하는 촉매 역할을 한다.

이렇게 지식·정보화 시대의 리더는 늘 공헌에 초점을 맞추어야 하며, 인간관계와 같은 리더십 기법은 공헌을 좀 더 효과적으로 달성하게 하는 수단으로 보아야 한다는 것이 피터 드러커의 생각이다. 그의 생각이 옳다는 것은 그 반대되는 예를 들어 보면 쉽게 알 수 있다. 만약 리더로서 경영자가 공헌에 초점을 두지 않고, 자기에게 인간적으로 친밀하게 접근하는 측면이라든가, 나아가 조직 성과는 뒷전이지만 정치적인 수완이 강한 사람을 발탁하고 승진시킨다면 전체 구성원들에게 어떤 메시지를 던질 것인가?

올바른 리더십이란 무엇보다도 지식근로자로 이루어진 조직이 그들의 공헌에 의하여 조직의 존재 목적인 사명과 고객지향적인 가치에 초점을 맞출 수 있도록 이끄는 것을 말한다.

성과를 내게 하는 인사관리

목표관리와 자기관리[30]

조직은 다양한 사람들이 모여 이루어져 있다. 이런 속에서 성과를 올리려면 진정한 의미의 팀이 형성되어 개개인의 노력이 공동의 노력으로 결집되어야 한다. 다양한 사람들, 특히 전문가라는 사람들이 각자 자기가 좋아하는 일만 하려고 한다면 그것은 팀이 아니다. 요컨대 각자의 직무가 기업 전체의 목표를 향해 초점이 맞추어져야 하며, 특히 경영자는 기업전체의 성공에 초점을 맞추어야 한다. 경영자는 조직의 성공을 위해 각 사업부문의 경영자에게 부과되는 목표가 무엇인지 분명히 해야 하며, 부문 경영자는 자신이 리드하는 부서의 관리자들이 어떤 공헌을 해야 하는지 분명히 해야 한다. 그리고 그런 관점에서 사람들을 평가해야 한다.

경영자는 계층적 구조의 특성상 그의 모든 언행과 행동이 구성원에게 큰 영향을 미친다. 경영자가 리더로서 자신이 의식하지 못한 사소한 언행이나 행동이 구성원들에게는 결정적인 메시지로 인식된다. 따라서 경영자는 자신의 말과 행동을 일치시키도록 노력해야 하며, 얄팍한 인간관계 기법에 의존하려는 유혹을 물리쳐야 한다. 이미 언급했듯이 리더의 인성 밑바탕을 이루는 성품이 아닌 겉모습 중심의 인간관계 기법은 구성원들에게 오히려 의심을 갖게 하고 리더가 제시하는 목표로 노력을 결집하는 데 역효과를 가져올 수 있다.

구성원의 노력을 공동의 노력으로 결집하기 위해서, 경영자는 자신이 담당하고 있는 부문에서 올려야 할 성과 목표를 분명하게 밝혀주어야 한다. 그리고 각기 전문분야가 다른 사람들이 모여 성과를 이루어내야 하는 지식사회에 있어서, 이제 목표란 자신의 일뿐 아니라 다른 부문의 목표 달성을 위해 내가 어떻게 협력해야 할 것인지, 즉 기대되는 공헌을 명확히 할 수 있는 것이어야 한다. 즉 목표의 내용 속에는 구성원들이 다른 부문의 목표

---

30 Flaherty, J. E., 송경모 옮김, 피터 드러커 – 현대경영의 정신, 예지, 2002, pp. 133-138

달성을 위해 어떤 공헌을 할 것인지가 포함되어야 한다는 것이다.

그리고 목표관리에 있어서는 중요한 점은 커뮤니케이션이다. 목표를 명확하게 조직 구성원들에게 알려주어야 하며, 그 과정에서 상호 이해를 위한 커뮤니케이션이 되어야 한다.

조직에 있어서 목표에 관한 커뮤니케이션이 잘 안 되고 있다는 징후로 나타나는 것이 단기성 캠페인의 남발이다. 어느 날 갑자기 재고절감이 목표로 제기되었다가 전후 맥락도 없이 품질향상이라는 목표로 캠페인이 바뀌는 식이라면, 이것은 분명히 커뮤니케이션의 혼란을 겪고 있다는 징후라고 볼 수 있다.

무엇보다도 목표의 개발은 경영자의 중요한 책임이다. 목표를 개발하고, 개발된 목표에 대해서 전체 구성원이 이해를 잘 할 수 있도록 양방향의 커뮤니케이션이 원활하게 될 수 있게 하는 것이 중요하다. 리더로서 경영자의 책임은 목표의 개발과 그 관리에서 출발한다.

선발과 승진 의사결정[31]

경영자의 업무 중 인사관리에 관한 의사결정은 조직에 오랫동안 영향을 미친다는 점에서 아주 신중을 기해야 할 분야이다. 누구를 발탁해서 승진시키고 어떤 사람을 채용해서 충원할 것인지에 대해서 경영자들은 그리 효과적인 의사결정을 하지 못하고 있다.

어떤 직무에 사람을 배치했는데 그 사람의 성과가 신통치 못했다면 그 잘못은 경영자의 책임이라고 보아야 한다. 리더가 그 자리에 맞는 사람을 발탁하지 못한 책임이다.

어느 분야에 책임감 있는 구성원을 배치한 후에, 그들로 하여금 성과를 낼 수 있도록 여건을 조성하는 것도 역시 경영자의 의무이다. 대개 구성원들은 자기의 영향 하에서 성과를 내려고 책임감을 가지고 열심히 노력한다. 그런데도 불구하고 그의 성과가 잘 나지 않는다면 조직의 체계가 구조적으로 문제가 있는지 검토해 보아야 한다.

---

31 Drucker, P. F., 이재규 옮김, 변화 리더의 조건, 청림출판, 2001, pp258-267

사람에 대한 의사결정만큼 중요한 것은 없다. 만약에 적임자가 아닌 사람이 승진이 된다면, 그가 책임을 맡은 해당 부서의 성과만 문제가 되는 것이 아니라, 조직 구성원들이 그런 의사결정에 의해서 바람직스럽지 않은 방향으로 동기부여될 가능성이 많다는 데 더 큰 문제가 있다. 예를 들면, "저런 사람이 승진 되는데, 나는 뭔가? 내가 앞으로 어떻게 행동을 해야 될 것인가? 결국 정치적으로 행동하는 것이 더 나은 것 아닌가?"와 같은 의구심이 들면서, 부정적 동기가 발생할 수 있다는 말이다.

사람을 선발하고 승진을 시키는 인사관리의 의사결정은 대개 다음과 같은 단계를 밟아야 한다.

첫째, 직무의 내용에 대해서 철저하게 생각을 해야 한다. 이 말은 공식적인 직무명세서를 검토하고 개정하는 것 이상을 의미한다. 직무의 성격은 시간이 흐르면서 늘 변하는 것이다. 이러한 변화를 반영하여 해당 직무의 내용을 명확히 재정의하는 것이 필요하다.

둘째, 그 직무에 적합한 잠재력이 있는 여러 명의 후보를 검토한다. 잠재력이 있는 3 내지 5명의 여러 예비후보를 검토해야 한다.

셋째, 그리고 나서 후보의 강점을 파악한다. 그 후보가 가진 강점에 초점을 둔다는 것이 중요하다. 일반론을 말한다면 그 사람의 약점은 일종의 자격요건이다. 자동차 경주에서 예선 성적이 적어도 어느 수준 이상은 되어야 결승에 진출하는 자격이 생기는 것과 유사하게, 자격요건을 통과하지 못할 약점을 가진 후보는 당연히 탈락시켜야 한다. 그러나 일단 통과한 후보 중에는 그 직무의 성격에 비추어 강점이 탁월한 후보가 선정되어야 한다.

넷째, 후보자들과 함께 일해 본 경험이 있는 사람들에게 각 후보자에 대한 의견을 들어야 한다. 사람은 대개 다른 사람에 대해서 선입견을 가질 수 있다. 그러므로 경영자 혼자만의 생각으로 판단하는 것은 그만큼 위험을 수반한다.

다섯째, 임명된 사람에게 새 직무의 내용을 이해하도록 해야 한다. 새로운 자리에 승진한 사람이 저지르는 가장 큰 실수는 그가 과거에 성공적으로 해왔던 직무나 직무의 방식을 그대로 계승하려는 것이다. 새로운 직위는 대개 전혀 새로운 방식과 행동, 관점, 그리고 새로운 방식의 인간관계를 요구한다.

이와 같이 지루한 과정을 거치는 것은 그만큼 인사관리가 중요하고, 고위험의 의사결정이기 때문이다. 인사관리의 실패로 얼마나 많은 낭비와 비효율이 발생하는지는 환산하기 어렵다. 그리고 비효율보다 더 나쁜 것은 조직문화가 냉소적으로 흐르게 된다는 점이다. 그리고 경영자는 이 모든 일의 의사결정을 통해서 조직의 성과에 책임을 지는 사람이다.

¶

제8부

드러커 경영의 요점

제 14 장 드러커 경영의 정신

14 드러커 경영의 정신

1.정치 • 경제에 대한 관점
2.변화와 기업가정신 관점
3.사람에 대한 관점

제 14 장 드러커 경영의 정신

피터 드러커는 '경영을 발명한 사람'으로 일컬어지기도 할 만큼 그가 GM을 자문하면서 얻은 결론을 정리한 책, '기업의 개념'은 현대경영학의 출발점이 되었다. 그는 자신을 일컫는 많은 명칭 중에도 사회생태학자로 불러주기를 스스로 원했다는 말에서도 알 수 있듯이 그의 경영학은 단지 경영학에서 출발한 것이 아니라 사회, 역사, 정치, 경제 분야를 두루 섭렵한 후에 얻은 결론을 경영현장에 접목할 때의 통찰을 제시하는 내용들이다. 그의 저술들을 보면 마치 높은 망루에 올라 주위를 살피며 전체 상황을 주시하다가 사람들에게 꼭 주의해야 할 만한 핵심을 말해 주는 사람이라는 인상이 든다. 그는 자신을 '보기 위해서 태어난 사람(born to see)'이라고 칭했다.

지금까지 본 서에서는 각 장 별로 해당 주제에 대한 피터 드러커의 관점을 포함하여 기술하였다. 본 14 장에서는 이상의 논의를 마무리하는 의미에서 드러커의 관점을 몇 가지 주제로 나누어 종합하였다. 이번 장을 통해서 앞 서 편린적으로 제시된 드러커의 경영사상을 주요 주제 별로 재 조명해 봄으로써 그가 생각했던 경영사상의 본질을 다시 한 번 생각해 보려고 한다.

정치·경제에 대한 관점

학창시절 1930년대 초 전 세계에 불어 닥친 경제불황의 좌절감 속에서 히틀러가 어떤 식으로 대중을 선동하여 전체주의 속으로 내몰았는지 그 과정을 지켜 본 후, 그는 영국을 거쳐 미국으로 이주했다. '경제인의 종말'은 서구 사회가 경험한 1차 대전 이전의 경제상황을 연구한 책이다. 드러커는 자본주의의 시장 메커니즘이 사회주의, 파시즘, 공산주의 등 다른 이념보다 훨씬 우월하지만, 실업이나 계급투쟁이나 사회적 소외라는 문제점을 극복하는 구조적 대응방안을 수립하지 못한다면 전체주의의 공격에 매우 취약할 수 있다는 것을 그 책에서 드러내 보이고 있다.

읽기 자료

'현대 경영학의 아버지'로 불리는 미국의 경영학자 피터 드러커 박사가 지난 11일 세상을 떠났다. 1909년 11월19일 오스트리아 수도 빈에서 태어났으니 일주일 부족한 만 96세로 세상을 떠난 것이다.

피터 드러커는 GM에 대한 컨설팅 결과를 바탕으로 쓴 '기업의 개념'이란 저서를 통해 현대 경영학의 거장으로 인정 받기 시작했다.

또한 그는 고전 경제학에서 중시됐던 노동과 자본의 가치가 떨어지고 지식이 경제의 기준이 되는 지식사회가 도래할 것이라는 미래관을 제시함으로써 지식경영의 장을 열었고, 자본주의와 사회주의적 경제 성과의 차이로 인해 소련이 붕괴될 것을 실제 역사로 증명되기 10년 전에 예언하는 등 세계적인 석학으로 꼽혀왔다. 1939년 30세 때 첫 저서 '경제인의 종말'을 발표한 뒤 '경영의 실제', '단절의 시대', '미래 경영', '자본주의 이후의 사회' 등 수많은 저술은 우리에게 시대를 초월한 깨달음을 갖게 한다.

그는 한국을 마음 속 깊이 인정한 몇 안 되는 서구 학자의 한 사람이었다. 한번은 드러커에게 미국의 한 신문기자가 세계에서 기업가정신이 가장 뛰어난 나라가 어느 나라인지 물었더니, 그는 "말할 나위 없이 한국"이라고 대답했다고 전해진다. 그가 한국에 대해서 이런 평가를 하게 된 데는 배경이 있다.

드러커는 한국동란이 끝난 후, 1954년께 미국 정부의 요청에 따라 한국의 교육문제를 점검하기 위해 우리 나라를 방문한 적이 있었다. 당시 그가 본 것은 불모의 황폐한 국토에, 산업이라야 그저 농업밖에 없는 '농업국가

한국'의 모습이었다. 그런 한국이 불과 40년 만에 조선 철강 전자 등 산업 강국으로 두각을 나타내면서 세계경제의 당당한 일원으로 떠오르자 드러커 박사는 경탄해 마지 않았고,한국이야 말로 자신이 평생 동안 신념을 가지고 주창해 온 자유시장경제와 기업가정신의 성공사례로 여겼던 것이다.

피터 드러커에 의하면 현대사회는 지식과 지식이 어우러져서 새로운 지식을 창출하는 경영혁명의 사회다. 사회 전반에 걸쳐 스며든 '효과적인 경영'만이 자유세계를 지탱케 하고, 독재자와 전체주의가 다시 등장하지 못하게 하는 단 하나의 대안이며, 여기에 타협은 있을 수 없다고 그는 역설한다.

그의 가르침은 한국경제의 발전을 위해 명확한 방향을 제시한다. 요컨대, 드러커가 칭찬해 마지 않던 한국이 그 동안 이루었던 성장과 번영을 계속 구가하기 위해서는 오직 기업하기 좋은 나라를 만드는 것 외에는 대안이 없다.

한국의 번영은 기업이 공장을 해외로 이전하지 않고도 한국에서 경쟁력을 갖고 경영할 수 있는 여건을 조성할 수 있는가, 그리고 예비 기업가들이 기꺼이 모험을 감수하고 자신의 성취와 국가경제 발전에 이바지하고자 새로운 기업을 세우는 창업을 활발히 할 수 있느냐에 달려 있다. 한국의 성취를 인정해 준 드러커 교수의 명복을 빈다.

(저자의 신문 기고문) 게재일: 2005-11-19, 한국경제신문

이 글의 핵심은 '효과적인 경영'만이 '독재자와 전체주의'가 다시 등장하지 못하게 하는 단 하나의 대안이라는 것이다. 즉 자유주의 체제의 수호자로서 경영의 역할을 말하고 있다.

전체주의라는 망령

전체주의는 어떻게 생겨나는가?

드러커는 유럽이 나치에 의해 전체주의의 소용돌이에 휘말리기 시작하자 자신이 근무하던 영국의 은행을 사직하고 급히 미국으로 이주했던 사람이다. 그의 전체주의에 대한 경험은 자신이 평생을 살면서 기억하고 있는 주요 인물들에 대한 회상 형식으로 전개되는 그의 자서전에 잘 나와 있다(PD 1994).

그리고 그가 29세에 쓴 최초의 저술인 '경제인의 종말'은 "전체주의가 왜 생겨났는가?"라는 문제의식에서 나온 책이다. 이 책에서는 아직 민주주의가 뿌리를 내리지 못한 유럽에서 부르주아 자본주의에 대한 대안으로 나온 마르크스 사회주의의 허구, 그리고 이 모두에 좌절을 느낀 대중이 파시즘 전체주의의 선동에 빠지는 과정을 서술하고 있다.

이 책은 크게 두 가지의 내용을 축으로 삼고 있다(Flaherty 2002, 42-51).

첫째, 자본주의의 문제점에 대해 분석했다. 드러커는 20세기 자본주의가 침체한 가장 큰 이유로서 자본주의가 인간의 사회·경제적 삶을 통합시키는 유일의 가치에 절대적으로 복속되어 있었기 때문이었다고 진단했는데, 그 가치란 바로 '경제인(economic man)'이라는 세속적 원리였다. 그 결과 경제적 의미가 자본주의의 지배적 가치로 등장하면서 자본주의 윤리는 증발했고, 옹졸한 사리사욕의 원심력은 사회를 공동체적으로 결집시켰던 구심력을 산산이 파괴하는 대가를 치르면서, 사회적 부를 창출해 낼 수밖에 없게 되었다. 물질적으로 부족함이 없는 지상의 에덴동산을 건설하기는커녕, 경제적 의미가 윤리와 분리되면서 인간 최고의 본성이 아니라 최악의 본성이 위세를 부리는 사회가 등장했던 것이다. 동시에 대중은 냉담함과 무관심의 절망 속에 깊이 빠져 자유와 책임으로부터 도피하고 있었다.

이런 사회적 좌절감을 이용하여 공산주의, 나치즘 또는 파시즘을 막론하고 선동가들의 비이성적인 호소가 먹혀 들 수 있었던 것이다.

파시즘, 공산주의, 그리고 사회주의의 이념과 비교해 보았을 때 드러커는 자본주의를 굳게 지지했다. 시장 메커니즘이 자유의 속성을 그 안에 품고 있을 뿐 아니라 분명한 강점을 지니고 있었기 때문에, 드러커는 전체주의의 상징이라 할 수 있는 개인에 대한 통제가 자행되는 중앙계획국가에 비해서는 자본주의가 더욱 우월한 체제라고 보았다. 그러면서도 그가 자본주의를 그토록 혹독하게 비판한 것은 자본주의의 구조적 강점이 전통 서구 문명의 핵심 신념과 잘 결합해서 자본주의를 보다 쇄신시킬 수 있기를 기대했기 때문이다. 간단히 말해서, 물질적인 것과 정신적인 것을 의미 있게 결합해야만 현존하는 사회적 절망과 비관을 막고 전체주의를 피할 수 있다는 것이다.

둘째, 전체주의의 등장, 그 행태, 정책, 그리고 미래의 전망에 대해 설명했다. 드러커는 유럽 전체주의의 발흥을 논하면서, 그들의 통상적이고 대중적인 주장의 설명원리에 아무런 실체가 없다는 사실을 발견했다. 드러커의 견해에 따르면 전체주의는 정당한 신사회를 건설한 것이 아니라 유럽의 자본주의가 실패한 와중에 생긴 공백을 메우려는 미약한 시도에 불과했다. 파시즘은 이미 붕괴된 경제인의 개념을 철저히 반대할 수 있을 뿐이다. 그러나 파시즘은 경제인의 개념을 대체할 어떤 새로운 개념도 창조해 낼 능력이 없다. 즉 아무 실체도 없이 반대만을 내세우는 신기루 같은 허상이었던 것이다.

드러커의 통찰을 통해서 볼 때, 이 사회를 지탱할 수 있는 정당성이 전체주의에는 전혀 결여 되어 있음에도 불구하고, 자본주의가 자유와 평등의 가치에 기반을 둔 새로운 질서와 개념을 찾지 못한다면 이 망령은 언제든 고개를 쳐들 가능성이 있다.

칼 마르크스는 1818년 독일 라인주(州) 트리어에서 태어나 1883년 사망한 인류사를 격동시킨 혁명가이다. 30세 때 런던에서 공산주의자동맹이 결성되자 엥겔스와 함께 이에 가입하여 동맹의 강령인 '공산당선언'을 발표한 바 있다. 저서 '자본론'을 통해 '잉여'의 개념을 파헤쳐 당시 부르주아들을 곤경에 몰아넣었다.

마르크스주의 역시 그저 '비판' 세력이기는 했지만, '대안'이 될 수는 없었다. 그럼에도 불구하고 어느덧 19세기 중반 마르크스로 대변되는 공산주의는 전 유럽을 배회하는 공포의 대상이 되었으며, 그 유령은 1917년 러시아

혁명을 통해 현실이 됐다. 그리고 1991년 이 현존 사회주의는 몇 가지 에피소드를 남기며, 경멸 속에서 사라져 갔다. 소련이 붕괴한 뒤 현실 사회주의를 미래의 이상향으로 말하는 사람은 이제 별로 없다.

어느 의미에서는 애덤 스미스가 자본주의의 탄생을 보고한 산파였다면, 마르크스는 이제 막 성인이 된 자본주의의 사망을 진단한 암 전문의였다. 마르크스는 확신을 가지고 이렇게 선언했다. "이 시스템은 순환상에 문제가 있다." "치료하는 게 불가능하다. 선천적 질병인 것이다." 그리고 마르크스와 마르크스주의자들에게 이 환자는 가능한 한 빨리 죽는 게 인류를 위해 좋았다고 보았다.

마르크스의 사적 유물론은 '생산력과 생산관계의 모순이 역사를 진전시킨다'는 명제로 귀결된다. 예컨대 증기기관의 시대는 거기에 맞는 새로운 계급, 부르주아와 프롤레타리아라는 계급에 의해서만 가능한 것이다. 그리고 바로 이 같은 전환의 순간을 그는 혁명이라고 불렀던 것이다.

마르크스의 공산당 선언은 그 유명한 구호로 끝난다. '만국의 프롤레타리아여, 단결하라.'(Working men of all of countries, unite !) 하지만 정작 그 이후에 어떤 대안이 있는지에 대해서는 할 말이 별로 없다.

어쨌든 칼 마르크스는 전 세계를 70 여 년 간 대책 없는 실험에 내 모는데 지대한 역할을 했다.

이에 대해 프레드릭 테일러에 의한 생산성 혁명은 어떤 사회학자나 정치학자의 공허한 주장과 달리 '실제로' 프롤레타리아 혁명을 이루었다. 그의 과학적 관리법에 의해 프롤레타리아들은 상류계급과 맞먹는 소득을 올리는 중산층 부르주아가 되었던 것이다.

자본주의 경제의 기본원리

생산성 혁명

과학적 관리법에 대해서는 경영학의 발전과정으로서는 잘 알려져 있지만 실상 학자들 조차도 그 의의에 대해서 올바르게 평가를 못하는 경우가 많다. 작업을 잘게 분업화하고 동작과 시간연구로 표준화된 작업방법을 확립하는 일이 왜 그리 중요한지에 대해서 피터 드러커가 아니었다면 정당한 평가를 받기 어려운 일이었을지도 모른다. 사실 테일러가 작업연구를 하는 데 예를 들었던 '삽 작업' 같은 것은 지식인들 사이에서는 무시당할 가능성이 큰 '하찮은 일'이었을 터이다. 그러나 프레드릭 테일러가 삽 작업을 통해서 했던 것은 최초로 '지식'을 '작업(work)'에 적용했던 것이며, 이 아이디어로 인하여 생산성 혁명이 일어난 것이다.

피터 드러커는 테일러에 의해서 촉발된 생산성 혁명이야말로 마르크스주의를 패배하게 만들었음을 명확히 밝히고 있다(PD 2000, 43-58). 1950년쯤에 이르러 많은 사람들이 마르크스주의가 도덕적으로나 경제적으로 실패했다는 사실을 알게 되었지만, 그렇다 해도 대부분의 사람에게 있어서 마르크스주의는 하나의 논리적인 이데올로기로서 완전무결한 무적으로 남아 있었다. 그러면 무엇이 '자본주의 본래적 모순'과 노동계층의 '소외'와 '착취' 그리고 '프롤레타리아' 계급 그 자체를 한꺼번에 무너뜨렸는가? 그 대답은 바로 생산성 혁명이었다.

유복한 집안에서 교육을 받으며 자란 테일러가 작업연구에 몰두하게 된 것은 우연이었다. 테일러가 작업 현장의 기술자가 되어 본 현실은 그를 충격 속에 몰아 넣었던 것이다. 19세기 후반 당시의 흔한 일로서 자본가와 노동자 사이의 심각한 반목으로 소위 '조직적 태업'이 일어나면서 교묘한 태업과 임률 깎기의 악순환 속에 빠져 있었던 것이다. 테일러는 마르크스가 보았던 착취와 소외의 문제를 본 것이었다. 동시에 테일러는 마르크스주의자들이 보지 못한 사실까지도 보았다. 테일러는 노동자들이 보다 생산적으로 일할 수 있게 함으로써 꽤 넉넉한 보수를 받도록 할 수 있다고 생각했던 것이다.

테일러의 연구는 단지 능률을 높여 소유주의 이익을 창출하기 위한 것이 아니었다. 생산성 향상의 결과로 얻어지는 열매를 가장 많이 가지고 가는 것은 다름 아닌 노동자라는 그의 생각은 죽을 때까지 변함이 없었다. 테일러의 연구에서 주된 관심은 소유주와 노동자, 즉 자본가와 프롤레타리아가 생산성 향상에 공동의 노력을 기울이면서 지식을 작업에 적용하는 데 있어 협조관계에 있는 사회를 창조하는 것이었다.

테일러의 과학적 관리법은 과거 같으면 수십 년이나 걸렸을 것 같은 제품 생산에 관한 기술을 단 시일 내에 교육할 수 있는 토대를 만들었다. 이것이 바로 전세계적으로 생산성 혁명이 확산된 이유이며, 특히 한국이 단 25년 만에 농업국가에서 산업국가의 일원이 될 수 있었던 이유이다.

결과적으로 전 세계의 선진국과 신진 산업국가에 있어서 마르크스가 말하던 프롤레타리아는 부르주아가 되었다. 자본주의 산업혁명의 진정한 수혜자는 자본가가 아니라 제조공장에서 일하는 블루칼라 노동자인 프롤레타리아였던 것이다.

피터 드러커는 마르크스가 종종 찰스 다윈, 프로이트와 함께 현대 세계를 창조한 삼위일체로 간주되기도 하는 것에 대해 "이 세상에 정말 정의라는 것이 있다면 마르크스 대신 테일러를 그 자리에 앉혀야 한다."고 주장한다.

현대 기업의 사명

드러커에 의하면 현대의 대기업은 단지 일순간에 그치는 역사적 사건 이상의 의미를 지니는 것이었다. 그것은 새로운 사회질서를 대표하는 상징적 제도였다. 사실 소유권은 없지만 권력을 지닌 전문경영인은 산업사회의 결정적이고도 대표적인 권력이 되어버렸다.

그러나 "정당성이 결여된 사회적 권력은 절대로 지속될 수 없다."는 전제로부터 출발해서, 드러커는 다음과 같은 기본적인 질문을 제기했다. 기업의 권력은 정당한가? 거기에는 문화적 신념과 가치가 빠져 있지는 않은가? 그 권력은 목적이 수단을 정당화한다고 주장하고 있지는 않은가? 그는 이런 질문에 대한 답을 찾지 못하면 국가가 유일한 통제체제가 되는 전체주의가 도래할 가능성도 있다고 우려했다.

드러커는 기업의 정당성에 대해서 설명하면서 "절대적으로 정당한 권력은 없다."는 결론을 다음과 같이 제시하고 있다. "권력이란 그 사회의 기초적 신념과의 관계 속에서만 정당성을 인정 받는다. 무엇이 '정당성'을 구성하는가 하는 질문은, 대상이 되는 사회와 대상이 되는 정치적 신념체계의 관점에서만 응답해야 할 성질의 것이다."

드러커는 현대 영리기업의 세계에서 권력의 정당성을 인정하는 문제는 특히 복잡하고 어려운 문제가 되어버렸다는 사실을 알았다. 재화와 일자리와 부를 창출해야 할 경제적 의무를 수행하기 위해 기업에게는 경제적 권력이 필요하다. 거기에 덧붙여, 기업은 직원의 생계를 조정하고 고용의 규율을 정립한다는 면에서 정치적 권력도 필요하다. 끝으로, 근로자들에게 사회적 지위를 부여함으로써 사회적 권력을 가지고 있기도 하다. 드러커는 비록 기업의 일차적 책임이 경제적 성과에 있다 해도 기업이 단지 그런 목적에만 국한되어서는 안 된다고 주장했다. 예를 들어 경영자들은 노동자의 지위와 역할을 정해줄 책임이 있다. 그래야만 노동자가 산업사회의 시민으로서 인정 받을 수 있는 것이다(Flaherty 2002, 60-68).

경제학에 관한 생각

케인즈와 슘페터

드러커는 원래 경제학자로서 은행과 증권분석으로 자신의 경력을 시작했던 사람이다. 그러나 1929년 직전에 발표한 데이터를 바탕으로 한 경제예측이 1929년 대공황으로 인해 여지 없이 빗나간 후로 드러커는 경제를 모델로 표현하는 것이 불가능하다는 것을 깨닫고, 통계를 이용한 경제예측을 하지 않았다. 특히 케인즈 식의 거시경제학처럼 전체 경제를 총수요와 공급 등의 몇 가지 변수로 모델화하는 것에 회의적이었다. 대신 슘페터와 같이 경제의 역동성은 개별 기업가의 혁신에서 비롯된다는 생각의 편에 서 있다.

이 점에 대해 드러커는 그의 저서 '새로운 현실'에서 이렇게 말하고 있다.
"거시경제학 모델에서는 지배적인 위치에 있는 경제는 주권국가의 경제라고 말하고 있다. 신고전파 경제학 모델에서는 개인과 기업이 주인공이었다. 그러나 오늘날 경제학의 주류인 케인즈 경제학 및 포스트 케인즈 경제학에서는 개인과 기업의 미시경제를 종의 위치에 놓고 있다. 물론 종의 위치에 있는 미시경제는 새로운 주인인 거시경제의 명령에 따라 움직여야 한다. … (중략) 그러나 실제로는 종의 입장인 개인과 기업이 주인인 거시경제에 굴복한 적은 역사상 한 번도 없다. 항상 개인과 기업은 주인을 배신해 왔다. 반대로 미시경제에는 거시경제에 큰 영향을 미치는 구체적인 현실이 존재한다. 게다가 화폐, 신용, 금리, 세금 등을 가지고는 지배하지 못할 뿐만 아니라 영향력 조차 없다는 현실이 존재한다는 것이다."

이렇게 현대 경제학은 균형상태에 있는 경제를 가정하고 있으며 기술이나 혁신 및 변화를 외생 변수로 다루고 있고, 비인격적인 경제주체가 단지 소비에 있어서 극대만족과 생산에 있어서 극대 이윤을 추구하는 데에 경제이론의 목적을 둔다.

슘페터는 많은 경제학자들이 경제현상을 몇 가지의 가정과 수식으로 설명하려는 흐름 속에서 홀로 자본주의 경제의 본질을 계속 추구해 온 경제학자다. 슘페터에 있어서 수식은 필요한 도구일 뿐 그 이상은 아니다. 슘페터는 "수식 모델은 시차를 수반하며 과거가 현재를, 현재가 미래를 결정하는 것처럼 경제를 그려내지만 그것은 자본주의의 현실과 맞지 않는다."라고 생각했다. 즉 자본주의는 기계와 같은 메커니즘으로 구성되어 있지 않으며, 인간 주체의 행동에 의해 질적 변화를 수반하는 것으로 인식하고 있었던 것이다. 그는 또 "자본주의는 본래 경제변동의 형태 내지 방법이며 결코 정태적이지 않으며 정태적일 수도 없는 것이다."라고 주장하면서 "자본주의의 엔진을 가동시키고 그 운동을 지속시키는 기본적인 충동은 자본주의적 기업의 창조에 소요되는 새로운 소비재, 새로운 생산방법이나 수송방법, 새로운 시장, 새로운 산업조직 형태로부터 오는 것이다."라고 지적했다. 즉 창조적인 파괴의 과정이야 말로 자본주의의 본질인 것이다. 이러한 견해를 가지고 있는 슘페터로서는 거시경제 정책을 적절히 실행하면 그것으로 충분하다는 케인즈적 사고에는 극히 비판적일 수 밖에 없었고, 이 점에 있어서 드러커도 슘페터를 계승하고 있다.

드러커는 생전에 1949년도에 슘페터를 방문했던 이야기를 하길 좋아했다. 슘페터는 드러커의 부친과 절친한 친구 사이였는데, 드러커가 부친과 함께 슘페터를 방문했을 때는 슘페터가 그의 생을 마감할 즈음에 이르렀던 때였다. 그때 슘페터는 자신의 야망을 바꾸었노라고 농담 어린 말을 했다고 한다. 슘페터는 젊어서는 '유럽에서 여인들의 최고의 연인이며 가장 뛰어난 승마 기사, 그리고 아마도 세계 제일의 경제학자'로 기억되길 바란다고 했었는데, 그 날 죽기 5일 전에 이르러서는 그는 다른 사람들, 특히 그의 후학들의 생에 변화를 주었던 사람으로 기억되길 바란다는 말로 자신의 야망을 바꾸더라는 것이다. 드러커는 이 말을 평생 잊지 않았다고 한다. 드러커가 감명을 받았던 것은 사람은 죽을 때 어떻게 기억되기를 원하는가 라는 질문을 죽을 때까지 달고 살아야 하며, 그 답은 자기실현의 과정에 따라 당연히 바뀌어야 한다는 생각이었다.

슘페터에 이르러 비로소 '처음으로 인간이 등장하는 경제학'이 되었다는 평가가 있듯이, 드러커의 경영학에서도 '사람'은 늘 중심의 자리에 있다. 즉 경영자, 나아가 조직 구성원인 개인의 창의와 도전, 기업가정신이 경영의 주체이며 나머지는 모두 투입자원일 뿐이다.

이런 논의에 의하면 현재 정부 주도의 온갖 응급조치나 거시경제적 조치들만으로는 침체에 빠진 경제의 활력을 되찾을 수 없다. 그러한 시도는 여러 차례 시행되었고 실패를 거듭해 왔을 뿐이다. 가장 핵심적인 해결책은 경제의 주체인 기업에 초점을 맞추는 것이다. 즉 기업이 활발하게 활동할 수 있는 여건을 조성해 주는 것이야 말로 진정한 경제정책이다. 다시 말해 기업의 주체인 기업가와 경영자가 기업가정신을 발휘하면서 도전해볼 마음이 나게 해 주어야 한다.

'이윤동기'에 대한 비판

피터 드러커는 경제학자가 경영에 대한 오해를 하도록 한 것 중의 하나로서 '이윤동기'에 대해서 다음과 같이 비판하고 있다.

"기업이란 무엇인가?"에 대해 물어 보면 거의 대부분의 사람들은 영리를 목적으로 하는 조직, 즉 이윤을 추구하기 위한 조직이라고 대답한다. 그러나 이것은 잘못된 대답일 뿐 아니라 본질을 오도하는 대답이다. 경제학에서 말하는 이익 극대화라는 것은 '싸게 사서 비싸게 판다'라는 말을 그럴 듯 하게 표현한 것에 지나지 않는다. 그러나 이윤동기는 기업활동에 대해 설명하지 못하며 기업활동을 어떻게 해야 할 것인지에 대해서는 더더욱 아무것도 설명하지 못한다.

드러커는 기업이윤의 기능에 대한 시중의 그릇된 인식들을 검토하는 과정에서 이윤 개념에 대해 네 가지의 오해를 비판했다(Flaherty 2002, 128-129).

① 고전경제학은 정태적 균형의 가정 때문에 이윤의 역할에 대해 제대로 된 정의를 내리지 못하는 치명적인 결함이 있다. 기업환경은 동태적인 불균형 상태에 처하는 경우가 많은데, 이윤은 단지 수익에서 비용을 뺀 잔여에 불과하다는 경제학자들의 주장은 무의미해지고 만다.

② 드러커는 이윤이 위험감수의 대가라는 명제에 대해서도 받아들일 수 없다고 말한다. 그런 식의 설명을 받아들이면 탐욕과 뇌물수수를 자본주의체제의 추진력으로 받아들이는 셈이다.

③ 이윤을 탐욕적으로 추구하는 것이 인간의 본성이라는 데 대하여 아무런 경험적인 증거도 없이 그렇게 주장하는 사람들이 너무나 많다는 데 대해 드러커는 끊임 없이 놀라워했다. 이윤을 창출하는 것은 기업의 생존요건으로 당연히 필요하고, 설사 성자가 와서 경영을 한다 해도 이윤은 여전히 현실로 나타날 것이다. 그러나 기업행동의 동기가 이윤이 아닌 것은 인간 삶의 목표가 호흡(공기)이 아닌 것과 같다고 드러커는 비유를 들어 반박한다.

④ 이윤극대화는 현재의 재무적인 계측방법을 기반으로 할 경우 기업의 경제적 자산기반이 지향하는 취지와 일치하지 않아서 문제가 많다. 얼마간의 이윤이 발생했다손 치더라도 만약 그 기업이 이윤 이외의 생존조건을 무시하고 미래를 위한 투자나 연구개발 등에 아무런 대비를 하

지 않았다면 몇 년 뒤에도 생존할 가능성은 매우 낮은 것이다.

종합적으로 이익 극대화의 개념은 수익성(profitability)의 의미를 왜곡하여 신화화할 위험이 있다. 이익과 수익성은 중요한 것이다. 이익은 각 기업에 있어서도 사회에 있어서도 반드시 필요한 것이다. 그러나 그것은 기업이나 기업의 경영에 있어 목적이 아니라 결과이며, 제약조건이다.

기업활동이나 기업의 의사결정에 있어서 원인이나 이유, 혹은 근거가 되는 것은 언제나 기업의 외부에 있다. 그것은 바로 '고객'이다. 이익은 기업의 활동과 의사결정이 타당했는지 판정하는 결과이다. 또한 이익은 일종의 미래비용으로서 미래에 도래할 위기상황과 불확실성 속에서 혁신 의사결정을 해야 하는 비용으로 볼 때, 미래의 존속 여부를 판가름하는 제약조건이 되는 것이다.

이윤에 대한 드러커의 분석을 경영적 관점에서 다시 한 번 요약하면, 이윤이란 결과를 성취하는 데 필요한 중대한 생존조건의 하나이고, 그 성과를 측정하는 한 가지 수단이며, 미래비용과 위험에 대비하기 위한 수입원이기는 하지만, 기업목적의 원인은 결코 아니며 어디까지나 그 결과다.

드러커에 의하면 이윤동기 개념은 기업의 기능과 목적 그리고 기업의 과업을 설명하는 데 있어 적절하지 않을 뿐 아니라 해를 끼치기까지 한다. 그 개념은 산업사회에 있어서 가장 위험한 질병, 즉 이익의 본질에 대한 오해 그리고 이익에 대한 뿌리 깊은 증오심을 불러일으킨 주요 원인이다[32]. 그것은 기업의 본질과 기능 그리고 목적을 이해하지 못한 공공정책이 최악의 실수를 하는 데 큰 몫을 했으며, 기업의 이익추구와 사회적 공헌능력은 본질적으로 모순된다는 대중의 신념이 자리잡도록 하는 데에도 상당한 책임이 있다. 하지만 기업은 높은 이익을 올릴 때에만 비로소 사회적으로 공헌할 수 있다.

---

[32] 오늘날 한국경제에 있어서 유일하게 경쟁력을 가지고 있다고 믿어지는 대기업에 대한 증오심도 이윤의 본질에 대한 오해에서 비롯된 측면이 있다. 그들이 창출한 이윤이야 말로 국가경제를 지탱하는 유일한 기둥임은 자주 잊혀진다.

어느 나라의 국가경제가 위기에 처했다면 그것은 그 속에 존재하는 기업들이 이익을 내지 못하는 것을 의미한다. 개별 기업이 이익을 내지 못하게 되면 존속이 되지 않을 것이고, 그렇게 되면 사람들에게 일자리를 제공하는 고용도 할 수 없고 나아가 국가경제를 지탱할 세금도 낼 수 없게 될 것이다. 따라서 높은 수준의 이익을 올리는 기업은 그 자체로서 국가와 사회에 기여하는 것이다.

개별기업 입장에서 볼 때, 어떤 기업도 실패를 원하지는 않을 것이다. 그러나 드러커에 의하면 기업의 실패, 달리 말하면 '손실발생'이란 자유기업경제에서 '이윤발생'만큼이나 중요한 것이다. 만일 몇몇 기업들이 주기적으로 실패하는 일이 없다면, 자본은 과거의 생산물에만 집착할 것이고 미래의 사업기회를 새로이 찾으려는 노력을 포기할 것이다. 그러나 자유시장경제 체제의 동태적 경쟁으로 가득 찬 현실에서 정태적 균형상태의 경제를 유지하려는 희망은 언제든지 실패하고 사라지게 되어 있다.

시장을 통한 검증은 실패한 사업을 경제적으로 선별해 내는 수단이 되는데, 이런 기능이 없으면(또는 정부에 의해서 인위적으로 왜곡하는 일이 많아지면) 경쟁체제는 한낱 타성과 정체의 파편들로 분해되고야 말 것이다.

드러커식으로 말하자면 적지 않은 경제학자나 공공정책 입안자들은 경제를 논하면서 그 중요한 주인공인 기업의 행동을 전혀 이해하지 못하는 셈이다. 이해하지 못할 뿐 아니라 오히려 이익을 내는 기업에 대해서 적대감을 갖고 그들의 활동을 통제하거나 억제하는 정책을 내 놓기 일쑤다. 따라서 경제를 논하는 자리에 있는 사람은 기업을 먼저 이해해야 한다.

기업의 목적

"기업이 무엇인가?"라는 질문에 대한 답을 하기 위해서 먼저 기업의 목적(purpose)이 무엇인지 밝혀야 한다. 드러커에 의하면 기업은 사회의 한 기관이므로 기업의 목적은 사회에 있어야 하며, 기업 목적에 대한 타당한 정의는 오직 단 하나, '고객을 창조하는 것'이다.

고객을 창조한다는 것은 바로 시장을 만들어 내는 것이고 유효 수요를 창출해 낸다는 것으로도 연결된다. 비즈니스에 실제로 종사하는 경영자의 입장에서 말하자면 고객의 욕구가 있을만한 곳에 그 욕구를 만족시킬 수 있는 수단을 발견 또는 개발하여 계속 제공하려는 것이 바로 기업인 것이다.

기업의 목적인 '고객을 창조'하는 개념은 거시경제학에서 말하는 총수요처럼 정량화 할 수 있는 수요와는 다른 세계에 속한다. 고객의 욕구를 충족한다는 것은 미지의 세계로 가는 길을 개척하는 기업가적인 활동이 내포되어 있다.

기업이 고객을 창조하기 위한 두 가지 기본적인 활동은 마케팅과 혁신이다. 사실 성과를 올리는 것은 마케팅과 혁신뿐이다. 나머지 모든 활동은 비용에 지나지 않는다. 여기서 마케팅은 고객을 충분히 알고 이해함으로써 제품과 서비스가 적절하게 제공되어 그것들이 스스로 팔리도록 만드는 것이다[33]. 그리고 혁신은 기업이 성장하는 경제 속에서만 존재할 수 있는 속성상 반드시 필요한 것이다. 혁신은 지금까지는 없었던 새로운 경제적 만족을 창출하는 것이다. 혁신의 결과는 기존의 인적 자원과 물적 자원에 새롭고 더 큰 부의 창출 역량을 부가하는 과업이다. 또는 새로운 니드가 발생하면 이를 수익성 있는 사업 기회로 전환하는 것도 혁신이다.

요컨대 기업을 경영한다는 것은 마케팅과 혁신을 통해 동적인 변화와 성장을 추구하면서 고객을 창조하는 것이다. 따라서 기업 경영은 그 성격 상 언제나 기업가적(entrepreneurial)이어야 한다. 물론 기업경영에는 내부 관리 역량도 필요하다. 그러나 내부 관리는 기업가적 목표가 수립된 뒤에야 수행될 수 있다.

---

[33] 드러커가 말하는 마케팅은 마케팅 부서만의 기능에 한정되지 않고 생산, 기술을 포함한 모든 기능에 의해서 고객가치를 창출하는 활동을 말한다.

변화와 기업가정신 관점

변화의 특성

변화의 경영

경영에 있어서 중요한 주제의 하나로 드러커는 '변화에 대한 체계적 경영'을 들었다. 그는 사회의 여타 조직체가 현상을 지속하는 구조를 가지고 있는 반면, 기업은 변화를 창출하도록 설계되어 있다는 점에서 독특하다고 보았다. 기업은 미래, 즉 기정사실은 없고 예상으로만 가득 찬 영역과 맞닥뜨릴 때, 경영자는 기업이라는 '배'를 이끌고 불확실성으로 가득 찬 망망대해를 해도도 없이 항해할 수밖에 없다. 그 불확실성에는 격심한 경쟁, 소비자 수요의 예측의 오류, 예상치 않은 사회·경제적 돌풍, 앞이 안 보이는 기술혁신의 안개 속에서 전략을 수립하고 구성원을 훈련시켜야 하는 어려움들이 포함되어 있다.

드러커에 의하면 자유기업은 세 가지의 시간영역 – 과거, 현재, 미래 – 속에 동시적으로 존재한다. 존 플래허티는 이 세가지 차원을 각각 전통적(traditional), 이행적(transitional), 그리고 변혁적(transformational)이라는 표현을 쓰고 있다.

변화 경영의 네 차원[34]

그 기업의 사업유형이 전통적, 이행적, 또는 변혁적으로 구분됨에도 불구하고, 세 가지 대상에 동시에 적용해야 하는 본질적 사항들이 있는데, 그것은 운영(operations), 시간 요소(time factor), 기업문화(corporate culture), 그리고 사업전략(business strategy)이다.

---

[34] Flaherty, J. E., 송경모 옮김, *피터 드러커 – 현대경영의 정신*, 예지, 2002, pp.149-154.

① 운영. 드러커는 현재를 위해 수행되는 운영(operations)은 별로 흥미 없는 일일지 모르지만 사실은 매우 중요한 시스템화된 작업이며, 그러한 작업이 없으면 변화를 받아들일 수 있는 가능성 자체가 없을 것이라고 강조했다. 운영에 있어서 경영자의 당면과제는 보다 나은 미래를 상상하기에 앞서 먼저 현재의 비생산적인 활동을 제거하는 것이다.

② 시간요소. 현재의 생산라인에서 발생하는 수익은 미래의 위험에 대비하는 자본이다. 사업활동에는 늘 위험이 수반되지만, 그 중에서도 가장 큰 위험은 아무 행위도 하지 않는 데에서 오는 위험이라고 했다. 경영자는 늘 환경변화에 따른 사업기회를 노리는 새로운 프로젝트에 관심을 가져야 한다.

③ 기업문화. 기업은 자신의 지식의 기반을 토대로 변천을 거듭해 가면서 여러 가지 다른 책무를 수행하기 위해 외부로부터 인력을 고용해야 한다. 이때 각 단계마다 서로 다른 기술과 가치와 충성도를 지닌 서로 다른 직원들이 필요하다. 드러커는 어떤 기업이든 보수와 승진패턴을 보면 그 기업의 가치가 잘 드러난다고 말했다.

④ 사업전략. 변화를 체계적으로 관리하려면 현재의 업무와 미래의 기회를 잘 융합시킨 일정한 형태의 전략수립이 필요하다. 드러커가 보기에 전략적 사고라는 것은 행위의 규칙을 기계적으로 모아 놓은 것이 아니라, 회사의 취지와 목적에 기반을 둔 사고의 과정이다. 이 사고 과정에서 기업이 처한 세 가지 시간영역에 따라 전략적으로 제기할 수 있는 질문은 차이가 있다. 전통적 국면에서는 '우리의 사업은 무엇을 하는 사업인가?'이고, 이행적 국면에서는 '우리의 사업은 어떤 방향으로 바뀔 것인가?'이며, 변혁적 국면에서는 '우리의 사업은 어떤 방향으로 가야만 하는가?'이다.

기업가적 과정

과거와 미래 간의 연속과 변화[35]

미래를 강조하는 사람들은 과거를 경시하는 경우도 있지만, 드러커에게 있어서 미래를 인지하기 위해서는 먼저 과거의 역할을 이해해야 한다고 생각했다. 드러커는 과거의 요구를 기업가적 과정의 일부로 제시하면서 다음과 같은 다섯 가지의 서로 상호 작용하는 요소들을 열거했다.

① 엔트로피. 모든 물리적 현상은 새로운 투입이 없으면 분열되는 경향이 있기 때문에, 기업체의 가장 큰 위험은 아무 행위도 하지 않음으로써 퇴화되는 것이다. 어떤 기업이 지식능력과 운영효율성을 아무리 갖추고 있다고 주장해도, 그 기업이 사명과 경쟁과 기술의 자연도태 과정을 통과하지 못하면 언제든지 역사 속으로 사라져 버릴 것이다.

② 연속 대 불연속. 비교적 순탄한 과거의 연장선에서 연속성은 미래를 대비하는 타당한 지침이 될 수 있지만, 날로 변화하는 세계에서 그런 현상은 기대하기 어렵다. 큰 변화는 어떤 형태로든 연속성을 교란하면서 안정성을 파괴하는 효과를 지니고 있기 때문이다.

③ 순탄한 성공에서 오는 착각. 날씨가 쾌청하고 수평선에 구름 한 점 없을 때, 바로 그 때가 기업이 변화를 수행해야만 할 시점이다. 기업은 탁월한 성과가 유명세를 타기 시작하는 순간 자신의 성공에 도취되어 변화를 기피하는 성향이 생긴다.

④ 이중의 시간차원(오늘과 내일). 미래의 정보로 현재의 해답을 얻어낼 수 있는 가능성은 전혀 없으므로 오늘 내리는 미래지향적인 의사결정은 상당 정도 과거에 기반을 둘 수밖에 없다. 거기에는 현재의 위험이 따른다. 거기에는 행동, 즉 현재의 행동이 따른다. 거기에는 자원의 배분, 무엇보다도 인적자원의 배분, 특히 현재의 자원배분이 수반되어야 한다.

⑤ 기업의 타성. 기업이 일단 기업가정신을 잃고 나면 과거의 혁신적인 성

---

[35] Flaherty, J. E., 송경모 옮김, *피터 드러커 – 현대경영의 정신*, 예지, 2002, pp167-173.

공을 일으켰던 요인들이 현재에는 기업의 발목을 잡는 요인이 된다. 문제를 키울 뿐 기회를 찾지 않는다거나 혁신을 수행하지 않고 당장의 위기를 해결하는 데에만 노력을 집중하는 것과 같은 현상이 이런 침체 상태의 증후이다.

미래에 대한 고려[36]

앞에 살펴본 바와 같이 동태적 불균형이 존재하는 상황에서 변화는 불가피한 것이다. 변화는 미래와 동의어라고 보아야 하므로 드러커는 변화 경영이야말로 경영자가 대부분의 시간을 쏟아 부어야 할 대상이라고 주장했다. 미래를 위한 의사결정에는 다음과 같은 특징이 있다.

- 미래는 예측 불가능하다.
- 미래에는 사실(fact)이 없다. 단지 기대만이 있을 뿐이다.
- 미래의 의사결정이란 존재하지 않으며, 단지 현재의 의사결정의 미래형만이 존재할 뿐이다. 즉, 위험을 감내할 수밖에 없다는 것이다.

미래를 형상화하는 작업에는 다음의 세 가지 범주가 있다.

- 투영. 이미 발생한 사건을 근거로 바라 보는 미래다. 그러나 대개는 그 사건이 너무 미성숙단계에 있어서 일부 소수의 사람만이 그 현실화 가능성을 상상할 수 있다.
- 예상. 예상은 앞으로 발생할 것이라고 기대하는 미래다. 이것은 육감과 직관에 주로 의존하기 때문에, 이에 의거한 의사결정은 운에 맡기는 기업가적 행위다.
- 혁신. 혁신은 '목적의식을 가지고 계획한 변화'다. 사실 그것은 미래를 발명하는 체계적인 방법론이다. 통상적인 사고 안에서 어떤 의미 있는 추세를 발견해 내기 어렵기 때문에 혁신가는 자신의 무지를 조직화하는 역설적인 행동을 취할 수밖에 없다. 즉 일단 뭔가 새로운 것을 창조한 다음 다시 현재로 돌아와서 그 작업을 하고, 나중에는 피드백을 통해 결과를 점검하는 방법을 말한다.

---

[36] Flaherty, J. E., 송경모 옮김, *피터 드러커 – 현대경영의 정신*, 예지, 2002, pp173-176

예측은 불가능하고, 사실이 부족한 한계 속에서 기업가는 이미 알려져 있는 사실을 잘 응용하면서 혁신을 통해 변화를 경영한다.

기업가정신에 의한 경영

미래예측에 대한 두 가지 명제

변화된 환경이나 아직 다가오지 않은 미래를 대비하여 자신의 기업이론을 재 정비하는 일은 위험하면서도 고통이 수반되는 일이다. 그러나 그것은 미래에 아무런 일도 일어나지 않을 것을 기대하고 아무런 조처도 없이 방치하는 것에 비하면 훨씬 합리적인 위험이다.

드러커는 미래에 관해서 두 가지의 명제를 제시한다.

- 첫째, 미래는 알 수가 없다.
- 둘째, 미래는 지금 존재하는 것과도 그리고 우리가 기대하는 것과도 다를 것이다.

이 명제에 의하면 일이란 원래 처음 시작했던 것과는 반드시 전혀 다른 양상으로 전개되기 마련이며, 신제품처럼 아직 시장에 나와 있지도 않은 제품에 대해서 실시하는 시장조사 같은 것은 거의 불가능하다는 것을 말한다.

미래에 관해서 가능한 일

다만 우리가 할 수 있는 최선의 것은 이미 발생하여 돌이킬 수 없게 된 사건들이 '미래에 끼칠 영향이 무엇인지 조망'해 보는 일, 그리고 예측할 수 없는 일들을 미래에 일어나게 할 수 있는 것이 무엇인가 생각해 보는 것이다. 즉 유한한 존재인 인간이 할 수 있는 일은 적절한 위험을 찾아 내고, 때로는 의도적으로 그런 위험을 만들어 내고, 또한 불확실성을 활용하는 것뿐이다.

이렇게 미래를 결정하기 위해서는 두 가지 접근 방법이 있다.

1) 이미 일어난 미래를 파악함

이미 발생한 사건의 영향을 파악하기 위해서는 고령화 문제 등 인구통계의 변화, 지식분야에 있어서의 변화, 다른 산업과 시장에서의 변화, 산업구조 상의 변화, 그리고 회사 내의 어떤 근본적인 변화 등을 탐색해야 한다.

2) 스스로 미래를 만들기

미래에 어떤 제품과 프로세스가 필요할지 예측하려는 시도 대신에 어떤 제품과 프로세스를 미래에 실현시키기 위한 노력, 그리고 그 비전을 바탕으로 오늘과 다른 새로운 사업을 구축하는 것은 가능하다. 그것은 새로운 경제, 기술, 그리고 새로운 사회에 대한 비전을 사업으로 실현시켜야 한다는 것을 의미한다. 그 비전은 기업가적인 것으로서 기업활동을 통하여 실현될 수 있는 것이어야 한다. 기업가적 비전의 기초가 되는 것은 "경제, 시장, 지식 분야에서 일어난 주요 변화가 우리 회사가 희망하는 사업을 가능하게 해주고 또한 최대의 경제적 성과를 얻을 수 있게 해 줄 것인가?"라는 질문이다.

역시 미래에 무엇인가를 만들기 위해서는 용기와 신념이 필요하다. 만약 미래에 관한 구상 중에서 확실한 것, 위험이 없는 것만을 추구한다면 그것이야 말로 반드시 실패하는 지름길이다. 내일을 구축하는 토대가 되는 비전은 불확실하지 않을 수 없다. 리스크를 수반하기 때문에 성공할지도 모르고 실패할 수도 있다. 비전에 대한 강렬한 헌신과 신념만이 이러한 불확실성을 극복하고 지속적인 노력을 통해 성공을 쟁취할 수 있게 하는 원동력이 된다. 필요한 것은 천재적인 능력이 아니라 용기와 고된 작업이다.

드러커적 경영전략

경영전략을 넓게 이해한다면 기업의 장래상과 그것을 달성하기 위해 지나가야 하는 길이라고 할 수 있다. 드러커의 설명에 따르면 그것은 "우리의 사업은 무엇인가?"와 "우리의 고객은 누구인가?"를 명확히 정의하고, 목표를 구체화하는 절차로 이루어진다. 이 때 목표는 균형 잡힌 여덟 가지 – 마케팅, 혁신, 인적 자원, 재정 자원, 물적 자원, 생산성, 사회적 책임, 이익 -에 대해서 설정되어야 한다. 이들 목표는 경영활동과 과업 할당을 위한 기초가 된다.

우리는 흔히 경영전략을 논할 때, 현재의 환경, 시장, 경쟁에 적합한 어떤 그럴듯한 비즈니스 모델이 있다는 가정을 가지고 있다. 그러나 사실 비즈니스의 세계는 항상 새로운 현실을 피드백 하면서 동적으로 변하는 것이므로 같은 조건을 가지고 재 검증하면 같은 결과가 나와야 하는 자연과학과 같은 일은 거의 일어나지 않는다. 따라서 경영전략이나 마케팅전략에서 본원적으로 설정한 모델들은 사회 현상에 대해서도 자연과학의 원리처럼 단순화 해서 보고 싶어하는 인간의 유약함 때문일지도 모른다(기무라 다케시 2004, 150).

이런 점에서 드러커의 저술에도 경영전략을 단순화하여 차별화 전략이니 원가우위 전략이니 하며 모델화 하는 것은 별로 찾아 볼 수 없다. 이런 것보다는 경영자가 변화의 선두에 서서 어떤 고뇌와 노력을 통해 성과를 내야 하는가에 초점을 맞추고 있는 것이다.

드러커의 기업이론

전략적 경영 방법론이 풍미하는 오늘날의 기준에서 볼 때, 드러커의 저술 속에는 그리 전략적 경영에 대한 내용이 많이 나오지 않는다. 대신 혁신의 문제와 체계적인 폐기, 그리고 기업이론 등의 용어를 사용하여 기업이 환경에 맞추어 사업의 강점을 재 조정하는 것을 강조한다.

기업이론의 진부화

기업이 직면하는 위기의 근본적인 원인은 일을 잘못했기 때문이 아니다. 그릇된 일을 했기 때문은 더더욱 아니다. 대부분은 올바른 일을 했지만 성과가 없었다는 것이 그 이유다. 이 모순적인 상황은 그 기업의 기업이론이 더 이상 현실에 부합하지 않게 되었음을 보여준다.

드러커는 기업이론(business theory)을 '조직을 설립하고 운영하는 데 기초가 되었던 가정들'이라고 정의한다. 그 가정들은 어떤 조직의 행위 중 해야 할 일과 하지 말아야 할 일을 결정하고 그 조직의 행동을 구체화한다. 그 가정은 시장, 고객과 경쟁자들의 가치관 및 행동, 기술과 그 기술들의 상호작용, 그리고 조직의 강점과 약점에 관한 것이다.

기업이론이 진부화 되면 기업이 혼란에 빠지면서 쇠퇴하게 된다. 드러커가 기업이론을 설명하면서 자주 드는 예 중에 GM의 사례가 있다. GM은 70 여 년 간 한번도 퇴보한 적이 없는 성공의 역사를 가지고 있는데 이는 시장과 고객에 대한 가정 그리고 핵심역량과 조직 구조에 대한 가정으로 이루어진 기업이론을 빈틈 없이 결합시킨 것이었다. 1920년대 초 이래로 GM은 미국 자동차 시장을 가치관이 동일한 소득계층에 따라 꽤 안정적으로 세분화 할 수 있다고 가정해 왔다. 깨끗하게 사용한 중고차 가격은 경영자가 통제할 수 있는 단 하나의 독립변수였다. 높은 중고차 교환가격은 소비자로 하여금 중고차 대신 한 단계 더 높은 새로운 차종으로 바꿀 수 있게 했다. 그 이론에 의하면 GM은 중고차 가격을 적정하게 유지하기 위해서 차종 모델을 너무 자주 바꾸어서도 안 되고 너무 파격적으로 바꾸어서도 안 되었다. 시장에 대한 그러한 가정은 이어서 내부적으로 최대의 시장점유율과 이익을 얻기 위해서 생산활동을 어떻게 조직할 것인가 하는 가정에 영향을 미쳤다. GM의 경우 결론은 모델 변경을 최소화 하면서 같은 차종을 장기간 대량생산하여 단위 당 고정비를 최소화하는 것이었다. GM의 경영진은 시장과 생산에 대한 가정들을 기초로 준 자율적인 사업부 체제로 조직구조를 설계했다. 이러한 GM의 기업이론의 틀은 70여 년 간 효력을 발휘했다. 그러나 1970년대 말에 이르러 GM의 가정들은 더 이상 효력을 발휘하지 못하게 되었다. 자동차 시장은 극히 유동적인 고객의 '라이프 스타일'에 따라 세분화되고 있었다. 이제 소득 수준은 자동차 구입결정에 영향을 주는 여러 요소 중의 하나에 불과하게 된 것이었다. 동시에 일본의 린(lean) 생산방식은 소규모 생산을 가능하게 하였다. 린 생산방식은 모델을 자주 바꾸면서 단기간 생산하면서도 동일모델을 장기간 생산하는 것보다 오히려 비용이 적게 들며 이익을 더 많이 낼 수 있다는 가정에 기초한 것이었다. GM은 이러한 변화를 알고 있었지만 믿으려고 하지 않았다. 더욱이 타협을 모르는 노조의 문제도 안고 있었다. 결국 GM은 기존의 사업부를 그대로 유지하면서 대신 각 사업부는 '모든 소득 계층을 위한 차'를 선보였고, 이를 뒷받침하기 위해서 대규모의 대량생산 자동화를 추진하였다. 이 과정에서 GM은 300억 달러의 손해를 보았다. 그러면서도 GM은 계속해서 엄청난 노력과 에너지 그리고 시간과 돈을 투입해 미봉적인 땜질을 계속했다. 그러나 이러한 땜질 작업은 고객, 대리점, 종업원뿐만 아니라 GM의 경영진마저도 혼란에 빠뜨렸다.

이 사례는 오늘날 일본의 도요타의 약진과 GM의 쇠퇴가 근본적으로는 기업이론의 문제에서 비롯되었음을 드러낸다.

기업이론의 요소와 효과를 발휘하는 조건

기업이론은 세 부분으로 구성되어 있다.

① 조직의 환경에 대한 가정으로서 사회와 그 구조, 시장, 고객 그리고 기술에 대한 가정들
② 조직의 구체적인 사명에 대한 가정들
③ 조직의 사명을 달성하는 데 필요한 핵심역량에 대한 가정들

드러커는 이 기업이론이 효과를 발휘하기 위해 만족시켜야 할 조건을 다음 네 가지로 요약하였다.

① 환경, 사명 그리고 핵심역량에 대한 가정들은 현실과 부합해야 한다.
② 환경과 사명 그리고 핵심역량에 대한 가정들은 상호 부합해야 한다.
③ 기업이론은 조직 전체에 알려지고 이해되어야 한다.
④ 기업이론은 끊임 없이 재검토되어야 한다.

체계적인 폐기

앞의 사례에서 70 여 년 간 성공적이었던 GM 이 변화된 시장과 경쟁자에 맞추어 자신의 기업이론을 재 정의하지 못한 것은 이해할 만 하다. 사람

이든 기업이든 자신의 오랜 성공 뒤에는 자만심이라는 병이 자라나는 것이다. 자만심은 이 사례와 같이 기업 전체를 쇠퇴하게 할 수도 있고 NIH(not invented here) 증후군과 같이 자기가 속한 조직이 아닌 외부에서 개발된 기술이나 발명을 대수롭지 않은 것으로 치부하기도 한다.

체계적인 폐기는 어떤 것을 새롭게 시작하는 것에 대한 결정 못지 않게 중요하다. 기업의 목적과 사명에 더 이상 부합하지 않는 오래된 것들, 고객들에게 더 이상 만족을 제공하지 못하는 것들 그리고 더 이상 뛰어난 공헌을 하지 못하는 것들에 지속적으로 노력과 자원이 투입되어서는 안 된다.

진부해진 부분을 체계적으로 폐기할 수 있어야만 비로소 "우리의 사업은 무엇이며, 무엇이 될 수 있고, 무엇이 되어야 하는가?"에 대한 논의가 실효성 있게 될 것이다. 물론 기업의 목적과 사명을 새로이 정의하는 것은 어렵고 고통스러우며 위험이 따르는 작업이다. 그러나 기업의 목적과 사명에 대한 정의가 선결되어야만 사업의 목표를 수립하고, 전략을 개발하고, 자원을 집중시키고 그리고 경영활동을 수행할 수 있다.

사람에 대한 관점

21세기 최대의 사건은 생산성혁명이었다. 이 혁명은 제 2 차 세계대전 후에 QC혁명의 형태로 절정에 달했다. 대량생산의 본질은 개개의 인간을 생산적으로 만드는 시스템의 설계에 있다. 그 주역은 개개의 인간이 아니라 시스템이었다.

오늘날 우리들은 전혀 이질적이며 동시에 큰 혁명의 한복판에 있다. 지식이 생산수단이 된 것이다. 대량생산의 주역은 시스템이었으나 지식조직의 주역은 개개의 인간이다. 지식사회에서는 시스템이 아닌 개개의 인간이 조직에 있어서 변화를 낳는 주인공이며 부의 창조자가 된다.

드러커의 저술의 중심테마는 바로 한 사람 한 사람의 인간과 그의 일, 공헌, 성장, 개발이었다. 개개의 인간의 책임, 성과, 생산성을 기반으로 하는 사회로의 이행은 우리가 겪고 있는 핵심 이슈라 할 만하다.

사람의 다양성에 대한 존중

드러커에 있어서 사람은 각기 다른 개성을 가지고 있으며 나름대로의 독특한 장점을 갖고 있다는 생각은 또 하나의 중심 테마가 된다. 그는 평생을 살아 오면서 수 많은 사람을 관찰하여 내린 결론은 바로 사람은 자신의 강점에 바탕을 두고 무한히 성장할 수 있다는 생각이었다. 그렇기 때문에 사람은 개인으로서 존중 받아야 한다.

리더십에 대한 관점

우리는 흔히 리더십을 사람을 끌어 당기는 카리스마 같은 것으로 치부한다. 이런 오해를 하도록 일조한 것은 훌륭한 리더의 사례를 다룬 전기 작가들인데, 그들은 이야기를 보다 극적으로 꾸밀 필요가 있기 때문에 흔히 리더를 만능의 위인적인 인물로 그린다.

그러나 드러커는 크고 작은 모든 종류의 조직을 관찰한 결과 "천부적인 리더는 실제 존재하더라도 아주 드물며, 어떠한 조직도 그런 사람들에게만 의지할 수는 없다."는 결론을 내리고 있다. 성공적인 리더 중에는 사무실에 틀어 박혀 있는 사람과 사교적인 사람, 온화하며 관용적인 사람과 그 반대로 엄하고 간섭하기 좋아하는 사람, 충동적이며 행동이 빠른 사람과 그 반대로 냉정한 사람, 그리고 맥아더 원수처럼 허영심이 강한 사람과 그 반대로 꾸밈이 없는 사람 등 리더의 성격은 천차만별이라고 한다.

드러커에 있어서 리더십은 카리스마도 아니고 어떤 특별한 자질도 아니다. 그것은 우선 일에 관한 것이다. 효과적인 리더의 기초는 조직의 사명을 깊이 생각하여 그것을 눈에 보이는 형태로 명확히 정의하고 확립하는 것이다. 리더란 목표와 우선순위를 정하고 기준을 세워 그것을 유지하는 사람이다.

드러커는 젊은 시절에 세 명의 훌륭한 상사를 만났는데 그 상사 세 명은 모두 엄하게 자신을 대했고, 따뜻한 정이나 우정 같은 것은 느낄 수 없었다고 술회한다. 다만 공통적인 것은 각자의 일을 열심히 해 내고 성과를 내는 일에만 전념했다는 점이다. 그리고 세 사람 모두 스타일은 달랐지만 부하의 능력과 잠재력을 확실히 파악하고 그 장점을 충분히 활용할 줄 아는 사람들이었다.

드러커는 세 명의 상사로부터 다음과 같은 다섯 가지 교훈을 얻었다고 한다.

① 모든 사람의 장점을 보고 달리 취급하라.
② 목표를 높이 설정하라. 그러나 각각의 직무수행에 있어서는 자유재량권과 책임을 부여하라.
③ 인사고과는 정직하고 정확해야 하며, 또한 직무의 필수 불가결한 중요한 일부분을 구성해야 한다.
④ 타인에게 가르칠 때 가장 잘 배운다.
⑤ 효과적인 리더는 존경은 받지만 반드시 사랑을 받는 것은 아니다.

강점 위에 구축하라.

개인이나 팀, 조직을 막론하고 '자신의 강점 위에 구축하라(build on strength)'는 것이 드러커 경영학의 주된 핵심 중의 하나이다.

드러커는 남북전쟁 당시 술주정뱅이 장군의 이야기를 자주 인용했는데, 그의 술주정은 악명이 높아서 자주 링컨 대통령에게 보고되어 장군을 해임해야 하지 않느냐는 건의가 올라올 정도였다. 그러나 링컨은 '그래도 그는 전투에서 늘 승리하지 않는가?'라며 그의 강점을 활용했다는 것이다. 각자 가지고 있는 강점을 활용하는 것과 반대로 그들의 약점을 들춰 내어 보완하는 것을 비교하자면 강점을 활용하는 것이 훨씬 생산적이다. 서툰 일을 개선하는 데 많은 시간을 소모해선 안 된다. 무능함을 보통 수준으로 올리는 것은 일류를 초일류로 만드는 것보다 훨씬 많은 에너지와 노력이 필요하다.

강점을 활용한다는 말은 곧 높은 수준의 성과를 이루겠다는 목표와 통한다. 그저 그만한 정도의 성과가 아닌 탁월한 성과는 반드시 각 개인과 조직의 강점에 기반하여 이루어질 수 있기 때문이다. 사람의 무한한 잠재력을 발휘할 때 높은 수준의 성과를 낼 수 있다. 그리고 조직에서 무엇인가 성과를 내면서 사람은 자기실현을 향해 한 걸음 전진하는 것이다. 강점을 살리는 사람은 일과 자기실현을 양립시키면서 자신이 가진 지식으로 조직의 기회를 만들어 내는 공헌을 하게 된다.

조직 차원에서 강점 위에 구축하는 일은 핵심역량을 중심으로 경쟁하는 것을 의미한다. 이는 조직의 약점을 보완하기 위해 노력하는 것보다 훨씬 효과가 큰 법이다.

현대 조직은 교육 받은 사람들로 하여금 지식을 사용하여 높은 수입과 기회를 추구할 장을 가져다 주었다. 그러나 이들 지식노동자는 오직 조직이 있어야만 비로서 성과를 낼 수 있으며 단독으로는 별로 가치를 인정 받지 못하는 한계를 안고 있다. 따라서 조직은 개개의 인간에 대해 그 강점을 살려 역할과 위치를 부여해야 하며, 또한 개인은 조직을 자기실현과 성장의 기회로 삼으면서 조직에 공헌하려는 마음을 가져야 한다.

그러기 위해서는 자신의 강점을 파악해야 한다. 흔히 사람들은 자신의 강점을 잘 알고 있다고 생각하지만 대개의 경우는 기껏해야 자신의 약점을 알고 있을 뿐이다. 자신의 강점은 외부로부터 듣거나 피드백을 통해 발견해야 한다.

강점을 발견하는 피드백 분석

자신의 강점을 발견하는 방법으로서 드러커는 '피드백 분석(the feedback analysis)'이라는 방법을 제시한다. 자신이 어떤 중요한 의사결정이나 행동을 할 때마다 스스로가 예상하는 결과를 기록해 두고, 9 개월 또는 12 개월이 지난 후에 자신이 기대했던 바와 실제 결과를 비교해 보는 것이 피드백 분석이다. 이 방법을 통해서 어떤 일을 함으로써 강점을 최대한 발휘하는 데 방해가 되는지, 혹은 어떤 일을 하지 않았기 때문에 강점이 최대한 발휘되지 못하는지를 알게 된다. 또한 그다지 유능하지 않은 분야와 강점을 가지고 있지 않은 분야 그리고 단순히 수행을 하는 것 조차 불가능한 분야도 가르쳐 준다.

피드백 분석을 통해서 얻을 수 있는 이점은 다음과 같다.

- 자신의 강점을 개선하기 위해 필요한 기술향상과 지식 분야를 알려 준다.
- 자신을 무능하게 만드는 지적 오만을 바로 잡아 준다.
- 자신의 나쁜 습관을 고칠 수 있는 정보를 준다. 예를 들어 자신이

성과를 못 올린 중요한 요인이 상황에 적합한 '예의'를 갖추기 못했기 때문임을 밝혀 준다.

- 자신이 절대로 시도 조차 하지 말았어야 할 분야를 알려 준다.

효과적인 사람이 되기 위한 교훈들

드러커는 일생을 살아오면서 자신이 과거의 노예가 되지 않고 끊임 없이 정진하는 삶을 살도록 스스로를 채찍질하는 삶을 살았다. 다음은 드러커가 자신이 겪었던 지적인 경험으로서 평생 간직했던 교훈들이다.

이 교훈들은 지식근로자의 목표달성 능력, 즉 효과성을 높이려면 어떤 태도를 가져야 하는가에 대해서 실마리를 제공한다. 또한 경영자가 지식근로자들로 이루어진 구성원들을 어떻게 성장시켜 성과 지향적인 사람으로 만들 수 있는지에 대한 힌트이기도 하다.

첫째, 높은 수준의 목표와 비전을 갖는다. 그 비전과 목표는 보통 정도의 수준이 아니라 내 전문분야에서 평생의 숙제로 일생을 걸고 완벽을 기하겠다는 정도의 수준을 말한다. 이 교훈은 드러커가 대학생 신분이었던 열여덟 살 때, 오페라 폴스타프를 보고 받은 감동에서 비롯되었다. 드러커는 자신을 매료시킨 그 오페라를 작곡한 사람이 여든 살의 노인인 베르디였음을 알고는 다시 한번 놀랐는데, 이 사건은 드러커가 평생을 살면서 언제나 완벽을 추구하리라고 다짐하는 계기가 되었다.

둘째, 자신의 공헌에 대해서 늘 신이 보고 있다고 생각하라는 것이다. 사람들은 흔히 다른 사람이 나의 공헌에 대해서 주의를 기울이고 있는지 아닌지에 따라 그 공헌에 기울이는 노력의 정도가 달라진다. 그러나 나의 공헌에 대해서 늘 신이 보고 있다고 생각한다면 당연히 늘 최선을 다할 것이다. 다시 말해 다른 사람들의 평가에 따라 일희일비하는 사람이 아니라 늘 하느님 앞에 최선을 다 한다는 생각을 가져야 한다는 것이다.

셋째, 지속적인 학습을 삶의 일부분으로 인식하라는 교훈이다. 지식근로자는 자신의 일에 대해서 책임을 져야 하며, 따라서 자기 자신의 계발에 대한 책임을 가지고 살아야 한다. 지식근로자는 현재 자신이 떠맡고 있는 과업과 장래에 맡기를 바라는 과업에 대해서, 그 과업이 요구하는 경험과 지식 그리고 기술을 습득해야 한다. 따라서 지식근로자는 늘 지속적인 학습을 통해서 자신의 전문성을 더욱 높일 수 있도록 노력해야 한다. 그리고, 여기서 그 학습의 분야는 늘 자기 전문분야만으로 한정되어서는 안 된다. 전문분야를 포함하여 그 인접분야 및 일반 교양까지 공부의 폭을 넓히는 것이 중요하다. 그래야만 자신의 전문분야를 더 깊이 이해할 수 있으며, 자신의 성과물을 이용할 다른 사람들의 관점을 이해할 수 있다.

넷째, 자신의 일을 정기적으로 검토하여야 한다는 점이다. 적어도 일년에 두 번 정도는, 자신의 일 중에서 잘한 일, 잘하려고 노력한 일, 잘하려고 충분히 노력하지 않은 일, 그리고 했어야 하는데도 하지 않은 일에 대해서 충분히 검토하는 시간을 가져야 한다. 이런 검토를 통해서 자신의 일에 보다 완벽을 기할 수 있도록 점차 조절할 수 있게 된다.

다섯째, 새로운 직위와 과업이 주어질 때마다 그 새로운 일이 요구하는 것이 무엇인지 깊이 생각해야 한다는 점이다. 직위가 올라가면서 맡는 새로운 과업은 대개 이전에 맡던 일을 더 열심히 하는 것과는 다른 것이다. 새로운 직무에서 효과적인 사람이 되려면 무엇을 해야 하는지 완전히 새로 정의해 보아야 한다. 인사관리의 오랜 관행으로서, 일 잘하는 사람한테는 단지 급여를 올려 주지만, 리더로서 새로운 일을 감당할 만한 사람은 더 높은 직위로 승진시키는 것과 일맥상통하는 생각이다.

여섯째, 사전기록 및 사후검토로 구성되는 피드백 활동을 하라는 것이다. 지식근로자 또는 전문가는 자신의 약점보다는 강점을 통해서 성과를 내는 사람이다. 드러커가 말하는 피드백 분석이란 중요한 과업에 대해서 목표와 함께 자신이 예상하는 결과를 미리 적어 두는 일부터 시작한다. 그리고는 6개월 정도 그 일이 요구하는 일정 기간을 실행한 후, 예상되는 결과가 실제로 나왔는지를 확인해 보는 것이다. 이런 분석을 통해서 자신의 장점은 무엇이며, 또 일이 잘 되려면 무엇을 배워야 하며, 어떤 습관이 문제가 되는지 알게 된다. 그리고 자신이 할 수 없는 일, 심지어 시도조차 하지 말아야 하는 일을 명백히 밝혀 준다.

이런 교훈들은 전문가 시대에 사는 개인이 조직의 일원으로서 높은 성과를 낼 수 있는 기초를 제공한다.

참고문헌

1. 국내문헌

고바야시 가오루, 남상진 옮김, *피터 드러커 – 리더가 되는 길*, 청림출판, 2004

권기대 등, 경영학, 삼우사, 2005

기무라 다케시, 윤정원 옮김, *피터 드러커식 전략경영의 법칙*, 일빛, 2004.

란류 지음, 황선영 옮김, 리더십이란 무엇인가?, KD books, 2010

문근찬, *현대생산관리의 이해(제 2 판)*, KPICS, 2005

문근찬 외 지음, *R&D관리 연구*, 인화원, 1990

민경호, *신경영학*, 무역경영사, 2005.

박원우, *임파워먼트 실천매뉴얼*, 시그마그룹, 1999

방인홍, 김영호, 유건희, "동시공학적 접근법 및 응용사례",산업공학회지 제 7 권, 제 3 호, 1994

백기복, *이슈리더십*, 창민사, 2000

사이토 요시노리(齊藤嘉則), 서한섭·이정훈 옮김, *Pro의 문제해결(사고와 기술)*, 엘앤아이컨설팅, 2002

신유근, *경영학원론*, 다산출판사, 2002

안서규, 김홍유, *21C 기업과 경영의 이해*, 도서출판 청림, 1005

유봉식 외 지음, *신경영학원론(제 3 판)*, 비앤엠북스, 2005

이재규 편저, *피터 드러커 경영키워드 365*, 사과나무, 2005

이재규, 최용식, *현대경영학*, 창민사, 2004

이학종, *한국의 기업문화*, 박영사, 1993

정부혁신지방분권위원회,혁신관리전문위원회, *정부혁신관리매뉴얼*, 2004

테일러, 신영철 편역, *과학적 관리법*, 한국능률협회, 1988

Collins, J. C. and Lazier, W. C., 임정재 옮김, *짐 콜린스의 경영전략*

(beyond entrepreneurship), 위즈덤하우스, 2002

Collins, J. C. and Porras, J. I., 워튼포럼 옮김, *성공하는 기업들의 8가지 습관(built to last)*, 김영사, 1996.

Drucker, P. F., *(한 권으로 읽는) 드러커 100년의 철학*, 청림출판, 2004

Drucker, P. F., 남상진 옮김, *실천하는 경영자(advice for entrepreneurs)*, 청림출판, 2005

Drucker, P. F., 이동현 옮김, *피터 드러커 자서전*, 한국경제신문, 1994

Drucker, P. F., 이재규 옮김, *변화 리더의 조건*, 청림출판, 2001

Drucker, P. F., 이재규 옮김, *자기경영노트(The effective executive)*, 한국경제신문, 2003

Drucker, P. F., 이재규 옮김, *프로페셔널의 조건*, 청림출판, 2000

Drucker, P. F., 이흥종 역, 현대경영*(상, 하)(The practice of management)*, 다락원, 2000

Flaherty, J. E., Peter Drucker : shaping the managerial mind, Jossey-Bass, 1999

Flaherty, J. E 송경모 옮김, *피터 드러커 – 현대경영의 정신*, 예지, 2002

Harvard Business School, Change,

Kelly, R. E, *The power of followership*, Doubleday, New York, 1994

Kotter, J. P. and Cohen D. S., 김성수, 김기웅 옮김, *변화의 기술(the heart of change*), 김영사, 2003

Kotter, J. P., 신태균 옮김, *변화의 리더십(What leaders really do)*, 21세기북스, 2003

Kotter, J. P., 한정곤 옮김, *기업이 원하는 변화의 리더(Leading Change)*, 김영사, 1999

Krajewski, L. J. and Ritzman, L. P., *Operations Management*, 한국과학기술원 생산경영연구소 역, 2000

Lane B. 저, 서상혁 역, (잭웰치에게 배우는) 소통의 노하우, K-books, 2010

Lawrence Anne, T. & J. Weber, *Business & Society*, McGraw-Hill Irwin, 2008

Nadler, David, *변화의 챔피언*, 21세기 북스, 2001

Porter, M. E., 조동성 역, *경쟁우위*, 교보문고, 1991

Stephen R. Covey, 김경섭 옮김, *성공하는 사람들의 7 가지 습관*, 김영사, 1994

Ulrich, Karl T. and Eppinger, Steven D., 김재정 외 공역, *제품개발론 (product design and development)*, Hanol Publishing Co., 2004

2. 구미문헌

Beer Michael and Nitin Nohria, "Cracking the Code of Change", HBR 78, No. 3(May-June):137

Berry, W. L., T. Hill, and J. E. Klompaker, "Customer-driven manufacturing", *IJOPM*, Vol. 15, No. 3, 1995

Collins, James C., "Building Your Company's Vision", HBR, September-October, 1996

Drucker, P. F., "The new productivity challenge", HBR Nov.-Dec. 1991

Drucker, P. F., *Innovation and Entrepreneurship*, HarperBusiness, 1985.

Drucker, P. F., *Management: Tasks, Responsibilities, Practices,*, HarperBusiness, 1993

Drucker, P. F., *Managing the nonprofit organization,* Harper Collins Pub., 1990

Drucker, P. F., *The end of economic man : the origins of totalitarianism,* Harper & Row, 1969

Drucker, P. F., *The Essential Drucker*, HarperBusiness, 2001

Fukuyama, F., Trust, the social virtues and the creation of prosperity, Free Press, 1995

Graen & Uhl_Bien, Relationship-based approach to leadership, Leadership Quarterly, 1995

Kinlaw, The practice of empowerment, Hamphire, 1995,

Kotler P. and Armstrong G., *Principles of Marketing, 9th ed.*, Prentice Hall, 2001

Manz, C. C. and Sims, H. P. Jr., Superleadership: beyond the myth of heroic leadership, Organizational Dynamics, 1995

Miltenburg, J., *Manufacturing Strategy*, Productivity Press, 1995

Porter, M. E., *Competitive Advantage: Creating and Sustaining Superior Performance*, New York : Free Press, 1985

Witzel, M., *Management History*, Routledge, 2009

Zalenznik, Abraham, "Managers and Leaders", Harvard Business Review, May-June, 1992

색인

저자약력

서울대 사범대학(이학사), 경북대(경영학 석사),
아주대 대학원(경영학 박사), 미 인디애나대학교 교환교수,
미 생산재고관리협회 CPIM 인증,
前,LG그룹(정보통신, LG-EDS, 인화원, 생산기술원, LG전자)근무,
現, 숭실사이버대학교 경영학과 교수,
이메일 : kcmoon@mail.kcu.ac

저서 : 현대산업사회 성립의 3 요소(한티미디어,2013),
CPIM 개론(KPICS, 2012), 창업론(한티미디어, 2009),
현대생산관리의 이해(KPICS, 2008), 리더십연구(한티미디어, 2007)
혁신과 변화관리(한티미디어, 2006),

경 영 학 (제2판)

2006년 1월 15일 초판 인쇄
2012년 3월 15일 제 2 판발행
2014년 12월 20일 제 2 판 2쇄

저 자 문 근 찬
발행인 김 준 호
발행처 한티미디어
주소:121-869 서울시 마포구 연남동 570-20
전화:02-332-7993~4 팩스:02-332-7995

정가 22,000원 ISBN 978-89-6421-216-5